1998 年 12 月 19 日，包头市商业银行举行开业庆典仪式

2000 年 5 月 24 日，包头市商业银行举办首届储蓄业务人员培训班

2001 年 6 月 29 日，包头市商业银行举办"党在我心中"演讲比赛

2002 年 11 月 13 日，包头市商业银行召开第一届职工代表大会第一次会议

2003 年 3 月 5 日，包头市商业银行召开"包头市商业银行推进 ISO9001:2000 国际标准大会"

2003 年 8 月 19 日，包头市商业银行在包头市神华世纪报告厅举办人才招聘答辩大会

2004 年 12 月 28 日，包头市商业银行银联标准卡——雄鹰卡正式对外发行

2005 年 11 月 14 日，世界银行和国家开发银行专家到包头市商业银行考察指导工作

2005 年 12 月 21 日，包头市商业银行举行首笔微小贷款发放签字仪式，金岩副董事长与微贷技术德国国际项目咨询公司（IPC）微贷技术国际项目代表在签字仪式上

2006年9月15日，第三届中国国际中小企业博览会暨中意中小企业博览会在广州举行。图为李镇西行长与外国客商亲切交谈

2007年3月16日，时任中国银监会副主席唐双宁、内蒙古自治区政府副主席余德辉为达茂旗包商惠农贷款有限公司揭牌

2007年3月16日，时任中国银监会副主席唐双宁为达茂旗包商惠农贷款公司开业题词——"春到草原"

2007 年 6 月 16 日，包头市商业银行中小企业金融产品推介会在包头市阿尔丁广场举行

2007 年 9 月 28 日，包商银行举行揭牌庆典仪式，包头市商业银行正式更名为包商银行。
时任内蒙古自治区党委常委、包头市委书记莫建成、自治区政府副主席余德辉为包商银行揭牌

2007 年 9 月 28 日，李镇西行长在包商银行揭牌庆典仪式上讲话

2008 年 4 月 25 日，包商银行首家省外分支机构宁波分行成立，时任内蒙古自治区政府副主席布小林和浙江省政协副主席张蔚文为包商银行宁波分行揭牌

2008 年 7 月 9 日，李镇西董事长作为 2008 年北京奥运会奥运火炬手在包头传递奥运火炬

2009年6月8日，党委副书记、监事长李献平陪同中国企业文化促进会张鸿钧副秘书长一行在包商银行调研

2009年6月18日，由国家开发银行、世界银行联合举办，包商银行协办的微小企业贷款研讨会在北京召开，李镇西董事长出席并发表演讲

2010年2月1日，包商银行艺术团"放歌草原"新春音乐会在奥地利维也纳金色大厅激情上演

2010年3月3日，第十届包商银行"双先"表彰颁奖典礼在包头电视台演播厅举行

2010 年 5 月 2 日，党委副书记、监事长李献平为赴青海玉树灾区慰问的青年志愿者小分队授旗

2010 年 5 月 2 日，包商银行举行"情系灾区 爱心之旅"支援青海玉树抗震救灾捐款活动，共捐款 108 万元

　　2010年7月19日，包商银行与蒙古国贸易发展银行全面战略合作协议签约仪式在包商银行隆重举行，图为王慧萍行长与蒙古国贸易发展银行代表在签约仪式上亲切握手

2010年10月10日，包商银行第五届职工田径运动会在宁波大学体育场隆重举行

2011 年 4 月 27 日，全国十届政协副主席阿不来提·阿不都热西提、中央党校副校长陈宝生在中央党校接见李镇西董事长、李献平监事长

2011 年 9 月 8 日，李镇西董事长、包商银行部分领导及专家顾问在北京分行与德国鲁道夫沙尔平战略咨询交流有限公司 (RSBK) 鲁道夫·沙尔平董事长就拓展国际金融战略合作进行友好交流

2011 年 11 月 6 日，时任内蒙古自治区党委书记、人大常委会主任胡春华，内蒙古自治区政协主席任亚平等自治区领导在包商银行党委书记、董事长李镇西陪同下在内蒙古博物院参观纪念新华社建社 80 周年"包商银行杯·大美内蒙古"摄影展

2011 年 11 月 8 日，王慧萍行长和侯慧聪副行长陪同中央媒体采访团来包商银行考察采访

2011 年 11 月 9 日，李镇西董事长接受中央电视台经济频道"对话"栏目的采访

2011 年 11 月 27 日，全国关心下一代工作委员会主任顾秀莲在钓鱼台国宾馆亲切接见包商银行党委副书记、监事长李献平

2011 年 12 月 12 日，李镇西董事长出席第 12 届中国中央电视台（CCTV）中国经济年度人物评选活动颁奖盛典

2011 年 12 月 12 日，第 12 届中国中央电视台（CCTV）中国经济年度人物评选活动颁奖盛典在北京举行。李镇西董事长荣获第 12 届中国经济年度人物公益奖

2012年1月6至7日，包商银行2012年工作会议在北京分行召开

　　2012年3月27日，由包商银行承担的联合国开发计划署项目"在中国构建普惠金融体系"的项目成果专家征询会在北京举行

　　2012 年 6 月 10 日，国务院发展研究中心金融研究所与包商银行共同主办"2012 宏观经济战略暨小微企业金融高峰论坛"

　　2012 年 6 月 19 日，《2011 年度中国银行业社会责任报告》发布暨社会责任工作表彰大会在北京金融街洲际酒店隆重召开。包商银行荣获"年度社会责任最佳民生金融"奖，李镇西董事长荣获"年度社会责任引领人物"奖

2012 年 11 月 25 日，在第七届中国中小企业家年会上，十届全国政协副主席李蒙与包商银行监事长李献平亲切交谈

2012 年 12 月 28 日，包商银行董事长李镇西、监事长李献平共同参加了在香港举办的"香港与内蒙两区金融合作发展论坛"，并与香港特别行政区长官梁振英、时任内蒙古自治区政府副主席布小林、香港工会联合会名誉会长郑耀棠等领导合影

2013年4月22日，包商银行在总行举行部门总经理竞聘会

2013年5月6日，人民银行呼和浩特中心支行对包商银行开展信贷资产质量专项现场评估进场座谈。图为王慧萍行长等领导与人民银行呼和浩特中心支行金融稳定处处长尹志成进行交谈

2014 年 7 月 21 日，包商银行党的群众路线教育实践活动专题民主生活会在总行召开

2014 年 7 月 28 日至 29 日，中国银监会办公厅组织的多家财经媒体报道采访团来包商银行调研采访

2013 年 4 月 22 日，包商银行在总行举行部门总经理竞聘会

　　2013 年 5 月 6 日，人民银行呼和浩特中心支行对包商银行开展信贷资产质量专项现场评估进场座谈。图为王慧萍行长等领导与人民银行呼和浩特中心支行金融稳定处处长尹志成进行交谈

2013年7月1日，庆祝香港回归祖国十六周年"吉祥草原、祝福香港"内蒙古民族歌舞晚会开幕，香港特区行政长官梁振英（右五）与中联办主任张晓明（左四），内蒙古自治区政府副主席刘新乐（左五），中联办副主任林武（右三），外交部驻港副特派员李元明（右二），香港工联会主席郑耀棠（左三），包商银行监事长李献平（右一）等合影留念

　　2013年9月10日，内蒙古自治区政府副主席常军政为包商银行颁发2012年度第二届内蒙古自治区主席质量奖，常务副行长魏占元（右一）代表包商银行上台领奖

　　2013年11月16日至17日，包商银行工会委员会、共青团包商银行委员会主办的第五届职工劳动技能知识竞赛在总行开赛

2014 年 7 月 21 日，包商银行党的群众路线教育实践活动专题民主生活会在总行召开

2014 年 7 月 28 日至 29 日，中国银监会办公厅组织的多家财经媒体报道采访团来包商银行调研采访

中共包商银行第二次党员代表大会

2014年12月9日，中共包商银行第二次党员代表大会在总行隆重召开，李献平当选为包商银行党委书记

2015 年 4 月 28 日，李镇西董事长荣获全国五一劳动奖章

2015 年 5 月 16 日，李镇西董事长、周凤亮副行长等领导看望奋斗在 815 项目一线的工作人员

2015 年 5 月 16 日，815 项目工作现场

青年文明号

共青团中央
二〇〇六年三月

内蒙古银行业推进小企业贷款工作
示范单位

中国银行业监督管理委员会内蒙监管局
二〇〇七年十二月

2007年度
全国小企业金融服务
先进单位

中国银行业监督管理委员会
二〇〇八年四月

金融业务创新奖

内蒙古自治区人民政府
二〇〇八年十二月

第二届服务中小企业及三农十佳特优金融产品奖

包商银行
"真珠贝"小企业金融产品

中国银行业协会   全国地方金融论坛办公室
CHINA BANKING ASSOCIATION   OFFICE OF CHINA LOCAL FINANCE FORUM
二〇〇九年九月五日

授予
模范职工之家

中华全国总工会
二〇一一年十月

全国文明单位

中央精神文明建设指导委员会
2011年12月

2012

包商银行：
在"中国商业银行竞争力排名"中荣获
"2011年度最佳小微企业金融服务城市商业银行"。
特颁此证

银行家杂志社
二〇一二年x月

包商银行近年来获得的部分荣誉（一）

中国中小企业节
2013年度最佳城商银行
包商银行
中国中小企业协会
二〇一三年十月十四日

授予
包商银行股份有限公司
内蒙古自治区主席质量奖

2013年服务小微企业二十佳金融产品
包商银行
商赢宝

定点扶贫先进集体
国务院扶贫开发领导小组
二〇一四年十月

包商银行股份有限公司"富农宝"产品
2014年度内蒙古银行业服务"三农三牧"
优秀金融产品
内蒙古银行业协会
二〇一四年十月

践行社会主义核心价值观
中国企业文化建设
突出贡献单位
中国文化管理协会
企业文化管理专业委员会
二〇一四年十二月

证书
Certificate
第九届中国中小企业家年会组委会
授予:
包商银行
2014全国支持中小企业发展
十佳商业银行(全国)

2014年度金融支持地方经济社会发展突出贡献奖
内蒙古自治区人民政府
二〇一五年三月

中国商业银行竞争力排名
2015
包商银行
2014年度
最佳管理创新
城市商业银行
银行家

包商银行近年来获得的部分荣誉(二)

图书在版编目（CIP）数据

包商银行大事记 / 李镇西主编. — 北京 ：中国书店， 2015.12

ISBN 978-7-5149-0960-9

Ⅰ. ①包… Ⅱ. ①李… Ⅲ. ①商业银行－大事记－包头市－1998~2014 Ⅳ. ①F832.97

中国版本图书馆CIP数据核字(2015)第311707号

包商银行大事记

李镇西　　主编

责任编辑	田野
出　　版	中国书店
地　　址	北京市西城区琉璃厂东街115号
邮　　编	100050
电　　话	010-63150310
发　　行	全国新华书店经销
排版设计	王星涛
印　　刷	北京翔利印刷有限公司
开　　本	787毫米×1092毫米　　1/16
印　　张	27
版　　次	2016年3月第1版　　第1次印刷
书　　号	ISBN　978-7-5149-0960-9
定　　价	228.00元

包商银行大事记

李镇西 主编

中国书店

《包商银行大事记》编纂委员会

编委会主任：李镇西

编委会副主任：李献平　金　岩　王慧萍　魏占元　周凤亮　侯慧聪　陶　伟　武仙鹤

　　　　　　　刘建军　赵建业　潘慧盛　杨俊杰　刘　鑫　陈立宇　郭凯军　王玉敏

　　　　　　　常永峰　肖　宇

主　　　　编：李镇西

执 行 主 编：王德恭

副　主　编：蒋守法　程　立

编　　　　委（按姓氏笔画排列）：

丁成钢　于秀峰　马连英　王双洋　王玉敏　王向东　王树斌　王俐娜

王　娜　王晓晶　王　彬　王殿军　王慧萍　王德恭　白保林　朱晓明

刘卫峰　刘玉梅　刘建军　刘　洛　刘　峰　刘　倩　刘　鑫　许宁胜

孙　杰　孙德育　杜　娟　李东印　李　军　李希中　李树森　李　猛

李献平　李镇西　杨再山　杨　林　杨俊杰　杨　桦　杨　翀　肖　宇

吴矗星　邱思甥　沈　壮　宋　锋　张红霞　张宪胜　张素梅　张铁军

张瑞强　陈立宇　陈建伟　陈　敏　陈　飚　武仙鹤　金　岩　周凤亮

郑英华　赵力莉　赵　建　赵建业　赵　琦　茹志军　段学平　段晓勇

侯慧聪　钱特木尔　徐卫军　徐　伟　徐　翔　徐静宇　郭凯军　郭建荣

陶　伟　常永峰　崔南征　彭　怡　董　平　蒋守法　韩　征　韩　勇

程　立　温瑞利　鲍景魁　廖石坚　阚天一　潘慧盛　魏占元

责 任 编 辑：宋丽君　赵俊良　宋慧曼

编　　　　辑：朱　雯　邢立麒　袁　媛　霍静璐　董　琰　袁世一

图 片 提 供：胡建华　林　俊　王楠溪　王为之

序

　　地方志乃"一方之全史"，上至天文，下至地理，横陈百科，包罗万象，不仅是最全面的地情书、国情书，也是中华文化的重要载体。保存至今的宋代至民国时期之方志仅政区志就达8264种11万余卷，成为中华文明经久不衰的宝贵传承。

　　中国古代讲"为官一任，造福一方"，事实上还有一项重要工作，就是要做好地方志书的修编工作，保持志书的连续性，其目的不只是通过志书"存史"，更重要的是，要发挥好志书独特的"资政、教化"功能。所谓"治天下者以史为鉴，治郡国者以志为鉴"，做好银行业的公司管理当然也需要以银行志为借鉴。

　　编纂《包商银行志》是我行文化兴行和精神文明建设的一项系统工程，是承上启下，继往开来，打造百年包商、泽益后世的千秋伟业。包商银行在近二十年发展历程中积累的经验和教训，光荣与梦想，要通过编修行志提炼出来，以启示后人。这种经验的传承、文化的提升和历史的记忆弥足珍贵，是任何别的工作所不可替代的。当前我行正处在全面转型阶段，经营、管理、创新全面提升，国际化进程加速推进，行志的编纂就显得更为重要。马克思说："人民群众既是历史的剧中人，又是历史的剧作者。"《包商银行志》的编纂者们则既是包商历史的记录者，也是包商历史的开拓者。在忠实记录历史的同时，还要善于挖掘历史，开拓未来。职是之故，修志工作可谓责任重大，使命光荣。

　　本次先行出版的《包商银行大事记》，是编纂《包商银行志》的阶段性成果，也是我行企业文化建设的一项重大成果。《包商银行大事记》全面记载了建行十六年来，包商银行发生的因革变化、重大事项和发展脉络，图文并茂、提纲挈领。按照总分行的结构编排，纵述横陈，一线贯通，传承有序，首尾玄合。客观、准确、翔实、简要地记述了包商银行十六年来的历史进程，勾勒了包商发展全貌，揭示了各业务板块之间的内在联系，集中反映了企业变迁的本质规律，是包商银行经营、管理、创新、企业文化和金融生态诸领域重大事件的历史再现，记录了发展轨迹，凸显了时代特色，彰显了包商风采。《包商银行大事记》是包商人筚路蓝缕的创业画卷，是勇于创新的壮美诗篇，更是追求卓越的时代强音。我们从《包商银行大事记》中，看到了包商银行令人瞩目的辉煌成就、翻天覆地的历史跃迁、不屈不挠的精神力量和上下求索的人文情怀。它是中国北部边疆一个少数民族地区城市商业银行破茧成蝶的传奇故事，是中国经济和中国金融不断超越的经典案例，是中国文化饶有兴味的时代注脚。行志办的同志们以"一丝不苟，求真务实，精益求精"的严谨学风，坚定信念，甘于奉献，齐心协力，秉笔直书，准确地把握和捕捉到了包商独特的地情资源和丰富的人文资源，通过深入的研究和开掘，很好地为我们提供了一份存史资政的翔实史料，对于各分行、各事业部和总行各部室重温昨天的历史，珍惜今天的机遇，开创明天的辉煌具有很好的借鉴意义。同时，也为内蒙古金融界乃至全国城商行提供了一份可资镜鉴的发展报告和实践参考。

　　《礼记》讲"往古者，所以知今"，故而古人讲读史可以明智。期待在《包商银行大事记》基础上，行志办的同仁们再接再厉，百尺竿头更进一步，早日完成《包商银行志》，克尽全功，以成完璧。为推动我行文化事业发展，打造大美包商，建设现代化国际化好银行做出新的更大贡献。

　　我们今天的事业，就是明天的历史。历史是否精彩，由我们自己书写。诚望全体包商人，以史为鉴，勇于担当，解放思想，凝心聚力，以敢为天下先的精神，不断开创包商发展的新局面和新境界！

　　是为序。

李镇西

2016年3月16日

目　录

第一篇　　　总行大事记

第二篇　　　分行大事记

第三篇　　村镇银行大事记

第一篇　总行大事记

1998 年

12 月 8 日　　中国人民银行正式批复成立包头市商业银行。截至同年 11 月末，全行资产总额为 71,245 万元，负债总额 68,524 万元，存款余额 52,641 万元，贷款余额 39,803 万元。

12 月 17 日　　包头市商业银行在人民银行包头市中心支行会议室召开第一届董事会第二次会议，选举产生包头市商业银行第一届董事长、常务副董事长拟任人选。

12 月 19 日　　由 17 家城市信用社组建的包头市商业银行举行开业庆典仪式，正式挂牌营业，成为内蒙古地区首家股份制商业银行，也是包头地区第一家具有独立法人资格的银行金融机构，内设办公室、人事教育部、审计室、资金计划部、信贷部、业务发展部、财务会计部、科技部、金融政策研究室、保卫部。

同日　　包头市商业银行财务会计部成立，负责管理全行财务及会计相关工作。周凤亮任部长。

同日　　包头市商业银行在总部二楼会议室召开第一届监事会第一次会议，会议上宣读了中国人民银行总行、内蒙古分行关于批准包头市商业银行成立的相关文件。

1999 年

2月26日   为了提高全行的会计工作质量，财务会计部制订了《会计工作综合考核评比办法》。

3月1日   包头市商业银行下发《包头市商业银行财务管理细则》

3月至6月   包头市商业银行经警队在武警支队进行了为期三个月的封闭式培训，使其走上了正规化、科学化、规范化管理的道路。

3月8日   包头市商业银行召开以整顿思想、转变观念，整顿制度、规范管理，整顿机构、适应发展、整顿队伍、提高素质，整顿业务、规范操作为内容的清理整顿工作会议。

4月7日   中国人民银行以银货政〔1999〕54号文，批准包头市商业银行加入全国银行间同业市场从事同业拆借、债券回购和证券买卖业务。最高拆入资金余额为0.3亿元，最高拆出资金余额为0.6亿元。

4月14日   根据〔1999〕12号包头市政府常务会议精神，中国人民银行天津分行驻内蒙古监管办主任张爱兰、副主任张玉峰及包头市中心支行贺凯新行长等领导召开化解大众城市信用社风险会议。闫旺林行长出席会议并发言。会议决定商业银行四个股东单位出资400万元，政府出资100万元入股大众城市信用社，并由包头市商业银行派李镇西、闫红兵等任职参与管理。

4月15日   内蒙古公安厅以内公字〔1999〕60号文，批准包头市商业银行经警中队成立。

4月23日   包头市商业银行为配合市体改委建立中小企业服务体系的工作，与三桥担保公司签订了银企合作协议。

5月1日   包头市商业银行的第一个业务系统——包头市金铭公司微机单机版储蓄会计系统在包头市商业银行试运行。

5月10日   为强化贷款管理，规范带块行为，保障金融工作顺利进行，制定《包头市商业银行保密工作规定》。

5月12日   "包头市商业银行杯"中巴足球对抗赛圆满结束。

5月   下发《包头市商业银行减员工作实施方案》。至1999年底，此项工作结束，共分流员工100多人。

6 月 30 日　　内蒙自治区主席助理易智峻、包头市乔木副市长来行调研，认真听取了闫旺林行长的工作汇报。

7 月 8 日　　为加强机关保密工作，保障金融工作顺利进行，制定《包头市商业银行保密工作规定》

7 月 20 日　　召开董事会，由闫旺林行长汇报上半年经营业绩及工作情况。

8 月 6 日　　内蒙自治区主席云布龙、副主席周德海、政府办公厅副主任苗银柱等领导在市委书记胡忠、市长牛玉儒的陪同下来行视察。

9 月 12 日　　在中国人民银行包头市中心支行十二楼会议室举办了包头市商业银行首届会计、出纳基础知识、基本技能大赛。

9 月 28 日　　包头市商业银行与大众城市信用社联合举办"风雨同舟，携手迈向二十一世纪"国庆文艺会演。

11 月 2 日　　包头市机关事业单位社会保险中心与包头市商业银行签订"机关事业单位社会保险管理机关委托包头市商业银行代发养老保险金、失业保险金"的合作协议。

12 月 24 日　　为进一步做好督察工作，不断提高办事效率与质量，印发《包头市商业银行督查工作实施办法》。

12 月 29 日　　为尽快适应商业银行管理的要求，建立健全科学规范的干部选拔聘任制度，印发《包头市商业银行干部聘任制度实施办法》。

12 月 31 日　　截至年底，包头市商业银行所属 12 个支行、13 个网点的会计、储蓄业务全部输入微机系统，实现了人机并行。

2000 年

1 月 12 日　　出台《包头市商业银行干部离任审计制度》。

1 月 13 日　　包头市商业银行与包头市科学技术委员会共同出台《科技开发贷款管理暂行办法》，积极扶持科技项目的开发。

1 月 14 日　　制定《包头市商业银行资产负债比例管理实施细则》，确保经营目标的如期实现。

1 月 17 日　　包头市商业银行召开第一届第四次董事会，讨论通过《财务费用管理办法》《干部管理办法》等行政管理条例。

1 月 19 日　　包头市商业银行启动新的劳动用工制度，实行全员劳动聘用合同制，与 638名职工分三年期、二年期签订聘用合同书。

1 月 25 日　　包头市商业银行对全行的内部管理和业务经营实施目标管理，全部指标分解量化，按季考核，计发浮动工资。

1 月 25 日至 29 日　　在行领导的带领下，分四组对现任支行行长进行了干部考核，并根据考核结果对部分支行长进行调整。

1 月 28 日　　经 2000 年 1 月 17 日董事会研究决定，对"大干六十天、增存盘活创效"先进单位、先进个人进行表彰。

1 月 29 日　　包头市商业银行开展经警中队首届冬训技术大比武汇报表演。包头市公安局二处领导、市人民银行保卫科科长、包头警校领导、包头武警支队教导队队长、本行闫旺林行长和各部室主任、各支行行长观看了表演。

1 月 31 日　　成立包头市商业银行计算机安全领导小组，行长负总责，各部门齐抓共管。以此加强银行计算机安全管理，防范计算机金融犯罪。

2 月 1 日　　包头市商业银行在包头市第一工人文化宫举行建行一周年庆典暨迎新春表彰联欢会，市委、市政府领导及人民银行领导和重点客户出席了本次庆典活动。

2 月 28 日　　经包头市商业银行董事会执行小组与行政班子联席会研究决定：任命李镇西为包头市商业银行行长助理，参与全行经营管理，享受副行长待遇。

同日　　出台《包头市商业银行行长议事规则和办事程序》《包头市商业银行经营宗旨及
2000 年经营计划》。

2 月 29 日　　包头市商业银行党政联席会议研究决定：聘任刘喜华为办公室副主任（主持
工作），张建刚为办公室副主任；李镇西为业务发展部主任；贾璟辉为业务发展部副主任；周
凤亮为财务会计部主任；李献平为人事教育部主任；陶伟为资金计划部副主任（主持工作）；
王新潮为科技部副主任（主持工作）；陈立宇为总部营业部副主任（主持工作）。

3 月 1 日　　包头市商业银行与包头市劳动局达成"机关事业单位社会保险管理机构委托
包头市商业银行代发养老金、失业保险金的通知"协议，包头市商业银行"两金"发放工作经
过精心安排布置，如期顺利实施。

3 月 2 日　　包头市商业银行召开全行工作会议，布置 2000 年工作计划。

3 月 6 日　　包头市商业银行成立精神文明建设领导小组，推动包头市商业银行两个文明
建设的协调发展。

3 月 9 日至 19 日　　包头市商业银行进行储蓄业务大检查。

3 月 15 日　　包头市商业银行组织员工在阿尔丁广场开展人民币反假宣传活动，以板报、
传单的形式向群众宣传如何识别假币，提高了广大群众识别假币的能力，提高了包头市商业银
行的知名度和影响力。

3 月 21 日　　包头市商业银行石拐支行正式接收中国银行包头分行东河分理处的存款业务。

3 月 23 日　　包头市商业银行举办了第二期公文处理档案管理培训班。

3 月 27 日　　召开工会会员代表大会，讨论通过包头市商业银行工会委员会委员选举办法，
并民主选举产生了包头市商业银行第一届工会委员会委员。

3 月 30 日　　包头市商业银行召开计划专业工作会议，对 2000 年现金、利率、资产负债
比例管理等工作提出明确要求。

3 月 31 日　　包头市商业银行存款突破 14 亿元大关。

同日　　本行 18 家支行所属营业部储蓄业务全部实现微机化操作。

同日　　经行长办公会议研究决定，在本行鑫源支行办公大楼三楼建立中心机房。

4月17日　　包头市审计局对本行 1999 年度资产、负债、损益情况进行审计。是日，中国人民银行包头市中心支行对本行开展了真实性检查。

4月18日　　包头市商业银行科技部、营业部联合组成考察组，对中国人民银行天津中心支行天津辖区各城市商业银行的综合业务处理系统进行考察。

同日　　经中国人民银行包头中心支行同意，包头市商业银行对在本行开户的华资实业、明天科技、稀土高科等三家上市公司贷款实施统一授信制度。

4月28日　　包头市商业银行出台《党风党纪廉政建设九项规定》。

4月30日　　中国人民银行天津分行何成玉副行长、内蒙古监管办张爱兰主任、包头市中心支行全体领导来行调研。

5月9日　　经党总支会议研究决定，行领导班子成员分工：闫旺林主持全面工作，分管信贷部；周有才为常务副行长，分管办公室、科技部；李镇西分管业务发展部、资金计划部。

5月17日　　全行文件资料归档管理工作处理完毕。归档的文书档案共有 111 卷，档案资料 40 册，宣传册 24 册，文件汇编 16 册，声像档案 5 本，录像带 5 盒，光盘 2 张。

5月23日至24日　　出台《包头市商业银行优质文明服务规则》《服务"禁语"及文明服务用语》《包头市商业银行三防一保管理办法》。

5月29日　　包头市商业银行召开民主评议党员动员大会。

6月5日　　包头市商业银行男女篮球代表队在市直属机关"煤气杯"职工篮球赛中双双获奖。

6月18日　　包头市商业银行参加人民银行包头市中心支行组织的全市金融系统现金、利率大检查和《现金管理条例》修改讨论会。

6月19日　　包头市商业银行顺利通过全国金融系统计算机系统 2000 年问题统一测试。

6月20日　　闫旺林行长在总部会议室主持召开了董事会常务执行小组与行政班子联席会，与会领导经过认真研究，就中心机房装修、机构设置、财务核算、车辆维修加油、手机费用标准、对外宣传等问题做出具体决定。

6月22日至7月10日　　包头市商业银行先后出台了《内部审计制度》《保卫守押工作管理处罚规定》《计算机事故罚款制度》《包头市商业银行现场、非现场审计实施细则》。

7月14日　　闫旺林行长代表包头市商业银行向中国人民银行天津分行白处长一行汇报了再贷款业务开展情况。

7月17日　　经议标小组及行务会研究决定，确立北京宝神电号技术公司为包头市商业银行综合业务系统的开发商，并与之签订综合业务系统开发合同。

7月21日　　包头市商业银行参加全国银行间同业拆借市场交易员培训班，并取得交易员资格证书。

7月27日　　包头市商业银行召开2000年度下半年工作会议，总结上半年工作，提出下半年努力方向。

7月28日　　在包头市珠算协会组织举办的第十二届珠算技术竞赛中，包头市商业银行获得团体第二名的好成绩。

同日　　包头市商业银行组织召开市行基层工会组建大会。

8月9日　　包头市商业银行组织全行员工为大青南麓绿化工程捐款5,720元。

8月11日　　在总部二楼会议室举办了入党积极分子第一期培训班。

9月5日　　包头市商业银行开办按揭贷款业务。以此扩大信贷新业务，增加贷款品种，更好地服务群众，满足广大消费者的需要。

9月11日　　包商银行调整系统内资金往来利率，由原来的2.88%调至5.49%，上调2.61个百分点。

9月14日　　制定《包头市商业银行实行统一财务核算的方案》，规范和加强财务核算管理，于10月1日起执行。

10月1日　　包头市商业银行撤销胜利支行商贸大厦营业部、工业路支行火车站储蓄所、银河支行为民储蓄所，将原银河支行食品街营业部升格为环城支行，昆信支行长城商厦营业部升格为利通支行。

10月9日　　包头市商业银行参与《全国银行间债券市场债券回购主协议》的签署

10月11日　　包头市商业银行召开大干四季度、圆满完成全年工作目标动员会。闫旺林行长在会上做了《抓住机遇发展壮大》的动员报告。

10 月 12 日　　包头市商业银行出台《临时工管理办法》。

同日　　包头市商业银行与中国人民保险公司包头分公司签订中国人民保险公司保险代理合同书。

10 月 13 日　　包头市商业银行出台《2002 年底前防范和化解金融机构风险工作规划》。

10 月 17 日　　包头市商业银行组织员工向遭受严重干旱和沙尘的部分地区捐款 43 万元，衣服 1,309 件。

10 月 20 日　　出台《包头市商业银行业务操作规程》。

10 月 30 日　　包头市昆都仑区精神文明工作办公室来包头市商业银行验收创建文明单位工作。

11 月 1 日　　包头市商业银行广通支行正式挂牌营业。

11 月 6 日　　中国人民银行包头市中心支行检查组来包头市商业银行进行现场检查。

11 月 16 日　　包头市商业银行出台《正式职工供热补贴办法》。

11 月 21 日　　包头市商业银行与市普法依法治市领导小组联合举办第三期金融普法教育学习班。

11 月 26 日　　中国人民银行包头市中心支行来包头市商业银行进行统计执法大检查，并对当前金融运行中的几个问题展开调查。

12 月 16 日　　包头市商业银行 52 个营业网点全部更换了警用器械。

12 月　　包头市商业银行 K3 金蝶财务软件系统成功上线。

同月　　包头市商业银行财务会计部实现了全行财务集中核算。各支行停止纳税核算，相应的科目停用，由总部财务会计部按照统一核算方案的要求统一纳税。

同年　　本行出台《包头市商业银行干部离任审计制度》《内部审计制度》《包头市商业银行现场、非现场审计实施细则》。

2001 年

1 月 7 日　为贯彻落实《贷款通则》精神，规范贷款审批程序，化解金融风险，包头市商业银行自上而下成立了贷款审查委员会。

1 月 15 日　包头市商业银行隆重召开 2000 年度"双先"表彰暨迎新春银企携手联谊会。市委常委、副市长张洪祥、纪检书记张文清、军分区司令员陈其满、人大常委会副主任邱荣庆、政协副主席云广庆、市政府副秘书长贾志刚及北方重工集团公司副总经理刘德瑞、驻军代表何春华、总会计师周宝亮亲临会场表示祝贺。

1 月 17 日　闫旺林行长等领导率全体工会委员慰问特困职工。

1 月 19 日　本行开展 2000 年度干部考核工作。

2 月 9 日　本行响应市委、市政府号召，向锡林郭勒盟、呼伦贝尔盟等灾区捐款捐物。全行 600 多人共计捐款 11,800 元，捐物 198 件。

2 月 21 日　参加市委组织的西部大开发政策笔会。

3 月 3 日　本行全行经警队员举行业务知识综合理论考试。

3 月 7 日　举办"首届女子保龄球大赛"。

3 月 8 日　包头市商业银行召开 2000 年度股东大会。

3 月 16 日　包头市商业银行举办"2001 年度干部聘任及安全保卫责任状签字仪式"。周有才副行长与保卫部部长赵俊敏及所属各支行负责人签订了《安全保卫责任状》，并为各部室主任、各支行负责人颁发了《干部聘任证书》。

4 月 10 日　在总部二楼会议室召开一季度计划分析例会。会上通报了全市的金融运行情况，并且与包头市商业银行自身的情况进行对比，找差距、提措施，努力干好今后的工作。

4 月 11 日　包头市商业银行举办中层干部金融业务经营管理培训班。听取了世界贸易组织（WTO）与中国金融业、西部大开发与内蒙古金融业的机遇和挑战、银行中间业务与金融创新等专题讲座。

4 月 25 日　本行与包头市鸿运亚飞汽车商城有限公司、中国人民保险公司包头分公司营业部联合签订汽车消费贷款合作协议书。

5月10日　　包头市商业银行通存通兑大会计系统(储蓄部分)网络正式开通，5个营业网点试运行。

5月15日　　为了支持居民购买住房，推动住房商品化，包头市商业银行组织开办"2001年包头市春季房地产交易大会"金融超市。

6月29日　　包头市商业银行在胜利支行二楼会议室举办了以"党在我心中"为主题的演讲比赛活动，纪念中国共产党建党80周年，坚定共产主义信念和理想，提高党组织的凝聚力和战斗力。

7月3日　　由中国人民银行天津分行组织、包头市商业银行承办的"天津辖区货币市场业务发展研讨会"圆满结束。包头市委副书记、常委副市长张洪祥，市委副书记张铁网，市政府副秘书长贾志刚到会，张洪祥副市长做了重要讲话。

7月4日至8月28日　　包头市商业银行开展"三讲教育"学习活动。

7月10日　　在总部二楼会议室召开了上半年计划分析例会。行领导及各支行行长、有关部室主任参加了会议。会上通报了上半年金融运行情况，闫旺林行长对下半年的工作提出了要求。

7月16日　　本行推出住房公积金贷款业务，出台了《包头市商业银行住房公积金贷款管理办法》。

7月26日　　出台《包头市商业银行文书档案立卷程序和管理制度》及《包头市商业银行声像、实物、科技、会计档案管理办法》，以此完善档案机制，健全档案管理制度。

8月18日　　本行对计算机系统的组织管理、规章制度以及网络安全管理进行了逐项认真的自查，对存在安全隐患的地方进行了整改，对安全管理制度进行了补充和完善，并制定了《网络系统管理条例》和《网络系统应急方案》。

9月8日　　根据包头市财政局《转发内蒙古财政厅关于2001年会计人员继续教育工作安排意见的通知》的要求，包头市商业银行针对全行会计人员举办了为期两天的继续教育培训班，主要学习了《企业会计制度》和《企业会计准则》。

9月20日　　中国人民银行包头市中心支行统一下发了全国电子联行行名行号查询系统软件。包头市商业银行财务会计部抽出专门人员对各支行原有的电子联行查询系统进行了更新，使包头市商业银行电子联行业务实现了电子化查询。

9 月 29 日　　通存通兑储蓄业务全面开通。标志着包头市商业银行真正脱离原始的手工记账方法，逐步走上科技建行、科技兴行的轨道。该业务的开通大大减轻了职工的劳动强度，为市民办理存储业务提供了方便。

10 月 8 日　　包头市商业银行 51 名职工到包头市中心血站献血，为社会、为他人奉献爱心。

10 月 18 日　　本行开办城市商业银行系统内通汇业务，结束了没有联行的历史。至此，包头市商业银行可以和全国各地 69 个城市商业银行的 1,766 个支行直接办理信汇、电汇和特约汇款证即系统内的"银行汇票业务"。

10 月 19 日　　包头市商业银行三季度计划分析例会在总部召开。行领导、各支行行长及有关部室主任参加了会议。会议通报了全市前三季度金融运行情况，并就本行各项存贷款、利润、不良贷款等主要指标的完成情况进行了分析和讨论。

10 月 26 日　　包头市商业银行石拐支行以 80 分的优异成绩顺利晋升为国家省（部）级档案管理先进单位。

11 月 16 日　　包头市商业银行总部办公室组织各支行行长、司机召开了"强化车辆管理，树立企业新形象"的专题会议，强化对车辆的管理，确保行车安全无事故。

2002 年

1月21日至2月26日   包头市正华会计师事务所对包头市商业银行2001年会计报表进行审验工作，经审验会计报表符合《企业会计准则》《城市商业银行会计制度》和《城市商业银行财务管理实施办法》等有关规定。

2月21日   根据《中国人民银行第八次降低金融机构存、贷款利率的通知》，包头市商业银行对全行执行的利率进行了调整。

3月10日   经中国人民银行包头市中心支行批准，包头市商业银行振华支行、少先支行、乌兰支行三家支行正式挂牌营业。

3月11日   包头市商业银行财务会计部为新成立的振华、少先、乌兰三家支行刻制、发放了业务用章。

3月21日   经中国人民银行包头市中心支行批准，包头市商业银行正式开办出具个人存款证明业务。

3月25日   包头市高新开发区国家税务局对包头市商业银行2001年所得税进行汇算。

4月25日   经中国人民银行包头市中心支行批准，包头市商业银行在全国范围内开办银行承兑汇票业务。

4月27日   在天外天大酒店召开了"包头市商业银行第一届职工代表大会"。闫旺林行长、周有才副行长、行长助理李镇西等领导出席会议，并做了重要讲话。

4月   中国人民银行总行批准包头市商业银行开展银行承兑汇票业务。当年，包头市商业银行办理票据贴现业务2亿元，累计理承总业务9.5亿元。

5月13日至7月12日   包头市商业银行审计部对所属支行及营业部的内控制度执行情况进行了建行以来第二次全面检查。

5月14日   本行成立专业技术职称聘任领导小组，组长闫旺林，副组长周有才、李镇西，小组办公室主任李献平。

5月17日   包头市昆都仑区金融系统综治工作观摩会在包头市商业银行举行。参加此次会议的有昆区区委常委、政法委书记赵道劳金，政法委副书记吴卫军以及各商业银行、保险公司，国、地税保卫科科长等。闫旺林行长就本行的综治工作进行了详细汇报。赵道劳金书记对包头市商业银行的综治工作取得的成绩给予了肯定，提出要在全区金融系统推广包头市商业银行的经验和做法。

5月　　包头市商业银行组织355名专业技术人员进行"创造学教程"的学习、考试，为合格者颁发了继续教育证书。聘请武警学校的教官，对全行经警进行了为期一个月的军事化训练。

6月　　本行资金营运部钱特木尔荣获中央国债登记公司"突出进步自营结算业务员"称号。

7月16日　　中国人民银行呼和浩特中心支行调统处来包头市商业银行进行统计调查。

8月1日　　为支持包头市养牛事业的发展，本行向包头市政府机关事务服务中心养殖场发放养牛贷款100万元。

8月28日　　包头市商业银行营业网点全部实现储蓄和会计业务数据大集中。

8月28日至9月28日　　包头市商业银行开发了支行统计数据报送系统，实现了全行统计数据电子化处理。

8月至9月　　包头市商业银行根据全行实际情况并结合《包头市直属机关事业单位职工住房货币化分配暂行办法》，对全行600多名员工的住房情况进行摸底、登记、造册、审核、汇总。

9月4日　　中国人民银行天津大区行利率工作组来包头市商业银行进行调研。

9月9日　　闫旺林行长和9名保卫干事参加了包头市消防支队组织的消防安全培训，并取得了消防安全培训结业证。

9月14日　　第一届董事会第五次会议审议通过了2001年度利润分配方案，实际分配利润1,170.19万元，其中895.92万元采取现金分配，每百股6.2元；274.27万元采取送股方式，每百股送两股。

同日　　第二届董事会第一次会议暨2001年度股东大会在神华大酒店隆重召开，选举表决包头市商业银行第一届董事长、行长人选。选举闫旺林同志为商业银行董事长，李镇西同志为行长。根据行长提名，董事会聘任周有才、金岩同志为副行长。

同日　　第二届董事会第一次会议在神华大酒店隆重召开，选举产生包头市商业银行新一届董事长、行长人选。选举闫旺林同志为包头市商业银行董事长，王新潮同志为监事长，李镇西同志为行长。根据行长提名，董事会聘任周有才、金岩同志为副行长。

9月15日　　包头市商业银行资金营运部组织全行统计人员进行统计数据报送系统培训。

9月　　　本行选派市场营销人员分批参加人民银行在保定金融专科学校组织的城市商业银行信贷业务综合培训。

10月10日　中国人民银行包头市中心支行施勇兵副行长对包头市商业银行领导班子换届进行了宣布。

11月13日　包头市商业银行正式开办票据贴现业务。

11月14日　经行长办公（扩大）会议研究决定聘任周凤亮同志为包头市商业银行总会计师，聘期三年，享受副行级待遇。

11月29日　包头市商业银行《金融创新资讯》创刊。

同月　　　包头市商业银行重新将职能部室调整为14个，分别为办公室、人力资源管理部、资金营运部、市场营销部、业务发展部、计划财务部、会计结算部、风险控制管理部、科技部、审计部、保卫部、资产经营管理部、企业文化建设管理部、投资银行部。

12月10日　"包头市商业银行科技进步工作会"在包头宾馆举行，应邀参加的有中国人民银行包头市中心支行施永兵副行长及有关领导和银行界的专家、学者。

12月11日　在包头宾馆举行"包头市商业银行金融产品创新研讨会"，应邀参加的有中国人民银行包头市中心支行施永兵副行长及有关领导和工行、保险公司等同行业的营销人士。

12月18日　经中国人民银行包头市中心支行备案，开始办理单位协定存款业务。

12月31日　本行举办为员工"送文化""送健康"活动，新领导班子为部分员工赠送了笔记本电脑。

同年　　　包头市商业银行被中共包头市委和包头市人民政府评为"2002年度文明单位"。

同年　　　包头市商业银行被内蒙古党委宣传部、党委组织部、经贸委、总工会、思想政治工作研究会联合评为"全区思想政治工作优秀单位"，被包头市财政局评为2001年度地方金融企业会计决算工作一等奖，被包头市综合治理委员会评为"综合治理目标责任先进单位"，被包头市财政局评为包头市地方金融企业及集体金融企业财务决算工作一等奖。

同年　　　截至年末，全行总资产50.5亿元，各项存款突破40亿元大关，达到44.8亿元，实现利润0.26亿元，较去年增加285万元，增长12.3%。

2003 年

1 月 1 日　经中国人民银行包头市中心支行备案同意，包头市商业银行正式开办协定存款业务。

1 月 12 日　包头市商业银行在天外天大酒店二楼会议室召开了首次面向社会人才招聘答辩会，首开包头市金融系统公开招聘人才之先河。

1 月 13 日　包头市商业银行开展高级管理人员军事化培训和绩效管理学习的活动。

1 月 13 日至 16 日　在市委组织部培训中心召开包头市商业银行中高级管理人员军事化培训学习班，包头市企业工委书记、市委组织部副部长谭文有，市委组织部办公室主任王宏用，市委组织二处处长李军，市委组织部培训中心主任刘占全参加开班仪式。

1 月 14 日　包头市副市长王石璞来行检查指导党建工作，并慰问了部分党员。

1 月 17 日　在内蒙古西部地区党员干部培训中心开办中高级管理人员计算机培训课程。

1 月 18 日　包头市商业银行为期一年的高级管理人员工商管理（MBA）培训活动在内蒙古西部地区基层党员干部培训中心正式拉开帷幕。

1 月 29 日　包头市商业银行在包头市少年宫隆重召开 2002 年度总结表彰大会。包头市副市长王石璞，市企业工委副书记、市委组织部副部长谭文有，市政府副秘书长王惠敏等领导应邀出席了大会。

2 月 25 日　包头市商业银行首获"中国进出口银行 2003 年度金融债券承销团成员资格"证书。

2 月 27 日　包头市商业银行团委被共青团包头市委员会授予 2002 年度共青团工作目标考核实绩比较突出奖。

2 月 28 日　包头市干部实绩考核领导小组对行领导 2002 年度工作实绩进行了考核。

2 月　根据中国人民银行包头中心支行监管通知书中对包头市商业银行账户情况的清理整改意见，制定了每月初各支行上报清理整改情况的报告制度。

3 月 1 日　内蒙古中天华正会计师事务所对包头市商业银行 2002 年会计报表进行审验，

经审验会计报表符合企业会计准则、城市合作银行会计制度及城市商业银行、城市信用合作社财务管理实施办法。

3月5日　　在天外天大酒店举行"包头市商业银行推进ISO9001:2000国际标准大会"。会议邀请了北京经典智业认证咨询公司的安毓敏等四位老师。李镇西行长在会上做了动员讲话。

3月5日至16日　　包头市商业银行对储蓄、会计系统进行了全面测试。

3月6日　　包头市商业银行被全国银行间同业拆借中心评为2002年度"优秀交易成员单位""全国银行间市场交易活跃前100名"。

3月6日至12日　　风险控制管理部部长魏占元和市场营销部负责人柴文华参加了由人民银行总行组织的贷款五级分类培训班。

3月16日　　中国人民银行包头市中心支行批准包头市商业银行开办外汇业务。

3月17日　　包头市商业银行风险控制管理部正式开始对经营业务进行风险审核。这标志着包头市商业银行风险控制管理系统正式开始运行。

3月18日　　本着"公开、公正、公平"和"选好人、用好人"的原则，在天外天大酒店召开全行范围内竞聘支行长演讲答辩大会。

3月19日　　包头市商业银行对储蓄、会计业务系统进行了升级。

3月20日　　包头市商业银行办公楼内外装修招投标会召开。

3月22日至23日　　包头市商业银行举办了首期金融服务礼仪培训班。此次培训由内蒙古医学院单淑萍教授授课，全行中层干部参加培训。

4月10日　　包头市商业银行正式设立客户经理部。主要负责大客户业务的开拓、营销工作。

4月14日　　包头市商业银行召开了以"树新风，爱集体，讲纪律"为主题的行风整顿工作会议。会议由周有才副行长主持，李镇西行长做了重要讲话。会议的宗旨是"严抓作风建设，发扬团队精神"。

同日　　中国人民银行包头中心支行批准筹建包头市商业银行和平支行。

4月16日　　经行长办公会议研究决定，包头市商业银行成立了预防"非典"领导小组。组长李镇西，副组长周有才、金岩、周凤亮，成员贺诚福、李宏、杨晓军、隋秀月。

4月23日　　包头市组织部副部长谭文有一行亲临包头市商业银行召开关于李镇西、李献平同志任职宣布大会。谭文有同志代表市委宣布任职决定，李镇西同志任包头市商业银行党委书记，李献平同志任包头市商业银行纪委书记。

同日　　包头市商业银行在全行范围内开展顾客满意度调查活动。

4月27日　　中央电视台二套《中国市场信息》以"打造民族金融业之精品，展现包头市商业银行之风采"为题，对包头市商业银行进行了采访和报道。

同日　　召开票据工作会议，推出了"买方付息"和"协议付息"票据贴现业务。

同日　　会计结算部为通过中国人民银行包头中心支行组织的反假人民币考试第二批合格的143名员工颁发了合格证。

4月　　包头市稀土高新技术开发区国家税务局对包头市商业银行2002年所得税缴纳情况进行汇算。

同月　　包头市商业银行正式开始办理外汇业务，扩大了业务范围，并创造了新的利润增长点。

同月　　制定了"包头市商业银行企业文化建设实施方案"，确定了企业文化建设的总体思路。制定"包头市商业银行支行长或支行负责人竞聘实施方案"，并在全行范围内公开竞聘支行长，同时对竞聘上岗的19名同志的任职资格进行了审查、报批。

5月14日　　出台《包头市商业银行服务规程》，从此进一步规范了服务标准。

5月21日　　包头市商业银行《经营管理调研》第一期发行。

5月29日　　出台"创建学习型银行，争做知识型员工"管理办法。

5月　　制定《包头市商业银行所属支行部门科长、营业部主任竞聘上岗实施办法》，分四个小组于9日至11日对支行的环节干部进行了重新聘任。

同月　　聘请武警学校教官，对全体经警进行了为期一个月的军事化训练。

6月1日　　出台《包头市商业银行财务实施细则》和《包头市商业银行绩效考核管理办法》。

同日　　包头市商业银行科技支行泰汇和营业部业务划转科技支行营业部办理，该机构撤销。

6月4日　　中国人民银行包头中心支行批准开办工程招（投）标担保，质量、维修保函，分期付款担保，租赁担保四种保函业务。

6月8日　　举办首期《包头市商业银行风采》通讯员培训班。

6月10日　　召开"抓存款、抓服务、抓经营、抓管理、促发展沟通交流工作会"。金岩副行长主持会议。会上，鑫源支行、发达支行、安定支行、胜利支行、振华支行、石拐支行等六家支行和客户经理部介绍了自身的工作经验。

6月19日至21日　　为推行 ISO9001:2000 国际质量管理体系认证标准，包头市商业银行进行了首次内部审核。组长李宏，副组长魏丽峰。

6月23日至25日　　由北京经典智业认证咨询公司的王伟京、聂忠春两位老师对包头市商业银行质量管理体系进行了符合性审核。

6月28日　　组织支行学习《中国人民银行假币收缴、鉴定管理办法》，并于6月29日至7月5日开展了"2003年反假货币宣传周"活动。

6月　　开展"我与商行"征文活动。

7月1日　　包头市商业银行按中国人民银行统一要求，刻制假币章并将旧章收回，新章于7月1日起启用。

7月2日　　包头市商业银行召开 2003 年度经警中队军政训练动员大会。包头市昆都仑区区委常委、政法委书记郭英辉，政法委副书记赵影福以及中国人民银行包头市中心支行、包头市公安局、市消防支队等领导参加了此次会议。金岩副行长主持会议，并对此次训练做出了要求。

7月4日　　在总部二楼会议室召开质量管理体系管理评审会。管理者代表金岩向李镇西行长汇报了包头市商业银行质量管理体系的运行情况。

7月6日至10日　　包头市商业银行面向区内外高等院校，招收了101名金融、法律、外语、计算机等专业的应届大学本科毕业生。

7月15日至18日　　由北京中经科环质量认证有限公司认证审核专家杨裕涛带队的外部审核小组对包头市商业银行质量管理体系进行了审核，包头市商业银行顺利通过 ISO9001:2000 国际质量管理标准体系认证。

7月17日　　包头市商业银行收悉中国人民银行《关于包头市商业银行开办出具银行保函业务的批复》，正式开展保函业务。

7月21日　　包头市商业银行对新晋员工开展了"企业文化"专题培训。

7月　　包头市商业银行从自治区内外各大高校招聘100多名应届毕业生。

同月　　全行会计网点实现会计业务电算化。

8月19日　　在神华世纪报告厅举行包头市商业银行人才招聘答辩大会。在300多名竞聘者中选出77名参加了面试答辩。

8月22日　　潍坊市商业银行来行考察学习。

8月23日　　湛江市商业银行来行考察学习。

8月26日至28日　　闫旺林董事长赴南京参加"全国城市商业银行发展论坛第四次会议"。

8月28日　　包头市商业银行营业网点全部实现储蓄和会计业务数据大集中。

8月　　根据中共包头市委、市政府的要求，包头市商业银行组织中层干部学习了《大力解放思想，优化开放环境》相关文件，并按要求完成了学习笔记、心得体会以及对照检查材料。

同月　　召开共青团包头市商业银行委员会第一次代表大会，并选举产生了李清波等7名团委成员。

9月3日　　与中国工商银行包头分行签订了《委托办理银行汇票业务协议》和《委托代理其他支付结算业务协议》。

9月至10月　　在全区范围内公开招聘中层干部及业务骨干28名。

10月23日　　包头市人民检察院副检察长、预防职务犯罪领导小组组长罗克同志和市人民检察院职务犯罪预防处处长、预防职务犯罪领导小组副组长姬志厚同志等一行来行就预防职务犯罪工作进行检查、指导。

10月26日　　经营层领导班子和全体员工在八楼会议室召开了"大干五十天——向建行五周年献礼动员大会"。会议的主要议题是"抓存款，抓服务，抓管理"，李镇西行长做了重要讲话。

11月8日　　包头市商业银行总部由原办公地点昆区工商行政大楼南正式迁入青山区钢铁大街6号的新办公大楼。

11 月 26 日　　包头市商业银行档案工作目标管理晋升为国家二级。

11 月　　包头市商业银行开办仓单质押贷款业务及下岗失业小额担保贷款业务。

12 月 15 日　　包头市商业银行总部营业部、利通支行、广通支行储蓄业务实现免填凭条。

12 月　　包头市商业银行在包头市地方金融企业及集体金融企业财务决算工作中被包头市财政局评为一等奖。

同月　　在建行 5 周年之际，策划并组织开展了以"翩翩起舞"和"欢欣鼓舞"为主题的庆祝活动。在包头市寻找和商业银行同龄的小朋友一起欢度自己的生日，并与小朋友们进行联欢，扩大了商业银行的影响和社会知名度。还组织全行员工在圣诞节夜晚深入到全市各个小区，将商业银行的祝福和问候送到千家万户，拓展了商业银行在市民中的影响力。

同年　　截至年底，全行总资产达到 92.9 亿元，存款余额为 68.6 亿元，各项贷款余额 44.1 亿元。

2004 年

1 月 15 日　　阜新人行张歧行长、阜新市商业银行谢卫星行长一行 4 人来包头市商业银行考察交流。

2 月 3 日　　包头市商业银行被全国银行间同业拆借中心评为 2003 年度"优秀交易成员单位""全国银行间债券市场交易量 100 强"。

2 月 14 日　　包头市商业银行召开 2004 年工作会议。

2 月 15 日　　在包头市第一工人文化宫召开 2004 年度工作会议，晚上召开"超越梦想——包头市商业银行 2004 年工作会议暨'双先'表彰会"。

2 月 16 日　　在总行七楼会议室召开包头市商业银行第二届监事会第六次会议，审议通过了监事会下设监事会办公室和审计委员会的议案。

2 月 25 日　　包头市商业银行首获公开市场业务一级交易商资格。

2 月 29 日　　包头市商业银行支行长竞聘。

2 月　　包头市商业银行被中国银监会列为首批 32 家信息披露试点城市商业银行之一。

3 月 1 日　　包头市商业银行各部室负责人竞聘。

3 月 22 日　　包头市商业银行获得国家开发银行 2004 金融债券承销团成员资格。

3 月 24 日　　包头市商业银行获得中国进出口银行 2004 年度金融债券承销团成员资格。

3 月 25 日至 4 月 9 日　　包头市商业银行代售新时代信托公司发行的聚财牛股权集合资金信托计划，开辟了新的业务品种。

3 月 28 日至 30 日　　参加了在人民大会堂召开的首届中国管理精英大会，党委书记、行长李镇西荣获"管理英才奖"，副行长金岩荣获"管理精英论文奖"。

3 月 31 日　　根据银监会的要求，包头市商业银行为 50 个营业网点换发了新版《金融机构营业许可证》正副本。

3月31日　　包头市商业银行成为中国经济学家论坛会员单位,党委书记、行长李镇西被任命为中国经济学家论坛副理事长。

4月14日　　银川市商业银行、兰州市商业银行来包头市商业银行考察交流。

4月20日　　包头市商业银行召开一季度经营分析会议。

4月24日　　包头市商业银行发行雄鹰借记卡。

4月27日至30日　　包头市商业银行参加了在北京由中国银监会国际部、中国银行业协会、中欧金融服务合作项目办公室主办的"商业银行公司治理"国际研讨会。

4月　　制定了《包头市商业银行(2004—2006)发展规划》。

5月9日　　包头市创建青年文明号活动组织监察委员会授予包头市商业银行营业部"杰出青年文明号"荣誉称号。

5月21日　　获得内蒙古自治区通信管理局颁发的中华人民共和国增值电信业务经营许可证(ICP蒙B2-2004013),允许包头市商业银行开办第二类增值电信业务——在线数据处理与交易处理业务。

5月21日至24日　　包头市商业银行参加了在清华大学举办的"全国城市商业银行战略发展与创新"国际化高级研修班。

5月　　行报《包头市商业银行风采》更名为《金色时光》。

6月9日　　包头市商业银行"铁西"信托计划成功销售。

6月11日　　包头市商业银行新一代综合业务系统成功上线。

6月16日　　包头市商业银行首获中国农业发展银行2004年金融债券承销团成员资格。

6月24日至25日　　"第五次城市商业银行发展论坛会议"在银川召开,闫旺林董事长、李镇西行长参加会议。

6月25日　　包头市商业银行举办全行性的点钞比赛。

7月15日　　包头市商业银行对全行营业机构的金融许可证进行公示。

7月28日至9月10日　　包头市商业银行委托包头新时代信托发行了"聚财宝"集合资产信托计划。

7月　　包头市商业银行主办首届"雄鹰杯"职工篮球赛。

同月　　包头市商业银行组织全行600多名员工进行汉字录入、数字录入、点钞三项基本技能考核，合格率达95%以上。

8月6日　　包头市商业银行首获债券结算代理业务资格。

8月20日　　开通新的结算方式——银行汇票，打破了本行客户与其他商业银行之间直接办理异地资金清算的"瓶颈"。

8月至9月　　代销德盛小盘股精选基金和鹏华中国50两种开放式基金。

9月18日至19日　　包头市商业银行参加了由全国地方金融论坛组委会办公室、廊坊市商业银行承办的全国地方金融第八次论坛。

9月21日　　在总部二楼会议室召开"大干100天，存款突破100亿元动员大会"。周有才副行长主持会议，李镇西行长从吸收存款的重要意义、抓存款的有利时机和措施等方面做动员讲话，发达支行陈立宇、包钢支行刁建华分别介绍经验，全行中层以上干部参加。全行吸收存款的积极性空前高涨，相继涌现出一批存款突破亿元大关的机构。

9月21日　　包头市地方税务局成立10周年，包头市商业银行被高新开发区地方税务局评为先进纳税人。

10月10日　　温州市商业银行邢增福行长一行来包头市商业银行考察并进行业务合作交流。

10月14日　　李镇西行长、金岩副行长及部分部室负责人与温州市商业银行邢增幅行长在总部举行了座谈会。双方就信息交流、票据业务、资产转外业务、外汇业务以及温州商人在包头的融资等五项业务达成了合作意向。

10月28日　　在总行二楼会议室召开包商银行第二届董事会第七次会议暨2003年度股东大会，选举产生副董事长及董事会秘书拟任人选，审议通过董事会下设组织机构及人员设置，并选举李镇西为副董事长。

10月　　包头市商业银行获得地方税收纳税大户称号。

同月　　孝感市商业银行、宁波市商业银行、恒丰银行、贵阳市商业银行、大同市商业银行、福州市商业银行领导来包头市商业银行学习考察。

11 月 11 日至 13 日　　包头市商业银行参加了在河北香河县中国第一城召开的第二届国际金融论坛年会。

11 月 16 日　　包头市商业银行召开中层干部恳谈会议，李镇西行长提出 2005 年"巩固、调整、提高、突破"八字方针工作思路。之后全行 13 个支部分别召开"爱我商行心连心恳谈会"。

11 月 23 日　　包头市商业银行全行 ISO9001 质量认证外审工作开始，12 月 3 日结束。

11 月 24 日　　李镇西行长主持召开行长办公会议，听取了各片存款工作进展情况，对前段时间存款工作进行了回顾总结，研究部署了今后的存款工作。

11 月 28 日　　包头市商业银行被内蒙古党委宣传部评为思想政治工作先进单位。

11 月 30 日至 12 月 2 日　　包头市商业银行参加了在北京国际会议中心举办的第六届中国经济学家论坛暨 2005 年中国社会经济形势分析与预测国际研讨会。

12 月 1 日　　中共包头市委、包头市人民政府将包头市商业银行纳入包头市两个文明建设重点单位。

12 月 2 日　　李镇西行长提出打造作业、营销、组织推动"三大工程"战略。

12 月 19 日　　包头市保密局张局长一行 7 人代表包头市保密委员会来行检查工作，对包头市商业银行保密工作给予高度评价。

12 月 25 日　　包头市商业银行"银联"标准卡——雄鹰卡正式向社会公开发行。

12 月 28 日　　包头市商业银行举行雄鹰卡首发仪式，包头市人民政府副市长闻荣友与中国银联领导揭牌。内蒙古金融办、中国人民银行内蒙古分行、华夏银行呼市分行、交通银行内蒙古分行、银川市商业银行、乌海城市信用社等多家区内外金融机构发来贺电。

12 月 29 日　　包头市人民政府副市长李逢春一行来行调研。

12 月 30 日　　包头市商业银行被包头市委、市政府授予"社会治安综合治理"目标责任先进单位。被市消防支队授予"消防责任安全"达标单位。

12 月　　包头市商业银行银联卡系统成功上线，第一批 10 台自动取款机（ATM）开通上线，第一台销售终端机（POS）开通上线，结束了包头市商业银行没有银联卡的历史。

同年　　为了加强与个人客户和公司类客户的沟通，创办了《为您理财》和《客户之友》两种刊物。

同年　　在年度地方金融企业财务决算报表工作的考核评比中，包商行获得综合考评第一名的优异成绩；被包头市劳动和社会保障局评为"包头市 2004 年度遵守劳动保障法律法规'A级诚信单位'"的荣誉称号；包头市商业银行审计部被内蒙古自治区内审协会评为自治区先进单位。

同年　　重新制定和规范了《包头市商业银行贷前调查制度》《包头市商业银行贷后检查制度》《包头市商业银行贷前调查报告内容及格式》等多项制度。

同年　　截至年末，全行总资产达到 131.9 亿元，各项存款余额为 120.9 亿元，各项贷款余额 48.1 亿元，全年实现利润 6961 万元。

2005 年

1 月 4 日　　鄂尔多斯集团总裁王林祥一行来行洽谈业务。

1 月 8 日　　邀请对外经济贸易大学何自云教授来行举办"资本管理"讲座。

1 月 13 日至 14 日　　在兵器宾馆举行中层干部拓展培训。

1 月 14 日　　内蒙古自治区档案局、包头市档案局对包头市商业银行档案服务利用达标进行评审，包头市商业银行被授予"自治区档案利用优秀单位"称号。

1 月 16 日　　被全国银行间同业拆借中心评为 2005 年度"优秀交易成员单位""全国银行间债券市场交易量 100 强""全国银行间债券市场交易活跃前 100 名""全国银行间本币市场交易量 100 强""全国银行间本币市场交易活跃前 100 名"。

1 月 24 日至 26 日　　内蒙古银监局召开工作会议，李镇西行长参加。

同月　　邀请著名专家孙向军、宋福范教授为员工全面系统地讲述了历史、哲学、地理方面的知识，从人文角度给员工们提供了一份精神大餐。

2 月 5 日　　内蒙古自治区政府副主席余德辉一行视察包头市商业银行，李镇西行长向余主席做了工作汇报。在听取汇报后，余主席指示：包头市商业银行要抓住机遇，尽快走出包头市，去谋求更大的发展。

2 月 16 日　　包头市商业银行获得国家开发银行 2005 年金融债券承销团成员，并再次荣获公开市场业务一级交易商资格。

2 月 28 日　　包头市商业银行获得中国进出口银行 2005 年度金融债券承销团成员资格。

3 月 2 日　　在神华国际会展中心多功能厅举办"放飞希望——包头市商业银行 2004 年度'双先'表彰暨文艺会演"，包头市"五大班子"及中国人民银行、银监分局有关领导出席。

3 月 5 日至 6 日　　包头市商业银行 2005 年度工作会议在青山宾馆胜利召开。

3 月 8 日　　召开中层以上干部会议，研究抓好工作会议精神的落实。李镇西行长提出在全行实施目标管理、资本管理、扁平化管理，之后从计财部、人力部抽调人员成立考核办公室，并提出总部搞批发、支行搞零售的经营思路。

3月9日　　召开全行中层及总部员工大会。李镇西行长做动员讲话，人力资源部朱晓明通报关于实施扁平化管理的方案，之后包头市商业银行所有网点上收总部管理，取消了各支行下设的储蓄所，使每一个机构都成为盈利点，为包头市商业银行的快速发展发挥了巨大的作用。

3月10日　　包头市商业银行被包头市政府评为"2004年度全市落实消防工作责任先进单位"。

3月12日　　在《银行家》杂志社主办的中国商业银行竞争力排名新闻发布会上，中国商业银行竞争力研究中心发布的《中国商业银行竞争力报告》显示，包头市商业银行综合竞争力在全国112家城市商业银行中排名第30位，考虑到14家国有和股份制商业银行（浙商银行、恒丰银行）改制不久，未取得相关数据，包头市商业银行已进入全国商业银行50强。

3月15日　　在包头市农村牧区工作会议上，李镇西行长被授予全市奶业发展先进个人称号。

3月21日　　包头市商业银行被评为"2005年度中国农业发展银行金融债券优秀承销商"。

3月23日　　包头市商业银行2005年党员工作大会隆重召开。党委书记、行长李镇西做了题为《坚持以人为本，树立科学的发展观，为实现包头市商业银行做强做大目标而奋斗》的重要讲话。

3月24日　　贵阳市商业银行一行7人来行考察。

3月26日　　包头市商业银行举行拟升格营业网点负责人竞聘大会。会上有21名同志参加了本次竞聘。

3月　　包头市商业银行专门邀请内蒙古大学法学院郑春玉教授从法律角度对金融业务如何防范风险等问题进行了剖析。通过培训，客户经理们从法律角度对新公司法等一系列与业务相关的法律法规有了全新的认识，为解决实际业务操作中遇到的法律问题奠定了良好的基础。并对全行各网点营业部主任、会计科长、临柜人员也进行了优质服务培训。

4月11日　　包头市商业银行"中国现代化支付系统"成功上线。

4月18日　　参加2005中国金融品牌高峰论坛。

4月21日　　李镇西行长一行10人考察托县农村信用社和托电工业园区。

4月29日　　包头市商业银行同城清算系统顺利上线，实现了资金清算的"一口出，一口入"。

5月9日　　获得中国农业发展银行2006年金融债券承销团成员资格。

5月16日　　中国人民银行内蒙古分行来行调查再贷款使用情况，检查组对包头市商业银行利用央行再贷款大力支持中小企业给予高度评价。

5月17日　　包头银监局召开全市金融企业专项治理双边会议，会上各家金融机构就开展专项治理活动情况进行了汇报交流。

5月18日　　包头市委副书记杨建和来包头市商业银行视察双文明创建工作情况。

同日　　李镇西行长主持行长办公室会议。一是决定分两批组织全体党员赴西柏坡接受爱国主义教育；二是研究部署了创城迎会的几项主要工作。

5月20日　　经中国银联股份有限公司批准，正式开通包头市商业银行银联标准卡——雄鹰卡在境外的使用业务，从而使雄鹰卡在香港、澳门、新加坡、泰国、韩国实现受理。包头市商业银行布放的POS机、ATM机将为境外银联标准卡持卡人提供相应服务，雄鹰卡持卡人"一卡在手，走遍全球"的梦想正在成为现实。

5月　　包头市商业银行被中共包头市委、包头市人民政府确定为包头市创建全国文明城市、迎会重点形象展示单位。为做好创城迎会工作，包头市商业银行在狠抓各机构窗口文明的同时，专门拍摄了反映两个文明建设电视专题片《一颗璀璨的金星》，并印刷了反映包头市商业银行近几年巨大变化的画册。

同月　　包头市商业银行开展"保持共产党员先进性"教育活动。

6月6日　　包头市商业银行人民币银行结算账户管理系统顺利上线，同时账户清理核实工作全面展开。

6月9日　　召开银行卡营销培训及银行卡之春宣传动员会议。李镇西行长在动员讲话中指出，每一项新业务就是一个利润增长点，就是为客户提供服务的一个品牌。

6月14日　　郑州市商业银行来行学习交流。

6月19日　　包头市商业银行雄鹰卡零余额批量开卡及批量代收代付功能开发成功并上线运行。

6月28日　　内蒙古金融学会在呼和浩特召开换届大会。李镇西行长、办公室主任武仙鹤成为新一届金融学会会员。

6月30日　　配合内蒙古金融统计检查组完成对本行统计工作的检查。中国人民银行呼和浩特中心支行及人民银行包头市中心支行检查组对包头市商业银行的统计工作所取得的成果予以肯定。

6月　　闫旺林董事长、李镇西行长赴深圳参加第六次全国城市商业银行论坛会议。

同月　　第三代以资本管理为核心的绩效考核系统开始投入使用；包头市商业银行竞争情报系统正式上线运行。

同月　　由本行全程总冠名的"丝绸之路国际模特大赛内蒙古地区总决赛暨包头市商业银行形象大使选拔赛决赛"在神华国际会展中心举行。

同月　　包头市商业银行大额支付系统上线。

7月1日　　李镇西行长主持召开会议，研究"一体两翼"理论模型。

7月8日　　包头市商业银行与包头师范学院签署了银行卡业务合作协议。

7月12日　　内蒙古自治区党委副书记陈光林来行视察，指导"双文明创建"工作。

7月14日　　按照打造"三大系统"的要求，出台《包头市商业银行外部营销人员管理考核办法》。

同日　　包头市商业银行为包头市"创城迎会"捐款100万元。

7月20日　　包头银监分局一行5人，对本行的统计工作开展了为期6天的检查工作，计划财务部圆满完成接待任务。

7月25日　　中经科环认证专家杨裕涛一行3人对包头市商业银行质量认证工作进行外审。

同日　　包头市商业银行银联网上差错处理平台通过中国银联验收并正式上线。

7月27日　　召开包头市商业银行债券结算代理产品推荐会，40多名企业代表参加。

7月29日　　对实现扁平化管理的支行进行统计培训，主要培训统计系统的实际操作及统计说明的填报。

7月　　开展"创城迎会，优质文明服务百日竞赛活动"。

同月　　世界银行聘请的首席顾问伊丽莎白和埃维拉女士来行介绍微小企业贷款的理念和

技术，并进行调研。

同月　　绩效考核系统成功上线，该系统根据监管部门对城市商业银行强化资本管理、增强风险防范的监管要求，结合本行实际情况推出的。该系统以"经济增加值"为主要考核指标，是集管理与考核为一体的考核系统。

8月5日　　在总行八楼会议室召开迎接"创城迎会"检查准备会议，全行中层以上干部参加。

8月6日至8日　　内蒙古自治区"创城迎会"检查团三批共计240多人来行检查验收。

8月7日　　内蒙古自治区书记储波、主席杨晶一行领导莅临包头市商业银行视察指导工作。

8月15日　　本溪城市信用社来行学习交流。

8月25日　　潍坊商业银行来行学习交流。

8月28日　　国家开发银行聘请的爱丽丝等两位德国微小企业信贷技术（IPC）专家来行考察。

8月31日　　包头市商业银行召开"开展保持共产党员先进性教育活动动员大会"，全行140多名党员干部参加。中共包头市委开展保持共产党员先进性教育活动，第二督导组李刚、寇新民、刘晓峰、王玉贵出席会议。

同日　　由赤峰市委常委、常务副市长李学玉、金融办主任方武、赤峰银监分局局长周亚树、赤峰市城市信用社董事长岳兴江等一行7人组成的赤峰市政府金融工作考察团，在呼和浩特市金融办主任王振坤陪同下来本行行考察。

同日　　包头市商业银行完成全国银行卡联网通用检测工作。

9月7日　　亚洲开发银行钱鹰一行3人在内蒙古自治区金融办李国俭副主任陪同下来行考察。

9月10日　　长沙市商业银行王行长一行来行考察。

9月20日　　李镇西行长主持召开部分中层干部会议，研究"上规模、调结构"工作，并对包头市商业银行所处的形势、当前的主要工作以及经营管理中可借鉴的经验和存在的不足进行了认真分析，就提升包头市商业银行核心竞争力，未来三至五年内实现跨区经营进行了安排布置，并责成业务发展部研究人员制定包头市商业银行三年发展规划。

9月22日　　最高人民检察院政治部主任一行来行考察。

同日　　召开行长办公会，根据包头市商业银行机构设立和业务工作实际需要，取消了各支行的科技结算科。

9 月 27 日　　内蒙古银监局罗炬、郭利红、王连成等一行 10 人来行，调查包头市商业银行新增三个网点及开办外汇业务筹备情况。

9 月 29 日　　积极响应中国银监会电视电话会议精神，开展案件专项治理大检查。

10 月 8 日　　为提升包头市商业银行的社会形象，在包头机场设立了两个贵宾（VIP）室，为我行客户提供更为优质便捷的服务。

10 月 11 日　　根据中国银行业监督管理委员会内蒙古监管局《关于对包头市商业银行开办外汇业务的批复》（内银监办复〔2005〕61 号）的文件精神，正式开办外汇业务。此项业务的成功开办，使包头市商业银行从单一经营人民币的业务模式跨入本外币一体的经营模式，标志着包头市商业银行金融服务水平又迈上了一个新的台阶。

10 月 18 日　　召开包头市商业银行开展保持共产党员先进性教育活动转段动员会议，由学习动员阶段进入分析评议阶段。包头市委开展保持共产党员先进性教育活动第二督导组李刚、寇新民、刘晓峰、王玉贵到会。

10 月 20 日　　李镇西行长提出"团结进取、科学创新、求真务实、廉洁自律"的领导干部标准，"搭平台、搞服务、出思路、用干部"的工作方法，"识大体、顾大局、懂经营、善管理、能协调、会组织、守纪律、做表率"的中层干部标准和"爱岗敬业、团结友爱""学习好、团结好、工作好、纪律好、身心好"的员工标准。

10 月 22 日至 25 日　　参加由北京大学主办的"商业银行市场营销与业务创新研修班"。

10 月 25 日　　国家开发银行微贷款工作组郭振兴处长一行 4 人就包头市商业银行申办微小贷款项目进行信用评估和专项评审。

10 月　　包头市商业银行大额交易数据联网报送系统上线运行，顺利完成了大额数据的系统自动抽取和统一上报工作。

同月　　包头市商业银行被内蒙古自治区文明办授予自治区级"青年文明号"。

11 月 8 日　　泰安市孙市长一行来行考察交流。

11 月 11 日　　在一机宾馆召开包头市商业银行发展战略研讨会。

11 月 12 日　　引入体验式培训，举办了第一期中层及以上干部体验式拓展训练。

11 月 13 日　　世界银行高级专家王君一行 6 人来行考察微小贷款项目。

11 月 14 日　　参加地方金融第九次论坛。

11 月 16 日　　在青山宾馆举行"国家开发银行与包头市商业银行微小企业贷款合作项目签字仪式"。国家开发银行重组局局长、国家开发银行内蒙古分行郭民社行长、包头市人民政府苏青市长、闻荣友副市长，包头市商业银行行领导及有关方面的领导和媒体记者出席了签字仪式。

11 月 23 日　　包头市商业银行与国家开发银行在包头青山宾馆正式签订《微小企业贷款合作项目协议》。此项协议的成功签订，不仅对包头市商业银行引进国际信贷管理先进模式、提升信贷管理综合水平、优化信贷资产、增强综合竞争能力具有非常重要的意义，而且对于包头市引入区外资金，缓解中小企业"融资难、贷款难"等问题具有积极的推动作用。

11 月 24 日　　接收原农业银行东河支行石拐分理处储蓄业务和对公业务。

11 月 28 日　　包头市商业银行总部营业部开始受理外币个人储蓄业务。

12 月 1 日　国家开发银行聘请的微贷技术德国国际项目咨询公司（IPC）项目执行顾问玛嘎女士、若夫、安迪先生三名专家抵达包头市商业银行，正式启动微小企业贷款项目。

12 月 3 日　　包头市商业银行正式加入环球同业银行金融电讯协会（简称 SWIFT）组织，成为 SWIFT 会员，并开通了 SWIFT 资金清算系统，具备了与其他商业银行总部同等的清算速度。

12 月 5 日　　包头市商业银行首获中央国库现金管理商业银行定期存款参与银行资格。

12 月 5 日至 15 日　　包头市商业银行考察市场、确定产品定价（年利率 18%）、选定发达支行为第一家业务办理支行。

12 月 8 日　　经国家外汇管理局包头市中心支局批准，包头市商业银行取得了开办结售汇业务的资格，正式成为外汇指定银行，陆续开立了境内外同业各主要结算货币（美元、欧元、日元等）清算账户，并与海外十多家银行建立了印押关系，资金汇划畅通，具有了自己的清算路线。

12 月 10 日　　举办了"2005·经济金融形势讲座"，邀请国内知名专家李连仲、王松奇、李伏安授课。

12 月 11 日　　开展首批微小贷款信贷人员的招聘工作。

12 月 11 日至 13 日　　参加第二届国际金融论坛。

12 月 15 日　　包头市商业银行发布《建设节约型机关倡议书》。

12 月 21 日　　举办包头市商业银行业务发展研究优秀论文评选会，共有 18 篇论文在此次评选中获奖。部分优秀论文发表于《内蒙古金融研究》2005 年增刊和《阴山学刊》2005 年第 6 期。

12 月 26 日　　赤峰市委常委、常务副市长李学玉，金融办主任方武赤峰银监分局局长周亚树，赤峰市城市信用社董事长岳兴江来行进行合作洽谈。包头市人大王主任、金融办李祯和包头市商业银行全体领导参加洽谈。

12 月 27 日　　包头市商业银行召开"保持共产党员先进性教育活动总结会"。党委副书记周有才主持会议，党委副书记闫旺林宣读评议结果，党委书记李镇西做总结讲话，中共包头市委开展保持共产党员先进性教育活动第二督导组组长寇新民到会并讲话。

12 月 29 日　　包头市商业银行召开第二届董事会十二次会议、第二届监事会七次会议和2004 年度股东代表大会。

12 月 30 日　　包头市商业银行被中共包头市委、市政府授予"社会治安综合治理"目标责任先进单位。被包头市消防支队授予"消防责任安全"达标单位。

12 月　　　坐落在九原区新春街 10 号的包头市商业银行职工培训中心正式建成并投入使用，培训中心占地 20,000 多平方米，内部设有室内网球场、室内游泳馆、宾馆、多功能教室、桑拿间、餐厅、职工宿舍、室外篮球场等设施。

同月　　　经国家外汇管理局包头市中心支局批准，包头市商业银行取得了开办结售汇业务的资格（包汇复〔2005〕1 号），正式成为外汇指定银行，包头市商业银行自行开发了适合自身业务特点和管理需求的外汇会计核心系统和国际结算系统。

同月　　　包头市商业银行在"创城迎会"中被中共包头市委、市政府授予"突出贡献单位"，被中共内蒙古自治区委员会、自治区政府、内蒙古军区评为自治区级文明单位，被包头市国税局评为纳税信用等级 A 级纳税人，在包头市财政局主办的 2004 年度地方金融企业财务决算报表工作的考核评比中获得综合考评第一名。

同月　　　包头市商业银行完善了贷款卡系统、企业征信系统、信贷管理系统等三大系统的录入工作。

同年　　　截至年底，全行总资产达到 218.1 亿元，各项存款余额为 190.1 亿元，各项贷款余额 81.1 亿元，实现利润 20630 万元，上缴税金 7702 万元。

2006 年

1月1日 包头市商业银行银行培训中心正式启用，培训中心是包头市商业银行打造学习型企业的重要举措，同时基于培训中心的投入使用，李镇西行长在 2006 年工作报告中指出，将 2006 年作为包头市商业银行的"培训年"。

1月5日 包头市商业银行 2006 年度工作会议在职工培训中心召开，李镇西行长在会上做了题为《坚定信念，科学发展，为打造国际化的好银行而努力奋斗》的工作报告，提出"科学发展、自主创新、提高盈利、国际合作"十六字工作方针，确定了"市民是基本客户、中小企业是核心客户、大企业是高端客户、政府是重点客户"的市场和客户细分。

1月9日 周有才副行长带队，就与赤峰城市信用社合作事宜到赤峰市进行实地调研，并分别与赤峰市政府及赤峰市城市信用社进行会谈。

1月9日至10日 本行举办了"2006·人文基础知识讲座"。

1月15日 本行组织参与竞聘石拐等 7 家支行负责人的候选人员进行演讲、答辩。

同日 包头市商业银行聘请中共中央政策研究室经济局局长李连仲为包头市商业银行首席高级经济顾问。

1月16日 包头市商业银行被全国银行间同业拆借中心评为 2005 年度"优秀交易成员单位""全国银行间债券市场交易量 100 强""全国银行间债券市场交易活跃前 100 名""全国银行间本币市场交易量 100 强""全国银行间本币市场交易活跃前 100 名"。钱特木尔获"优秀交易员"称号。

同日 包头市商业银行召开全行中层干部述职大会。

1月17日 包头市商业银行票据贴现中心成立并正式全面运营。

2月5日 包头市商业银行获得 2006 年公开市场业务一级交易商资格。

同日 组织部分支行长召开打造"三大系统"听证会。

2月7日 李镇西行长主持召开经营工作会议，各经营部门负责人和支行长参加了会议。

2月10日 李镇西行长提出五步工作法：第一步，全面收集信息；第二步，用 50% 精力调查研究；第三步，分清主要矛盾、次要矛盾；第四步，寻找切入点；第五步，系统运营。

2月14日 组织部分支行行长召开第二场打造"三大系统"听证会。

2月15日 济南市商业银行党委副书记兼纪委书记樊兆乾一行4人来行考察交流，重点调研第七届城商行论坛议题。

2月16日 包头市商业银行获得国家开发银行2006年金融债券承销团成员资格。

2月18日 李镇西行长的文章《情系金融铸辉煌》发表于中国金融网。李镇西行长在全国金融人物评比中被评为城市商业银行年度人物，银监会副主席唐双宁为李镇西行长颁奖。

2月21日至22日 组织支行部分新晋员工进行第三期体验式拓展训练。

2月27日 世界银行高级专家王君带领7名专家来行，就包头市商业银行与国家开发银行微小贷款合作项目开展为期三天的评估。王君指出，参加这个项目的银行应该财务状况良好，公司治理完善，风险控制良好，资产质量优良。

同日 世界银行高级顾问王君先生、独立咨询专家安得烈·拉乌格乌（Andrew Lovegrove）、詹姆斯·韦弗（James Weaver）先生、张博慧女士等对包头市商业银行进行项目评价考察。

同日 内蒙古银行业协会召开创立大会，包头市商业银行为会员单位之一，行长李镇西、行长助理魏占元、办公室主任武仙鹤参加会议。李镇西行长被选为内蒙古银行业协会第一届会员大会监事会监事，信贷管理部部长王慧萍、行长助理魏占元分别被选为内蒙古银行业协会业务协调委员会委员、维权委员会委员。

同日 包头市商业银行获得中国进出口银行2006年度金融债券承销团成员资格。

同月 包头市商业银行微小企业信贷部正式成立，任命赵梦琴为部长。

3月6日 在神华国际会展中心举办了"畅想辉煌——包头市商业银行2005年度'双先'表彰暨文艺演出"。

3月7日 周有才副行长召集纪委书记李献平、办公室主任武仙鹤、人力资源部部长朱晓明、办公室副主任鲍景魁研究吸收合并赤峰市城市信用社有关事宜。

3月9日 策划拍摄《服务规范教程》。

3月11日至12日 邀请银监会张海川、世界银行申蕾、毕马威会计师事务所张博惠三位专家来行讲授信贷五级分类、呆账计提、拨备计提、建立科学的风险控制体系，全行信贷及中层以上员工 270 人聆听讲座。

3 月 14 日　　张家口市商业银行朱有平董事长带领董监事会及经营班子全体成员来行考察交流。

同日　　李镇西行长召开会议，研究授权各支行开展个贷业务事宜，并责成信贷管理部部长王慧萍牵头出台个贷业务营销、作业流程、风险控制等办法。

3 月 16 日　　玛嘎等三名微小贷款外国专家约见李镇西行长，通报微小企业贷款情况，研究下一阶段工作。

3 月 17 日　　召开包头市首届中小企业金融产品推介会，各旗县区领导出席，全市 230 多家中小企业参加。

3 月 18 日　　由中国金融网和搜狐财经、央视广告部联合主办的"2006 中国金融形势分析、预测与展望专家年会暨第二届中国金融专家年会"上，包头市商业银行行长李镇西当选为 2005 中国城商行年度人物。中国人民银行副行长吴晓灵、中国银行业监督管理委员会副主席唐双宁亲自为李镇西行长颁奖。

3 月 18 日至 21 日　　周有才副行长一行到赤峰市，与赤峰市金融办、赤峰市城市信用社签署合作意向书。

3 月 20 日　　包头市商业银行经中国外汇交易中心审核正式成为中国外汇交易中心会员。

3 月 21 日　　包头市商业银行评为 2005 年度中国农业发展银行金融债券优秀承销商。

3 月 24 日　　包头市商业银行计划财务部举办全行性的统计培训会议，解决在报送过程中出现的问题。

3 月 27 日　　对全行信贷员进行了《新〈公司法〉与银行法律风险控制》培训。

3 月 28 日　　李镇西行长提出工作六度法，即工作要注重"长度、高度、广度、厚度、密度、深度"。

3 月 30 日　　召开治理商业贿赂专项工作动员会议。

同日　　召开 2006 年度全体党员大会。李镇西行长向大会做了题为《锐意创新，注重实效，为打造国际化城市商业银行而努力奋斗》的报告。

3月31日　　唐山市商业银行佟子臣行长一行来行考察交流与国家开发银行合作办理中小企业贷款项目及授信资产管理等业务。

3月　　对吸收存款先进支行进行购买车辆奖励。

同月　　香港凤凰卫视大商道栏目采访李镇西行长。

4月13日　　大商道栏目报道李镇西行长打造国际化好银行的做法。

同月　　李镇西行长作为《银行家》杂志2006年第三期封面人物接受《银行家》杂志的采访。

同月　　包头市商业银行开办二手房按揭贷款业务和小额消费信用贷款业务，出台《微小企业贷款政策》。

同月　　包头市商业银行在包头外管局的帮助下成功安装并开通了银行结售汇报表系统、国际收支申报系统、外汇账户管理系统和外汇反洗钱系统。

同月　　包头市商业银行开始为北方奔驰重型汽车有限公司开立进口信用证。

同月　　包头市商业银行放款中心和资产管理中心成立并正式全面运营。

同月　　包头市商业银行所有营业网点全部聘用了保安人员，加强了营业场所的安全保卫工作。

4月4日　　行长李镇西、信贷管理部部长王慧萍、办公室主任武仙鹤及包头银监分局二科科长曹立松在自治区银监局八楼就包头市商业银行合并赤峰市城市信用社进行专题汇报。自治区银监局股份制处赵处长等领导听取了汇报，对包头市商业银行按照市场原则收购赤峰市城市信用社表示同意，指示要与赤峰市加快联系。

4月5日　　在总部二楼会议室，包头市商业银行与青山区政府联合召开金融服务进社区活动，青山区黄宝珠副区长及11个街道党政一把手参加。之后，4月相继在包头市商业银行职工培训中心启动金融服务进昆区社区、金融服务进东河区社区、金融服务进郊区社区活动，并印制了《社区金融服务手册》。还举行了"与你相随"文艺进社区系列演出活动。

4月14日　　包头市商业银行与内蒙古政府签订协议，五年内向自治区中小企业提供融资50亿元，支持内蒙古中小企业发展，促进自治区经济建设。

同日　　和平支行、向阳支行、高新支行三家支行重新开业。

4月15日至16日　　锡林郭勒银监分局王建中局长一行来行考察微小贷款项目。

4月15日　　　根据《内蒙古自治区人民币银行结算账户管理系统突发事件应急演练方案》，全行 48 个已上账户管理系统的网点开展包头市人民币银行结算账户管理系统突发事件应急演练工作。

4月18日　　　包头市漫翰剧团以包头市商业银行为素材编排的音乐剧《金色时光》开始审查。

同日　　　国家开发银行评审三局谭波副局长、内蒙古分行行长郭明社，微小贷款外国专家卡洛（Carlo）与李镇西行长、金岩副行长就微小贷款合作项目召开协调会。

4月23日　　　包头银监分局正式批复同意包头市商业银行在赤峰市设立分支机构。

4月25日　　　内蒙古银监局召开内蒙古银行业金融机构主要负责人会议，李镇西行长参加会议，办公室主任武仙鹤陪同参会。

4月26日　　　内蒙古自治区政府在呼和浩特市人民银行培训中心召开推进小企业金融服务座谈会。内蒙古银监局陈志韬副局长主持会议，内蒙古银监局王彦青局长做了重要讲话，各金融单位主要负责人进行了交流。李镇西行长出席了会议，办公室主任武仙鹤陪同参会。会议确定了重点行联系制度，陈志韬副局长联系包头市商业银行。之后，陈志韬副局长八次到包头，听取工作进展情况，分析解决问题，推动包头市商业银行小企业贷款工作。

同日　　　包头市商业银行下发了《关于信贷业务试行新审批流程及档案管理办法的通知》，完善了全行的信贷业务审批流程和档案管理。

4月29日　　　经过三个多月的安装测试，包头市商业银行办公自动化正式上线使用。

4月　　　包头市商业银行配合人民银行呼和浩特中心支行及人民银行包头市中心支行，完成了对内蒙古自治区西部区小额支付系统的培训工作；出台《微小企业贷款业务操作程序》和《微小企业信贷部信贷员工资管理办法》；成功申请并正式成为中国电子口岸查询系统入网用户；对全行的信贷业务和负债业务、中间业务进行全行范围的风险调查；与中国银行包头分行、交通银行包头分行、农业银行包头分行分别签署全面合作协议。

同日　　　根据银联要求，包头市商业银行进行系统改造，正式向各成员机构收取银行卡品牌服务费、跨行查询收费。

5月9日　　　包头市商业银行获得中国农业发展银行 2006 年金融债券承销团成员资格。

5月11日　　　李镇西行长主持会议，研究并为各支行信贷授权。金鹿支行、金荣支行、银河支行、科技支行、昆信支行、包钢支行、鑫源支行幸福路营业部 7 家支行获得单笔 300 万元信贷授权；振华支行、繁荣支行、青信支行、乌兰支行、发达支行发达营业部、包钢支行林荫路营业部、利通支行等8家获得单笔200万元信贷授权；环城支行、包钢支行阿尔丁大街营业部、银河支行公园路营业部、红光支行西脑包营业部、鑫源支行鑫源营业部、广通支行、金鹿支行飞龙营业部、繁荣支行文化路营业部、石拐支行、广通支行工业路营业部10家获得单笔100万元贷款授权。

5月15日　包头市银监分局局长贺凯新、监管二科科长曹立松前往发达、科技支行考察包头市商业银行微小贷款，并参观科技部、培训中心。

同日　周凤亮总会计师和计划财务部人员赴呼市参加银监会举办的"1104工程"系统建设会议。并于次周在行内举行"1104工程"系统建设领导小组会议。

5月18日　赤峰市常务副市长李学玉、赤峰市金融办主任方武、城市信用社董事长岳兴江一行与周有才副行长、武仙鹤主任在呼和浩特市会见，就包头市商业银行与赤峰市城市信用社合作签订了协议。

同日　包头市商业银行举办首期"公文信息简报写作知识讲座"，全行140多人聆听了讲座。

5月22日　内蒙古银监局监察室王竞处长一行来行检查治理商业贿赂工作。

5月23日　参加包头市各族各界青年"纪念'五四运动'87周年暨包头市商业银行杯"系列表彰颁奖典礼，闫旺林董事长为受表彰者颁奖。

5月25日　厦门市商业银行来行考察。

同日　内蒙古自治区政府在自治区政府礼堂召开全区金融工作会议暨支持非公有制经济发展会议。包头市商业银行被授予2005年度全区金融工作最佳业绩奖，并获得20万元奖金。

6月2日　包头银监分局批复同意包头市商业银行在赤峰市设立分支机构。

6月2日至3日　中国城市商业银行第七次会议暨城市商业银行发展论坛在山东济南隆重召开。本次论坛的主题是"金融开放与中国城商行发展新思路"，包头市商业银行董事长闫旺林，党委书记、副董事长、行长李镇西及部室负责人参加会议。会上李镇西行长做了《关于提升城市商业银行核心竞争力的几个问题的思考》专题发言，受到了兄弟城市商业银行的好评，发言材料被《当代金融家》和金融网转载。

6月3日　闫旺林董事长做客中国金融网金融会客厅，与兰州市商业银行一起探讨了城市商业银行的发展。

6月6日　由通辽市人民政府副秘书长王久翔、通辽银监分局局长徐蒙率领的通辽市政府金融考察团来行考察，内蒙古银监局监察室处长王竞、包头市商务局副局长李帧、包头银监分局副局长柴宝玉、包头市商业银行副行长周有才、金岩，总会计师周凤亮及有关部门负责人参加座谈。

6月11日　　邀请包头市科协主席徐来自教授做了题为《以物理学方法为典范的科学方法》的讲座。

6月13日　　光大银行李子卿副行长一行来行交流学习。

6月15日　　召开协调会议，布置接收赤峰市城市信用社工作方案。

同日　　召开"包头市商业银行零售业务听证会"。

6月17日至18日　　总部部分员工和支行部分新晋员工进行第四期体验式拓展训练。

6月26日　　北京大学硕士、博士暑期实践团来行考察实践。

同日　　李镇西行长在培训中心召集部分行领导和部门负责人召开协调会议，提出十六字工作方针，即"一个标准、三个文明、五个方面"，并指出：核心竞争力、国际化、小企业贷款是全行的工作重点，要求总部领导"搭平台、搞服务，出思路、用干部"，要求中层干部"识大体、顾大局，懂经营、善管理，能协调、会组织，守纪律、做表率"，要求员工要做"学习好、团结好、工作好、纪律好、身心好"的五好员工；提出要打造学习型、专家型团队，提升研究能力、决策能力，坚持对外学习；要打造"特色支行"，实行"差别管理"，并指出营销系统特别重要。

6月28日　　中国银监会二部处长方炜、黎涛及蔡允革，北京银监局姚春梅来行检查指导工作。

6月30日　　包头市商业银行顺利完成全行机构营业执照统一年检。

6月　　包头市商业银行与中国出口信用保险公司合作为正大高科电子（内蒙古）有限公司办理了第一笔短期出口信用保险贸易融资业务。

同日　　包头市商业银行第四代绩效考核系统投入使用；举行了庆祝中国共产党建党85周年"七月欢歌"大型文艺晚会。

7月3日　　内蒙古银监局审查通过包头市商业银行合并赤峰市城市信用社成立包头市商业银行赤峰分行的申报材料。

7月5日 大同市商业银行行长裴富贵一行9人来行考察交流。

7月12日 李镇西行长召开会议，研究如何培养自己的研究队伍，提高全行研究能力和水平，办公室主任武仙鹤、人力资源部部长朱晓明参加会议。会议决定组建本行研究队伍，首批人员为：刘鑫、魏丽峰、杨维东、周世峰、王娟、孙玲、林俊。研究人员的主要任务如下：一是研究城市商业银行发展战略；二是研究世界银行20强，国内银行20强的先进经营管理技术和经验；三是对银行业世界500强、国内信息及各地亮点进行资料储备；四是建立信息快报、周报、月报，沟通信息；五是重点调查研究，发挥好北京办事处作用。并对研究人员提出要求：能写、能说、能干。

7月17日 包头市金融工作办公室带领外国专家来行考察微小贷款项目。

7月18日 中国银行包头分行张翎行长带领班子成员及部分中层干部来行考察交流。

7月19日 徐州市商业银行胡涛行长、张少华书记一行6人，大同市商业银行董事长陈守文一行16人来行考察交流，同时派4名中层干部在行内进行了为期20天的挂职学习。

同日 李镇西行长听取各支行经营情况汇报。

7月20日 中国进出口银行来行考察交流；中国农业银行包头分行戚秀贵行长一行6人来行考察并进行业务洽谈；光大银行李子卿副行长带领全国光大银行部分一级分行行长一行16人来行考察交流。

7月25日 内蒙古银监局副局长陈志韬、信息统计处处长兼小企业办公室主任张晓非、办公室副主任张玉山，包头银监分局局长池勇、副局长王志忠及部分中层干部在培训中心三楼会议室听取了包头市商业银行小企业工作情况汇报。池勇局长主持会议，李镇西行长汇报，陈志韬副局长发表重要讲话并指示包头市商业银行将开展小企业的情况形成材料上报国家银监会。

同日 包头市商业银行与包头市银监分局讨论形成题为《没有不还款的客户，只有做不好的银行》的主题报告，内蒙古银监局张玉山副主任修改，报陈志韬副局长审定后上报国家银监会。

7月26日 包头市商业银行行领导及全行中层管理人员在山西太原召开"2006年年中工作会议"。

7月28日 召开2006年年中工作会议，李镇西行长做了题为《统一思想，振奋精神，全面完成2006年各项工作任务》的工作报告。

7月 包头市商业银行与华中科技大学合作对微小企业贷款项目进行专题研究。

同月　　包头市商业银行组织游泳队代表包头市参加自治区第十一届运动会游泳比赛，取得了全部 11 项冠军的 9 项。参加包头市第 22 届鹿城文化节演出。

8 月 4 日　　哈尔滨市商业银行郭志文行长一行来行考察交流。

同上　　石家庄市商业银行来行考察交流。

8 月 7 日　　光大银行金融同业部总经理张玉宽一行来行洽谈合作业务，并带来了包括"外币 A 计划""本币 A+ 计划""本币 B 计划""本币 C 计划""本币 T 计划"等产品在内的外币本金结构性存款与人民币本金结构性存款等多种投行理财业务产品。

8 月 10 日　　包头市商业银行召开小企业贷款动员会。

8 月 15 日至 17 日　　邀请来自英国的著名教授彼得·威廉姆森 (Peter Willeamson) 讲授商业银行市场战略与服务营销课程。

8 月 16 日　　中国银监会办公厅信息处傅伟溢处长带领《人民日报》记者富子梅，中央电视台干雷、张伟，《金融时报》章永哲，《国际金融报》李峻岭，《第一财经》李涛等 8 名记者，在内蒙古银监局副局长陈志韬、信息统计处处长兼小企业办公室主任张晓非、办公室副主任张玉山的陪同下，来行采访小企业贷款工作。8 月至 9 月，五大媒体相继报道了包头市商业银行开展小企业贷款情况。

8 月 20 日　　包头市商业银行通过与北京中软融鑫计算机有限公司的共同努力，完成了包括数据接口开发和规范、数据表的提取、数据转换规则定义、程序功能修改、多次的数据抽取与检测等多项开发工作。

8 月 22 日　　九江市商业银行董事长、行长刘羡庭一行来行考察交流。

同日　　计划财务部举办了全行性的"1104"报表填报操作培训会议。本次培训会为即将开展的"1104"报表报送工作的顺利进行奠定基础。

8 月 31 日　　中国银监会二部张天宇副主任、杨智敏处长、张志、严军调研赤峰市城市信用社，内蒙古银监局宋建基副局长、赵秉忠处长，赤峰市人民政府金融办主任方武、赤峰银监分局全体领导、赤峰市城市信用社董事长岳兴江，包头市商业银行行长李镇西等陪同。

8 月　　包头市商业银行与北京交通大学合作开展了微贷技术总结课题研究。

同月　　包头市商业银行微贷技术德国国际项目咨询公司（IPC）信贷管理系统和核心业务系统正式对接。

9 月 6 日　　　包头市商业银行邀请西安印钞厂专家来行对员工进行票据鉴别及风险防范培训。

9 月 11 日　　　包头市商业银行"聚财宝"财产信托计划成功兑付。

9 月 12 日　　　内蒙古银监局宋建基副局长、赵秉忠处长，包头市商业银行李镇西行长、武仙鹤主任一行赴中国银行业监督管理委员会汇报包头市商业银行与赤峰市城市信用社合并情况。银监会二部主任楼文龙、副主任周民源及杨爽、杨智敏、关彦芳、方炜、张金玲等 8 位处长听取了汇报工作。

9 月 12 日至 15 日　　　包头市商业银行高管层出席第三届国际金融论坛。

9 月 14 日　　　庆阳监管分局来行学习小企业贷款管理办法。

9 月 15 日　　　"第三届中国国际中小企业博览会"在广州琶州国际会议展览中心隆重开幕。包头市商业银行作为内蒙古自治区唯一一家参展的金融机构参加了此次盛会，并派出 90 多名中层以上干部参会。中国银监会主席刘明康出席本次中博会，亲临包头市商业银行展位视察。

9 月 16 日　　　内蒙古银监局党校组织各分局领导 20 多名学员，在包头银监分局局长池勇陪同下来包头市商业银行考察，办公室主任武仙鹤接待。

9 月 18 日　　　派出 20 人参加在河北廊坊举办的第三届"国际金融论坛"会议。

9 月 19 日　　　内蒙古银监局信息统计处处长兼小企业工作办公室主任张晓非、办公室副主任张玉山、股份制处副处长罗炬，包头银监分局局长池勇及监管二科科长曹立松、统计科科长李瑞轩来行安排焦点访谈采访事宜，办公室主任武仙鹤及部分小企业贷款工作人员和客户参加。

9 月 20 日　　　在总部二楼圆桌会议室，李镇西行长主持召开总结会议，介绍并推广参加广州会议的经验。

9 月 22 日　　　中央电视台《焦点访谈》节目组对包头市商业银行小企业贷款进行了充分报道和高度评价，在全国引起极大反响。内蒙古银监局副局长陈志韬、包头银监分局局长池勇、包头市商业银行行长李镇西等各位领导接受采访。

9 月 23 日　　　在包头人民体育场召开包头市商业银行 2006 秋季职工运动会。

9 月 25 日　　　通化市城市信用社臧洪喜副主任一行 6 人来行考察交流。

9 月 27 日　　　河南省各市法人金融机构来行就小企业贷款进行学习交流。

9月28日　在全行中层干部会议上，李镇西行长对包头市商业银行未来发展规划提出几点希望：一是要把小企业贷款做成品牌，两年内占到全部信贷资产的70%；二是要高度重视科技工作，切实提高科技水平；三是要切实抓好安全工作，确保不出现任何案件；四是要提高经营管理水平，用三至五年时间把包头市商业银行打造成为全国盈利水平最好的银行之一。

同日　本行开始为内蒙古鹿王羊绒有限公司办理打包贷款业务。

同日　包头市商业银行对全行的信贷业务和负债业务、中间业务分别进行第二次全行范围的风险调查。

10月9日　辽阳市商业银行张清祥副行长一行来行考察交流。

10月10日　山东东营市商业银行来行考察交流。

同日　微贷技术德国国际项目咨询公司（IPC）专家玛嘎、安德利娅约见李镇西行长，金岩副行长、微小企业信贷部赵梦琴部长、办公室武仙鹤主任参加。玛嘎调任九江市商业银行，安德利娅接替玛嘎成为包头市商业银行微小贷款专家。晚上包头市商业银行举行欢送欢迎宴会。

同日　李镇西行长提出打造知识产权、品牌战略企业文化、制度效率认证、科技水平提升、创新能力"五大工程"，召开关于知识产权课题会议。

10月11日　李镇西行长、金岩副行长就打造"五大工程"，分别会见了华中科技大学袁建国教授、中经科环质量认证专家杨浴涛、闪隽广告公司闪隽总经理，听取了专家的意见和建议。

同日　召开包头市商业银行品牌战略讲座。

同日　重庆市商业银行党委书记、董事长张复一行来行交流。

10月12日　河南周口城市信用社来行交流。

10月17日　齐齐哈尔市商业银行来行考察交流。

10月18日　哈尔滨市商业银行、信阳市商业银行、郑州市商业银行、光大银行来行考察交流。

同日　包头市商业银行派出28名中层以上干部赴欧洲十一国考察学习。

同日　河南省18家法人金融机构考察团30多人在河南银监局副局长齐见新的带领下，来行考察交流。

10月19日　呼和浩特市商业银行、郑州市商业银行、辽阳市商业银行、柳州党政考察团来行交流学习。

10月21日　召开全行营业部主任会议，营业机构管理部与各营业机构营业部主任签订优质服务责任状。

10月28日　中国银行业协会来行检查验收，鑫源支行晋升全国文明示范岗。

10月30日　本行计划财务部和科技部参加内蒙古银监局非现场监管信息系统应用培训。培训内容为非现场监管信息系统总体框架和数据流程、内外网数据采集系统使用、法人银行业金融机构非现场监管信息系统使用以及相关的系统和网络维护知识等。

同日　由人民银行包头市中心支行配合总部巡回检测工作小组，组织包头地区各家发卡机构业务人员进行联网通用检测工作，包头市商业银行布放的商户POS机、ATM机测试交易成功率均达到100%，是包头地区唯一一家POS、ATM成功率均为100%的发卡机构。

11月4日　河南平顶山城市信用社来行交流。

11月15日至16日　由内蒙古银监局主办，包头市商业银行承办的"内蒙古银行业推进小企业贷款现场会"在包头青山宾馆召开，自治区金融办、部分委办局、各银行业金融机构主要负责人，内蒙古银监局各处及各盟市监管分局90多名主要负责人参加会议。会议由内蒙古银监局陈志韬副局长主持，自治区副主席余德辉出席会议并做了重要讲话。中共包头市委常委、常务副市长王波致欢迎词，内蒙古银监局局长王彦青出席会议并发表讲话。会议听取了李镇西行长就包头市商业银行开展小企业贷款的经验介绍。微贷技术德国国际项目咨询公司（IPC）专家在会上做了专题讲座。

11月28日　中国银监会发文银监复〔2006〕392号，《关于包头市商业银行开办雄鹰贷记卡业务的批复》，正式批准包头市商业银行开办贷记卡业务。

11月30日　贷记卡系统成功上线（试运行）、银联新借记卡系统正式上线。

同日　包头市商业银行在包头外管局的帮助下成功安装并开通了银行结售汇报表系统、国际收支申报系统、外汇账户管理系统和外汇反洗钱系统。

同日　包头市商业银行开始为北方奔驰重型汽车有限公司开立进口信用证。

同月　包头市商业银行成功发行新时代信托·包头市商业银行安定支行信贷资产之财产信托受益权转让信托计划。

　　同月　　　对全行信贷员进行了《信贷业务法律法规培训》《信贷合同填写培训》《放款中心操作手册培训》和《信贷档案管理培训》等四项培训。

　　同月　　　包头市商业银行在由市文明办主办的首届"供电杯"文明礼仪大赛中获金奖。

　　12月4日　　　在总行七楼会议室召开包商银行第二届监事会第八次会议，选举李献平为监事长。

　　同日　　　在总行二楼会议室召开包头市商业银行第二届董事会第十五届董事会第十五次会议暨2005年度股东大会。

　　12月5日　　　包头市商业银行首获中央国库现金管理商业银行定期存款参与银行资格。

　　12月10日　　　在内蒙古银监局、公安厅组织的对全自治区所有金融机构的安全大检查中，包头市商业银行被评为达标单位。

　　12月14日　　　呼和浩特市商业银行来行考察交流。

　　12月15日　　　中国银监会批复同意包头市商业银行吸收式合并赤峰市城市信用社，筹建包头市商业银行赤峰分行。

　　12月19日　　　中国银监会二部在北京召开一、二类城市商业银行座谈会，行长李镇西、办公室主任武仙鹤、业务发展部部长刘鑫参加会议。李镇西行长在会上做了《城市商业银行》专题发言。唐双宁副主席到会讲话并公布城市商业银行风险评级情况，包头市商业银行成为全国125家城市商业银行中6家风险评级为二级的城商行之一。

　　12月23日　　　本行办公室主任武仙鹤、人力资源部部长朱晓明、计划财务部部长张素梅、信贷管理部副部长张拥军、公司业务部部长侯慧聪、机构管理部部长郭福盈、业务发展部部长刘鑫等组成接收赤峰市城市信用社工作小组，并进入紧张筹建阶段，包头市商业银行开始正式接收赤峰市城市信用社。

　　12月26日　　　在赤峰宾馆召开包头市商业银行与赤峰市城市信用社合并大会。

　　12月29日　　　经中国人民银行呼和浩特中心支行批准，包头市商业银行正式开办个人支票业务。

　　12月30日　　　包头市商业银行被包头市委、市政府授予"社会治安综合治理和平安建设目标考核实绩突出"单位。

12 月 31 日　　包头地区 26 家营业部升格更名为支行。

12 月　　包头市商业银行响应党中央和国务院号召，推出大中专毕业生创业贷款业务，内蒙古自治区党委组织部、团委有关领导参加首笔贷款发放仪式。

同月　　浙江民泰商业银行，海拉尔农村信用社来行考察交流。

同月　　经包头市商业银行董事会批准，决定行长助理魏占元兼任包头市商业银行赤峰分行行长，刘建军任副行长。

同年　　包头市商业银行组织 50 名中高级管理人员到香港、新加坡和欧洲各国对国内外银行业先进的经营和管理模式进行学习考察。

同年　　2006 年包头市商业银行公司类业务品种达 57 种。其中，新产品 20 余种。包括流动资金贷款、贴现、票据承兑、保函等传统业务和仓单质押贷款、保兑仓业务、提单质押贷款、应收账款质押业务、采矿权质押贷款、异地仓单质押贷款等新的融资业务品种。扩大了本行服务客户的业务范围，在增加收入的同时，提升了本行的知名度。

同年　　包头市商业银行与国家开发银行合作开办了银团贷款和联合贷款，为满洲里市城市基础设施投资开发有限公司、鄂尔多斯市城市基础设施投资开发有限公司分别发放贷款 9,000 万元和 5,000 万元。累计发放微小贷款 1,588 笔，累计贷款金额 6,126 万元，贷款余额 4,740 万元。有 6 家支行开办了微贷业务，信贷员人数达到 86 人。

同年　　包头市商业银行获得中国名优数据库优秀企业荣誉称号，在金融业民主评议行风中获得第一名的好成绩，并获得内蒙古人民满意的"金牌形象使者"荣誉称号。

同年　　包头市商业银行员工散文作品集《心语》出版。

同年　　包头市商业银行以漫画风格为主的普及知识性《风险管理手册》出版；反映员工与李镇西行长关于包头市商业银行发展对话内容的《与李行长对话》一书出版；包头市商业银行行报《金色时光》2006 年结集出版。

同年　　包头市商业银行荣获由中国银行业协会授予的"年度中国银行业文明规范服务示范单位"荣誉称号。

同年　　截至年底，全行总资产达到 390 亿元，全行各项存款余额为 270 亿元，各项贷款余额 150.3 亿元，全年实现利润 3.54 亿元，人均实现利润 33.31 万元。

2007 年

1月7日　　包头市商业银行召开 2007 年工作会议。

1月9日至19日　　由魏占元首席风险官带队，25 名中高层干部赴日韩学习考察两国银行业发展情况。

1月12日　　包头市商业银行被全国银行间同业中心评为 2006 年度全国银行间 "债券市场交易量 100 强" "本币市场交易量 100 强" "优秀交易成员" 等荣誉称号。

1月19日　　我行获得国家开发银行 2007 年金融债券承销团成员资格。

1月25日　　包头市商业银行完成了全行劳动合同的续签、复检及鉴定工作，从法律角度有效地规范了全行的劳动用工形式，增加了员工的归属感，调动了员工的工作积极性。

1月26日　　包头市商业银行荣获 "全国银行业金融机构小企业贷款工作先进单位" 称号。

1月　　包头市商业银行出版《银行业知识产权理论与实务研究》。

同月　　在全行范围内开展了 "科学发展、富民强市" 学习教育活动，本次学教活动从 1 月下旬开始，到 4 月底前结束，分为组织学习、对照分析、整改提高三个阶段进行。

2月8日　　包头市商业银行赤峰分行隆重开业。内蒙古自治区副主席余德辉、内蒙古自治区常委统战部部长伏来旺、内蒙古自治区银监局副局长宋建基、赤峰市市委书记杭桂林、市长徐国元、赤峰市各旗县区党政一把手及社会各界代表两百余人出席了庆典活动。赤峰分行的开业庆典是赤峰市近几年规格最高、影响最大的一件盛事。

2月　　包头市商业银行微小企业信贷部被授予微小企业信贷技术（IPC）专家组特殊贡献奖。

同月　　包头市商业银行配合中国人民银行呼和浩特中心支行及中国人民银行包头市中心支行完成了对自治区西部区支票影像系统的培训工作。

同月　　包头市商业银行出版《银行经济资本管理探索与实践》。

2月至4月　　微贷技术德国国际项目咨询公司（IPC）先后派出六名德国专家、三名中国专家、一名电子信息技术（IT）专家、一名审计专家、一名盈利能力分析专家、一名环保专家、一名翻译、十余名顾问培训生对包头市商业银行微贷款业务进行咨询指导、参与业务管理和决策。

3 月 1 日　　包头市商业银行发行雄鹰贷记卡普卡、金卡、白金卡。

3 月 8 日　　包头市商业银行包头地区协调领导小组成立，标志着实行总分行架构后包头地区的领导集体初步建立。

同日　　包头市商业银行获得 2007 年公开市场业务一级交易商，获得中国农业发展银行 2007 年金融债券承销团资格。

3 月 14 日至 28 日　　闫旺林董事长、李献平监事长、金岩副行长、周凤亮总会计师带队，包头市商业银行 31 名中高层干部赴澳大利亚、新西兰学习考察。

3 月 16 日　　由包头市商业银行全资设立的达尔罕茂明安联合旗包商惠农贷款有限责任公司正式开业，注册资本金 200 万元。

3 月 25 日　　包头市商业银行参加市劳动社会保障局关于 2006 年度业绩突出单位的表彰会，被评为 2006 年度再就业实绩突出单位，纪委书记、监事长李献平同志获得全市劳动保障工作先进工作者荣誉称号。

3 月 30 日　　包头市商业银行召开全员竞聘动员大会，鼓励员工积极参与竞聘，实现全员竞争上岗。

3 月　　包头市商业银行获得内蒙古自治区"A 级信用纳税人"称号。配合市妇儿工委办公室开展了"'梦黛杯'和谐家庭有奖征文活动"。

4 月 3 日　　包头市商业银行呼叫中心贷记卡系统正式启用。

4 月 5 日　　参加了包头人民广播电台"行风热线"节目，金岩副行长对"储户选择卡折问题"和"一米线秩序问题"进行了回答。

4 月 9 日　　包头市商业银行完成代销"聚财牛"信托计划兑付工作。

4 月 14 日　　账户管理系统（二期）升级换版完成。

4 月 21 日　　总分行综合业务系统三级改造完成。

4 月 28 日　　由包头市商业银行发起设立的固阳包商惠农村镇银行有限责任公司成立，是全国少数民族地区成立的第一家村镇银行，注册资本 180 万元。

4 月   IPC 公司专家正式撤出，包头市商业银行微贷项目进入全面自主管理、探索及大规模开发阶段。

5 月 26 日   中国作协《人民文学》包头创作培训基地揭牌仪式在包头市商业银行培训中心举行。

5 月   包头市商业银行新组建成立资产运营管理部。

同月   参加全国银行间同业中心成员交流会。

6 月 9 日   包头市商业银行完成代销"铁西基础建设"信托计划三年期到期兑付工作。

6 月 14 日   邀请华中科技大学张玉荣博士一行为中层管理干部进行了为期一天的知识产权培训。

6 月 15 日   包头市商业银行网上银行通过"中国金融认证中心"的测评，进入正式申报阶段。

同日   作为全市八家窗口之一，包头市商业银行参加由包头市文明办组织的包头市文明行业窗口展示活动；参加由包头市文明办主办的主题为"加强作风建设，文明优质服务"现场交流会，并作为发言代表交流经验。

6 月 16 日   包头市商业银行承办的 2007 中小企业金融产品推介会隆重召开。

6 月 22 日   包头市商业银行呼叫中心短信平台系统成功上线。

6 月 24 日   邀请国内著名项目管理学者刘萧峰博士对包头市商业银行高、中层干部举行项目管理培训。

6 月 25 日   包头市商业银行支票影像系统上线运行。

6 月 26 日   在总部八楼会议室召开庆祝建党 86 周年诗歌朗诵比赛。

6 月 28 日   对升格的 26 家支行在现代化支付系统及支票影像系统中进行名称变更，并换发了新的会计业务用章。

6 月 29 日   包头市商业银行联网核查公民身份信息系统上线。

6 月   包头市商业银行《金融正前方》杂志创刊。

同月　　包头市商业银行"1104"二期成功上线。

7月2日　　包头市商业银行文学艺术联合会、包商研究会、包商研究所揭牌成立。

7月21日　　包头市商业银行党委书记、行长李镇西获首届"感动内蒙古人物"奖。

7月24日　　对包头地区各支行的财务人员进行了财务培训。

7月　　包头市商业银行参加公开市场一级交易商工作会议。

同月　　包头市商业银行参加国债登记公司债券投资风险培训。

8月1日至3日　　邀请"感动内蒙古十大人物"候选人、身残志坚的李智华同学来行举办了三场专题报告会，全行共有一千余人聆听了报告。

8月2日　　包头市商业银行召开了"2006年度持证上岗考试表彰大会"，对在2006年度持证上岗考试中表现优异的个人和单位进行了表彰。包头地区王慧萍总经理、侯慧聪副总经理、刘月菊副总经理等参加会议并做了重要讲话。

8月16日　　包头市商业银行对外发行雄鹰贷记卡普卡、金卡、白金卡。

8月27日至30日　　参加中国教育部"春晖计划"2007西方商业银行业务实践与操作培训班。

8月29日　　巴彦淖尔分行在巴彦淖尔市临河区胜利路金泰园正式开业。开业庆典仪式由巴彦淖尔市副市长冀学斌主持。内蒙古自治区金融工作办公室副主任李毅刚、内蒙古银监局副局长宋建基、包头商务局副局长韩永刚、中共巴彦淖尔市委常委、市委秘书长蔺富民、包商银行董事长李镇西、副行长周凤亮，和各旗县区委政府及市、区有关部门，各企事业单位的领导及新闻媒体记者等参加了开业庆典。

9月3日　　包头市商业银行加入中国银行间市场交易商协会。

9月22日　　中国作家协会少数民族文学委员会中国少数民族作家学会在包头市商业行设立创作基地，并在包头市商业银行培训中心揭牌。

9月27日　　包头市商业银行次级债券发行领导小组成立，次级债券发行工作正式启动。

9月28日　　包商银行隆重挂牌，由原来的"包头市商业银行"更名为"包商银行"。

9月　　邀请英国著名经济学专家、利物浦约翰摩尔斯学院（Liverpool John Moors University）的杰森·罗（Jason Law）教授讲授了金融衍生产品及其在银行风险管理中的运用，为包商银行员工带来了世界上最为先进的风险管理实务操作和管理理论知识。

同月　　包商银行组织参加在广州市召开的"第四届中国中小企业博览会"。与内蒙古写作学会、包头社科院联合主办了内蒙古写作学会第五届常务理事会暨学术研讨会。

同月　　通辽市政府发文邀请设立包商银行通辽分行。

同月　　包商银行数据大集中系统成功上线。

10月11日　　邀请许工、方建奇等5位著名理财专家为全行中层干部进行金融理财知识讲座。

10月12日至14日　　包商银行从2006年营销系统中选拔出74名本科以上、工作经验丰富且考核优异的全职客户经理组成金融理财初级培训班，聘请专家进行专项理财实务培训和考核。

10月19日　　参加由包头银监分局组织的包头市银行业机构高级管理人员、要害岗位人员行为测评及外部案件防范评价培训会议。

10月24日　　举行反洗钱业务系统的上机培训，并开始对反洗钱系统进行全面的测试。

10月31日　　包商银行承办了内蒙古银行业协会各会员单位办公室主任会议。

10月　　包商银行换发全行营业执照。

11月1日　　反洗钱系统上线运行。

11月7日　　包商银行与盈达电子商务软件系统（上海）有限公司签署全面合作协议（包括战略规划、培训、IT系统建设）。至此，包商银行新一代综合业务系统建设全面展开。

11月9日　　包商银行开展支持新农村建设活动，并与包头市委宣传部、文明办领导赴结对共建村土右旗毛岱村捐赠书籍和乐器，并举行了小型慰问演出。

11月9日至12日　　包商银行在内蒙古大学、内蒙古财经学院同时举办两场专场招聘会，闫旺林董事长、王慧萍首席运营官等行领导组成考评小组，最终从750余名应届大学生中录用103人，为包商银行包头地区及异地分支机构提供了新鲜的血液。

11月20日　在总部二楼会议室举行包头市青山区人民代表大会（包商银行选举口）换届选举大会。

11月23日至12月31日　包商银行根据前期小企业信贷人员培训计划，开办了会计实务第一模块培训。

11月29日　包商银行制作完毕并发放新行服。

11月　包商银行完善了网络报销系统的流程，实行费用预算管理，大大提高了工作效率。

同月　举办理财知识基础培训班，对国内逐渐兴起的理财活动和银行理财业务进行了全方位的概要介绍。

12月4日　在全行范围内举行包商银行高级管理人员及要害岗位人员基础知识测试。

同日　包商银行在总部二楼会议室召开包商银行文联各协会选举成立大会。

12月12日至17日　包商银行应邀前往内蒙古工业大学进行专场招聘。由李献平监事长、赤峰分行刘建军行长、包头地区刘洛副总经理等组成了本次评委组，并最终从530余名应届大学生中录用56人充实到包商行各个岗位。

12月17日　包商银行接受上海新世纪资信评估服务有限公司的外部评级，被评为AA-级。

12月21日　内蒙古银行业推进小企业贷款工作交流会隆重召开，包商银行等15家金融机构被大会授予示范单位称号，李镇西行长在大会上做了经验介绍。

12月28日　包商银行通辽分行举行开业典礼。参加开业典礼的时任领导有：通辽市副市长布仁特古斯、通辽市金融办主任张广德、通辽银监局副局长包志伟。总行领导有：李镇西、周有才、闫旺林、金岩、魏占元、李献平。通辽市主要新闻媒体对开业情况进行了报道。

12月　包商银行《微小企业贷款案例与心得》出版。

同月　包头市商业银行荣获由共青团中央授予的"全国五四红旗团委"荣誉称号。

同月　包商银行获"2005—2006年度全区重点服务业统计核算调查先进单位"；财务部李春兰获"2005—2006年度全区重点服务业统计核算调查先进个人"荣誉称号。

同月　包商银行实现对包头地区各支行的财务集中核算，将各支行的财务费用支出集中管理，统一核算，提高了财务的透明度，保证了财务工作的准确性和安全性。

同年　　包商银行国际结算量突破一亿美元大关。

同年　　截至 2007 年末，包商银行在全球的代理行新增至 42 家。

同年　　包商银行在同业间开展了信贷资产转让业务，并配合票据业务，形成对冲，开辟了同业业务的新局面。

同年　　总行营业部以优质的服务被包头市文明办评为包头市文明示范窗口，并获得包商银行先进集体荣誉称号；包商银行在"2007 中国商业银行竞争力排名"活动中荣获"最佳小企业贷款创新奖"；被包头市委、市政府评为"2007 年度发展服务业优秀服务奖"和"2007 年度促进农村牧区经济发展先进单位"；被中国银监会评为"小企业贷款先进单位"；2007 年度，在包头市财政局主办的 2006 年度地方金融企业财务决算报表工作的考核评比中，包商银行取得综合考评第一名的成绩。

同年　　截至目前，全行资产总额为 526.6 亿元，存款余额 410.5 亿元，贷款余额 784.7 亿元，全年营业收入 6.4 亿元，净收入 2.3 亿元，资产总额相比 1998 年底增长了 72.9 倍。

2008 年

1 月 14 日　包商银行监事会 2007 年工作总结及 2008 年工作安排会议召开。会议通过了《包商银行监事会 2007 年工作总结及 2008 年工作安排》《关于包商银行监事会审委会委员增补议案》《包商银行监事会议事制度流程》《包商银行监事会审计委员会制度流程》《包商银行监事会监督高级管理层制度流程》和《包商银行监事会对财务活动检查监督制度流程》。

同日　在总部五楼会议室召开包商银行 2008 年度监事会工作会议，审议通过了监事会审计委员会人员调整方案，梳理了《包商银行监事会议事制度流程》《包商银行监事会审计委员会议事制度流程》《包商银行监事会监督高级管理层制度流程》《包商银行监事会对财务活动检查监督制度》。

1 月 28 日　包商银行开通了贷记卡转借记卡、贷记卡转贷记卡的转账业务。

2 月 15 日　包商银行成为财政部 2006 年—2008 年记账式国债承销团成员。至此，包商银行已拥有了多达 6 项的债券市场相关业务资格。

2 月　包商银行理论研究成果《银行经济资本管理探索与实践》出版。

同月　包商银行委托包头市红十字协会为南方受灾地区捐款 10 万元，慰问包头火车站职工，并送去慰问金 3 万元。

同日　包商银行监事会二届十次会议召开。通过了《包商银行监事会 2006 年工作报告》，修改了《包商银行股份有限公司章程》的议案。

3 月 14 日　在总部二楼会议室召开包商银行第二届董事会第二十五次会议，选举产生新的董事长拟任人选。选举李镇西为董事长。

3 月 19 日　由国家开发银行、世界银行和欧洲复兴银行联合举办的"开发性金融及微贷款业务国际研讨会"实地考察了包商银行微小贷款项目。来自尼泊尔、印度、泰国等 7 个东南亚国家，吉尔吉斯斯坦、乌兹别克斯坦、哈萨克斯坦 3 个中亚国家的 12 家银行、4 个政府部门共 27 名政府官员和企业高管莅临包商银行考察。

3 月 20 日　内蒙古大学聘任包商银行李镇西行长为客座教授，并举办了隆重的聘任仪式。参加仪式的相关领导有内蒙古大学副校长王万义、经济管理学院院长郭小川、财务处处长于化廷、副处长张名豹、人事处副处长胡立春和包商银行行长李镇西、行长助理王慧萍等。这也是内蒙古大学首次在校外举办聘任社会名流为客座教授的仪式。

3月27日　　在总部七楼会议室召开包商银行第二届监事会十一次会议，审议通过了监事会审计委员会人员增补方案。

同月　　包商银行正式启用电话监控录音系统，该系统可有效地记录贷记卡业务受理过程中电话征信情况及电话催收情况。

同月　　包商银行编制《包商银行警示教育手册》。

同月　　包商银行对打密机房、打卡机房、领卡、领密等重要风险环节及要害岗位操作启动实时录像监控，有效地防范了操作风险。

4月1日　　包商银行编制《2008年领导干部廉洁自律承诺书》《2008文明员工承诺书》《2008党风廉政建设责任书》《2008精神文明建设责任书》。

4月16日　　包商银行微小企业信贷部的微小企业信贷业务与原零售业务部小企业信贷业务进行整合，由微小企业信贷部统一管理，业务上限提高至300万元。

4月17日　　包商银行被包头市人民政府办公厅评为"全市档案工作先进集体"的荣誉称号。

4月25日　　包商银行宁波分行正式挂牌成立，并在宁波喜来登大酒店举行了隆重的开业典礼。内蒙古自治区副主席布小林、浙江省政协副主席张蔚文，及两省、市的政府有关部门领导，中国人民银行、监管局领导和各界嘉宾云集甬城，共同祝贺宁波分行的开业。在庆典仪式上，内蒙古自治区副主席布小林和浙江省政协副主席张蔚文共同为包商银行宁波分行揭牌。宁波市银监局副局长吕碧琴宣读了银监会关于同意包商银行在宁波设立分行的批文，并向宁波分行行长朱晓明颁发了金融许可证。包商银行董事长李镇西代表总行对宁波分行的成立表示了热烈的祝贺和殷切的期望。

4月26日　　包商银行团委组织包头地区各支行50余名团员青年在包头市"青年生态园"开展了植树活动。

4月　　包商银行完成了核心业务系统改造工作，实现了与宁波分行的跨省清算模式。

同月　　包商银行视频会议系统正式开通。

同月　　包商银行在三鹿支行成立房贷中心，开办了营运车辆贷款。

5月8日　　包商银行小额支付系统银行本票业务正式上线运行，开拓了小额支付领域的新市场。

5月16日　包商银行全体员工为四川地震灾区捐款共计51.6万元，赤峰、巴盟、通辽、宁波分行捐款共计7.16万元。

5月22日　包商银行工会会员捐款4.013万元；包商银行获得内蒙古自治区、包头市两级劳模、五一劳动奖的个人及单位捐款0.45万元；交纳"特殊党费"捐款活动。捐款共计54万余元。

5月30日　包商银行微小企业信贷部赵梦琴部长应中国银行业监督管理委员会的邀请，在银监会举办的银行账户利率风险管理培训班上，做了题为"商业银行贷款产品定价——包商银行实践与探讨"的讲座。

6月19日　包商银行隆重举行了"迎奥运讲文明员工职业道德教育知识竞赛"。

6月25日　包商银行、哈拉乌素嘎查"岗村联建"捐赠仪式在希拉穆仁镇哈拉乌素嘎查举行，包商银行为当地捐款3万元。

同月　包商银行在全区范围内开通96016服务热线。

同月　包商银行出台了第五套《包商银行微小企业信贷部信贷人员工资管理办法》。

同月　正式启用升级后的贷记卡透支监控系统，该系统可根据包商银行设定的风险防控点实时监控可疑交易。

7月26日　包商银行参加包头市女职工健身操比赛荣获三等奖。

7月27日　"2007中国商业银行竞争力排名"新闻发布会在北京召开，金岩副行长代表包商银行参加了本次发布会。

7月　包商银行为固阳县下湿壕新集镇500户供水工程捐款42万元，帮助农户解决吃水问题。

同月　总行机关与总行营业部开展"博爱一日捐"活动，共募集善款71,380元。

同月　包商银行下发了《包商银行微小企业贷款后台人员操作风险处罚作业标准（试行）》。

同月　包商银行全面开通了农牧民工银行卡业务。该项业务使农村牧区外出务工人员在外出打工地银行营业网点办理银联借记卡并存入现金。

8月25日　　"全行财务制度执行会议"召开。会议对《包商银行分行财务管理作业标准》的解释及执行情况进行了讨论。

8月27日　　特华博士后科研工作站与包商银行小企业贷款研讨会在总部二楼会议室召开。科研工作站来行调研考察，并出席了本次研讨会。包商银行党委书记、行长李镇西，党委副书记、监事长、纪委书记李献平，副行长金岩，业务发展部部长刘鑫，微小企业信贷部部长赵梦琴，业务发展部副部长魏丽峰，微小企业信贷部培训处处长周朝阁和微贷中心副处长李伟贤等参加了研讨会。

8月30日　　全国地方金融第十二次论坛在呼和浩特召开，包商银行李镇西行长、金岩副行长出席了本次论坛。

9月3日　　全国大中城市社科联第十九次工作会议在包头举行。包商研究会荣获全国先进学会称号。金岩副行长代表包商研究会出席了本次会议并做了发言。

9月5日　　由北大青鸟公司对包商银行经营管理系统绩效考核系统第二期进行了培训。财务部全体成员、各分行财务员、包头营业部各支行财务员参加了培训。

9月21日　　由中小商业企业协会等单位主办的"2008创业中国年度人物颁奖典礼"上，李镇西董事长荣获"2008创业中国年度十大风云人物"称号。

9月21日至22日　　总行区域信贷政策研讨会在宁波分行召开。

9月24日　　出台了《包商银行微小企业贷款业务市场营销宣传管理作业标准（试行）》。

10月10日　　包商银行监事会二届十二次会议召开。会议通过了《包商银行监事会监事行为规范》《包商银行监事会职责权限及工作细则》和《包商银行监事会外部监事制度》。

10月13日　　首笔小额支付系统银行本票业务在包商银行成功办理，标志着小额支付系统银行本票业务在包头市顺利开通。

10月16日　　包商银行鄂尔多斯支行开业。包头市委副书记、常务副市长廉素，鄂尔多斯市人民政府副市长李世镕，包头市和鄂尔多斯市相关单位负责人出席了开业庆典。

10月18日　　包商银行第四届职工运动会在包头市体育场隆重召开。

10月23日　　金岩副董事长在福建银行业金融创新大讲堂第十一讲任主讲人。

11月3日　　包商银行被授予"全区企业文化建设示范基地"荣誉称号。

11月19日 包商银行参加全市"改革开放30年"演讲比赛，荣获第三名。

11月24日 包商银行信息系统等级保护的定级和测评工作完成，并在自治区各行业首家获得了公安部门颁发的证书。

同日 "包头市信息系统安全等级保护工作暨包商银行等保工作定级测评总结大会"在包商银行隆重召开，会上，测评组专家代表谢宗晓博士宣布包商银行参加测评的四个三级系统全部合格，并由公安部门领导向包商银行颁发了四个系统的"信息系统安全等级保护备案证明"。

11月27日 在总部二楼会议室召开包商银行第二届董事会第三十三次会议暨2007年度股东大会，选举产生包商银行股份有限公司第三届董事会董事、第三届监事会监事拟任人选，董事会提名陶伟为董事会秘书拟任人选。

同日 监事会二届十三次会议召开，通过了《包商银行监事会2007年工作报告》。

12月1日 在内蒙古银监局和内蒙古银行业协会组织召开的内蒙古银行业奥运服务最佳窗口（标兵）暨2008年度文明规范服务示范单位表彰大会上，总行营业部金鹿支行和鑫源支行同时被中国银行业协会评为"2008年度中国银行业文明规范服务示范单位"；被内蒙古银行业协会评为"2008年度内蒙古银行业文明规范服务示范单位"；被内蒙古银行业协会评为"2008年度内蒙古银行业迎奥运最佳服务窗口单位"；金鹿支行员工高月英被内蒙古银行业协会评为"2008年度内蒙古银行业迎奥运最佳服务标兵"。

12月3日 包商银行召开了全行"支持扩大内需促进经济增长"视频会议，安排部署近期支持拉动内需促进经济增长工作。

12月 包商银行微小企业信贷部赵梦琴部长获得"2008年度内蒙古自治区金融工作先进个人"荣誉称号；包商银行获得"2008年全国银行间同业拆借中心优秀交易成员""2008年全国银行间市场交易量100强""2008年全国银行间债券市场交易量100强""2008年全国银行间市场活跃前100名""2008年全国银行间同业拆借中心优秀交易员"称号。

同年 包商银行与国家开发银行合作，为国家开发银行及其村镇银行、洛阳市商业银行、荆州市商业银行培训25人。

同年 截至年底，全行总资产达到616.78亿元，各项存款余额476.82亿元，各项贷款余额231.12亿元，全年实现收入9.43亿元，实现净收入6.72亿元，增加资本公积3.84亿元。

2009 年

1月3日　　包商银行召开 2009 年工作会议。

1月　　李镇西董事长应邀参加中央人民广播电台《经济之声》"财富观点"节目录制，接受栏目主持人徐强专访。

同月　　包商银行与北京交通大学合作开展小企业信贷员素质模型开发项目课题研究。

同月　　包商银行配合国务院发展研究中心开展"关于中国城市商业银行发展战略与包商模式课题研究"工作。

2月6日至7日　　包商银行在北京举办"包商大讲堂"系列讲座（一）。邀请了著名实战派培训专家何冰、中国金融出版社总编辑魏革军、知名哲学教授葛荣晋分别做了题为"赢在执行力""当前金融形势和金融政策"与"国学智慧与企业管理"的讲座。

2月8日至10日　　包商银行参加"亚布力中国企业家论坛第九届年会"。

2月14日　　包商银行参加《证券市场周刊》2009 宏观经济春季预测会。

2月21日至22日　　在海南三亚举办"包商大讲堂"系列讲座（二）。李镇西董事长和金岩副董事长分别做了题为"在组织变革与经营模式转变过程中应该注意的几个问题""组织变革与经营模式转变对我行的重要意义"的演讲。

3月7日至8日　　在北京举办"包商大讲堂"系列讲座（三）。李镇西董事长、金岩副董事长做了题为"新组织架构下部门与分支行职责""组织架构变革——总分支组织架构的内涵"的演讲，并邀请北京大学哲学系教授王博、时装编辑梁春敏做了《道德经》和"现代时装简介与搭配"的讲座。

3月9日至10日　　世界银行项目经理南茜·陈（Nency Chen）、世界银行财务顾问祝祺及国家开发银行相关人员来包商银行就微小企业贷款合作项目进行了视察指导。南茜·陈（Nency Chen）女士对包商银行微小企业信贷业务的迅速、健康发展，对目标客户群体给予的认可和信任进行了充分肯定，对信贷人员的高效工作及优质服务给予了高度赞扬。

3月15日　　包商银行运营服务部正式成立，顺利完成与办公室的交接工作（将原来运营服务部下设的安全保卫中心、后勤服务中心、接待办的全部或部分职能移交办公室）。

3 月 23 日　　包商银行凭证式国债业务完成手工上线工作。

3 月 31 日　　包头银监分局和包商银行主办包商大讲堂系列讲座（四），邀请对外贸易大学金融学院何自云教授左了题为"次贷危机、资本管理与银行风险"的讲座。

3 月　　包商银行获得 2009 年—2011 年的凭证式国债承销团成员资格，并从 3 月起陆续发行了五期凭证式国债，总承销金额为 80,000 万元，对投资者公开销售 40,673.36 万元。

同月　　总行小企业金融部顺应全行组织架构战略调整，重塑事业部角色定位，改变了过去一统到底、全封闭纵向管理的模式，将小企业信贷业务的具体经营下放至各分行，实现了小企业金融业务在品牌推进道路上质的飞越。

4 月 1 日　　内蒙古社科联五届二次全委（扩大）会议增补李镇西董事长为内蒙古社科联副主席。

4 月 3 日　　包商银行在北京举办"包商大讲堂"系列讲座（五）。邀请首都师范大学文学院博士生导师、中国诗经学会理事鲁洪生做了题为"易学"的讲座。

同日　　包商银行在原资产运营管理部和风险控制管理部的基础上组建了总行风险管理部，内设授信审批中心、市场风险中心、合规中心、授信执行中心和统计中心。

4 月 5 日　　包商银行账户管理系统升级换版工作完成。

4 月 17 日　　召开第三届监事会第二次会议，审议通过《包商银行监事会关于变更审计委员会负责人的议案》等 3 项议案。

4 月 17 日　　中国银监会新闻处处长傅伟溢陪同三大中央媒体记者，代表国办二局就小企业贷款来包商银行调研采访。调研采访结束后，新华社记者将调研情况以新闻通讯的形式发表在新华通讯社（第 1960 期）国内动态上。

4 月 18 日　　宁波分行、赤峰分行 ATM 业务正式上线，标志着包商银行异地分行 ATM 正式启用。

4 月 29 日　　《经济日报》刊登宣传包商银行小企业金融服务专题报道《低不良，高增速，塑品牌——包商银行中小企业信贷业务实现跨越式发展》。

4 月　　包商银行参加中国金融网 2009 年专家年会，李镇西董事长荣获"2009 年度银行业年度人物"，包商银行获得"中小银行创新奖"。

同月　　《21世纪经济报道》《第一财经日报》《中国证券报》《经济观察报》《上海证券报》记者赴包头，考察包商银行小企业金融服务工作并采访小企业金融部部长赵梦琴。

同月　　李镇西董事长专著《"1、3、5"——中国商业银行有效发展路径》由中国经济出版社出版发行。

同月　　制定、修订《包商银行个人征信检查管理办法》等11项关于征信管理工作的业务制度、标准和工作流程，有效地改善了包商银行征信使用环境。

同月　　根据全行组织架构的调整要求，个人金融部与总行营业部个人金融部进行了业务与管理的安全交接，并对总行营业部个人金融部初期的工作进行了细致的指导，保障了包头地区个人信贷业务安全、高效运营。

5月11日　　包商银行参加亚洲银行家峰会。

5月14日　　金岩副董事长应邀为内蒙古财经学院本科生和研究生做了题为"信息与管理"的讲座。

5月15日至16日　　李镇西董事长出席"2009陆家嘴金融论坛"。

5月18日　　李镇西董事长受邀在对外经济贸易大学SBF论坛上做了题为《新市场上的新理念——小企业金融》的专题讲座。

同日　　《人民日报》刊登宣传包商银行小企业金融服务专题报道《他们为何"亲近"小客户》。

5月20日　　《第一财经日报》刊登宣传包商银行小企业金融服务专题报道《一个城商行的微贷业务成功样本》。

5月21日　　包商银行在深圳举办"大美内蒙古"摄影展。

同日　　经深圳银监局批准，包商银行股份有限公司深圳分行正式挂牌营业。内蒙古自治区政府副主席布小林，包头市委副书记、常务副市长廉素，深圳市副市长唐杰，以及来自包头、深圳两地金融界同行齐聚一堂，参加了开业庆典。包商银行董事长李镇西在开业庆典上做重要讲话，并对深圳分行的未来发展提出了殷切期盼。

同日　　包商银行将小企业贷款业务延伸到改革开放的前沿阵地——深圳市，并在开业当天发放了五笔小企业贷款。

5月24日　　中央电视台播出"《对话》：放下望远镜，拿起显微镜"，探讨如何破解中小企业融资难问题。中国银行业监督管理委员会主席、党委书记刘明康对包商银行小企业金融服务的理念和特色给予高度评价。

5月25日　　金岩副董事长应邀在对外经济贸易大学SBF论坛上做题为"小企业贷款的核心理念和核心技术"的专题讲座。

5月27日　　审计署与国家开发银行来包商银行对微贷项目进行后续审计，审计结果认为：合作项目进展顺利，合作协议的各项条款得到有效落实。

5月　　新华社内参刊登宣传包商银行小企业金融服务专题报道《包商银行：无抵押担保为啥没成呆坏账》。

同月　　对外经济贸易大学研究生课程"小企业金融理论与实务"正式开课，包商银行作为成功案例被编入教材。

同月　　包商银行配合内蒙古社科联开展"内蒙古中小企业融资问题研究"课题研究工作；配合内蒙古金融学会开展"内蒙古中小企业发展制约因素及对策研究"课题研究工作；配合包头市委开展"包头产业结构升级研究"课题研究工作。

6月1日　　中央电视台经济频道《经济信息联播》播发了《包商银行：改变自己适应客户做微贷》专题新闻报道。

6月2日　　中央电视台经济频道播出《对话》栏目特别节目"经济热点面对面——中小企业融资实验"，全景再现包商银行小企业金融服务模式。

6月3日至18日　　个人金融部与总行营业部对包头地区51家营业网点进行了信用卡业务的联合检查。

6月5日　　《21世纪经济报道》刊登宣传包商银行小企业金融服务专题报道《解密微贷"放款机器"》。

同日　　《金融时报》刊登对李镇西董事长专访"打造第三种文化"。

6月6日　　李镇西董事长应邀参加中央电视台主办的"如何破解中小企业融资难"国际论坛，介绍了包商银行的服务理念和信贷文化。

同日　　制定了《包商银行合规政策》，基本形成了以风险为本的合规风险管理体系，搭建了合规管理建设体系的基本框架。

6月15日　　　宁波分行行长助理徐文勇陪同总行行长助理侯慧聪参加中国工商银行在北京召开的银行同业外汇业务合作研讨会。

6月18日至19日　　　李镇西董事长、金岩副董事长、王慧萍行长参加由国家开发银行、世界银行联合主办，包商银行协办的"微小企业贷款研讨会"。

6月23日　　　金岩副董事长作为特邀嘉宾参加第一财经电视台《头脑风暴》节目录制活动。

6月26日　　　《中国企业家》刊登李镇西董事长专访《李镇西：从记者到行长》。

6月　　　实施全行内网与互联网的物理隔离。

同月　　　包商银行二季度外汇账户数据质量考核居自治区13家外汇指定银行之首。

同月　　　包商银行荣获全区银行业金融机构安全保卫工作先进集体称号，魏占元副行长被评为全区银行业金融机构安全保卫工作先进个人。

同月　　　针对理财业务的实际需要，包商银行与北京数浩公司联合开发了"包商银行零售客户分析系统"，通过对客户进行统一的管理和分析，规定有效客户的贡献度，从而进行有针对性的营销及考核工作。

7月6日　　　新系统项目组召开阶段会议，会议总结了新系统相关核心、外围、环境、数据移植、科技和风险等各个方面的进展情况，并确定了"账务处理正确，数据移植准确和符合监管要求"作为新系统项目组后续工作重点。

7月12日　　　包商银行在北京举行董事会专家指导委员会签约仪式。

7月14日　　　世界经济论坛即达沃斯论坛执行董事兼首席运营官安德烈·施奈德致函李镇西董事长，正式宣布包商银行为该论坛组织的全球成长型公司会员。

同日　　　包商银行参加全国人大财经委举行的"中小企业贷款问题座谈会"。

7月15日　　　包商银行参加"内蒙古自治区中小企业工作会议"。

7月24日　　　中国社会科学院金融研究所所长王国刚一行到包商银行调研考察。

同日　　　包商银行参加内蒙古金融学会第八次代表大会，李镇西董事长的学术论文《小企业金融市场和客户特征分析》荣获学会优秀课题二等奖，金岩副董事长和战略部刘鑫部长分别当选为第八届理事会常务理事和理事。

8月8日至9日　　个人金融部针对个贷业务流程、法律法规、项目调查和档案管理等11项内容在全行进行了业务视频培训，全行个人金融业务条线274人参加，并在培训结束后参加了个人金融部组织的上岗考试。

8月9日　　包商银行在呼和浩特市举办"大美内蒙古"摄影展。

8月10日　　包商银行锡林郭勒支行正式开业。开业仪式由包商银行行长王慧萍主持。锡林郭勒盟委、行署两大班子主要成员，内蒙古银监局、包头市银监分局相关领导，包商银行总行李镇西董事长以及锡林郭勒盟企业代表等出席了开业仪式。支行开业得到了社会各界的支持。

8月15日　　包商银行呼伦贝尔支行开业，内蒙古自治区副主席布小林、副秘书长李春光，呼伦贝尔市市委书记曹征海、市长罗志虎及中国人民银行呼伦贝尔市中心支行、呼伦贝尔银监分局相关领导，包商银行董事长李镇西、行长王慧萍等出席了开业庆典并剪彩。

同日　　侯慧聪副行长出席"2009中国商业银行竞争力评价报告"发布会，包商银行综合竞争力在全国城商行中排名第七，在大型城商行中位列第五，在西部城商行中位列第一，并被评为"2008年度最佳小企业金融服务城市商业银行"。

8月16日　　包商银行在呼伦贝尔市举办"大美内蒙古"摄影展。

8月20日　　运营服务部参加人民银行组织的大小额系统切换演练工作。

8月22日　　李镇西董事长参加由吉林省松原市人民政府和《银行家》杂志社举办的"银行家50人松原论坛"。

8月26日　　包商银行向无收入来源和无工作居民发放了首批养老保险贷款，为生活困难居民解决了参加养老保险的难题，同时确保了这部分人群老有所养、老有保障，成为包头市第一家也是唯一一家向居民发放养老保险贷款的银行。

8月29日　　李镇西董事长参加由经济日报社和中国中小企业协会举办的"首届中国中小企业多元化融资对洽会"。

同日　　应国家开发银行邀请，包商银行为辽宁省团委组织的"辽宁省青年创业小额贷款项目"的36名人员进行了微小企业信贷技术培训。

同日　　包商银行"真珠贝"小企业贷款获中国银行业协会举办的第二届服务中小企业及三农十佳特优产品奖。

同日　　经财政部和人民银行、中央国债公司联合认证，包商银行成为储蓄国债（电子式）

承销团成员，并成功销售储蓄（电子）式国债第五期、第六期、第七期、第八期，承销总额度为 28,000 万元。

9 月 4 日 李镇西董事长出席在大连举行的第二届中国中小企业融资论坛暨中国中小企业金融服务战略合作联盟年会，包商银行荣获"2009 中国中小企业金融服务十佳机构"荣誉称号。

9 月 6 日 李镇西董事长出席在大连举行的全国地方金融第十三次论坛，包商银行荣获"全国地方金融第十三次论坛征文组织特别奖""第二届服务中小企业及三农十佳特优金融产品"，李镇西董事长荣获"全国地方金融第十三次论坛阜新市商业银行杯征文二等奖"。

9 月 10 日至 12 日 李镇西董事长参加"2009 夏季达沃斯论坛"。

9 月 13 日 李镇西董事长出席深圳银监分局主办的"银行间高层论坛"。

9 月 16 日 包商银行新版网站成功上线。

9 月 18 日 包商银行国债系统正式上线。

9 月 22 日 李镇西董事长荣获第二批中国博士后科学基金特别资助金。

同日 包商银行中小企业金融部成立。

9 月 28 日 《金融时报》刊载介绍达茂旗包商惠农贷款公司典型业绩的通讯报道《贷款公司忙了，农牧民笑了》。

9 月 包商银行对小企业贷款的全部制度流程进行了梳理、修订、完善，共下发了 22 个制度流程覆盖了微小企业贷款的所有业务及流程。

同月 包商银行 9 月完成了储蓄国债（电子式）业务的会计分录编写及业务系统的测试及上线工作；并与中国银联合作，推出新中国成立 60 周年主题信用卡；开通"客户自主订制单笔透支限额"信用卡业务，增加了信用卡电话语音服务系统的卡片激活及密码预留功能。

同月 根据新会计准则要求及包商银行具体工作情况，出台了《包商银行财务报表非现场管理与监督核对办法》《包商银行内部资金计价管理办法》《包商银行事业部与分行费用管理办法》。

同月 出台《包商银行科目使用说明》，加强对各分行及相关部门对科目使用的规范性。

10月6日至7日　　李镇西董事长、金岩副董事长出席伦敦微型金融投资峰会。

10月9日　　包商银行办公室恢复设立。

10月27日　　李镇西董事长参加银监会召开的"全国城商行工作会议"。

同日　　包商银行微贷项目客户王昆仑及桑伟大分别获2008年中国银行业协会（花旗）微型创业奖城市贸易类一等奖及城市服务类二等奖，信贷员刘媛获城市信贷员二等奖。

10月27日至28日　　包商银行作为理事机构出席"中国小额信贷发展促进网络2009年会"。

10月29日　　包商银行农村金融部成立。

同月　　包商银行对微小企业贷款目标客户及市场进行细分，共推出了五大系列15个新的贷款产品。

同月　　包商银行与北京国投信托公司合作发售包商银行第一款结构型黄金理财产品——"真珠贝成长0901号"人民币黄金挂钩理财产品，募集金额3,000万元人民币。

同月　　财务部与风险管理部组织了对全行各部门与各分支机构预算管理员的培训，为全面预算管理的进一步实施奠定了基础

11月10日　　包商银行小企业金融部更名为包商银行微小企业金融部，业务上线调整至100万元。包商银行中小企业金融部更名为包商银行小企业金融部。

11月22日　　李镇西董事长参加由中国中小商业企业协会、中国中小企业家年会组委会主办的"第四届中国中小企业家年会"。

11月　　财务部与个人金融部、运营部协调，完成增设有关中间业务收入科目，以反映各事业部中间业务收入情况。

12月1日　　包商银行战略部部长刘鑫荣获《金融时报》主办的企业文化征文活动二等奖。

12月5日　　包商银行ATM转账限额系统正式上线。

12月5日至6日　　李献平监事长出席在北京举行的第八届中国企业领袖年会。

12月11日　　包商银行发行中国红慈善主题信用卡。

12 月 12 日　　包商银行外汇金宏工程国际收支申报系统正式上线运行。

12 月 18 日　　包商银行在成都举办"大美内蒙古"摄影展。

同日　　包商银行成都分行举行开业庆典。包头市委、成都市委、中国人民银行成都分行、中国银行业监督管理委员会四川监管局等单位的领导,包商银行李镇西董事长、王献平监事长、王慧萍行长,以及总行各部室、各兄弟分行的领导应邀参加了庆典活动。

12 月 21 日　　包商银行召开第三届董事会第二十四次会议暨 2008 年度股东大会,审议通过董事会下设委员会成员的调整。

同日　　包商银行召开第三届监事会第四次会议,审议通过《包商银行三年发展规划报告》。

12 月 28 日　　王慧萍行长出席在北京举行的"2009 中国金融机构金牌榜首届'金龙奖'颁奖盛典",包商银行荣获"年度最佳小企业贷款中小银行"奖,并荣获"年度最佳城市商业银行"奖。

同日　　包商银行成都分行正式开业。

12 月 29 日至 30 日　　李镇西董事长参加内蒙古自治区全区经济工作会议。

12 月　　包商银行被银行家杂志社授予"最佳企业社会责任奖"和"金融产品十佳奖";战略部撰写的《内蒙古中小企业发展制约因素及对策研究》获内蒙古金融学会优秀论文一等奖。

同月　　包商银行设立内蒙古东部审计中心和内蒙古西部审计中心。

同月　　包商银行审计部《中小型商业银行内部审计体系的构建》一文被内蒙古自治区审计厅内部审计管理中心、内蒙古自治区内部审计协会评为 2009 年度"内部审计与内部控制体系建设"理论研究课题一等奖。

同月　　包商银行审计部《浅析中小型商业银行实施新会计准则的难点和对策》一文被内蒙古财政厅评为 2009 年度会计论文三等奖。

同年　　截至年末,全行总资产达到 812.19 亿元,存款余额 669.70 亿元,各项贷款余额 276.86 亿元,全年实现利润 10.68 亿元,均达到或超过监管部门的要求和新巴塞尔协议的标准。

2010 年

1月2日　　包商银行为包头市民献上的新年音乐会——捷克布拉格之春爱乐乐团包头专场演出在神华阿尔丁剧场隆重举行。

1月12日　　包商银行召开 2010 年工作会议。

同日　　包商银行被中央国债登记结算有限责任公司评为"2009 年度债券自营业务优秀结算成员"。

1月12日　　开展了操作风险管理理论与案例专题培训，魏占元常务副行长在会上强调操作风险是商业银行在经营管理过程中面临的最主要的风险之一，要求全行上下要一手抓业务发展，一手抓风险管理。

1月13日至14日　　参加财政部 2009 年度国债发行总结暨表彰大会，包商银行获得财政部评选的"2009 年度记账式国债承销优秀奖""2009 年度记账式国债承销进步奖"。

同日　　包商银行被中国外汇交易中心评为"2009 年度全国银行间市场交易量 100 强"。

同日　　包商银行召开第一次小企业金融专业会议，就小企业拟出台的制度办法予以讨论。王慧萍行长就如何做好小企业金融工作提出指导性意见，初步形成了思想、行动、舆论三方面的统一。

1月15日至16日　　包商银行出席包头文化产业高峰论坛，王慧萍行长出席论坛并做主题演讲。

1月22日　　包商银行呼和浩特分行正式开业，于呼和浩特盈嘉国际大楼前进行了开业剪彩仪式。呼和浩特市市长汤爱军，内蒙古银监局副局长宋健基，包商银行董事长李镇西、监事长李献平、行长王慧萍出席了剪彩仪式。

1月23日　　包商银行参加"2010 年特华金融论坛"。

1月26日　　包商银行微小企业金融业务 2010 年内蒙古东部区工作会议在通辽市顺利召开。

1月　　总行营业部、赤峰分行、通辽分行、巴彦淖尔分行、鄂尔多斯支行、锡林郭勒支行、呼伦贝尔支行、成都分行陆续设立小企业金融部。

同月　　包商银行发行"真珠贝"成长系列之日日长短期理财产品，主要投资于包商银行持有的国债，每周滚动发行，期限在 6 天至 1 个月之间，期限灵活，日日销售，开辟了包商银行短期理财业务新平台。

同月　包商银行在全行各分支机构实施了个人金融业务前、中、后台分离，对个人贷款实现了全流程管理，进一步提高了个人信贷业务的工作效率，推进个人信贷业务"规范化、标准化、专业化"发展，降低人力成本，打造了全新流程化的个人信贷业务办理模式。

同月　包商银行按董事会、经营层的决策部署，微小企业金融业务上限调整至 100 万元（含），并与小企业金融业务正式分离运行。

同月　包商银行"大美内蒙古"摄影展在奥地利维也纳莫雅宫殿画廊正式开幕。

同月　由包头市委宣传部主办，主题为"文化产业与新经济浪潮"的文化产业高峰论坛隆重开幕，论坛由金岩副董事长主持，李镇西董事长发言。本论坛旨在贯彻落实包头市推进文化大市建设会议精神，加快发展包头市文化产业。

2 月 1 日　李镇西董事长参加内蒙古自治区第十一届人民代表大会第三次会议。

同日　以"草原放歌"为主题的 2010 维也纳中国新春音乐会在金色大厅正式开演，包商银行艺术团为观众献上了一出精彩的视听盛宴。

2 月 20 日　在由中国银行业协会组织的"我心目中最受信赖的友好型银行"征文活动中，包商银行员工荣获三等奖。

2 月 28 日　举办"包商银行 2010 年元宵烛光之夜"活动。

2 月　举办全行年度"双先"表彰文艺晚会。

3 月 1 日　发行包百联名卡、永盛成联名卡。联名卡的发行标志着包商银行信用卡开始走市场差异化路线。

同日　包商银行获得中国农业发展银行 2010 年金融债券承销团资格。

3 月 2 日　包商银行参加国家开发银行 2010 年人民币金融债券承销主协议签字仪式。

3 月 5 日　包商银行举办"包商杯"精短美文征文大赛颁奖会。

3 月 8 日　包商银行在呼和浩特市与内蒙古自治区银监局联合举行庆祝国际劳动妇女节联谊会。

3月9日　　获得国家开发银行2010年金融债券承销团资格。

3月12日　　包商银行开展"寄语中国银行业协会"征文活动,征集全行对中国银行业协会的诉求。

3月13日　　总行在赤峰地区召开小企业金融条线内蒙古东部区专业会议。会议传达了李镇西董事长关于"小企业金融服务集成商"的核心理念和指导思想以及王慧萍行长就如何做"好"小企业金融工作提出指导性意见,并提出现阶段要围绕"好"字要求做文章,把"业绩好、产品好、流程好、系统好、队伍好、管理好、培训好、心情好"八个好作为落实两位领导指示精神的具体措施。

3月15日　　包商银行2010年农村金融工作会议在北京召开。

同日　　银行卡品牌管理外包协议签订,品牌重塑工作开始,掀开了银行卡业务树立新品牌形象,提升品牌效应的新篇章。

3月16日　　获得中国进出口银行2010年金融债券承销团资格。

3月17日　　举办包商大讲堂系列讲座(七):银行电子商务的建设与发展。

同日　　包商银行召开2010年风险管理工作会议,李镇西董事长、王慧萍行长、陶伟行长助理莅临会场对风险管理工作进行了指导。

3月　　包商银行响应中共包头市委、市政府关于"全市集中社会力量重点帮扶固阳县"会议精神,为固阳县提供信贷支持及饮水工程专项款的捐助,荣获包头市社会扶贫工作突出贡献单位奖。

同月　　包商银行设立文化基金,支援文化、新闻宣传事业。

同月　　在包头市纪委的年度考核表彰中,包商银行作为包头市十家反腐倡廉宣传教育工作标兵单位之一受到表彰。

同月　　宁波分行、呼和浩特分行设立小企业金融部。至此,包商银行区内外11家分支机构小企业金融部设立完毕。

同日　　包商银行个人金融部开展了以"雄鹰展翅,飞跃一〇"为主题的第二季度销售激励活动,这是第一次在全行范围内开展的信用卡销售激励活动,调动了全行员工销售信用卡的积极性。

4月1日至2日　　李镇西董事长、王慧萍行长出席全国城市商业银行发展论坛第十次会议。

4月3日至4日　　举办包商大讲堂系列讲座（八）新形势下的团队建设。

4月7日至12日　　李镇西董事长赴哥伦比亚参加世界经济论坛拉美年会。

4月12日至15日　　包商银行举办第1期农村金融信贷知识培训。

4月13日　　包商银行正式上线中国银联二代风险管理系统。

4月14日至16日　　李镇西董事长赴韩国参加首届中韩中小企业融资论坛。

4月17日　　湖北省、内蒙古自治区银监局领导来包商银行考察新型农村金融机构发展情况。

4月21日　　李镇西董事长受邀在对外经济贸易大学SBF论坛做专题讲座。

4月23日　　"金鹰通"重要客户消费贷款业务正式开展，对促进包商银行个人信贷业务的发展，拓宽个人贷款业务品种有着重要意义。

4月27日　　包头市金融办来包商银行调研三农、三牧金融服务情况。

4月29日至30日　　积极参与第五届中国诚信企业家评选，李镇西董事长荣获中国十大诚信企业家称号，李献平监事长荣获百名诚信企业家称号。

4月30日　　河南省漯河市市委领导、金融办领导来包商银行考察新型农村金融机构发展情况。

同月　　应内蒙古银监局邀请，包商银行委派微小企业金融部人员赴呼和浩特参与对邮政储蓄银行内蒙古分行的内控建设帮扶工作。

同月　　包商银行与《大众摄影》合办"首届全国小企业贷款摄影大赛"，收到了极好的社会效应，参赛者众多，作品质量上乘。

5月2日至6日　　包商银行组织了"情系灾区，爱心之旅"支援青海玉树抗震救灾系列活动，全行捐款达108万元，并派出青年志愿者小分队赴青海省，与西宁市城西区团委共同主办了题为"凝聚青春力量，爱心传递希望"抗震救灾爱心传递活动，并来到青海大学医学院附属医院和华罗庚实验学校西宁分校，为灾区同胞送上祝福。

5月5日　　张家口市商业银行来包商银行学习考察。

5月10日　　金岩副董事长参加银行业协会成立十周年纪念暨第九次会员大会。

同日　　信用卡积分计划上线，为包商银行客户关系维护奠定了坚实基础。

5月11日　　中央十四大财经媒体深入包商银行，与微小企业金融业务各级管理和工作人员座谈、交流，实地观摩信贷流程，采访微贷客户，对包商银行微小企业金融的发展历程进行集中报道。

5月14日　　包商银行在北京召开"推进新型农村金融机构组建工作研讨会"。

5月21日至27日　　参加世博会内蒙古活动周开周仪式，并参与活动周期间举行的"大美内蒙古"摄影展工作，在世博会上向全世界展示了内蒙古的草原风光。

5月24日　　李镇西董事长出席上海世博会内蒙古文化宣传周开周仪式。

5月24日至28日　　微小企业金融部首期高级信贷员培训在包头成功举行，标志着微贷条线初级信贷员、高级信贷员和业务主管分层次培训体系的初步建立。

5月27日　　"牵手希望"纪念内蒙古共青团实施希望工程20年庆祝活动在内蒙古人民礼堂隆重举行，包商银行捐款30万元，作为关心支持内蒙古希望工程的爱心企业，受到自治区共青团的表彰。

5月28日　　微贷技术德国国际项目咨询公司（IPC）总部项目咨询部门总经理德克·伯克（Dirk Hoeck）先生、乌里先生等一行5人到访，就包商微贷能力建设项目前期调研进行洽谈。

5月31日　　包商银行参加北美小额信贷行业协会、小额信贷网络（SEEP）针对中国小额信贷网络情况调研结果汇报和听取建议会。

5月　　包商银行被英国《金融时报》评为"中国银行业成就奖最佳小企业金融奖"。

同月　　为了庆祝"五一"国际劳动节124周年，总行工会组织召开总行营业部先进集体、先进个人代表座谈会。

同月　　参与包头市五五普法活动，制定并下发全年普法宣传教育工作安排，接受包头市及青山区普法依法治区领导小组的统一检查，不断提高法制化管理水平。

同月　　总行团委组织了"激扬青春·成就未来"包商银行纪念"五四运动"91周年首届青春风采大赛，全行近100名员工参加了比赛，参赛节目形式多样，种类丰富。

同月　　包商银行员工代表参加了庆祝中国延安精神研究会成立 20 周年举办的"弘扬延安精神系列活动——红旗飘飘"文艺晚会，该晚会由中共中央党校、中国延安精神研究会主办。

6 月 2 日　　齐鲁银行来包商银行考察学习"设立新型农村金融机构的相关经验"。

6 月 3 日　　纪念建党 89 周年"我与微小贷款"主题征文大赛正式启动，此次大赛共收到各类稿件 347 篇，最终共有 35 篇作品分别获得特别奖和一、二、三等奖。

6 月 5 日至 6 日　　王慧萍行长参加由国家发改委能源研究所、北京市金融工作局、北京市东城区人民政府等机构主办，中国银行业协会、中国金融协会等机构协办的 2010 年地坛论坛。

6 月 8 日　　全条线 11 家分支机构小企业金融业务转授权工作处理完毕。

6 月 10 日　　包商银行与深圳金融电子结算中心签署了正式的合作协议，包商银行可通过深圳金融电子结算中心二级代理系统，代理上海黄金交易所的黄金业务。

同日　　包商银行信息科技部包头、北京第三代综合业务系统上线，系统设计采用高度参数化设置，国外系统架构设计。

6 月 11 日　　台湾金融研训院院长许振明一行来包商银行考察，并作为包商大讲堂（九）的主讲嘉宾进行了题为"海峡两岸经济合作框架协议（ECFA）签订，开启两岸银行合作及对台商融资之契机"的主题演讲。

6 月 16 日　　包商银行出台村镇银行人、财、物等方面的十六条制度办法。

6 月 20 日至 24 日　　微小企业金融第二期高级信贷人员培训在赤峰市顺利举行。

6 月 21 日　　上收包头分行部分银行卡业务，成立信用卡催收中心，从而基本建立起了总行集中催收、集中审批等为主的统一作业平台。

6 月 22 日　　中国银监会政策法规部综合处姚勇处长在包商银行进行了"三个办法一个指引"的专题培训，包头银监分局副局长柴宝玉、纪委书记王海军及主要监管科室的负责人一同参加培训。

6 月 25 日至 26 日　　包商银行参加由上海市政府、中国人民银行、中国银监会、中国证监会和中国保监会联合主办的陆家嘴金融论坛。

6 月 29 日　　包商银行在总行 202 会议室召开第三届董事会第四十八次会议暨 2009 年度股股东大会。

6月　　包商银行信息科技部北京生产中心全面进入生产运行状态。

同月　　包商银行电子汇票系统成功上线，使商业汇票从传统过渡到现代，提高了票据业务的透明度和时效性，防范了业务风险，简化了交易流程，提高了交易效率。

同月　　包商银行与内蒙古财经学院举行"合作培养金融学专业硕士协议签订仪式"。

7月1日　　财税库银税收收入电子缴库横向联网（TIPS）系统顺利上线，以电子缴库逐步取代现行各种传统的缴税入库方式，成为今后纳税人缴纳税款的主要渠道和方向，是商业银行优化纳税服务的新举措。

同日　　信用卡自邮分期业务上线，这是包商银行开发的第二种分期付款业务。包商银行反假货币信息系统正式上线，财税库银税收收入电子缴库横向联网（TIPS）系统顺利上线。

同日　　包商银行信用卡个性化业务正式外包，将重要但非核心业务交给外包商处理，利用优势外部资源提高生产和工作效率，降低运营成本；信用卡电话营销团队正式成立，电话销售渠道是包商银行继分行渠道、直销渠道后，建立的又一重要发卡渠道；个人金融部开展了以"全员齐参与，共享世博荣耀"为主题的首届信用卡销售运动会。

7月5日　　召开"红色七月，情动包商"庆祝建党89周年文艺晚会，会上包商银行与中国延安精神研究会正式签订合作协议。为支持和参与"弘扬延安精神系列活动"，包商银行向中国延安精神研究会提供人民币300万元。

7月12日　　包商银行取得保险兼业代理许可证。

7月15日　　总行营业部微小企业金融部成功举办了"微贷故事会"演讲比赛。

同日　　包商银行举行了全行范围的反洗钱岗位认证培训。

7月16日　　包商银行参加第三届中国村镇银行发展论坛。

7月19日　　李镇西董事长出席由中国银监会与新疆维吾尔自治区人民政府主办的银行业金融机构支持新疆经济社会跨越式发展工作座谈会。

同日　　包商银行与蒙古国第一大商业银行——蒙古贸易发展银行在包头签署了《全面战略合作协议》和《账户行协议》。

7月20日　　包商银行电子商业汇票业务系统正式上线。

7月21日   河南卫辉市政府领导来访，考察包商银行设立村镇银行情况。

7月   签署"中国国际摄影双年展"与"中国高校文学大赛"两项合作协议。与中国艺术研究院签署"中国国际摄影双年展"合作协议，赞助中国最高级别的摄影大赛，提升企业品牌价值；与作家网合作举行"中国高校文学大赛"，旨在通过长达十年的培育和培养，造就中国未来文学巨匠，形成文学的沃土。

同月   事后监督稽核系统优化工作完成，实现了对新综合业务系统下所有会计结算业务的有效监督管理。

同月   参加由中国银行国际金融研究所主办的"当前经济金融形势论坛暨全国金融类期刊交流研讨会"。

同月   参加包头市精神文明建设工作暨第二届道德模范表彰会，总行营业部6家网点获市文明单位、文明单位标兵称号。

8月1日   总行审批通过了通辽分行公司金融部第一笔包融通业务，总授信额为1.8亿元。

8月2日   河南开封市政府领导一行来包商银行考察设立村镇银行情况。

8月6日   李镇西董事长接受世界银行专访。

8月7日   王慧萍行长、周凤亮副行长参加由《银行家》杂志社主办的中国银行家论坛"2010——后危机时代的银行业转型暨2010中国商业银行竞争力评价报告发布会"。包商银行荣获"2009年度最佳城市商业银行"和"2009年度全国大型城市商业银行竞争力第一名"两项荣誉。

8月11日   包商银行授予鄂尔多斯支行1亿元的公司业务审批权限，支行首次拥有了自己独立审批业务的权限。

同日   包商银行召开了资产负债分析会，行长王慧萍，常务副行长魏占元，副行长周凤亮、侯慧聪，行长助理陶伟、武仙鹤出席了会议。

同日   包商银行参加中国银行业协会、英国剑桥大学高管教育中心合作主办的"后危机时代金融监管及银行国际化战略讲座"。

8月19日至21日   中央"加快经济发展方式转变·调研行"媒体采访团莅临包商银行，《新闻联播》和《经济半小时》栏目组重点采访了包商银行微小企业金融业务，并分别于8月29日《新闻联播》栏目和9月15日《经济半小时》栏目进行了报道。

8月23日　包商银行召开行长办公会议，原则性通过质量认证、机场VIP工作职能的移交工作，并对银行业服务定价、全行检查工作、征信系统管理等15项职能归属进行明确划分，在组织优化、职能梳理等方面取得了阶段性的成果。

8月24日　连云港金融办领导一行考察包商银行设立村镇银行情况。

8月25日　李镇西董事长参加中央人民广播电台经济之声"经济观点"节目的录制。

同日　山东淄博金融办领导一行考察包商银行设立村镇银行情况。

8月26日　李镇西董事长参加人民网"加快经济发展方式转变，破解小企业融资难"在线视频和文字直播活动。

同日　包商银行举办农村金融条线岗位认证考试。

8月28日　中央电视台《新闻联播》"落实科学发展观实践行"系列报道中播发包商银行在破解中小企业难问题上的先进做法和经验，李镇西董事长在采访中介绍了包商银行在此业务方面的心得体会。

同月　金岩副董事长参加央视二套《对话》节目的录制，并应邀参与第一财经名牌栏目《头脑风暴》的录制，和银行业代表、中小企业以及学术界的代表畅谈中小企业融资难的化解问题。

同月　包商银行举行了全行范围的反洗钱岗位认证培训工作。

9月2日　总行辅导呼和浩特分行创新的"车易贷"汽车消费贷款业务正式发行，新业务的出台标志着全行个人信贷业务全面实现了以分行推动总行、以总行带动分行的业务创新模式。

9月2日至3日　王慧萍行长参加由中国金融品牌论坛组委会和招商银行联合主办的2010中国金融品牌论坛活动。

9月4日　金岩副董事长出席2010中国银行家（宁夏）论坛。

9月6日　以包头银监分局纪委书记王海军为组长的检查组来包商银行进行统计执法大检查，检查组对包商银行的统计工作给予了充分肯定。

9月9日　跨境人民币收付信息管理前置系统顺利上线，进一步拓展了包商银行国际结算的市场空间、增加和完善了服务手段。

9月11日　李镇西董事长出席由世界银行集团与国家开发银行联合主办的"进一步推

动商业可持续微小企业贷款国际研讨会"，并在议题为"商业银行开展微贷业务的战略选择"的圆桌讨论环节做了题为《助力中国微小企业发展，微小贷款技术大有可为》的主题发言。会后，世界银行行长佐利克先生会见了李镇西董事长，李镇西董事长向佐利克先生赠送了代表内蒙古草原文化和中国特色的礼物——蒙古袍和印，并邀请佐利克先生到包商银行参观和访问。

9月1日至15日　李镇西董事长出席2010天津夏季达沃斯论坛。

9月17日　包商银行与中国青年创业就业基金会正式签订捐赠协议，捐款1,000万元人民币。

9月18日　由作家网、包商银行、漓江出版社、微型小说杂志社及各高校文学社团共同组织发起的"包商银行杯"全国高校文学作品征集、评奖、出版活动正式启动。

9月28日　短信平台改造完成，至此，包商银行业务短信发送实现了从全区范围扩展到全国范围的跨越式发展，短信发送号码同时变更为106980096016。

同日　包商银行参加世界银行和国家开发银行在贵阳举办的"进一步推动商业可持续微小企业贷款国际研讨会"。

同日　包商银行信息科技部成立。

同日　包商银行与《大众摄影》合作的摄影比赛评比活动圆满结束，并成功举行"包商银行杯"全国小企业贷款摄影大赛颁奖仪式。

同日　包商银行参加第三届中国企业媒体交流大会。

同日　人力资源与社会保障部、全国博士后管理委员会正式下发文件，批准包商银行设立博士后工作站。

同日　包百联名卡、永盛成联名卡、白金卡新产品新闻发布会召开，三款新产品正式上线。

10月8日　包商银行兴安盟分行正式成立。开业庆典仪式上，共计有173家单位受邀同贺，气氛十分热烈，极大地提高了我行在当地的知名度。出席开业庆典仪式的主要领导：有包头市委委员、常务副市长程刚，兴安盟委委员、副盟长皇甫军，兴安盟副盟长尤国君，兴安盟副盟长、公安局局长赵云辉，兴安盟委委员、工商联副主席黄金魁，兴安盟金融办主任张晓明，兴安银监分局局长姜仕学。包商银行领导有：董事长李镇西，党委书记、监事长李献平，行长王慧萍，党委副书记、常务副行长魏占元，副行长周凤亮，副行长侯慧聪，纪委书记、工会主席、董事会秘书陶伟等，行长助理武仙鹤等。

同日　　包商银行个人金融部银行卡中心在全行范围内开展了为期三个月的信用卡销售队伍效力（SPE）项目。

10月10日　　在宁波市举办第五届职工田径运动会，发挥包商人"增强体质、展示风采、爱我包商、和谐高效"的体育品质。

10月19日至21日　　包商银行成为第七届中国—东盟金融合作与发展领袖论坛战略合作伙伴，金岩副董事长出席论坛。

10月25日　　定西银监分局一行来访考察包商银行设立村镇银行情况。

10月26日　　包商银行和美国摩根大通银行签订了战略合作协议，摩根大通银行将在渠道、技术、产品、培训等方面为包商银行提供指导和支持。包商银行将借助美国摩根大通银行的全球网络，与其在国际清算、结算、融资及其他业务领域开展全面合作。

10月26日　　侯慧聪副行长带队参加了环球同业银行金融电讯协会（SWIFT）组织在荷兰阿姆斯特丹举办的第33届全球金融峰会——SIBOS年会，这是包商银行首次参加全球金融年会（SIBOS），作为中国大陆四家布展银行之一（其他三家分别是中国工商银行、中国农业银行、中国银行），得到国际参展机构及与会代表的高度关注。

10月　　完成《包商银行2010—2012年发展规划》制订工作。

同月　　李镇西董事长主编的《微小企业金融丛书》的第三本《微小企业贷款案例解析》由中国金融出版社出版发行。

同月　　全面启动包商银行微小企业贷款项目落地五周年献礼的五个一工程：一本杂志《微型金融》、一本书《微小企业贷款案例与心得二》、一次全国征文大赛——中国微型金融征文大赛、一本宣传微小企业金融的宣传册和一台纪念微贷五周年主题文艺晚会暨先进表彰会。

同月　　举办了针对各家村镇银行有关核心系统及信贷系统的业务培训。

11月1日至5日　　包商银行开展了第二期培训师培训工作，培训师的业务素质与实战能力都有了明显提高，这为个人金融条线总分机构培训工作的有效对接打下了良好的基础。

11月　　参加"2010新浪金麒麟金融论坛"、全国地方金融第十四次论坛、由内蒙古人民银行主办的"金融支持内蒙古经济发展方式转变研讨会"。

同日　　包商银行参加第六届"中国·企业社会责任国际论坛"。

11 月 12 日   包商银行首次针对高端客户代销"股权受益权投资集合资金信托计划"，发行首日即完成信托规模的 70%，获得了客户的广泛好评和市场的高度认可。

11 月 16 日   顺利完成包商银行商务大厦项目奠基。

11 月 17 日   "包商银行与微贷技术德国国际项目咨询公司（IPC）小企业金融业务合作启动仪式"在包商银行总行隆重举行，标志着包商银行与微贷技术德国国际项目咨询公司（IPC）的小企业金融业务合作正式开始。

11 月 25 日   王慧萍行长主持召开专题办公会，研究新型农村金融机构建设工作。

11 月 30 日   包商银行与广旭广告公司就包商银行个人金融市场分析、品牌策略和创意表现开展了深入探讨，标志着包商银行个人金融品牌建设和推广工作又迈上一个新的台阶。

11 月   金岩副董事长率队赴塞尔维亚、德国分别对格鲁吉亚商业银行（Procreditbank）及微贷技术德国国际项目咨询公司（IPC）总部进行考察，全面了解格鲁吉亚商业银行（Procreditbank）及微贷技术德国国际项目咨询公司（IPC）在微型金融领域的技术延革、产品设计、风险管理、人力资源建设和团队管理等方面的实践经验，并就双方的合作达成共识。

同月   包商银行为禁止在行内发生大操大办婚丧事宜、公车私用、公务接待铺张浪费等现象，拟定《关于进一步落实廉洁自律和加强精神文明建设的通知》。

12 月 1 日   内蒙古银监局出具《包商银行包头分行开业的批复》。

12 月 6 日   在第三届零售银行峰会"2010 年中国最受尊敬银行暨最佳零售银行"评选活动中，包商银行荣获"2010 年中国最佳城市商业银行"。

12 月 9 日至 13 日   组织村镇银行、贷款公司参加全行的年终决算会议，并组织召开村镇银行、贷款公司年终决算专题会议。

12 月 11 日   邀请内部资金转移定价管理专家席波博士来行讲解文传协议（FTP）管理模式及实施方案。

同日   在"2010 年第一财经金融峰会暨 2010 年第一财经金融价值榜"颁奖典礼上，包商银行荣获"最具理财潜力城商行奖"的殊荣。

12 月 13 日   包商银行召开第三届监事会第八次会议，审议通过《包商银行监事会审计委员会工作细则》《包商银行监事会提名委员会工作细则》。

12 月 14 日　总行召开各分支机构小企业金融部年度评估工作汇报大会，总行评估小组分别就评估的情况进行汇报，并有针对性地对总行机关和各分支机构小企业条线存在的问题进行了分析，进而提出解决方案。

12 月 15 日　包商银行网上银行系统正式上线试运行。

12 月 18 日　包商银行荣获内蒙古自治区国家税务局和地方税务局联合评定的 2008—2009 年度 "A 级信用纳税人" 荣誉称号。

12 月 20 日　包商银行成立了信息科技管理委员会及全行业务连续性管理项目组，通过与国内知名咨询公司合作，根据全行 IT 系统的性质、规模和复杂程度共同制定涵盖科技、业务、行政部门的业务连续性规划、应急预案等，以确保在出现无法预见的中断时，仍能持续提供服务，定期组织进行更新和演练，以保证其有效性。

12 月 22 日　包商银行呼叫中心新系统正式上线运行。

12 月 26 日　包商银行包头分行正式成立。

12 月 28 日　深圳银联多渠道还款、快钱网上还款测试通过，分别为包商银行信用卡还款建立了第一条便利店还款渠道和网上还款渠道，为包商银行单点分支机构信用卡还款问题扫清了障碍。

同日　包商银行正式启动实物黄金代理业务，为包商银行理财业务发展注入了新鲜元素，增加了利润增长点。

同日　包商银行事后监督系统上线。

同日　参加中国银行业协会在全国范围内组织的 "千佳示范单位评选活动" 评选，通过层层考核，包商银行申报的包头市、赤峰市、通辽市三家营业网点均入选示范单位。

同日　包商银行被确定为内蒙古银行业协会副会长单位。

同年　包头市商业银行参加中国组织文化测评基地——2010 首届中国企业文化影响力高峰论坛，并获得 "全国企业文化最具影响力单位" 荣誉称号。

同年　截至年末，全行总资产达到 1141 亿元，各项存款余额达到 933 亿元，各项贷款余额达到 341 亿元，净利润 14.08 亿元，缴纳税金 5.8 亿元。

2011 年

1 月 1 日　包头银监分局刘金明局长、李守义副局长，包商银行李镇西董事长、王慧萍行长一行到营业部新址慰问了参加年终决算的全体干部员工。

1 月 9 日　人民网经济频道刊登题为《包商银行小企业金融服务成就》的文章，对包商银行微小企业贷款情况进行报道。

1 月 10 日　包商银行正式在全行范围内启动代理保险业务。

1 月 11 日　正式印发《包商银行微小企业金融业务新信贷人员培训管理办法》和《包商银行微小企业金融业务专职培训师管理办法》。

1 月 20 日　内蒙古银行业协会授予包商银行科技支行、通辽分行营业部、赤峰分行华夏支行"2010 年度内蒙古银行业'文明杯'文明规范服务先进单位"称号，授予科技支行武彩霞、通辽分行霍林河支行王丽"2010 年度内蒙古银行业'文明杯'文明规范服务最佳服务标兵"称号。

1 月 23 日　包商银行网上跨行支付清算系统成功上线运行。

1 月 26 日　成功完成了呼叫中心系统的升级换代工作。新呼叫中心的成功推出，大幅度提高了包商银行渠道服务水平的质量，保证包商银行与客户的关系更加紧密，提升了包商银行在金融行业里的综合竞争实力。

1 月 28 日　包头市人民政府授予包商银行"2010 年度金融工作突出贡献单位贷款增量奖"。

1 月 31 日　在总行二楼会议室举行 2011 年新春团拜会。

1 月　"包商银行微小企业贷款"新浪微博开通。

同月　包商银行被全国银行间同业拆借中心评为"2010 年度银行间本币市场交易 100 强"；被中国国债登记结算有限责任公司评选为"2010 年度债券自营业务优秀结算成员"；电子银行部呼叫中心荣获"包头市青年文明号"称号；获得国家开发银行 2011 年人民币金融债券承销团成员资格；跻身 2010 年度银行间外币市场 20 强会员；荣获全市 2011 年度《中办通讯》征订学用工作先进集体荣誉称号。

同月　包商银行党群工作部组织包头分行科技支行、通辽分行营业部、赤峰分行华夏支行三家网点参与中国银行业协会千佳服务示范单位评选活动，均获得"千佳服务示范单位"荣誉称号。其中，包头分行科技支行还获得"内蒙古银行业百佳文明服务示范单位"称号。

2月23日　　包商银行召开2011年工作会议。

2月24日　　包商银行召开2011年党建工作会议。

2月27日至3月2日　　李献平监事长参加包头市政协十一届四次会议。

2月28日　　"包商银行与天逸公司小企业金融业务合作启动仪式"在包商银行总行隆重举行，包商银行金岩副董事长、侯慧聪副行长、台湾金融研训院许振明院长、中华货币金融协会王恩国秘书长、天逸公司温峰泰董事长、战略部、小企业金融部相关领导及员工出席了此次启动仪式。仪式由小企业金融部朱晓明总经理主持。

同日　　包商银行荣获"包头市支持服务业发展和对外开放突出贡献单位"与"支持红十字事业先进单位"荣誉称号，赵梦琴总经理被中国银行业监督管理委员会评为"2010年度银行业金融机构小企业金融服务先进个人"。

3月2日　　包商银行新一代ATM管理监控平台正式上线运行。

同日　　包商银行新型农村金融机构条线工作会议召开。

3月8日　　经中国银行业监督管理委员会内蒙古监管局核准，包商银行鄂尔多斯支行升格为包商银行鄂尔多斯分行。

3月9日　　李镇西董事长、王慧萍行长、魏占元常务副行长参加"内蒙古银监局2011年城市商业银行监管工作（电视电话）会议"。

3月10日　　包商银行与北京中改金研经济咨询有限公司签订《中国小额信贷机构评级问题研究咨询服务合同》。根据合同约定，由国务院发展研究中心金融研究所副所长巴曙松作为课题主持人，就中国小额信贷机构评级课题组成项目组。项目组撰写了《中国小额信贷机构评级报告》，成功打造微型金融机构(MFIs)评级系统。

3月17日　　包商银行在北京召开第三届监事会第四次会议，审议通过《包商银行监事会加强对各分支机构开展监督检查的工作方案》。

3月17日至18日　　微小企业金融条线2011年工作会议在成都顺利举行。

3月24日　　包商银行与微贷技术德国国际项目咨询公司（IPC）就微贷全面合作项目举行了签约仪式，副董事长金岩和乌尔里奇·韦伯(Ulrich Weber)先生代表双方公司进行签约，魏占元常务副行长主持仪式。

同日　　在《理财周刊》举办的"2010 年度理财产品评选"颁奖典礼上，包商银行"大有财富"品牌荣获"2010 年度最佳新锐财富管理"大奖，"成长系列之日日长人民币理财产品"荣获"2010 年度最具成长性产品"大奖。

3 月 25 日　　包商银行在总行 202 会议室召开"包商银行三届董事会六十二次会议"暨"2010 年度股东大会"。

3 月 27 日　　李镇西董事长、李献平监事长参加由内蒙古银行业协会组织召开的"内蒙古银行业发展高层论坛"。

3 月 28 日　　包商银行与内蒙古银行全面战略合作签约仪式在内蒙古饭店举行。双方将在代理、结算、融资授信、资产管理、投资银行、银行卡、信息技术等方面合作。

3 月 29 日　　李献平监事长参加自治区人民政府全体会议暨第四次廉政工作电视电话会议及 2011 年市政府廉政工作电视电话会议。

同日　　审计部获得"全区内部审计先进单位"称号，审计部总经理刘月菊获得"全区内部审计先进工作者"称号。

3 月 31 日　　包商银行信用卡发卡量突破 10 万大关。

同日　　李镇西董事长、武仙鹤行长助理参加由中国人民银行呼和浩特中心支行和锡林郭勒盟行政公署共同主办的锡林郭勒盟经济金融合作恳谈会。

4 月 1 日　　李镇西董事长、魏占元常务副行长参加"全国城市商业银行发展论坛第十一次会议"。

4 月 6 日　　李镇西董事长参加由中国银监会主持召开的"全国部分中小商业银行特色发展与风险控制座谈会"。

4 月 7 日　　正式印发《包商银行 2011 年微小企业金融业务考核目标》《包商银行关于对微小贷款利率进行调整的通知》和《包商银行 2011 年微小企业金融业务经营情况通报》。

4 月 11 日　　在总行八楼会议室召开微小企业信贷技术（IPC）推广大会。

同日　　正式印发《包商银行微小企业金融业务 2011 年培训工作计划》。

4月12日至15日　　　受台湾金融研训院邀请，金岩副董事长一行出席了两岸金融座谈会，并拜访了玉山银行、上海商业储蓄银行及天逸系统股份有限公司。

4月14日至16日　　　李镇西董事长参加"博鳌亚洲论坛2011年年会"。

4月17日　　　包商银行北京分行开业剪彩仪式隆重举行。包商银行党委书记、董事长李镇西，党委副书记、监事长李献平，行长王慧萍，常务副行长魏占元，副行长周凤亮、侯慧聪，董事长助理郭凯军，行长助理陶伟、武仙鹤，北京分行行长刘建军参加了剪彩仪式。常务副行长魏占元主持剪彩仪式，党委副书记、监事长李献平宣读了高管任命决定，行长王慧萍致辞，北京分行行长刘建军发表致谢感言。

4月18日　　　在包商银行北京办公楼505会议室召开《春风化雨》电影剧本研讨会。李镇西董事长、金岩副董事长、宋丽君、赵梦琴、制片人郭咏梅、导演师跃、编剧陈计中，中国电影文学学会会长张思涛、中国电影集团公司副总江平，著名演员魏一，《电影》杂志社编辑部副主任翁燕然出席会议，首席文化顾问王德恭教授担任会议主持。

4月19日　　　包商银行与金融时报联合举办的首届"包商银行杯——我眼中的微型金融"全国征文大赛圆满结束，颁奖典礼在北京举行，共有21篇文章获奖。

4月20日　　　包头银监分局刘金明局长、宁波银监局王伟玲副处长到包商银行宁波分行指导工作。

4月22日至29日　　　国家审计署来包商银行对世行微贷项目进行2010年度非现场审计。

4月26日　　　包商银行"资产负债管理（ALM）项目启动大会"在北京分行召开，组长为周凤亮副行长。

同日　　　包商银行电子银行部正式成立。

4月27日至30日　　　包商银行与中央党校在北京联合举办"庆祝建党90周年，促进企业科学发展"党建研修班。

4月28日　　　包商银行参加由中共包头市委办公厅、包头市人民政府办公厅主持召开的包头市庆祝"五一"国际劳动节暨2007—2010年度包头市模范企业（单位）、先进集体和劳动模范表彰大会，王慧萍行长及中层干部高宏荣获"包头市劳动模范"荣誉称号。

同日　　　包商银行小企业金融部贷款余额突破50亿元。

同日　　　首席经济学家华而诚教授代表包商银行参加在北京召开的"2011金融服务国际

化论坛"并做主题发言。

4月29日　　包商银行成都分行人民南路自助银行正式获批开业，实现了包商银行自助银行"零"的突破。

4月　　包商银行首席经济学家办公室在京成立，包商银行首席文化顾问办公室在京成立。

同月　　包商银行团委组织开展了赴青海玉树地区"情系玉树，再献爱心"青年志愿者献爱心活动。

同月　　包商银行资产负债管理（ALM）项目启动大会在京召开。

同月　　包商银行组织了首届博士后招聘面试笔试工作。

同月　　由作家网、《人民文学》杂志社、包商银行、漓江出版社、《微型小说》杂志社共同举办的"包商银行杯"全国高校文学作品征集、评奖、出版活动颁奖仪式在北京隆重举行。包商银行副董事长金岩在颁奖仪式上做主题发言，为获奖作者颁奖，并接受了媒体采访。

5月4日　　"包商银行微小企业贷款"腾讯官方微博开通并发布首条信息。

5月5日　　从各部门抽调业务骨干编撰全行培训教材，不断提高教材的水平和质量。教材编撰以全面提升员工素质为基础，以突出员工能力建设为本位，以打造包商银行特色为目标；既要满足教学要求，又要满足员工自学要求，做到规范化、流程化和标准化。

5月9日　　包商银行在中国银联举办的2011年区域性银行业机构银行卡年会上获得"2010年度银联标准信用卡突出贡献奖"。这一奖项的获得说明包商银行信用卡业务在2010年度有了快速的发展。

同日　　包商银行新型短信平台系统成功上线。

5月11日　　包商银行在包头市万达广场召开新闻发布会，向社会各界隆重推出四款主题信用卡：魅卡、商旅卡、酷Car卡、香港旅游卡。

5月12日　　完成初级信贷员标准化视频教程的摄制工作。

5月13日　　中国人民银行呼和浩特中心支行王景武行长、高兰根副行长及有关处室负责人和中国人民银行包头市中心支行姜希琼行长、刘建华副行长及有关科室负责人，来包商银行调研指导工作。包商银行党委副书记、监事长李献平，常务副行长魏占元，副行长周凤亮、侯慧聪，行长助理武仙鹤和总行各部室总经理助理以上干部及包头分行行长参加了汇报会。

5 月 17 日　　包商银行东部区小企业金融新流程技术推广工作启动大会在赤峰分行华夏支行四楼隆重召开。

同日　　锡林郭勒支行成功办理包商银行首笔境内人民币代付业务。

5 月 18 日至 19 日　　首席经济学家华而诚教授与董事长助理郭凯军博士受邀出席了在荷兰阿姆斯特丹举办的"新兴市场投资峰会"。包商银行是唯一一家受邀出席的国内银行。

5 月 20 日　　普华永道公司进驻资产负债管理项目组，开始对包商银行资产负债管理进行咨询，设计资产负债管理方案。

5 月 24 日　　包商银行与微贷技术德国国际项目咨询公司（IPC）微小金融研讨会议在北京召开。

5 月 26 日　　首期战略部读书会在北京举行，李镇西董事长参加。

5 月 26 日至 27 日　　包商银行首席经济学家华而诚教授、董事长助理郭凯军博士、首席文化顾问王德恭教授受邀代表包商银行参加"中国投资峰会"，在会上华而诚教授做了主题发言。

5 月 28 日　　包商银行开展了"青年文明号"与"送金融知识下乡宣传服务站"结队共建下乡宣传活动。

同日　　在总行八楼会议室举办了包商银行票据防伪培训。

5 月 29 日　　《内蒙古日报》刊登题为《包商银行微小贷款帮助 10 万多人就业》的报道，对包商银行微小企业客户服务情况进行报道。

5 月 30 日　　包商银行乌兰察布分行正式开业。开业典礼在乌兰察布市宾馆隆重举行。出席开业典礼的相关领导有：包头市委常委、常务副市长程刚，包头金融办主任闫化冰，乌兰察布市委副书记、代市长陶淑菊，乌兰察布市委常委、副市长严洪波，乌兰察布市人民政府副市长周明虎等。包商银行董事长李镇西在开业典礼上做了重要讲话。

5 月 30 日至 6 月 2 日　　协助世界银行姜宜忠老师完成电视宣传片《探索商业可持续的微小贷款》中包商银行相关内容的拍摄工作。

5 月　　包商银行团委组织开展"爱在包商，成就梦想"第二届青春风采大赛。

同月　　包商银行团委荣获"全区五四红旗团委"荣誉称号。

同月　　包商银行参加首届中国品牌文化建设经验交流会，并荣获"中国品牌文化十佳单位"称号。

同月　　包商银行与中国音乐家协会共同举办包商银行杯"旗帜飘扬"庆祝建党90周年全国歌曲征集活动，并联合中央财经大学举办主题为"服务、管理、创新"中财—包商金融论坛。

6月3日　　正式印发《包商银行微小企业金融批量业务管理办法》。

6月3日至5日　　首席经济学家华而诚教授与董事长助理郭凯军博士受邀在上海出席了由美国金融服务志愿者公司（FSVC）组织的国际金融论坛。

6月7日　　包商银行李镇西董事长一行到通辽分行视察指导工作。

6月8日　　2011年内蒙古（东部区）中小企业金融服务峰会在通辽市召开，李镇西董事长参加会议。

6月10日　　包商银行网上支付跨行清算系统正式上线。

同日　　微小企业金融部荣获"包商银行2010年度品牌建设奖"。

6月13日　　包商银行首张电子商业汇票在宁波分行成功签发。这标志着包商银行电子商业汇票系统全部功能正式启动，包商银行处理银行承兑汇票业务实现了"无纸化"。

6月15日　　包商银行新一代核心业务系统成功上线。

6月17日　　包商银行李镇西董事长、武仙鹤行长助理参加由中国银监会主持召开的"村镇银行服务与管理工作座谈会"。

6月17日至18日　　包商银行召开中共包商银行第一次党员代表大会。

6月19日　　包商银行李镇西董事长、王慧萍行长一行莅临兴安盟分行视察指导工作。

同日　　内蒙古自治区金融办、兴安盟行署、兴安盟金融办在乌兰浩特市组织召开了2011年金融机构支持兴安盟发展对接会。包商银行董事长李镇西、行长王慧萍出席了此次会议。会上，王慧萍行长与兴安盟行政公署签订了为期五年的战略合作协议。

6月20日至8月20日　　首席经济学家华而诚教授、董事长助理郭凯军博士携相关工作人员分别走访了包头总行、呼和浩特、赤峰、呼伦贝尔、宁波分行等地方分支机构，对行内各地方的工作经营情况进行分析调研。

6月22至23日　　李镇西董事长主持召开"包商银行品牌建设项目成果提报会"。

6月30日　　乌兰察布分行开业以来实现盈利197万元，创造了包商银行系统内分行级机构正式营业仅一个月即实现盈利的奇迹。

7月1日　　包商银行网上银行系统成功上线运营。

7月4日　　世界银行转贷款3亿元按计划全部归还完毕，标志着世界银行、国家开发银行与包商银行的微小企业贷款合作项目正式结束。

7月5日　　包商银行手机银行贴膜卡版系统投产试运行。

7月7日　　包商银行李镇西董事长接受新华社和达沃斯记者的采访。

7月12日　　包商银行召开网点转型项目第二次汇报会。

7月16日　　包商银行新密押系统在核心系统正式上线。

同日　　台湾日盛期货杨智光董事长一行来包商银行参观考察，李献平监事长、侯慧聪副行长陪同座谈。

7月19日　　根据中国人民银行包头市中心支行《关于开展2011年度金融机构信息管理系统信息验证机检查工作的通知》，组织区内各分支机构对机构信息开展自查工作。

7月21日　　包商银行举行"当好主力军，建功十二五"劳动竞赛活动启动仪式。

7月22日　　包商银行召开2011年年中工作会议。

7月25日　　包商银行李献平监事长、王慧萍行长、魏占元常务副行长参加内蒙古银监局包头银监分局局长的任命仪式，会上宣布正式任命于岚为包头银监分局局长。

7月27日　　王慧萍行长、武仙鹤行长助理参加2011年全区新型农村金融机构监管工作会议。

同日　　台湾金融研训院许振明院长一行来包商银行考察，金岩副董事长陪同。

同日　　锡林郭勒盟银监分局举办了锡林郭勒银行业金融机构小企业信贷业务讲座，包商银行武仙鹤行长助理、微小企业金融部赵梦琴总经理应邀做了讲座。

7月　　　包商银行在第四届中国管理科学大会上荣获"十二五"期间中国最具投资价值企业大奖。

8月1日至3日　　　内蒙古银监局主办、呼伦贝尔银监分局协办、包商银行承办的包商银行联动监管工作会议在呼伦贝尔市召开，武仙鹤行长助理、赵梦琴总经理参加。

8月8日　　　包商银行在蒙古国成功设立对蒙业务联络处，为大力开展跨境人民币结算与贸易融资业务奠定了基础。

同日　　　俄罗斯结算与储蓄银行、蒙古国郭勒莫特银行在包商银行开立人民币与美元账户，标志着包商银行跨境本外币结算业务的重大突破。

8月19日　　　李镇西董事长、王慧萍行长参加"内蒙古自治区辖内城商行法人机构座谈会"。

8月22日　　　湖北省政府副省长赵斌来包商银行视察指导工作。

8月22日至26日　　　填写《小微企业客户贡献度统计表》，对微小企业金融条线现有11.7万户客户贷款信息进行更新。

8月23日　　　包商银行党委书记、董事长李镇西，党委副书记、监事长李献平参加包头市第十一次党代会。

8月23日至25日　　　包商银行首席经济学家华而诚教授、董事长助理郭凯军博士、首席文化顾问王德恭教授等人赴鄂尔多斯分行考察调研。王德恭教授为行领导举办了一场关于"艺术品金融"的主题讲座。

8月25日至28日　　　组织召开2011年包商银行微小企业金融业务条线首期主管研讨会。

8月26日　　　包商银行举办了"2011年第二季度理财产品销售总结表彰大会"。

8月29日　　　包商银行审计部报送的论文《城商行分支行行长经济责任审计初探》《内部审计独立性与经济责任审计效果》《我国商业银行经济责任审计问题的探讨》在内蒙古自治区内部审计理论研讨会暨经验交流会上获得二等奖，《商业银行内部经济责任审计》获优秀奖。

8月　　　内蒙古自治区金融办、工商联、人民银行、银监局在通辽市组织召开了2011年内蒙古（东部区）中小企业金融服务峰会。李镇西董事长出席此次会议。

同月　　　包商银行赞助全国第十届中学生运动会30万元。

9 月 5 日至 7 日　李镇西董事长应邀参加银监会在成都召开的"村镇银行培育监管现场会"。

9 月 8 日　包商银行"富农宝"系列涉农微小企业贷款被中国银行业协会评为"2011 年服务小企业及三农特优产品奖"。

同日　经总行授权成立第一家分行票据中心——包商银行深圳分行票据中心。

同日　李镇西董事长、首席经济学家华而诚教授、董事长助理郭凯军博士会见德国鲁道夫沙尔平战略咨询交流有限公司（RSBK）首席执行官，双方达成战略合作关系。首席经济学家华而诚教授、董事长助理郭凯军博士、首席文化顾问王德恭教授等人参加了与德国前国防部长、现德国鲁道夫沙尔平战略咨询交流有限公司（RSBK）董事长鲁道夫·沙尔平的会晤。会上，李镇西董事长向沙尔平先生介绍了包商银行概况和发展现状。会后，王德恭教授向沙尔平赠书法"春华秋实"并合影留念。

9 月 13 日至 23 日　微贷技术德国国际项目咨询公司（IPC）审计专家詹尼弗（Jennifer）对包商银行微小企业金融业务的内控工作进行实地指导。

9 月 19 日至 23 日　包商银行作为展商参展第三十四届 SWIFT 组织全球金融年会（SIBOS2011），在展会期间，包商银行与国际同业加深了了解和交流，签署和确认合作协议。

9 月 19 日至 23 日　通过包商银行国际业务人员前期的沟通与协调，JP 摩根银行为包商银行核定同业授信额度，用于包商银行的贸易融资业务。

9 月 20 日　包头市金融学会第六届会员代表大会暨包头市金融会计学会第三届会员代表大会在人民银行包头市中心支行十楼会议室召开。包商银行李镇西董事长当选为第六届包头市金融学会副会长，战略部刘鑫总经理为副秘书长；魏占元常务副行长当选为第三届金融会计学会副会长，运营服务部陈建伟副总经理为副秘书长。

9 月 22 日　中国证券监督管理委员会正式批复核准包商银行获得基金代销资格，包商银行成为西北地区第二家、内蒙古自治区第一家获得基金代销资格的城市商业银行。

9 月 23 日　包商银行李镇西董事长、李献平监事长陪同中国银监会蔡鄂生副主席在包头地区进行考察。

同日　由《银行家》杂志主办的《2011 中国商业银行竞争力评价报告》在京发布。在此次"中国商业银行竞争力排名"中，包商银行荣获"2010 年度全国城市商业银行（资产规模 1,000 亿元以上）竞争力排名第二名"以及"2010 年度最具成长性城市商业银行"两项殊荣。

9 月 25 日　　由内蒙古银监局主办，包商银行协办的内蒙古银行业机构办公室主任座谈会暨新闻舆情培训班在青山国宾馆召开。

9 月 26 日　　包商银行 25 个风险预警模块正式上线。

同日　　包商银行李献平监事长参加了包头银行业协会创立大会暨第一届会员大会、包头银行业协会第一届第一次监事会、包头银行业协会第一届第一次理事会及包头银行业协会创立大会。

9 月 30 日　　包商银行新办公自动化系统（OA）于开始正式投产运行，极大地方便了包商银行各项工作的开展。

同月　　包商银行与人民文学杂志社联合举办了"诗歌与公共生活论坛"系列活动，在全国民族团结进步宣传月活动期间，举办"包商银行之夜——包头首届敖包节大型歌舞晚会"。

同月　　包商银行对口帮扶固阳下湿壕，帮助解决农民饮水工程，捐赠救灾款 20 万元。

同月　　参加全国企业文化建设工作年会，荣获"全国企业文化建设十佳单位"称号。

10 月 6 日　　包商银行微小企业金融部赵梦琴总经理赴加拿大参加国际金融年会。

10 月 6 日至 22 日　　邀请英国著名学者莫里斯·犹意丝（Maurice Yolles）教授、保罗·列斯（Paul Iles）教授一行来总行讲座，董事长李镇西以及北京科技大学东凌经济管理学院院长王文彬、副院长高学东、教授王维才出席会议。

10 月 8 日　　出台《包商银行新型农村金融机构薪酬管理办法（指引）》及《包商银行新型农村金融机构业绩考核办法（试行）》。

10 月 9 日至 20 日　　利物浦约翰莫尔斯大学"一致变革与知识中心"的国际知名战略管理专家莫里斯·犹意丝 Maurice Yolles 教授与来自索尔福德大学商学院的保罗·列斯（Paul Iles）教授应包商银行邀请，分别赴北京、赤峰、呼和浩特、鄂尔多斯、宁波、成都 6 家分行，以"理解组织及其变革的必要条件"为题进行专题讲座。包商银行领导、人民银行的部分领导及其他金融机构的相关领导都参加了此次讲座。

10 月 11 日　　中国银监会案件稽查局宋占英副局长来包商银行检查指导工作，李镇西董事长、李献平监事长、王慧萍行长、魏占元常务副行长、陶伟董事会秘书陪同。

10 月 13 日　　2011 中国（成都）国际循环经济产业博览会—四川"十二五"循环经济发展高峰论坛暨循环经济投融资对接会新闻发布会在包商银行成都分行会议大厅举行。

同日　　历时一年多的包商银行与微贷技术德国国际项目咨询公司（IPC）小企业金融咨询项目圆满结束。金岩副董事长对合作成果表示满意，并指明了包商银行小企业金融下一步的工作方向。

10月14日　　包商银行召开中共包商银行总行机关党员代表大会。

10月20日　　包商银行李镇西董事长在北京分行参加由英国皇家人力资源委员会理事保罗（Paul）教授、兰卡斯特大学政治学博士莫里斯（Maurice）教授主讲的题为《理解组织及其变革的必要条件》的报告会。

同日　　出台《包商银行新型农村金融机构高管人员约见谈话制度》。

10月24日　　包商银行指纹系统面向全行正式上线。

10月25日　　包商银行召开了微小企业金融业务"全面提升职业素养，严格防控道德风险"专题电视电话会议，强化微贷队伍职业操守建设，严格防控道德风险和操作风险。

同日　　金岩副董事长参加在北京举办的中国银行业协会第二届中国银行家高峰论坛。

10月26日至27日　　李镇西董事长，李献平监事长在江苏南京参加由银监会举办的部分城商行案防专题会议。

10月29日　　包商银行召开2011年案件防控工作会议。

11月1日　　包商银行首席经济学家华而诚教授代表包商银行参加在北京举办的"网易金融论坛·中国金融形势展望暨'金钻奖'颁奖典礼"，并在会上做主题发言。

同日　　包商银行综合理财系统正式上线，是包商银行以科技手段实现理财产品销售的规范化、标准化、流程化的重要举措。

11月8日至9日　　包商银行客户代表与信贷员赴京接受央视二套"对话"栏目的采访，协助完成"呵护小微企业"的节目录制。

11月9日　　颁布《包商银行岗位轮换和强制休假管理办法》。

同日　　由包商银行、《大众摄影》杂志社共同举办的包商银行杯全国第二届"小企业贷款"摄影大赛专家评审会在北京举行。

11月12日至16日　　包商银行经营管理与发展创新恳谈会和包商银行经营管理与发展

创新研讨会分别在北京分行召开。

11月12日至30日 新华网、人民日报、中央人民广播电台和央视二套《对话》等十大媒体对包商银行微小企业贷款进行了系统、全面和深入地报道。

11月14日 首席经济学家华而诚教授代表包商银行参加"大中华区金融中心"上海研讨会，并在会上发言。

11月15日 包商银行、中国艺术研究院、《中国摄影家》杂志社联合主办的首届中国国际摄影双年展在北京炎黄艺术馆隆重开幕。

同日 中央电视台、理财周报、银行家、中国金融、中国新闻社、财经国家周刊、环球财经、IT经理人杂志等8家媒体记者到包商银行鄂尔多斯分行进行调研采访。

11月17日 首席经济学家华而诚教授代表包商银行参加在北京举办的"布局与创新：零售银行业的发展之路——银率论坛暨第三届360度银行评测报告发布颁奖盛典"，并在会上发言。

同日 小企业金融条线高级负责人会议在北京召开。总行侯慧聪副行长出席会议并作重要讲话。

11月19日 北京工商大学经济学院金融系、包商银行和《中国金融》杂志联合主办的第一届全国区域金融论坛在京举行。

11月19日至21日 包商银行成都分行参加并协办的以循环经济与西部发展为主题的2011中国成都国际循环经济产业博览会在成都盛大举行。这是该博览会首次在西部城市举办。

11月23日 包商银行在呼和浩特市内蒙古大学、内蒙古工业大学、内蒙古农业大学、内蒙古财经学院四大院校进行微小企业金融业务巡回宣讲，共有1,000余人在现场听取了宣讲。

11月25日至28日 2011第六届中国中小企业家年会在京召开。会上，包商银行被授予"2011年度全国支持中小企业发展十佳商业银行"荣誉称号。

11月28日 包商银行参加由包头市处置非法集资工作领导小组办公室、包头市金融工作办公室、包头市银行业协会共同组织开展的"2011年防范和打击非法集资宣传活动"。

11月30日 包商银行与深圳发展银行股份有限公司正式签署《全面业务合作协议》。这是两家银行在深化同业合作、促进双方共同发展、建立友好、稳定的战略合作关系上的重大进展，推动了包商银行大同业发展战略的实施。

11 月　包商银行贯彻落实内蒙古银行业协会、包头银监分局相关文件精神，组织全行员工签订《拒绝高利诱惑和远离非法集资承诺书》。

同月　包商银行参加中国企业文化管理年会，获"2011 中国企业文化管理年会特别荣誉单位"称号，被评为内蒙古第二届公益之星单位，荣获"全国文明单位"荣誉称号。

12 月 1 日　包商银行首席经济学家华而诚教授代表包商银行参加在北京举办的"2011 环球企业家高峰论坛"，并在会上做主题发言。

12 月 6 日　由《理财周报》主办的"2011 中国零售银行峰会暨第四届中国最受尊敬银行与最佳零售银行颁奖典礼"在京举行。包商银行摘得"2011 年中国最具发展潜力零售银行"、"2011 年中国最佳城市商业银行"两项桂冠，财富管理品牌"大有财富"荣获"2011 年中国最佳银行财富管理品牌"。董事长助理郭凯军博士代表包商银行在会上做主题发言。

12 月 8 日　包商银行手机银行贴膜卡版系统成功上线运营。

12 月 12 日　包商银行首个全功能、全流程、具备电子矩阵审批和无纸化办公功能的新一代小企业金融业务系统条线内推广运行。

同日　包商银行新型农村金融机构培训基地投入使用。

同日　第 12 届央视中国经济年度人物评选活动颁奖盛典在北京北嘉里中心举行。包商银行李镇西董事长作为服务小微企业的代表人物，荣获"第十二届中国经济年度人物公益奖"。

12 月 14 日至 15 日　"《财经》年会 2012：预测与战略"在北京举行。首席经济学家华而诚应邀出席年会，并在分论坛"小企业融资的挑战和解决之道"中发言并回答与会者提问。

12 月 16 日　包商村镇银行新综合业务系统成功上线。

12 月 19 日　包商银行杯全国"小企业贷款"摄影大展颁奖仪式暨获奖作品展览在北京祥升行大众影廊举行。

12 月 20 日　在由《金融时报》、中国社会科学院金融研究所联合主办的"2011 中国金融机构金牌榜'金龙奖'"及"中国中小企业金融服务十佳机构"颁奖盛典上，包商银行荣获"中国中小企业金融服务十佳机构"和"年度最具竞争力中小银行"两项大奖。

12 月 21 日　包商银行成都分行金沙支行已获准批筹。

12 月 26 日　包商银行法律服务系统正式上线运行。

12 月 28 日　　包商银行凭借在微小企业金融服务中的卓越表现，在《华夏时报》主办的第五届"金蝉奖"评选中被评为"2011 最佳微小企业服务银行"。

12 月 30 日　　包商银行非税收入管理系统上线，全区非税业务代理行于 2012 年 1 月 1 日启用新非税业务系统。

同日　　包商银行银行卡部在北京成立品牌及产品创新中心。

12 月 31 日　　包商银行信用卡累计发卡 19.68 万张，2011 年新增发卡量是 2007 年至 2009 年总发卡量的 2.2 倍；审批"包融通"货押业务 28 户，金额 7.41 亿元；完成国际结算业务 2,000 余万美元。

同年　　2011 年底全行机构数达 105 个，包括 2 家总行机构、13 家分行、1 家直属支行、89 家支行。

同年　　JP 摩根银行为包商银行核定同业授信额度，用于包商银行的贸易融资业务。

同年　　包商银行荣获"全国文明单位"荣誉称号。

同年　　包商银行与中国爱国主义教育编辑委员会结成战略合作单位，共同组建了中国爱国合唱团，在《中国爱国主义教育》杂志设立包商银行宣传专栏，并荣获"弘扬爱国精神共谱和谐未来（战略合作单位）"荣誉称号、"中国爱国合唱团"荣誉称号。

同年　　包商银行出版图书 7 册：《微小企业贷款案例解析》《微型金融：国际经验与中国实践》《小企业金融服务研究》《生活中的经济学》《生活中的金融学》《生活中的管理学》《大事成大势》。

同年　　包商银行建成书法博物馆，完成奥运主题书法作品布展。

同年　　包商银行李镇西董事长、党委书记获得"中国品牌文化建设特殊贡献人物奖"，在第四届中国管理科学大会上获得"建党九十周年当代中国社会管理十大卓越创新人物奖"，获得"内蒙古第二届公益之心先进个人奖"；包商银行李献平监事长、党委副书记被评为"全市纪检监察系统先进工作者"，在第四届中国管理科学大会上获得"建党九十周年当代中国管理创新突出贡献奖"，被评为"全市纪检监察系统先进工作者"。

同年　　截至年末，全行资产总额达到 1783 亿元，新增 643 亿元，各项存款余额 1143 亿元，各项贷款余额 461 亿元，实现净利润 20.65 亿元，缴纳税金 10.3 亿元。

2012 年

1月1日　　包商银行新一代 OA 系统正式运行；异常交易侦测系统上线运行，实现了包商银行对信用卡交易的"7×24 小时"全天候不间断监控。

1月4日　　包商银行新一代电子档案管理系统正式运行。

1月5日至7日　　包商银行召开 2012 年工作会议。

1月9日　　包商银行投资 400 万元与包头市园林局合作兴建的"包商乒羽馆"正式落成启动。包商乒羽馆位于包头市劳动公园内，建筑面积近 1,500 平方米，内设羽毛球场地五块、乒乓球场地一块。

1月10日　　包商银行首张理财性贵宾借记卡——大有财富借记卡发行。

1月21日　　包商银行举行 2012 年春节团拜会。

2月3日　　包商银行举行 2012 年送温暖座谈会。

2月10日　　包商银行 2012 年微小企业金融业务工作会议在总行八楼会议室召开，会议明确了总分支架构下"分工合理、职责明确、有效制衡、报告关系清晰"的工作机制，和"一圈一链一散户"的业务主攻方向。

同日　　总行金融一部对包头分行下辖 17 家支行进行了"包融通"业务培训，包头分行公司金融部参加培训。

同日　　包商银行与互联网国际品牌集团（Interbrand）就微贷品牌建设项目进行座谈，探讨微贷品牌设计、整体品牌传播策略及区域营销实施策略。

2月16日　　广西北部湾银行行长赵锡军带领总行各部门负责人和各分行行长一行来包商银行交流。双方就贸易融资、信贷审批、风险管理、考核激励以及中小企业贷款等业务做了深入交流，并对双方进行同业业务合作的前景进行了探讨。

2月16日至19日　　赵梦琴总经理一行 4 人赴成都分行调研指导工作，并应邀在中国银行业监督管理委员会四川监管局办公室举办的 2012 年度第一期四川银行业小微企业客户经理培训上进行了关于"包商银行微小企业贷款技术和风险控制"的专题讲授。

2月21日至22日   召开"包商银行新型农村金融机构2012年工作会议"。

2月28日   在2012年服务小微企业及三农双十佳产金融产品评选工作座谈会上,包商银行报送的"真珠贝"微小企业贷款和"富农宝"系列涉农微小贷款分别获得"服务中小企业及三农十佳特优产品奖"。

2月28日   在由凤凰网和凤凰网财经主办,凤凰卫视、凤凰视频和手机凤凰网协办的"2012金凤凰金融盛典暨2011年度颁奖礼"上,包商银行荣获"2011年最具创新力银行"奖,是获奖榜单中的唯一一家城市商业银行。

3月1日   根据罗兰贝格战略规划,包商银行全球金融部风险控制与研究中心成立,以独立中台身份运作。

3月2日   内蒙古自治区政府副主席、包头市委书记郭启俊来包商银行视察指导工作,并举行座谈会。

3月4日至11日   包商银行组织业务骨干赴招商银行、民生银行、大连银行学习业务集中处理、流程设计、网点装修、招标采购等管理方面的先进经验。

3月8日   包商银行在包商乒羽馆举办了"包商心·巾帼情"女子趣味项目大比拼活动。

3月16日   包商银行正式向各分支机构印发《包商银行微小企业授信业务操作规程(试行)》,增加业务发展及风险控制、人员授信尽职相关内容。

3月18日   由包商银行与中国艺术研究院《中国摄影家》杂志社联合主办的"我们——微型金融摄影展"在中国美术馆隆重开幕。

3月20日   包商银行正式印发《微小企业信贷人员招聘管理办法》,标志着微小企业信贷人员招聘工作职能由总分联动正式转变为分支机构自主进行、总行指导监督。

同日   东部审批中心正式成立。从而开始了包商银行专业化授信审批道路的探索。中心主要负责北京分行、深圳分行、宁波分行、成都分行、乌兰察布分行、锡林浩特分行、赤峰分行的超权限公司授信业务。

3月26日   全国工商联副主席庄聪生率调研组一行到达包头市,进行为期两天的小微企业"保生存、谋发展"调研活动,我行是唯一受邀参加会议的银行业机构。受行领导委托,微小企业金融部高永刚副总经理参加了调研座谈会。

3月27日   由包商银行承担的联合国开发计划署(UNDP)项目"在中国构建普惠金融

体系"的项目成果专家征询会在北京举行。

3月27日至29日 包商银行首席经济学家华而诚教授与董事长助理郭凯军博士受邀出席了在新加坡举办的"2012年商品交易·贸易金融世界会议之亚洲大会"。

3月28日 "2011中国金融品牌金象奖"颁奖典礼暨"2012中国金融品牌管理者年会"在北京举行,包商行大有财富荣获"2010年中国金融品牌年度十大广告"金象奖。

4月7日 由《当代金融家》杂志社和刘鸿儒金融教育基金会举办的首届中小银行发展高峰论坛暨2011最佳中小银行评选颁奖典礼在京举行。包商银行董事长李镇西、董事长助理郭凯军博士出席了会议。大会还揭晓了2011年最佳中小银行评选活动的各奖项榜单,包商银行荣获"2011年最佳服务中小企业银行奖"。

4月9日至17日 由包商银行首席文化顾问王德恭教授领衔,首席文化官办公室与总行人力资源部共同组成的"包商精神"宣讲团一行6人在宁波、深圳、成都三地分行就"包商精神"作专题调研和主旨演讲。在宣讲中,王德恭教授从国学视角对包商精神作了独到诠释和系统解读。

4月11日 包商银行主动承担重庆彭水苗族土家族自治县、陕西佛坪县和富平县、内蒙古鄂伦春自治旗和莫力达瓦达斡尔族自治旗、江西鄱阳县和余干县等7个国家扶贫开发工作重点县(旗)的定点扶贫任务。

4月13日 包商银行首届公司业务客户金融服务方案竞赛决赛在总行二楼大会议室举行。

4月17日 包商银行王慧萍行长应邀参加了北京电视台财经频道"财经锋汇"《小微贷,大未来》的节目录制,与中国银监会小微企业金融服务办公室副处长张媛媛、中国社科院中小企业研究中心主任陈乃醒教授围绕"小微贷——银行的盛宴还是剩宴"这一主题进行了深入的探讨。

4月18日 包商银行向各分支机构下发《包商银行联保模式涉农微小企业授信业务操作流程(试行)》,涉农业务制度保障能力大幅提升。

4月20日 金岩副董事长在北京听取了包商银行旗舰店设计方向与行服设计方案汇报。

4月22日 李镇西董事长、董事长助理郭凯军博士应邀出席了由中国金融网、国家摄影网主办,国际金融服务集团、亚洲金控投资有限公司和中央电视台财经频道协办的"2012中国金融形势分析、预测与展望专家年会暨第八届中国金融(专家)年会"。

4月23日 在海南省三亚市召开包商银行第三届董事会第七十六次会议,增选新的副董事长拟任人选,增选王慧萍为副董事长。

4月24日　由中国民生银行、包商银行、哈尔滨银行共同倡导发起，33家中小银行、保险、租赁等金融机构积极响应的"亚洲金融合作联盟（Asia Financial Cooperation Association，缩写为AFCA）"启动仪式在海南三亚成功举办。

4月26日　包头市银监局在包头市西部人才市场广场举行以"加强创新助力小微，提升服务共促和谐"为主题的包头银行业中小微企业金融服务银企对接会。会上，包商银行李镇西董事长作为银行业代表发表讲话。

4月26日　魏占元常务副行长，陈建伟副总经理参加中国人民银行呼和浩特中心支行召开的2012年全区人民银行支付结算工作会议。

4月27日　包商银行被中国银监会评为"全国银行业金融机构小微企业金融服务2011年度先进单位"，这是包商银行第四次凭借在微小企业金融服务领域的贡献获得中国银监会嘉奖。

同日　包商银行代理财政国库集中支付系统成功上线运行。

4月28日　"包商银行与微贷技术德国国际项目咨询公司（IPC）微贷咨询项目总结会议"在总行五楼会议室召开。微贷技术德国国际项目咨询公司（IPC）中国区负责人乌里先生（Ulrich Weber）、项目顾问海宁先生（Henning Vogelsang）、培训专家丹尼拉女士（Daniela Wendhaus），包商银行副董事长金岩、行长助理武仙鹤、微小企业金融部总经理赵梦琴等参会。本次会议标志着包商银行与微贷技术德国国际项目咨询公司（IPC）微贷咨询项目圆满结束。

5月1日　鄂温克、漯河、掇刀包商村镇银行等10家机构新系统成功上线。

5月2日　包商银行内部资金转移定价系统（FTP系统）正式上线，并下发《包商银行内部资金转移定价系统上线实施方案》。全行正式取消"上存下借"的差额资金管理模式，改为全额资金管理模式。

5月5日至6日　由台湾金融教育协会、北京大学、清华大学、新竹清华大学、中国人民大学、南开大学和东北财经大学共同主办的"2012两岸金融研讨会"在北京大学隆重召开。本届研讨会的主题是"十二五规划下两岸金融发展与变革"。李镇西董事长出席2012两岸金融研讨会并发表了题为《十二五规划下中小企业融资的发展与变革》的主题演讲。

5月8日　总行行长办公会议决定成立培训部，全面负责全行培训领域各项工作，推进培训在全行战略发展、组织发展、人才发展层面的支撑作用。

5月9日　包商银行获金融IC借记卡发行资格。

5月22日至26日　　　包商银行党委在中国井冈山干部学院举办了2012年第一期党建研修班。

5月23日　　　贷前审批系统上线运行，标志着包商银行信用卡审批业务进入了标准化、高效化、电子化时代。

5月23日至31日　　　由总行运营服务部、个人金融部联合组织的包商银行基金代销业务培训于万鑫大厦培训教室举行。此次培训采用现场讲解、上机操作相结合的方式，共分4个批次先后对139人次进行了培训，参加培训人员覆盖全部营业网点。

5月24日　　　包商银行参加由自治区政府金融办、自治区工商业联合会、中国人民银行呼和浩特中心支行、内蒙古银监局联合主办的2012年内蒙古东部盟市中小企业金融服务峰会。

同日　　　个人网银支付宝快捷支付业务（简称支付宝）、财付通"一点通"业务（简称财付通）、理财业务正式上线运营；包商银行通过全国横联电子缴税（TIPS）系统发送的各项业务指令均达到人民银行、国税及地税的要求，全国横联电子缴税系统（TIPS）即将在北京分行正式上线运行；包商银行综合理财系统网银端在全行范围内正式对外上线。

同日　　　由《银行家》杂志社与中国社会科学院金融研究所金融产品中心联合主办的"2012中国金融创新奖颁奖典礼"在北京隆重举行，包商银行荣获"最佳金融企业形象奖"，个人理财产品"大有财富"荣获"十佳金融产品营销奖"，"微小企业涉农贷款"荣获"十佳金融产品创新奖"。

同日　　　内蒙古自治区2011—2012年度最具社会责任感企业颁奖仪式在呼和浩特举行。经"内蒙古自治区最具社会责任感企业评选表彰活动"组委会严格审核，由内蒙古自治区党委宣传部、人力资源和社会保障厅、环保厅、国有资产监督管理委员会、工商业联合会、总工会、内蒙古日报社、内蒙古企业文化建设协会组织评委会评定和新闻媒体公示，包商银行被授予"内蒙古自治区2011—2012年度最具社会责任感企业"荣誉称号。党委书记、董事长李镇西获全国"五一劳动奖章"荣誉称号，党委副书记、监事长李献平获得自治区"五一劳动奖章"荣誉称号。

6月1日　　　包商银行综合理财系统网银端正式上线，极大地拓宽了包商银行理财产品的销售渠道，是包商银行以科技手段实现理财产品销售的规范化、标准化、流程化的重要举措。

同日　　　成功开通信用卡支付宝快捷支付功能，提升了包商银行信用卡的支付便利性及品牌知名度。

6月2日　　　包商银行鄂尔多斯分行迁入新址并正式营业。

同日　　　第二届"包商银行杯"全国高校文学征文颁奖仪式在中国现代文学馆隆重举行。

包商银行首席文化顾问王德恭教授、战略部总经理刘鑫出席了颁奖仪式。王德恭教授在颁奖仪式上致辞。

6月5日　　包商银行在总行202会议室召开2011年度股东大会。

6月6日　　经包头军分区批准，包商银行于6月6日成立了包商银行武装部。包头军分区参谋长王源和包商银行党委副书记、监事长、武装部部长李献平共同为包商银行武装部揭牌。包商银行党委书记、董事长李镇西任武装部政委，党委副书记、监事长李献平任武装部部长，常务副行长魏占元任武装部副部长，副行长周凤亮任武装部副部长，董事会秘书陶伟任武装部副部长。

6月8日　　包商银行联网核查系统成功嵌入核心系统。实现了可通过包商银行核心系统进行公民身份信息联网核查的各项业务操作，改变了操作员需离柜进行公民身份信息联网核查的现状。

6月10日　　国务院发展研究中心金融研究所与包商银行共同主办的"2012宏观经济战略暨小微企业金融高峰论坛"在北京威斯汀大酒店隆重举办。

6月14日　　包商银行与国际品牌集团（Interbrand）签订《包商银行微小企业贷款营销规划项目服务合同》，针对微贷产品营销项目的合作正式开始。

6月17日至18日　　由自治区银监局和赤峰市政府共同举办的自治区银行业支持草原生态保护和建设座谈会在赤峰市九天国际酒店召开。包商银行王慧萍行长、赤峰分行行长鲍景魁参加了座谈会。

6月18日　　包商银行培训部在全行首次使用在线考核方式，完成（公司金融一部条线）岗位资格认证考试，开创了岗位资格考试的新模式。

6月19日　　《2011年度中国银行业社会责任报告》发布暨社会责任工作表彰大会在北京金融街洲际酒店隆重召开。包商银行荣获"年度社会责任最佳民生金融"奖，李镇西董事长荣获"年度社会责任引领人物"奖。

6月20日　　包商银行基金代销系统在全行范围内正式上线。基金代销系统是包商银行首个实现柜面端、网银端双渠道同时上线，共同销售的代销业务系统。

6月21日　　包商银行参加由中国银行业协会和中国政法大学共同主办、包商银行和中国政法大学票据法研究中心承办、北京市洪范广住律师事务所协办的首届中国票据论坛。

6月26日至29日　　包商银行董事长助理郭凯军博士、首席文化顾问王德恭教授代表包商银行出席在爱尔兰召开的第 11 届世界管理大会。

6 月 28 日 包商银行银行卡收单业务正式上线运行。

同日 完成北京、九台、清徐、南通、兴安盟、仪征、漯河、荆门、息烽、鄂温克、宁夏、西乌旗、莫力达瓦 13 家村镇银行指纹仪上线工作。至此，已完成 21 家村镇银行指纹仪上线任务。

同日 参加由财政部、中国人民银行召开的 2012—2014 年中央国库现金管理商业银行定期存款业务参与银行团组建会议，并与参与中央国库现金管理商业银行定期存款业务的记账式国债承销团、凭证式国债承销团、公开市场业务一级交易商中的 51 家商业银行总行代表参加《中央国库现金管理商业银行定期存款主协议（2012—2014 年）》的签字仪式。包商银行再次获得承销资格。

6 月 29 日至 7 月 1 日 包商银行艺术团参加了由香港各界庆典委员会、港岛各界联合会共同主办的庆祝香港回归祖国 15 周年"香江草原情""草原风·中华情"专场晚会、香港大球场大会演。包商艺术团的精彩演出受到了 4 万多名香港观众的热烈欢迎，香港大公报、文汇报等媒体同步做了专题报道。

6 月 共青团包头市委员会、包头银监分局、包头市银行业协会组织开展了"纪念建团 90 周年'包商银行杯'包头市金融行业青工技能大赛"。包商银行承办此次大赛并派代表参加。

7 月 1 日 人民银行呼和浩特中心支行支付结算处对总行开展支付系统、支票影像交换系统、电子商业汇票系统及操作的执法检查。

7 月 11 日至 12 日 "包商大讲堂：民生银行专家培训"在北京分行 504 会议室召开。

7 月 12 日 村镇银行反洗钱系统成功上线。

7 月 13 日 包商银行完成《微小企业金融业务制度汇编》，实现对微小企业金融现行制度的首次汇集，《汇编》增加了法律知识内容，成为信贷人员的实用工具书。

7 月 13 日至 14 日 包商银行 2012 年年中工作会议在北京分行召开。

7 月 15 日至 18 日 包商银行首次在全行范围内通过系统选拔、培训了第一批（公司金融一部、运营条线）内训师。

7 月 20 日 包商银行亮相赤峰首届金融博览会。

7月24日　　　"包商大讲堂—普惠金融下的技术与商业模式创新"在北京分行504会议室召开。此次讲座邀请了国际扶贫咨询协商组织（CGAP）亚洲区主管兼全球技术项目负责人斯蒂夫·拉斯马森(Steve Rasmussen)先生、CGAP亚太区代表艾瑞克·迪弗洛(Eric Duflos)先生和王灵俊先生，就无网点银行服务方面的相关经验与包商银行进行交流。

同日　　　包商银行和民生金融租赁股份有限公司全方位合作协议签约仪式在包商银行总行二楼会议室举行。

同日　　　下发《关于对降雨量较大区域内涉农微小企业贷款进行回访通知》。

7月25日　　　向全辖范围内发布《关于对巴彦淖尔分行应对洪涝灾害引发贷款风险的业务指导意见》，以巴彦淖尔地区为例对各分支机构灾后业务开展提出指导意见。

7月24日至27日　　　受李镇西董事长委托，首席文化顾问办公室张铁军主任、程立博士、简燕宽博士一行赴民生银行泉州分行、厦门分行就事业部组织架构问题进行了专题调研，并撰写了调研报告。

同日　　　内蒙古工商联第十一次会员代表大会在呼和浩特举行。李镇西董事长当选内蒙古工商联第十一届执行委员会副主席。

8月1日　　　包商银行村镇银行联网核查功能成功上线。

同日　　　深圳分行新电子验印系统成功上线，成为包商银行首家使用新电子验印系统的分行。

8月1日至3日　　　由包商银行承办的"第六届全国城市商业银行内部刊物交流会"在包头市召开。包商银行《金融正前方》杂志荣获最佳主编奖，《包商时报》荣获最佳报刊奖、好新闻奖和最佳摄影奖。

8月2日　　　由中国人民银行呼和浩特中心支行支付处李冬梅处长带队的检查工作组莅临包商银行，对包商银行开展全国存量个人人民币银行存款账户相关身份信息真实性核实工作进行指导。

8月3日　　　"中国银行家（宁波）高峰论坛暨2012中国商业银行竞争力评价报告发布会"在浙江宁波市隆重召开。会议公布了《2011中国商业银行竞争力评价报告》。在2011年度全国性商业银行核心竞争力排名中，包商银行位列资产规模1,000亿元以上城市商业银行第三名，并与浙江泰隆商业银行齐获"最佳小微企业金融服务城商行"奖。

同日　　　包商银行黄金租赁业务开始试运行。8月6日，赤峰分行率先完成了全行的第一笔黄金租赁业务。截至11月4日，赤峰分行、总行公司一部、呼伦贝尔分行和锡林郭勒支行共办理 21 笔黄金租赁业务，累计出租黄金 2581 公斤（折合人民币 8.8 亿元）。

同日　　各相关分行经过实地调研向总行提交了以下项目的可行性报告，扶贫资金由包商银行公益基金会统一核准下拨：成都分行定点帮扶重庆市彭水县，实施"兴建彭水县润溪乡中心校运动场项目和润溪乡樱桃村卫生室项目"；宁波分行定点帮扶江西省余干县，实施"余干县黄金埠镇五雷村路面硬化项目"；深圳分行定点帮扶江西省鄱阳县，实施"鄱阳县扶贫助学项目"；北京分行定点帮扶陕西省佛坪县和陕西省富平县，实施"佛坪县长角坝镇地庄沟道路建设"和"富平县庄里镇杨家村道路建设项目"；呼伦贝尔分行定点帮扶内蒙古鄂伦春旗和内蒙古莫力达瓦旗，实施"莫旗达哈浅桥修建项目"和"鄂伦春自治旗大杨树镇包商桥维修加固工程项目"。

同日　　中国国际扶贫中心和包商银行共同主办的社会扶贫创新暨包商银行定点扶贫行动研讨会在北京共济国际酒店召开。

8 月 4 日　　包商银行举办全行委派会计培训。

同日　　美国驻华大使馆官员来包商银行调研指导涉农微小贷款业务。

8 月 9 日至 10 日　　培训部代表承办亚洲金融联盟培训委员会首次季度例会，树立了包商银行良好对外形象，巩固了与联盟成员的良好合作关系。

8 月 13 日至 14 日　　配合中国人民银行包头市中心支行对包商银行进行财政性缴存款情况检查。

8 月 14 日至 10 月 19 日　　历时三个月，三期"长青计划——支行领导力培训项目"圆满结束，覆盖了包商银行所有支行主要负责人。

8 月 14 日至 16 日　　包商银行派员参加小额信贷联盟举办的"微型金融机构人力资源（HR）管理培训班"。

8 月 14 日至 18 日　　包商银行第一期支行长培训班在北京红螺天宇度假村举行。

8 月 16 日　　包商银行微小企业金融部与国际品牌集团（Interbrand）合作的微小企业贷款营销规划项目第一阶段提案会顺利举行。

8 月 20 日　　包商银行成立法律合规部，并开展相关工作。

8 月 23 日　　公司金融部由原来的四个部合并为公司一部和公司二部。

8月28日　　村镇银行办公自动化系统主体功能上线运行。

8月28日至30日　　锡林郭勒支行协助内蒙古银监局、包商银行在锡林浩特市召开"包商银行联动监管工作会议"。

8月29日　　统一管理全行现有电子化（E-learning）学习平台，提升了平台使用效率，为全面实现包商行电子化学习进程奠定了基础。

8月30日　　包商银行周凤亮副行长、首席经济学家华而诚教授等人一行赴印度尼西亚阿尔达格拉哈 AG 集团进行了为期三天的考察学习。

8月　　路透、彭博两大全球信息资讯系统先后邀请包商银行作为其境内外汇报价商，每日定时向中国境内银行同业提供外汇同业拆借、存放利率及结售汇报价，同时提供即、远期、掉期报价。至此，包商银行成为唯一一家同时在路透和彭博系统上提供境内外汇报价的城市商业银行，成功跻身以四大国有银行为首的银行报价商行列。

8月至12月　　包商银行参选并荣获第二届内蒙古自治区主席质量奖服务质量奖，评选过程中，包商银行培训体系建设被评为包商银行获此奖项的五大优势之一。

9月1日　　包商银行商赢家信用卡、商赢通信用卡、金领信用卡、公务卡在全行范围内全面发行，开始吸纳小微企业主客户和公职人员客户。

9月5日　　"包商银行杯"巴彦淖尔首届双十佳"创业之星"评选活动拉开帷幕。

9月10日　　包商银行网银二期项目（支付宝快捷支付、财付通"一点通"、捷付睿通、个人网银基金、理财、机票、二代 KEY 等业务）的成功上线，极大丰富网上银行功能，扩大网银产品服务范围，提高客户服务水平，有效带动了网银客户数及交易量。

9月15日　　包商银行对公票据 ATM 创新项目正式投产。

9月17日　　包商银行首席文化顾问王德恭教授应徐翔行长之邀在巴彦淖尔分行做了题为"弘扬包商精神，共创美好未来"的主题演讲。河套大学党委书记邢秀教授作为特邀嘉宾聆听了演讲。首席文化顾问办公室主任张铁军、程立博士陪同。

9月17日至18日　　包商银行召开首届国际业务暨贸易金融业务研讨及产品推介会。

9月20日　　出台《包商银行内部资金转移定价管理办法(试行)》(包商银发〔2012〕360号)。

9月22日　　包商银行参加在广州举行的中小企业博览会，向与会人员介绍了包商银行微小企业金融成果。

9 月 24 日　　中国银行业协会行业发展研究委员会换届大会暨二届一次全体会议在北京召开。大会选举产生了中国银行业协会行业发展研究委员会第二届常务委员会。包括北京银行、包商银行在内的 13 家单位当选为副主任单位。此外包商银行战略部总经理刘鑫获得突出贡献奖，战略部李晓峰获得优秀派驻员工奖。

9 月 27 日　　包商银行创新委员会成立。

10 月 11 日　　王慧萍行长应邀参加乌兰察布市银政座谈暨银企对接会。

10 月 16 日　　包商银行股份有限公司与长安国际信托股份有限公司在西安举行了全面战略合作协议的签署仪式。

10 月 18 日　　包商银行信用卡消费信贷业务正式上线运行。

同日　　包商银行以价格优势和高客户满意度，荣获"和讯网 2012 年度中国电子银行测评"最佳用户价值奖。

10 月 19 日　　第三届包商银行杯全国"小企业贷款"摄影大展作品最终评选在北京新侨饭店会议厅举行。

10 月 22 日　　"业务模拟仿真课件项目"正式启动，为包商银行员工大规模、大范围的业务基础性、标准化培训提供了新载体，也标志着包商行进入了电子化学习和培训工作的新纪元。

10 月 25 日　　截至本月 25 日，包头分行各类理财产品实现销售 100.23 亿元，成功突破 100 亿元销售大关。

10 月 26 日　　包商银行与开泰银行全面战略合作谅解备忘录签约仪式在泰国曼谷举行。

10 月 26 日　　中国人民银行呼和浩特中心支行余文建行长、桂林银行王能董事长一行 5 人莅临包商银行呼和浩特分行考察交流。

10 月 29 日　　包商银行获金融 IC 信用卡发行资格。金融 IC 卡是现代信息技术与金融服务高度融合的工具，以金融 IC 卡为契机，提高服务水平、改善服务质量不仅可以更好地服务与群众，也可以不断促进商业银行自身发展。

11 月 1 日　　包商银行 2012 年安全保卫工作现场会议在赤峰宾馆召开。

同日　　武仙鹤行长助理与微小企业金融部赵梦琴总经理一同赴厦门，为招商银行总行中层以上干部及各分行行长讲授包商微贷模式相关理论。

11月3日　　包商银行荣获"2012年中国银行业协会（花旗集团）微型创业奖风险控制奖"。

11月9日　　包商银行2012年理财总销售额（含信托、国债）为2,239,900万元，实现中间收入7,604.75万元。为顺利完成年度目标奠定坚实的基础。

11月10日至16日　　包商银行党委在中国井冈山干部学院举办了"包商银行2012年第二期党建研修班"。

11月12日　　包商银行博士后科研工作站独立招收博士后研究人员的申请获批。

11月15日　　包商银行博士后科研工作站聘请中国井冈山干部学院副院长、研究员周金堂教授为合作导师。

11月19日至23日　　全行执行经理层干部能力提升的第一期"领衔计划"项目圆满结束，总行机关和部分分行的有关人员参加了此次培训，通过"微行动学习形式"解决了学员们遇到的一些实际工作问题，使培训作为"业务合作伙伴"的角色得到了初步尝试。

11月20日　　中国民（私）营经济研究会组建的中国小企业研究中心成立庆典暨2013年小微企业生存发展态势研讨会在北京召开。李镇西董事长作为专家团成员应邀出席会议。

11月22日　　包商银行审计信息管理系统开发项目第一期非现场审计模块于2012年11月22日上线试运行。

11月23日　　包商银行党委召开学习十八大精神专题扩大会议。

同日　　在北京分行五楼会议室召开包商银行第三届监事会第十七次会议，审议通过《包商银行监事会增设监督委员会的议案》等三项议案。

11月25日　　第七届中国中小企业家年会隆重表彰了2012年度服务中小企业的先进集体和先进个人。包商银行等单位被评为"2012年度服务中小企业先进单位"，包商银行党委书记、董事长李镇西被评为"2012全国服务中小企业先进个人"。

11月27日　　"兴安盟十大杰出人物颁奖晚会"在兴安礼堂隆重举行。兴安盟分行行长于秀峰作为全盟经济领军十大代表人物之一，荣获了"兴安盟十大杰出人物"荣誉称号。包商银行成为本次评选中全盟金融系统唯一一家获奖单位。

同日 第二届"包商银行杯"中国国际摄影双年展在中华世纪坛世界艺术馆隆重开幕。

11 月 28 日 微小企业金融业务研讨会在北京举行,董事长助理郭凯军博士、微小企业金融部总经理赵梦琴参加研讨会。

同日 中国银行业协会主办的第二届优秀客服中心及首届"客服明星"评选活动颁奖典礼在北京隆重举行。包商银行电子银行部呼叫中心王玉珠荣获首届"客服明星"奖。

11 月 29 日 包商银行乌海分行举行开业仪式。乌海市委、市政府中国人民银行,乌海银监分局及乌海市海勃湾区政府有关领导出席庆典仪式。包商银行乌海分行副行长王桂华宣布揭牌仪式启动,乌海市市政府副市长徐德林、中国人民银行乌海市中心支行行长李聪颖、乌海银监分局局长王志忠、乌海市海勃湾区政府主任杨庆远与包商银行乌海分行行长白保林共同揭开帷幕,包商银行乌海分行正式开业。

同日 "2012 中国零售银行年会"及"2012 第五届中国最受尊敬银行暨最佳零售银行"颁奖酒会活动在京举行。在本届评选中,包商银行荣获"2012 年度最佳设计与创新团队""2012 中国最受欢迎城商行理财产品""2012 中国最具区域竞争力城市商业银行零售银行"三项大奖。

11 月 30 日 运营服务部完成全行电子验印系统安装部署、存量印鉴卡批量建库工作。

11 月 包商银行捐赠 5,000 万元发起设立了包商银行公益基金会。这是国内首家由商业银行发起设立并在民政部登记的基金会。

12 月 5 日 包商银行上海异地灾备中心正式投产,北京同城灾备中心已于 8 月 11 日正式投产。北京、上海两地灾备中心的成功投产,标志着包商行"三地四中心"的容灾架构初步建成,标志着包商银行灾备建设达到同行业领先水平。

12 月 6 日 内蒙银监局贾奇珍副局长一行在到乌兰察布分行调研指导工作。

12 月 6 日至 8 日 参加自治区主席质量奖现场评审会,并于本月 7 日向自治区主席质量奖评审员汇报新型农村金融机构管理工作。

12 月 8 日 第三届中国管理科学学会管理科学奖颁奖典礼暨 2012 年中国管理科学高层论坛在北京举行。本次会议由中国管理科学学会主办,包商银行董事长助理郭凯军博士、首席文化顾问王德恭教授应邀出席了大会。

12 月 11 日 包商银行加入中国银行业协会理财业务专业委员会,被正式授予第一届常务委员资格。

12 月 18 日   包商银行荣获"2012 中国金融同机构金牌榜金龙奖：年度最佳小微企业服务中小银行"。

12 月 21 日   包商银行荣获内蒙古自治区国家税务局和地方税务局联合评定的 2010—2011 年度"A 级信用纳税人"荣誉称号。

12 月 28 日   包商银行全面整合"包融通"供应链金融制度并在全行推广。

同日   阿拉善盟首家城市商业银行——包商银行阿拉善分行开业。出席开业仪式领导主要有：阿拉善盟委委员、常务副盟长魏国权，盟长助理、人行阿盟中心支行党委书记、行长全江波；盟行署副秘书长、盟金融办主任黄朝宏，阿拉善银监分局党委书记、局长李万军，阿拉善银监分局党委委员、纪委书记赵岩峰，包商银行阿拉善分行行长许宁胜、副行长王雪冰等。

12 月 31 日   包商银行微小企业金融批量、农贷和常规微贷业务 17 个产品编入《包商银行产品手册》。

同日   包商银行微小企业金融条线操作流程、管理办法及考核方案等 22 项资料汇入包商银行资料库，实现了微贷条线管理性资料的行内共享及在线查阅。

同日   包商银行银行卡部新增发卡量 16.29 万张，累计发卡 35.97 万张。

同月   包商银行顺利通过了第二届内蒙古自治区主席质量奖评审，成为全国首家获得省级质量奖的金融机构。

同月   经中国银行业监督委员会核准，同意包商银行发行不超过 100 亿元的小型微型企业贷款专项金融债券。

同年   截至年末，全行资产总额 2022 亿元，新增 239 亿元，增幅 13.4%；各项存款余额 1184 亿元，各项贷款余额 545 亿元，实现净利润 22.9 亿元，缴纳税金 13 亿元。

2013 年

1月5日至3月23日　　"领军计划——中高级管理人员英国剑桥大学领导力培训项目"圆满结束，培训覆盖总行领导、总行部门及分行主要负责人，是包商银行第一次自行组织大批量管理人员赴海外顶级学府开展定制化的培训与学习，旨在拓宽管理者的思路，洞察国际金融发展新趋势，全面提升领导力。

1月7日　　由包商银行主办，《大众摄影》杂志社承办的"包商银行杯全国第三届'小企业贷款'摄影大展"颁奖仪式在北京大众影廊举行。

1月12日至3月23日　　包商银行"领军计划——中高级管理人员美国沃顿商学院培训项目"顺利结束，总行部门及分行管理层副职人员参加培训，通过课程学习、同业参访，开阔了学员眼界、拓宽了知识面、增强了学员的行动力。

1月14日　　包商银行党委书记、董事长、武装部政委李镇西被包头军分区表彰为包头市党管武装先进个人。

同日　　包头军分区和包商银行武装部共同举办了双拥共建迎春联谊会，出席晚会的有包头军分区司令员王源和包商银行党委副书记、监事长、武装部部长李献平。

1月14日至2月1日　　本年度第一期"雏鹰计划——新晋员工培训项目"圆满结束。

1月16日至2月5日　　总行微小企业金融部制作新春宣传品，携手１６家分支机构开展"包商微贷七年情，新春送福伴您行"大型客户回访营销宣传活动。

1月17日　　包商银行"电子化（E-Learning）员工学习平台建设项目"正式启动。

1月18日至28日　　包商银行"长青计划——支行长海外培养项目"在新加坡亚洲金融培训中心成功举办。

1月22日　　包头市委常委、常务副市长刘德君和市政府副秘书长李新亮，市金融办主任闫化冰，包头银监分局局长于岚，中国人民银行包头市中心支行副行长刘建华等领导来包商银行调研。

1月24日至31日　　李镇西董事长参加内蒙古自治区政协十一届一次会议。

1月25日至2月1日　　王慧萍副董事长、行长参加自治区第十二届人民代表大会第一次会议。

同月   由中国贸易金融网、贸易金融杂志共同举办的中国外经贸企业最信赖的金融服务商暨"2012年度最佳贸易金融品牌案例奖"评选活动揭晓，由包商银行选送的"贷汇通"品牌人民币境外放款特色性融资产品荣获"2012年度最佳贸易金融品牌案例奖"。

2月1日   包商银行编辑出版了《为党旗增辉》、大型画册《包商人才》和《中国井冈山干部学院包商银行党建研修班画册》等五本图书。

2月2日   包商银行召开电话会议，传达学习自治区"两会"精神，并结合工作实际，就如何将自治区"两会"精神落到实处进行了安排部署。

2月18日至19日   包商银行2013年工作会议在北京分行召开。

2月22日   包商银行交易管控中心成立，专职负责对包商银行及村镇银行所有业务渠道以及所有产品和动账业务进行及时监控并负责追踪处理，从而确保各种交易及账务的准确。

2月28日至3月2日   包商银行新型农村金融机构2013年工作会议召开，刘洛总经理做了工作报告，确定了2013年工作重点，分管领导武仙鹤参加会议分组讨论并做出重要讲话。

同月   由中央党校报刊社文化发展部策划发起，内蒙古金融办和香港工会联合会金融专业委员会共同主办，包商银行协办的"十八大后发展机遇：香港与内蒙古两区金融合作论坛"在香港举办。香港工会联合会荣誉会长郑耀棠主持论坛，中联办副主任黄兰发、内蒙古自治区政府副主席布小林、内蒙古自治区政府金融办主任李雅、香港特区政府财经事务及库务局副局长梁凤仪、中央党校报刊社文化发展部主任余泓甫、包商银行董事长李镇西、监事长李献平，首席经济学家华而诚、董事长助理郭凯军，以及来自两地金融界、证券界人士出席论坛。包商银行党委书记、董事长李镇西，党委副书记、监事长李献平被香港工会联合会聘为工联智库中国财经顾问。

3月1日   包商银行举办了2013年第1期（总第17期）包商大讲堂。本期大讲堂特邀包商银行博士后科研工作站导师，中国井冈山干部学院原副院长、教授、研究员周金堂，为全行党员干部做了主题为"深入学习党的十八大精神，正确认识党的干部教育培训的历史经验与时代价值"的专题讲座。党委副书记、监事长李献平主持会议。

同日   在中国人民银行呼和浩特中心支行反洗钱处李杰夫副处长的带领下，人民银行呼和浩特及包头市中心支行负责反洗钱工作的多位领导莅临包商银行，对反洗钱综合试点工作进行现场指导，并与行领导及相关部门人员座谈。

同日   内蒙古自治区人民政府在内蒙古人民会堂组织召开了全区非公有制经济金融服务

峰会，包商银行副董事长、行长王慧萍参加会议。

3月2日　　包商银行与28家农村金融机构签订《流动性救助协议》，履行发起行帮扶职责。

3月7日　　包商微贷系列公益短片在中央电视台经济频道正式播出。

同日　　包商银行召开村镇银行借记卡系统改造项目启动会议。

3月11日至12日　　包商银行选择了中国金电、银丰、神州数码及赛仕软件（SAS）公司来包商银行进行反洗钱系统的宣讲，包商银行法律合规部、科技规划部、运营服务部、电子银行部、银行卡部、风险管理部等相关部门的反洗钱试点联系人共同听取了上述公司反洗钱产品的介绍。

3月15日　　包商银行信用卡网上商城正式上线。

同日　　包商银行与中国长城资产管理公司呼和浩特办事处全面战略合作签约仪式在总行二楼会议室举行。首席风险官赵建业和长城公司呼和浩特办事处总经理郭智君出席了签约仪式。

3月18日　　为搭建包商银行与同业交流的沟通平台，建立行业研究宣传及国际交流合作的渠道，包商银行正式加入中国证券投资基金业协会，成为中国证券投资基金业协会会员。

同日　　中国人民银行呼和浩特中心支行余文建行长和中国人民银行包头市中心支行姜希琼行长、刘建华副行长来包商银行调研，并举行座谈会。包商银行副董事长、行长王慧萍，常务副行长魏占元，副行长侯慧聪和总行有关部门负责人参加座谈会。

3月26日　　由包商银行与中国文化传媒集团联合发起设立的北京中传文化金融产业研究院在京举行成立大会暨揭牌仪式。北京中传文化金融产业研究院是中国首家以"文化金融"命名的民办公益性产业研究机构。李献平监事长、王慧萍行长出席并揭牌，北京中传文化金融产业研究院院长王德恭教授做了主题演讲。会上，王德恭院长向中国艺术市场研究院副院长西沐、中国社会科学院文化研究中心常务副主任张晓明、中央财经大学文化经济研究院院长魏鹏举等首批"学术顾问"颁发了聘书。

3月29日　　包商银行行长助理武仙鹤在北京主持召开会议。一是研究部署村镇银行法律事务工作；二是听取有关北京昌平、天津津南村镇银行工作汇报，并督促周密开展工作，确保工作到位见成效；三是安排管理总部主要工作重点。

3月　　包商银行各分支机构举办多项活动庆祝"三八"国际劳动妇女节。

4月1日　　包商银行金融市场部顺利将流动性管理职能及精细化管理的方法移交至资产

负债部。

4月2日 包商银行消费信贷业务成立专业销售团队。

同日 内蒙古银监局与辖内部分银行业金融机构主要负责人座谈会在总行二楼会议室召开。内蒙古银监局薛纪宁局长、办公室张玉山主任和包头银监分局于岚局长、王海军副局长等两级监管部门领导出席会议，包头市十四家金融机构主要负责人参加会议。包商银行李镇西董事长、李献平监事长、魏占元常务副行长参加了座谈。

4月7日至10日 由法律合规部牵头，风险管理部和科技规划部相关人员组成联合调研组，赴成都银行和民生银行对其反洗钱系统进行实地调研和交流。

4月10日 包商银行成功推出包商银行电子银行微信服务平台。

4月11日 新型农村金融机构组织召开村镇银行借记卡发行项目启动会。

4月15日 《包商银行经营管理模式及组织体系改革方案》（包商银发〔2013〕97号）正式颁布，资产负债管理部成立。

同日 根据包商银行经营管理模式及组织体系改革安排，原小企业金融部与原微小企业金融部合并为小微金融部，正式启动包商银行经营管理模式及组织体系改革实施项目。

4月16日 内蒙古东部盟市非公有制经济金融服务峰会在锡林浩特市上都苑会议中心隆重召开。包商银行监事长李献平、呼和浩特分行行长杨俊杰、锡林郭勒支行王向东行长等5人参加了会议。

4月17日 包商银行正式启动《商业银行资本管理办法（试行）》实施工作。

4月26日 包商银行内蒙古审批中心成立，负责内蒙古自治区内各分行的超权限公司授信业务审批。

4月27日 包商银行2013年案件防控和安全保卫工作会议在总行二楼会议室召开。魏占元常务副行长出席会议并讲话。

4月27日至28日 包商银行董事长助理郭凯军博士及首席经济学家办公室主任助理陈敏博士应邀出席了在京西宾馆举办的第六届京都论坛。

4月 包商银行管理会计系统升级改造完成，基本建立了公司各事业部、行业部与零售板块相互独立的核算报表及可展示客户、客户经理、团队、条线、机构等不同维度FTP净利息收入的盈利分析报表，充分实现对经营机构、事业部、客户经理及客户的业绩核算需求，为包商银行财务管理的精细化提供强大的数据支撑。

　　同月　　包商银行荣获 2012 年"包头市质量信用优级企业"称号。在全国企业党建工作高峰论坛上，包商银行党委荣获"党建十年·企业党建创新先进单位"荣誉称号，党委书记、董事长李镇西，党委副书记、监事长李献平同时荣获"党建十年·党建理论创新先进个人"荣誉称号。在中国外汇交易中心进行的评选中，包商银行成为中国银行间外汇市场的结售汇市场100 强及货币对市场 20 强，并获中国外汇交易中心颁发的 2012 年度"最大进步优秀会员"奖。

　　5 月 5 日　　在总行二楼会议室召开包商银行第三届董事会第九十九次会议暨 2012 年度股东大会，选举产生包商银行股份有限公司第四届董事会董事、第四届监事会监事拟任人选。

　　5 月 6 日　　李献平监事长在鄂尔多斯参加内蒙古自治区西部部分盟市财税工作座谈会。

　　5 月 6 日　　包商银行独家支持拍摄的电影《残团》首映新闻发布会在北京举行，周凤亮副行长代表包商银行出席首映新闻发布会。

　　5 月 8 日　　包商银行微小企业金融部在中国银监会举办的小微企业服务先进评选活动中获"优秀团队奖"。

　　5 月 7 日至 9 日　　包商银行参与央视经济频道《决胜未来》纪录片的拍摄工作。

　　5 月 16 日　　包商银行银行卡部正式更名为信用卡部，并相继将借记卡业务移交至包商银行个人金融部，开始专属开展信用卡相关业务。

　　5 月 21 日　　由内蒙古自治区人民政府主办的"2013 年内蒙古西部盟市非公有制经济金融服务峰会"在阿拉善盟巴彦浩特隆重召开。包商银行党委副书记、监事长李献平，总行部室及区内部分分行有关人员参加会议。

　　5 月 24 日　　由运营服务部联合培训学院共同组织研发的"包商银行业务模拟仿真课件"正式上线。运营柜面及电子银行业务模拟仿真课件的正式投入使用，填补了包商银行对于实际操作类业务电子化交互培训的空白。

　　5 月 25 日　　包商银行品牌新标识发布会在北京举行。包商银行副行长侯慧聪，行长助理、北京分行行长刘建军和国际品牌集团（Interbrand）上海董事总经理陈濮、创意总监姜川、北京分公司总经理杨震及新闻媒体出席发布会。刘建军行长助理主持发布会。

　　5 月 28 日　　包商银行公司金融事业本部风险管理部成立，内设规划中心、市场风险中心、法律合规中心、审批中心、资产监测中心和资产保全中心。

5月29日　　侯慧聪副行长在北京参加由《银行家》杂志社、中国社会科学院金融研究所财富管理研究中心共同主办"中国金融创新奖"颁奖典礼，包商银行选送的"魅卡之美丽一夏"营销活动荣获"十佳金融产品营销奖"。

同日　　李献平监事长参加2013年"内蒙古·香港经贸合作活动周"。

同日　　在2013年度"中国金融创新奖"颁奖典礼上，包商银行荣获地方性金融机构类"最佳金融企业形象奖"和"十佳金融产品营销奖"两项大奖。

5月31日　　全国地方商业银行北京俱乐部成立周年大会暨第二届创新论坛在京召开，大会评选包商银行任轮值副主席单位，刘建军行长助理出席了论坛。

5月　　《包商银行无形资产管理办法》正式发文。

6月1日　　包商银行全球金融部风险控制与研究中心划归至公司金融事业本部风险管理部，正式更名为公司风险管理部市场风险中心，负责全行市场风险工作。

6月7日　　包商银行召开武装部工作会议。包头军分区王源司令，包商银行党委副书记、武装部部长李献平出席会议并发表讲话。

6月8日　　按照组织体系改革安排，法律合规部增加了操作风险管理职能、知识产权管理职能和"两管理、两综合"牵头管理工作，并设立了政策信息中心、法律事务中心、内控合规中心、反洗钱中心和操作风险管理中心五个中心。

6月9日　　包商银行风险预警系统上线，村镇银行客服中心系统上线。

6月17日　　包商银行副董事长、行长王慧萍参加包头银监分局组织召开的包头市小微企业金融服务推进暨表彰大会。

6月18日　　包商银行副董事长、行长王慧萍参加内蒙古自治区人民政府组织召开的重大项目融资对接座谈会。

6月20日　　运营服务部随全行管理机制改革正式更名为运营管理部，顺利完成机构管理、招标采购、会计科目核算等职能的移交工作。

6月21日　　包商银行制定了风险管理委员会、创新管理委员会和总行审贷委员会管理办法及议事规则。

6月24日　　包商银行召开反洗钱系统项目建设启动会在中环大厦1901会议室举行。

同日　　成立包商银行零售银行板块改革实施方案制定项目组,8月7日,组织编制完成《包商银行分支行改革方案》及《包商银行分支行改革实施工作安排》。

6月24日至26日　　召开包商银行新型农村金融机构2013年年中工作会议和中共包商银行新型农村金融机构管理总部第一次党员代表大会,党委副书记、纪委书记、监事长李献平,行长助理武仙鹤出席并做重要讲话。

6月25日　　包商银行与天津滨海新区中心商务区签署战略合作协议。滨海新区中心商务区为包商银行董事长李镇西和副董事长、行长王慧萍分别颁发了招商投资顾问和政策咨询顾问聘书。

6月28日　　16家分行平衡计分卡战略绩效管理正式启动。

同日　　包商银行李镇西董事长参加中共内蒙古自治区委员会组织召开的内蒙古自治区非公有制经济发展表彰大会。

同日　　在中国银行业协会召开的《2012年度中国银行业社会责任报告》发布暨社会责任工作表彰会上,包商银行荣获2012年度"年度最具社会责任金融机构奖",党委书记、董事长李镇西荣获2012年度"年度社会责任引领人物奖"。

6月日至10月　　包商银行启动反洗钱履职十周年宣传活动,组织全行开展演讲、书画、摄影等形式多样的反洗钱宣传活动。

7月1日　　包商银行在香港国际会展中心举办"庆祝香港回归16周年·大美内蒙古"摄影展,受到了香港地区社会各界的极大关注。

7月3日　　中国银监会二部非现场监管处于春河处长一行来包商银行进行并表管理调研工作,包商银行武仙鹤行长助理,赵建业首席风险官、董事会办公室、战略发展部、资产负债管理部、风险管理部、审计部、财务会计部、运营管理部、法律合规部、信息科技部、办公室、新型农村金融机构管理总部等相关部室人员陪同调研。

7月5日　　包商银行启用全行科技统一服务电话。

7月5日至6日　　组织英国、美国、新加坡三个班次学员代表召开海外学习主题研讨会,就竞争力模型、交叉销售、客户关系管理三个主题,为包商银行业务发展探讨可实施的落地方案。8月9日,就研讨会成果在北京成功举办专题汇报会。此举进一步提炼了包商银行各层级管理人员赴海外学习成果,加速组织经验沉淀。

7月9日　　金谷农村合作银行刘建强董事长、寇利贞监事长、王文珍行长携相关部室负责人及部分支行长来包商银行考察学习，魏占元常务副行长，风险管理部、小微金融部、个人金融部、财务会计部及人力资源部相关人员陪同座谈。

7月15日   包头军分区政治部和包商银行武装部联合举办了庆祝中国人民解放军建军86周年国防知识竞赛。

同日   原总行下设的东部审批中心及内蒙古审批中心划归至公司金融事业本部风险管理部，同时制定了《公司金融事业部审贷会工作制度》。

7月16日   包商银行公司风险管理部资产监测中心成立，负责贷后管理、出账审查及盯市等工作。

同日   包商银行下发《关于外派专职高管薪酬由所在机构发放的通知》，从8月起，外派专职高管薪酬由所在村镇银行发放。

7月18日   发布《关于进一步加强报送合规风险报告工作的通知》，明确合规风险报告主要内容包括合规管理体系建设情况、合规风险变化情况、合规风险管理情况等。

同日   在召开的《内蒙古银行业2003—2012年社会责任报告》发布暨表彰大会上，包商银行荣获"最具社会责任金融机构奖（2003—2012）""社会责任最佳公益慈善贡献奖（2003—2012）"，副董事长、行长王慧萍荣获"社会责任引领人物奖（2003—2012）"，鄂温克包商村镇银行被授予"最佳社会责任特殊贡献网点奖"，包商银行呼和浩特分行营业部、包头分行利通支行、科技支行、赤峰分行华夏支行以及通辽分行五家营业网点被授予"社会责任最佳文明规范服务典范奖"。

7月26日   德州市金融业联合会常务副会长、德州市党组成员杨丙亮携会内主要成员来包商银行考察学习，魏占元常务副行长，小微金融部、风险管理部、法律合规部、资产负债管理部相关人员陪同座谈。

7月27日   李镇西董事长、李献平监事长参加由剑桥大学、内蒙古发展研究中心、包商银行共同举办的"区域经济发展、民营企业创新与文化传承高端论坛"。

7月28日   在建军86周年来临之际，为积极开展拥军优属、拥政爱民活动，包商银行武装部到包头66439部队进行慰问演出。包头军分区司令员王源，包商银行党委副书记、监事长、武装部部长李献平，董事会秘书、工会主席、武装部后勤保障部部长陶伟以及武装部相关领导、基干民兵和包商艺术团演员参加了慰问。

7月30日   包商银行制定了风险偏好管理关键流程。建立了信用风险统筹管理模式，组建专职风险管理团队。自2013年7月起协助公司风险管理部和零售风险管理部开展专职风险管理团队人员招聘工作。截至年末，陆续组织了七批专职风险人员招聘，共计招录专职人员285名，其中，专职审批官172人，风险经理人员103人，法律合规人员10人。

同日 董事长助理郭凯军博士参加中国银行业发展报告发布会暨发展研究优秀成果评选通报大会。会上，李镇西董事长撰写的《微型金融机构社会绩效管理研究》荣获首届"中国银行业发展研究优秀成果评选（2012）"特等奖，受到中国银行业协会的通报表彰。

7月31日 制定包商银行资产负债管理委员会工作制度。

8月1日 中国银监会监管一部章彰主任助理一行在内蒙古银监局贾奇珍副局长、包头银监局于岚局长等区内两级监管部门领导陪同下，来总行指导开展"金融知识进万家宣传月活动"工作。魏占元常务副行长、周凤亮副行长，办公室、个人金融部、包头分行相关人员陪同座谈及走访。

8月2日 常务副行长魏占元在青山国宾馆参加中共包头市委员会组织召开的"全市非公有制经济和县域经济发展推进会"。

8月7日 包商银行实行公司金融事业部制改革，正式成立"公司金融事业部"。按照公司金融事业部区域分部布局，乌兰察布分行公司金融部划归内蒙古区域呼和浩特分部管理。

8月10日 运营管理部配合税收机关圆满完成金税三期工程各项测试工作。

8月11日 央视二套《对话》栏目播出"利率，谁说了算"专题节目，深入分析探讨了利率市场化后的中国金融生态。包商银行首席经济学家华尔诚教授作为嘉宾参与了节目录制。

8月14日 电子银行业务监控系统成功上线运营。

同日 总行公司事业部改革宣讲团莅临宁波分行进行事业部制改革政策宣讲。

8月14日至15日 包商银行派员参加联合国环境规划署"中国城乡银行——环境与社会风险分析培训交流会"。

8月15日 包商银行815项目暨新核心系统建设工作正式启动。

8月16日 派员参加"小微企业集群开发、细分市场规划与产品解决方案沙盘模拟实战演练精英培训班"。

8月20日 德州市政府副市长许绍华和德州市政府秘书长王玮，德州市金融办主任姜刚、副主任冯立潮，德州银行董事长孙玉芝、监事长杜成金等领导来包商银行调研小微金融工作，并举行座谈会。包头市金融办副主任张瑞生、科长尚兴华，包商银行副董事长、行长王慧萍及首席风险官赵建业和总行有关部室负责人参加座谈会。

同日　　正式向各分行印发《包商银行关于印发小微客户俱乐部建设与管理指导意见的通知》，进一步深化包商银行小微金融战略，拓宽小微金融服务渠道、创新服务方式，指导和规范小微俱乐部的建设、运营与管理。

8月21日　　包商银行成立了中介机构管理委员会。

8月24日　　完成"新员工导师、岗位导师、管理导师"的框架设计与部分制度建设，通过有效整合导师、成长路径、辅导方法等各类资源，旨在改变传统的"师徒"模式，建立基于绩效的在岗辅导流程。

8月25日　　受中央电视台二套《生财有道》节目邀请，由主任彭立军带队，记者张露馨、摄像小魏等一行3人，对总行刘玉梅行长进行了采访。采访主要围绕包商银行赤峰分行支持赤峰市阿鲁科尔沁旗北方肉业有限公司发展的成功经验进行。在采访中，刘玉梅行长对阿鲁科尔沁旗北方肉业的成功案例进行了详细的分析和精彩的阐释。

8月27日　　内蒙古银监局在包商行呼和浩特分行组织召开"包商银行流动性风险情况通报（电视电话）会议"，内蒙古银监局贾奇珍副局长、城非处与城现处全体人员、统计处相关人员，区内各银监分局分管领导及相关部门人员，包商银行经营层行领导、总行相关部室负责人、16家分支行行长参加了会议。

同日　　包商银行启动公司金融事业部改革，由原基金部、原投资银行部、原信托部合并成立投资银行部，由刘建军行长助理兼任部门总经理。

8月28日　　包商银行首发网上银行专属理财产品。

同日　　包商银行小微金融部召开全面推进小微金融服务暨小微客户俱乐部建设与管理工作视频会议。侯慧聪副行长在北京主会场出席会议并做重要讲话，小微金融部总经理赵梦琴主持。8月30日，以北京分行为试点的小微客户俱乐部模板编写工作陆续开展，标志着俱乐部建设工作正式开始。

8月29日　　全国工商联在北京召开2013中国民营企业500强发布会，发布2013中国民营企业500强、中国民营企业制造业500强、中国民营企业服务业100强和中国民营企业500强调研分析报告。包商银行以2012年营业收入125.57亿元入选中国民营企业500强第262名，入选中国民营企业服务业100强第61名。全国政协副主席、全国工商联主席王钦敏出席会议并讲话。

8月29日 首届中国文化金融高峰论坛在北京隆重召开。本次论坛由包商银行主办，北京中传文化金融产业研究院承办。来自中国艺术产业研究院、北京大学、中央财经大学、西安交通大学等高等院校的专家学者以及中央文史馆、中国文联、天津文交所、中国艺术品资产共同市场、亚洲金融合作联盟、包商银行等相关单位的领导和业界资深人士一百多人出席了本次高峰论坛。论坛上，包商银行代表与部分同业、创投机构、文化产业投资基金展开了深入交流，共同探讨如何推动金融创新、结构调整和打造文化金融服务集成商，通过打通文化产业链进而全力打造文化产业银行，以融资融智的战略设想助推文化产业大发展大繁荣。论坛组委会主任、包商银行副行长侯慧聪首先致欢迎词，北京中传文化金融产业研究院院长王德恭教授围绕文化金融创新以从融资到融智之路为题发表了演讲。

8月31日 形成资产负债管理提示的制度。根据资产负债结构情况，提出资产负债调整建议措施，通过资产负债管理提示推动措施的落实。通过总行公告的方式进行内外部产品的价格提示。以更好的方式指导业务部门开展业务。

8月 包商银行参加了"内蒙古自治区银行业消费者权益保护知识竞赛"，荣获团体第一名，庄晓丰等三名选手获得了"最佳赛手"荣誉称号。

9月5日 信用卡影像平台上线运行，进一步提升信用卡审批效率，真正实现信用卡审批业务的全电子化实时流转处理。

9月8日 中国银监会案件局处长杨建华、办公厅信访处处长玉明海一行，在内蒙古银监局政策法规处副处长鲍振中及包头银监分局副局长王海军陪同下，来包商银行检查指导安全经营大检查工作开展情况并召开座谈会。常务副行长魏占元，总行办公室、运营管理部、法律合规部、风险管理部、审计部等有关部门负责人参加了座谈会。

9月10日 包商银行选派人员参加内蒙古自治区人民银行履行反洗钱职责十周年演讲比赛，并取得优异成绩。

9月12日 修订并印发《包商银行规章制度管理办法》，明确了规章制度分类和签发程序，增加了制定规章制度年度建设计划、立项、起草前调研论证、修订说明、清理、宣贯、后评价等内容。

9月15日 包商银行参加"2013年度内蒙古银行从业人员消费者权益保护知识竞赛"并一举夺魁。

9月16日 包商银行房地产金融事业部正式成立，成为公司金融事业部一级客户行业部，主要职责为制定房地产行业经营战略并为行业客户提供全方位营销服务。

9月17日 印发了《包商银法律事务工作规定》，建立法律事务工作管理机制，形成总行法律事务部门、各分行法律事务部门及支行法律联系人组成的三级法律事务工作体系。

9月18日   中国人民银行反洗钱局领导在中国人民银行呼和浩特和包头中心支行的两级领导的陪同下，莅临总行对试点工作进行验收和指导，三级管理机构对包商银行试点工作及系统功能给予了充分肯定。

9月23日   包商银行公司风险管理部聘任的专职审批官及风险经理正式上岗，审批团队及风险经理团队初步建立。

同日   下发《包商银行关于成立公司金融事业部风险管理委员会的通知》，保证包商银行各项政策在执行层面的执行与落实。

9月27日   法律合规部组织对全行反洗钱相关工作人员进行反洗钱新系统的操作实务培训。

同日   由内蒙古银行业协会主办的以"团结拼搏，积极进取"为主题的第三届"银协杯"乒乓球、羽毛球比赛暨第一届足球比赛在呼和浩特市乒乓球训练基地拉开序幕。经过两天的激烈角逐，包商银行羽毛球选手最终勇夺羽毛球团体冠军。

9月29日   包商银行新的反洗钱监管报送平台（反洗钱系统）正式上线运行，标志着包商银行实现了对大额和可疑交易的自主监测。

同日   举行首次小微客户俱乐部评审会，对包头、赤峰、成都、北京、鄂尔多斯等分行上报俱乐部规划进行沟通及初审，会上共通过五家分行56家小微客户俱乐部的建设规划方案。

9月   《包商银行准备金核算管理办法》正式发文。

10月1日至8日   包商银行配合人民银行顺利完成了第二代支付系统上线切换工作。

10月12日   21点整到次日5点整,包商银行顺利完成了2013年度生产系统应急演练工作。

10月14日至15日   "第七届中国中小企业节"在陕西省西安市举办。本届中国中小企业节期间，举办了2013中国中小企业发展高峰论坛，发布了2013年中国企业创新成果和优秀中小企业服务商评选结果，并发布了《2013中国中小企业蓝皮书》。包商银行荣获中国中小企业协会颁发的"2013年度最佳城市商业银行奖"。

10月14日至18日   包商银行"领衔计划"总行部门中心负责人领导力培养项目集中授课阶段顺利完成，来自总行各部门24名中心负责人参加了此次培训。

10月15日   包商银行在亚洲金融合作联盟柜面通项目建设中取得阶段性成果。

同日　　上海证券交易所发行上市部裴林副总监一行在内蒙古金融办田跃勇副主任、包头市金融办王丽萍副主任的陪同下来包商银行调研指导。

10月24日　　包商银行宁波分行成功办理包商银行系统内首笔出口退税质押融资业务。

10月25日　　包商银行包头高新支行成功为东方希望包头稀土铝业有限责任公司办理了包商银行首笔国内有追索权融资性保理业务，填补了包商银行国内保理业务的空白。

同日　　投资银行业务产品手册定稿，进一步规范投行产品管理模式，标志着包商银行公司业务投行化进程的开始。

同日　　印发《包商银行风险管理总部联席会议制度（试行）》，实现风险管理各职能部门间信息的沟通和共享。

同日　　中国银联总公司准予包商银行漯河郾城包商村镇银行入网，为其正式分配卡银行标识代码（BIN）号，并于25日对外发布，同时准备其他22家村镇银行加入中国银联网络申请材料和属地人行借记卡系统安全性和技术标准符合性请示材料。

10月25日至26日　　包商银行参加2013年亚洲金融合作联盟培训委员会工作专题研讨会，进一步拓展了培训工作思路，深化了培训工作理念，为今后借助联盟平台、加强培训合作奠定了基础。

10月27日　　包商银行首席文化顾问、北京中传文化金融产业研究院院长王德恭教授应邀出席了第三届中国艺术品收藏投资高峰论坛，并以"中国艺术金融产业的问题、机遇与实践"为题做了演讲。

同日　　《经济》杂志社、中国商报社、中国贸易报社、全国商报联合会、中国国际经济技术合作促进会、中国品牌传播研究中心等媒体、机构联合主办的第四届全国服务业公众满意度专项调研揭晓新闻发布盛典大会在人民大会堂新闻发布厅隆重举行。包商银行荣获"金典奖：中国银行理财行业十大影响力品牌"、"金典奖：中国财富管理市场客户满意度十佳典范品牌"两项大奖。

10月28日　　包商银行编写并印发《包商银行关于个人金融信息保护工作情况的自查报告》；小微金融部印发《包商银行小微客户俱乐部（合作社）营销指引》，正式确定规划先行、准确定位、强化落实的原则，全面推进小微客户俱乐部的落地实施。

10月31日　　包商银行李镇西董事长、李献平监事长在包头市委党校参加市委中心组集体学习会。

10 月　　　　《包商银行国内保理业务会计核算办法》正式发文。

同月　　　　包商银行在全行范围内开展了"员工家访"活动，进一步拓宽了员工信息获取渠道，密切了领导与员工之间的关系，建立健全了领导干部联系和服务群众的长效机制。

11 月 1 日　　　　包商银行工会召开学习传达贯彻中国工会十六大精神暨动员部署第五届职工劳动知识技能竞赛会议。

11 月 3 日至 4 日　　　　由北京大学贫困地区发展研究院主办、包商银行协办的第四届中国贫困地区可持续发展战略论坛在江苏省宿迁市召开。论坛期间，包商银行成功举行了"包商友成合作签约仪式暨包商银行定点扶贫县搭建扶贫志愿者驿站网络体系启动仪式"，与友成企业家扶贫基金会和内蒙古的鄂伦春旗和莫力达瓦旗、重庆市的彭水县、江西的鄱阳县和余干县、陕西的富平县和佛坪县 7 个国家级贫困县旗签署了战略合作协议。包商银行委托包商银行公益基金会向友成企业家扶贫基金会捐赠 350 万元，用于在 7 个定点扶贫县共同搭建"包商友成志愿者服务驿站"，这标志着包商银行在定点扶贫实践中探索出的新型扶贫模式正式启动。

11 月 5 日　　　　包商银行手机银行（客户端版）的开发工作正式启动，开启了包商银行又一个新的电子支付渠道建设，有效提升电子渠道竞争力，为"小区及小微"提供电子金融服务支撑。

11 月 11 日　　　　包商银行"包商文化之旅""职业化心态"两门新员工文化课程开发项目正式启动。

11 月 12 日　　　　包商银行承办的第 11 期包头市道德讲堂隆重开讲。包头市文明办副主任石忠义、包头市文明办创建处处长李东斌、包商银行包头分行行长助理李翠凤等领导出席本次道德讲堂，来自总行各部门及包头分行的近 300 名员工参加了此次活动。

11 月 17 日　　　　包商银行第五届职工劳动技能知识竞赛圆满落下帷幕。

11 月 18 日　　　　包商银行佳赢系列之"日溢宝"全开放型人民币理财产品在全行营业网点正式上线对外发行，成功填补了包商银行一直以来在全开放型产品领域的空白。

同日　　　　在包商银行北京分行 504 会议室召开包商银行第四届董事会第一次会议，选举产生第四届董事长、副董事长人选，并举办了行长、副行长、董事会秘书、行长助理、首席风险官等主要领导的聘任仪式。

11 月 19 日　　　　"商赢宝"微小企业贷款产品在中国银行业协会举办的 2013 年服务小微企业和三农双十佳金融产品评选活动中，荣获"2013 年服务小微企业二十佳金融产品"的称号。

同日　　包商银行印发了《包商银行项目补贴管理办法》《包商银行员工内部退养管理办法》《包商银行总行员工指纹考勤管理办法》《包商银行转任非领导岗位管理办法》《包商银行总行员工考核管理办法》等管理办法。

11月20日　　包商银行完成"代理财政非税系统""代理财政国库集中支付系统""公务卡系统"业务的需求审核及系统联调测试工作。

11月22日　　包商银行成立了不良贷款问责小组，对新发放4个月即产生本息逾期贷款的客户经理进行了问责。

同日　　印发《包商银行人力资源工作审计办法》。

11月25日　　依据《中华人民共和国劳动合同法》，印发《包商银行劳动合同管理规定》。同时，印发《包商银行零售银行客户经理考核管理办法（试行）》。

11月26日　　包商银行开展了全行范围内的法律合规职能培训。

11月27日　　中国银行业协会主办的中国银行业客户服务中心"寻找好声音"活动总结表彰大会在北京隆重举行。包商银行电子银行部呼叫中心荣获"卓越业务团队"团体奖及"业务之星"个人奖。

11月28日　　包商银行金融市场部理财中心已和民生加银资产管理公司签订了资产管理业务合作协议，首个资产管理计划产品"民生加银——包商银行福鹿源1号专项资产管理计划"成立并成功发行。

同日　　即日起，包商银行标准信用卡、魅卡及经典白金卡、至尊白金卡将在全国范围内发行金融IC产品。

同日　　包头市委副书记、市长孙炜东，副市长高志勇和市政府秘书长王惠明，副秘书长李新亮，市金融办主任闫化冰，市财政局局长刘素梅，中国人民银行包头市中心支行行长姜希琼，包头银监分局副局长王海军等领导来包商银行调研，并召开座谈会。包商银行副董事长、行长王慧萍，副行长侯慧聪，首席风险官赵建业，公司金融事业部客户关系线自治区内总监、呼和浩特分行行长杨俊杰和总行有关部室负责人及包头分行行长参加座谈会。

11月29日　　包商银行完成28家新型农村金融机构监管评级工作，并下发评分情况。

11月30日　　由中国中小商业企业协会主办，中国商业联合会、中国信息协会大力支持，包商银行、齐商银行协办的"第八届中小企业家年会暨小企业产品展示交易会"在北京国家会议中心拉开序幕。包商银行荣获2013年度全国支持中小企业发展十佳商业银行奖，董事长李镇西、监事长李献平、行长助理刘建军分别荣获 2013 年全国服务中小企业先进个人称号。

11 月 制定了《包商银行 2014 — 2016 年人员编制规划》，规划明确了全行总体编制数量和各类人员结构比例，并对总行部室、事业部、分行编制逐级分解。

同月 包商行荣获内蒙古自治区国家税务局和地方税务局联合评定的 2013 年度"A 级信用纳税人"荣誉称号。

同月 为满足包商银行北京、包头两地办公的财务报销需求，增设了北京财务运营中心。

12 月 1 日 包商银行多媒体在线客服——"包商 e 点通"成功上线运营。

12 月 3 日 包商银行李镇西董事长参加了由中国银行业协会组织召开的第二届银行高管与监管领导沟通会。

12 月 3 日至 4 日 王慧萍副董事长、行长参加了自治区党委九届九次全委（扩大）会议。

12 月 5 日 李献平监事长参加了党的十八届三中全会精神自治区宣讲团报告会。

同日 包商银行全行事业部改革，公司风险管理部东部审批中心、内蒙古审批中心撤并。由公司风险管理部向各行业事业部派驻风险管理中心。包商银行审批架构由区域专职审批转向行业专职审批，并在公司风险部设置了两级审贷会，按照各自授权范围运行。

12 月 6 日 李镇西董事长参加了由内蒙古金融办组织召开的全区金融服务小微企业座谈会。

同日 包商银行设立了信用风险管理、市场风险管理和操作风险管理三个专业小组。

12 月 7 日 为进一步加大金融服务县域经济发展工作力度，李镇西董事长带队到包头市土右旗，与土右旗领导和相关部门负责同志召开座谈会，商谈支持县域经济项目合作事宜。土右旗领导王章、张俊义、史灵芝、徐荣光、白云喜、谷淑珍、王奋伟、康景峰、王柏正、田季林、秦大为，包商银行监事长李献平，行长王慧萍，常务副行长魏占元，董事长助理、战略管理专家郭凯军出席座谈会，土右旗相关部门负责人、总行有关部门负责人和首席经济学家办公室有关工作人员参加座谈会。

12 月 10 日 包商银行新网上银行身份认证工具（动态令牌、短信动态密码）成功上线运营。

12 月 12 日 包商银行房地产金融事业部正式发布新版《房地产授信业务调查报告模板》。

同日　由包商银行主管、首席文化顾问公室主办的《文化金融》通过了内蒙古自治区新闻出版局的批准，并核发内蒙古自治区内部资料准印证，获得内蒙古自治区连续性内部资料出版刊物号"15-424C"。

同日　总行工会特邀中国教育学会会员、包头市心理咨询师协会副会长李红霞举办了"为心灵护航"主题心理讲座。

12月14日至16日　包商银行在北京分行召开会议。经营层行领导分别汇报了2013年分管工作完成情况和2014年工作目标；公司金融事业总部各部门负责人分别汇报了工作开展情况及下一步工作安排；结合进一步推进公司金融事业部工作，讨论了如何贯彻落实李镇西董事长重要讲话精神等内容；战略发展部汇报了流程管理工作和互联网金融发展情况。

12月15日　印发《包商银行事业部（分行）高管人员考核管理办法》《包商银行休息区员工管理办法》《包商银行员工管理办法》。

12月16日　包商银行邀请第三方德勤咨询公司开展了"操作风险管理实务培训"。向全行上下解读了操作风险全员、全岗、全覆盖的管控理念与具体实践经验。

同日　包商银行制定了《法律服务提前介入方案》，提前介入各项业务的设计、谈判与决策过程，初步完成服务关口前移，助推业务创新发展。

同日　根据中国银行业协会《关于进一步推进银行业金融机构"六五"普法工作的指导意见》，成立"六五"普法领导小组，并推荐12家营业网点参加中国银行业协会组织的"银行法治之窗"普法活动。

同日　印发《包商银行职位管理办法》。

12月16日　在北京召开的包商银行第四届监事会第一次会议上，选举李献平为包商银行监事长。

12月17日　包商银行房地产金融事业部召开第一次条线大会，进一步保障了以客户为中心以及三个专业化的改革目标的实现，为下一步工作开展指明了方向。

12月19日　正式发布《包商银行公司业务风险经理协同作业操作指引（试行）》、《包商银行公司金融事业部低风险授信业务实施细则》。

12月26日至28日　包商银行副董事长、行长王慧萍参加全区党委九届十次全委会议暨全区经济工作会议。

12月27日　　包商银行配合中国人民银行呼和浩特中心支行，内蒙古国、地税局完成财税库银横向联网系统手续费划拨工作。

12月　　包商银行驻蒙古国联络处响应亚洲金融合作联盟"在一个国家，发展一个会员"的号召，发挥自身优势，最终成功将蒙古国郭勒莫特银行发展成为亚洲金融合作联盟的新会员。

同月　　包商银行参加迪拜全球金融年会（SIBOS）。在本次盛会中，侯慧聪副行长和刘建军行长助理带队，拜访了美国富国银行、摩根大通银行、德国商业银行、俄罗斯联邦商业储蓄银行、澳新银行等世界知名银行。在展会上由侯慧聪副行长与德国商业银行代表签订了战略性福费廷合作框架协议，刘建军行长助理接受了由主办方环球同业银行金融电讯协会（SWIET）官方媒体和多家来自中国的媒体的采访。

同月　　包商银行与蒙古国汗银行成功签订了《设立账户协议》，实现了蒙古前三大银行均在包商银行开立本外币结算账户的目标，进一步增加了包商银行的代理行数量，更加拓宽了包商银行的国际发展空间。

同月　　相继出台《包商银行合并财务报告管理办法（试行）》《包商银行基本财务管理制度（试行）》《包商银行营业税暂行规定》和《包商银行企业所得税暂行规定》。

同年　　包商银行为适应行改革后新的经营管理模式，对部门组织架构进行了较大调整，设立了事业部审计中心、内控审计中心、评价问责中心、非现场及IT审计中心、业务管理中心等5个内设中心，并按照全行分支机构区域分布，设立了北京、东部、西部等3个区域审计中心。

同年　　包商银行制定并提请董事会审议通过《包商银行内部审计章程》，作为全行开展内审工作的根本制度依据。

同年　　包商银行开展两轮招聘共引进12名审计人员充实内部审计队伍；委托大华会计师事务所开展了6个离任审计项目，有效解决了包商银行内部审计力量不足的问题；包商银行作为唯一一家城商行受邀参加了中国内部审计协会举办的金融行业内部审计交流平台启动仪式。

同年　　李镇西董事长撰写的《小微金融助推地方经济转型升级》论文在全国地方金融论坛办公室征文活动中荣获二等奖；由李镇西董事长、刘鑫总经理、张振敏和刘文芳撰写的《利率市场化改革与商业银行风险问题研究》一文获2012年度内蒙古金融学会重点课题一等奖。

同年　　截至年末，全行资产总额达到2348亿元，各项存款余额1420亿元，各项贷款余额678亿元，利润总额33.08亿元，净利润26.29亿元；资产利润率1.2%，资本利润率14.3%，缴纳税金16.14亿元。

2014 年

1月1日　　包商银行公司风险管理部总经理王彬接受包商银行风险总监赵建业的转授权，转授予《公司金融事业部行业边界和产品边界管理实施细则》中客户线与产品线下全部品种的公司业务审批权。王彬同时接受不良资产管理委员会主席鲍景魁关于包商风险授权〔2014〕002 号授权书中业务的不良资产的核销、处置权。

1月3日　　包商银行验收村镇银行借记卡系统，做好投产准备工作。

同日　　"2013 中国收藏年度人物评选北京颁奖典礼"在北京奥加饭店隆重举办。包商银行首席文化顾问王德恭教授获得"2013 北京最受藏界欢迎的年度艺术家"。

1月6日　　李献平监事长，王慧萍副董事长、行长在包头银监分局 313 会议室参加中国银监会召开的全国 2014 年银行业监督管理工作（电视电话）会议。

1月7日　　发布《包商银行流动性管理例会制度》（包商银发〔2014〕15 号），建立流动性管理例会制度，每周一按时组织金融市场部、公司风险部、资产负债管理部等部门召开例会，研究决定本周流动性管理相关事项，实现流动性管理相关部门间沟通协商的常态化和有效性。

1月9日　　晋商银行阎俊生行长一行来包商银行考察学习金融市场部的经营模式，王慧萍行长、刘建军行长助理、金融市场部相关人员陪同座谈。

1月9日至11日　　魏占元常务副行长参加包头市政府第十四届二次人民代表大会。

1月10日　　李镇西董事长《文化金融导论》首发式在包商银行举行。来自文化产业与金融界的资深人士、专家学者 30 多人聚首包商银行，把脉文化金融，就推动文化金融产业的全面协调发展建言献策。包商银行董事长李镇西博士、董事长助理郭凯军博士等出席会议。会议由北京中传文化金融产业研究院院长王德恭教授主持。王德恭教授表示北京中传文化金融产业研究院今后要有计划地促进学术研究与实务操作相结合，整合金融、市场、学术等多方资源，全面推动文化金融全面协调发展。

1月10日　　中国银联对外发布固阳、准格尔旗、乌审旗、兴安盟、宁城、集宁、广元、新都 8 家村镇银行卡银行标识代码（BIN 号）号。

1月14日至18日　　李镇西董事长参加内蒙古政协十一届二次会议。

1月15日　　漯河、九台两家村镇银行借记卡系统成功上线。

1月15日至19日　　王慧萍副董事长、行长参加内蒙古十二届人大二次会议。

1月16日　　包商银行发布《大额资金走回款业务管理规定》（包商银发〔2014〕24号），将大额回款纳入预报管理范畴，明确报送范围、标准、路径，并辅以奖惩措施，激励业务部门和分行提高大额资金走回款预报的积极性和准确度。

1月16日至17日　　包商银行新型农村金融机构2014年工作会议在新型农村金融机构培训基地顺利召开，来自28家机构高管与财务人员共80人参加会议。

1月19日　　中共中央委员、中央社会主义学院党组书记、著名学者叶小文，在包商银行北京分行为中国中小商业企业协会、包商银行做了题为"亲历三中全会——中国新一轮改革"的主题报告。

1月21日至22日　　包商银行召开2014年工作会议。

1月22日　　包商银行举办新型农村金融机构票据基础业务培训班，28家机构83人参加了培训。

同日　　《包商银行大有财富业务管理规定（试行）》正式下发，明确了财富管理中心设置标准、功能分区、人员配备、岗位职责等相关内容，详细规范了各分支机构贵宾理财体系建设。

同日　　包商银行召开一届一次职工代表大会暨工会一届二次会员代表大会。

1月23日　　组织召开农金部、科技部、电子银行部"2014年村镇银行IT项目实施联席会议"。

1月24日　　李镇西董事长参加内蒙古自治区党委党的群众路线教育实践活动第一批总结暨第二批部署（电视电话）会议。

1月29日　　举行包商银行2014年春节团拜会。

1月29日　　包商银行阿拉善分行为内蒙古庆华集团下属子公司设计授信敞口为6亿元、期限为两年的中小企业私募债业务中的第一笔——1亿元私募债资金已成功划转至企业账户，首开包商银行以私募债形式成功为企业提供融资之先河。

2月10日　　包商银行党委副书记、监事长李献平参加内蒙古自治区纪委九届四次全委会议第二次全体会议。

同日　　包商银行获批证券投资基金托管资格。

2 月 12 日至 14 日　　包商银行 2014 年同业小微业务专题交流暨小微金融部工作会议在北京召开，会议分为小微信贷业务关键流程、民生银行小微业务交流、小微金融部重要工作事项研讨及光大银行小微业务交流等议程，侯慧聪副行长出席会议。

同日　　包商银行党委书记、董事长李镇西在新城宾馆参加内蒙古自治区党委统战部召开的学习传达习近平总书记视察内蒙古时的重要讲话精神会议。

2 月 17 日　　包商银行投资银行部出台《投资银行部项目管理办法暨操作规程》，创立投行项目预审会模式，推行项目制管理模式。

2 月 19 日　　包商银行推出的周三特惠理财"鑫喜汇嘉 143019（周三特供）"，一经推出就受到客户的热烈追捧，销量过亿，初战告捷。

2 月 20 日　　召开 2014 年包商银行分行行长和分部总裁工作会议，包商银行公司金融事业部呼和浩特分部总裁刘建军、锡林郭勒分部总裁王向东参加会议并做工作汇报。

2 月 25 日　　包商银行配合中国人民银行参与共建的支付信息统计分析系统（PISAS 系统）正式上线。

2 月 27 日　　中共包商银行委员会召开党的群众路线教育实践活动动员大会并部署安排相关工作。包头市委常委、统战部部长金满仓，包头市委第十五督导组全体成员出席会议。

2 月 28 日　　包商银行与广发银行武汉分行成功办理首笔货币互存业务。

同日　　包商银行个人贷款业务合同自动生成、打印功能正式投产上线，标志着包商银行个人贷款业务在合同制作环节已经实现了自动化。

3 月 5 日　　2014 年内蒙古西部盟市非公有制经济金融服务峰会在乌海市隆重召开。包商银行党委书记、董事长李镇西，总行行长助理、呼和浩特分行行长杨俊杰，总行办公室主任蒋守法及区内相关分行负责人参加了会议。

3 月 6 日　　中国支付清算协会莅临包商银行开展网上支付业务跨行清算调研指导工作。

3 月 7 日　　包商银行副董事长、行长王慧萍，常务副行长魏占元，首席风险官赵建业及相关部室负责人在包头银监分局参加内蒙古银监局召开的 2014 年城市商业银行监管工作（电视电话）会议。

3 月 9 日　　包商银行申请自愿参与合格审慎评估（包商银发〔2014〕31 号），成为利率定价自律机制基础成员。

3月10日 在北京召开包商银行第四届监事会第二次会议,审议通过《关于增补王树斌等四名同志为包商银行股份有限公司四届监事会职工监事的决议》《关于增补包商银行第四届监事会各专门委员会成员的议案》。

3月11日 包商银行房地产金融事业部在深圳召开了主题为"明确经营方向,提高工作效率,开展金融创新,实现效益增长"的创新工作会议。

3月13日 包商银行服务内蒙古土右旗县域经济发展创新模式研讨会在北京分行召开。

3月14日 包商银行小微批量业务创新推动工作组成立,为实现"科学规划,批量营销,标准作业"的小微批量业务工作目标而逐步开展工作。

3月19日 新版大有财富卡客户关系管理系统(CRM)审批功能上线,发放了新版磁条芯片IC复合大有财富卡,标志着包商银行大有财富卡由磁条卡时代走向磁条芯片IC复合卡时代。

3月25日 包商银行党委书记、董事长李镇西在呼和浩特电视台参加"2013·第十届内蒙古经济年度人物揭晓仪式庆典"并荣获内蒙古十年商业领袖奖。

同日 在2014年全区跨境人民币业务工作会议上,包商银行被评为2013年全区银行机构开展跨境人民币业务考核A类单位。

3月25日至28日 小微金融部成立小微俱乐部项目组,收集分行需求,研究同业经验,编制俱乐部运营手册。

3月26日 内蒙古自治区工商业联合会第十一届执行委员会第三次会议在兴安盟隆重召开。自治区工商联副主席、包商银行党委书记、董事长李镇西,总行行长助理、呼和浩特分行行长杨俊杰参加了会议。

3月27日 王慧萍行长在分行行长王向东及副行长王殿军的陪同下,对锡林郭勒分行广达社区金融便利店、嘉伟社区金融便利店等社区金融服务网点进行了实地调研。

3月28日 包商银行自助发卡机业务在北京分行营业部投产试运行。

同日 包商银行个人征信系统经人民银行审批同意正式上线投产。

同日 包商银行荣膺内蒙古自治区人力资源和社会保障厅、内蒙古自治区档案局联合颁发的"全区档案工作先进集体"荣誉称号。

同日　　包商银行开展全员签署合规承诺书活动。

同日　　各分行积极开展"金融消费者权益日"宣传活动。

同日　　组织召开包商银行新型农村金融机构管理总部党委党的群众路线教育实践活动动员会，28家机构44名高管参加了会议；包商银行各分行积极召开党的群众路线教育实践活动动员大会。

4月1日　　正式对外发行首张真正意义上的贵宾卡——新版大有财富白金卡，为资产管理规模（AUM）大于30万元的贵宾客户提供专属金融服务的同时，更配备了机场贵宾厅、道路救援、健康医疗咨询、法律救援协助等多项增值服务，实现了对贵宾客户的分层管理，进一步满足了高端客户差异化高品质服务的需求。

4月1日至2日　　包商银行党委副书记、监事长李献平，常务副行长魏占元，首席风险官赵建业，总行领导干部和党员代表参观警示教育基地，接受警示教育。

4月2日　　包商银行小微金融部"聚好贷"产品全行发行。

4月4日　　包商银行IT运维服务管理平台上线运行；新一代信贷（二期）系统成功上线。

同日　　包商银行经营模式创新推进会在北京召开。

4月8日　　包商银行总行领导班子成员在总行二楼会议室组织开展了党的群众路线教育实践活动"为了谁、依靠谁、我是谁——我的群众观"主题研讨活动。

4月9日　　印发《包商银行小微企业联保业务操作规程（试行）》《包商银行小微企业应收账款质押业务操作规程（试行）》《包商银行小微企业存货动产抵质押业务操作规程（试行）》。

4月11日　　李镇西董事长带队到内蒙古土右旗开展金融支持县域经济发展调研。

4月13日　　为了提高包商银行个人业务的市场竞争能力，进一步丰富个人业务产品，个人金融部推出了一款全新个人业务产品——盈抵利。

4月15日　　包商银行所有磁条信用卡全面升级为金融IC卡，并已于2014年4月21日开始正式对外发行。

同日　　包商银行青春派白金卡研发上线，丰富了高端卡产品线，吸引了新生代持卡人的关注。

4月22日　　由王慧萍行长主持的包商银行"领导力提升"项目启动会在北京召开，李镇西董事长、魏占元常务副行长、周凤亮副行长、侯慧聪副行长出席会议。

4月22日至23日　　包商银行党委副书记李献平参加自治区党委九届十一次全委（扩大）会议。

4月23日　　包商银行党委书记、董事长李镇西在贵阳参加中国银行业协会组织召开的2014年城商行年会。

同日　　包商银行制订《包商银行公司金融事业部审贷委工作制度》。

4月24日　　小微金融客户新增专项奖励基金正式设立，多部门联动，助推小微资产业务增长。

4月25日　　包商银行贵阳花溪建设村镇银行银联借记卡正式投产上线。至此，包商银行发起设立的27家村镇银行全部成功加入中国银联网络，实现对外发行银联借记卡。

同日　　总行培训学院组织召开在线学习平台（E-learning）暨全行网络化学习启动会，标志着包商银行正式启用首个覆盖全行的电子化学习平台。

4月28日　　为配合金融市场业务发展，公司风险管理部市场风险中心在原有职责的基础上，新增"向金融市场部派驻风控中台"的职责，负责全行市场风险管理及金融市场部中台业务管理。

5月5日至7日　　参加总行推进县域经济发展模式创新工作会议，同时组织新型农村金融机构经营模式创新座谈会；包商银行支持土右旗县域经济转型发展暨新农村建设推进会在土右旗召开。

5月9日　　包商银行支持包头市固阳县域经济转型发展暨金融扶贫战略合作签约仪式在固阳县举办。

5月13日　　包商银行村镇银行借记卡无卡自助业务投产。

5月15日　　包商银行副董事长、行长王慧萍行长，风险管理部鲍景魁总经理参加中国人民银行呼和浩特中心支行召开的2014年全区金融稳定形势暨"两管理、两综合"工作通报会议。

5月17日　　由中国艺术研究院《中国摄影家》杂志与包商银行联合主办的第三届"包商银行杯"中国国际摄影双年展在中国美术馆隆重开幕。本届双年展以"非物质文化遗产——

人类精神活化石"为主题，通过 150 幅国内外优秀摄影作品，以影像艺术的方式，将世界非物质文化遗产艺术化地呈现出来，展现了一个生动的活态文化传承世界。包商银行首席文化顾问王德恭教授出席并致辞。

5 月 22 日　包商银行投资银行部出台《推动业务规划方案》，确立了"片警制"和主动营销模式。

5 月 24 日　晚间至 25 日凌晨，顺利实施了包商银行 2014 年度同城灾备系统应急切换演练，并取得了圆满成功。

5 月 26 日　个人金融部在区内外 12 家分行的 26 家示范网点支行启动了网点产能提升项目。项目过程中规范了厅堂销售服务流程，明确了零售网点各岗位职责，为网点销售能力的提升打下了坚实的基础。

5 月 26 日至 27 日　包商银行小微金融部联合零售风险管理部举办小微金融产品及圈链业务培训，来自各分行小微金融部与零售风险部共计 50 名管理人员参训。

5 月 27 日　包商银行村镇银行新报表系统正式上线。

同日　包商银行在总行 202 会议室召开 2013 年度股东大会。

5 月 28 日　包商银行在北京十二楼会议室组织召开包商银行党的群众路线教育实践活动党委扩大会议暨中心组学习会，行领导全体参会。

同日　包商研究所恢复设立。任命郭凯军博士为所长，陈敏博士为副所长，程立博士为所长助理。会议由李镇西董事长主持，李献平监事长、王慧萍行长、首席经济学家华而诚、首席文化顾问王德恭出席。

同日　包商银行网上银行预植证书项目正式对外推广并成功上线运营。该项目的成功上线，提高了网上银行客户体验度，增加了网上银行的激活使用率，缓解了柜台办理证书业务的压力。

同日　包商银行投资银行部开展土地流转商业模式研究，并成功落地。

5 月 29 日　包商银行包头分行成功办理国内信用证代理福费廷业务，填补了信用证福费廷业务的空白。

5 月 30 日　包商银行获得办理远期结售汇业务的资质。

同日　　包商银行新一代手机银行（客户端版）成功上线运营。

5月　　经与中铁信托公司多次沟通协调，包商银行代销的中铁信托信托"中的信托（TOT）"项目正式落地，起购额为50万元，突破了代销传统信托100万元的限制，获得市场高度认可。所合作的TOT信托产品销售量迅速增长，短短两个月内实现销售额2.46亿元。

6月1日　　包商银行客户服务中心96016正式开通蒙语服务。

6月3日　　印发《关于推进包商银行新型农村金融机构创新服务县域经济经营模式方案指引》。指导各机构因地制宜、循序渐进开展创新服务县域经济模式，加快提升经营发展能力。

6月5日　　内蒙古自治区政府副主席云光中、自治区金融办主任李雅到包商银行北京分行调研指导工作。

6月7日　　"第四届'包商银行杯'全国高校文学作品征集、评奖、出版活动颁奖仪式"在北京师范大学英东学术会堂举行。活动由作家网、《人民文学》杂志社、包商银行、漓江出版社主办，北京师范大学文学院分团委、北京师范大学五四文学社承办。来自全国各高校的获奖作者、评委及相关领导和媒体记者近300人参加了活动。包商银行首席文化顾问王德恭致辞。

6月8日　　法律合规中心全员通过总行法律合规部组织的"包商银行岗位资格认证考试"。

6月9日　　市场利率定价自律机制秘书处吸收包商银行为利率机制定价基础成员。

6月11日　　包商银行召开了"两管理、两综合"、征信管理、案件风险防控、金融消费者权益保护和反洗钱管理"五个专项工作"专题（视频）会议。

同日　　包商银行小微金融商圈业务模板（试行）正式发布。

6月13日　　包商银行与国家行政学院音像出版社战略合作签约仪式在北京国家行政学院举行。

6月13日　　包商银行企业征信系统经中国人民银行征信中心审批同意正式上线投产。

6月15日　　全国人大原常委会副委员长布赫莅临包商银行，包商银行党委书记、董事长李镇西，监事长李献平，副董事长、行长王慧萍，首席文化官顾问王德恭教授等有关领导参加会晤，李镇西董事长向布赫副委员长汇报了包商银行的基本情况。布老现场挥毫为包商银行题词，寄托了布老对包商银行的深切厚望。

6月16日　　亚洲金融合作联盟在北京召开了贸易金融委员会第一次会议。由主任委员民生银行提名，包商银行、重庆银行、东亚银行等十家银行当选为副主任委员。

6 月 18 日　包商银行"小马 bank"正式上线，小微业务实现互联网化迈出第一步，成功销售第一笔债权 5 万元。

6 月 18 日　包商银行创新服务县域经济中部区调研座谈会在鄂尔多斯市达拉特旗召开。

6 月 18 日　包商银行创新服务县域经济（西部区）现场会在巴彦淖尔市召开。

6 月 20 日　包商银行小微金融部 2014 年上半年工作总结暨互联网金融规划交流会在包头召开。

同日　第八届国际公益慈善论坛在北京京西宾馆隆重召开。包商银行荣获"中国公益慈善企业奖"，李镇西董事长荣获"中国公益慈善特别贡献奖"。

6 月 23 日　包商银行小微金融 100 万以下借款合同自动生成功能上线成功并正式启用。

6 月 24 日　包商银行开展银行业收费专项检查。此次自查工作由总行资产负债管理部统一部署，自查时间为 2014 年 6 月 24 日到 7 月 7 日。全面覆盖总行 7 个业务归口管理部门、16 家分行，155 个营业网点，确保自查工作落实到全部营业网点。

6 月 26 日　包商银行艺术团在分区举办的全市专武干部业务培训期间，在东河区民兵军事训练基地，对部队进行了慰问演出。

同日　包商银行制定《包商银行公司金融事业部风险总监管理办法》。

6 月 30 日　包商银行配合中国人民银行参与共建的会计凭证信息管理系统（ACS）正式上线。

同日　包商银行新型智能型基金投资类产品"E 基金"上线，为广大投资者提供了更为便捷、省心的投资渠道，同时在基金业务创新的道路上做出了积极的探索，填补了包商银行货基自动投资型产品的空白。

7 月 1 日　2014 年内蒙古东部盟市非公有制经济金融服务峰会在兴安盟隆重召开。包商银行党委副书记、监事长李献平，总行行长助理、呼和浩特分行行长杨俊杰，总行公共机构金融部副总经理李健，兴安盟分行行长于秀峰参加了会议。

7 月 2 日　包商银行平板电脑（PAD）进件方式开通，彻底改变了客户填写纸质申请的进件方式。

7月4日　包商银行小微金融部人员参与中央电视台《对话》节目录制。

7月7日　包商银行小微金融部完成"包商微贷""包商小微""包商小微贷款""包商小贷"商标注册工作。

7月8日　风险管理委员会向总行上报公司风险管理委员会2014年上半年的运行情况报告。

同日　制定下发《包商银行公司金融事业部贷后检查操作实施细则》，明确岗位与部门职责、检查内容、检查报告、风险控制。

7月10日　根据包商银行总行管理层的意见，与麦肯锡专家讨论，开始进行关于现代农、牧业的调研工作及部门成立前期的准备工作。

7月15日　包商银行向人民银行成功申请发行大额同业资格。

7月16日　包商银行党委书记、董事长李镇西，党委副书记、监事长李献平，副董事长、行长王慧萍在内蒙古银监局参加辖内城商行案件防控监管会谈。

7月19日　新型农村金融机构管理总部在北京聚融苑宾馆组织召开包商银行新型农村金融机构2014年中工作会议。

7月24日　行长助理武仙鹤出席中国银行业协会第二次华北组村镇银行工作会议，管理总部贺光明副总经理、固阳包商惠农村镇银行李少英董事长一同参加。

同日　包商银行首款手机银行专属理财产品发售。

7月25日　包商银行鄂尔多斯分行荣获由中国文化管理协会、企业文化管理专业委员会共同授予的"践行社会主义核心价值观中国企业文化建设优秀单位"荣誉称号。

7月25日至26日　包商银行分支行改革与发展暨县域经济发展模式创新推动工作座谈会在北京召开。

7月26日　包商银行配合人民银行顺利完成第二代支付系统上线工作。

7月31日　包商银行各分行举办活动庆祝中国共产党建党93周年。

同日　鄂尔多斯伊金霍洛农村商业银行理财托管项目第一笔资金37,88万元已成功落地，标志着包商银行成功办理了首例他行理财资金托管业务。

8月3日　　制定下发《包商银行公司类信贷资产风险分类实施细则》，明确风险分类标准、程序、方法。

8月6日　　包商银行小企业金融服务中心在内蒙古自治区包头市正式挂牌开业。

8月7日　　李献平监事长、侯慧聪副行长在内蒙古银监局参加2014年上半年全区银行业监督管理工作会议暨经济金融形势分析（电视电话）会议。小微金融部、办公室、人力资源部、营业部、武装部相关人员陪同座谈。

同日　　"中国收藏家协会民族艺术品收藏委员会、华萃宫投资股份有限公司向包商银行捐赠元青花仪式"在包商银行北京分行举行。包商银行常务副行长魏占元、包商银行董事长助理郭凯军博士、包商银行首席文化顾问王德恭教授等应邀出席了捐赠仪式。

8月8日　　由中国中小商业企业协会副会长、自贡银行董事长张志强带领的中国中小商业企业协会游学团队来包商银行考察学习，李献平监事长、侯慧聪副行长、包商银行监事会办公室、小微金融部、办公室、人力资源部、营业部、武装部相关人员陪同座谈。

8月11日　　包商银行制定下发《包商银行公司类业务对外合作中个人客户信息安全管理实施细则》《包商银行公司类业务对外合作中个人客户信息安全管理实施细则》。

同日　　制定下发《包商银行公司金融风险再转授权管理实施细则》。为保障全行公司金融授信业务的合规、持续、稳健发展，进一步提升公司授信业务的风险控制能力，根据《商业银行法》《贷款通则》《包商银行授权管理办法》和《包商银行风险授权管理办法》等相关制度，特制定《包商银行公司金融风险再转授权管理实施细则》。

8月13日　　包商银行公司金融事业部召开2014年上半年经营情况分析及通报会议，包商银行公司金融事业部包头分部、呼和浩特分部参加会议。

8月15日　　李镇西董事长在北京分行召开全行改革推进工作座谈会，经营层行领导、总行各部室负责人参会。

同日　　王慧萍行长、魏占元常务副行长、赵建业首席风险官在包头银监分局参加半年度监管工作会议。

同日　　包商银行27家村镇银行无卡自助消费业务全部开通。

8月18日　　编制完成《财务预算管理办法》《财务预算管理实施细则》，首次将投资预算作为一个单独的预算分支加入到财务预算编制体系，使得预算的覆盖范围更加全面，预算的结果更精确。

8月21日至22日 内蒙古银监局在包商银行组织召开了法人机构数据中心运维精细化管理现场经验交流会。内蒙古银监局贾奇珍副局长、尹伟处长、王文英处长出席会议，包头银监分局、鄂尔多斯银监分局、乌海银监分局有关领导陪同出席，内蒙古银行、鄂尔多斯银行、乌海银行、自治区联社的分管科技行领导及科技部门负责人等30多人参加了现场交流会。包商银行王慧萍行长、周凤亮副行长、武仙鹤行长助理、信息科技部、新型农村金融机构管理总部相关人员参加了会议。内蒙古银监局科技处王文英处长主持会议。

8月27日至28日 包商银行公司金融事业部组织架构优化研讨会在上海召开。董事长李镇西受邀出席本次研讨会。

8月28日 投资银行部启动对组合投资类资产管理（代销池）产品、资产证券化产品、存单收益权转让产品三类产品的研发工作。

8月31日 第九届中国中小企业家年会新闻发布会暨第七届创业中国年度人物发布仪式在北京人民大会堂宾馆举行，包商银行监事长、中国中小商业企业协会副理事长李献平出席会议，并为2014年全国扶持中小企业创业特别贡献奖开奖，同时，他还被中国中小商业企业协会聘为创业导师。

同日 各分行召开党的群众路线教育实践活动专题民主生活会。

9月1日 包商银行印章管理系统正式上线，全行16家分行共157个营业网点的公章全部按照区域性集中布放的方式放入印章监控仪进行管理。

同日 麦肯锡专家组发布第二份农牧业食品的研究报告，包商银行管理层正式确定成立食品与农业部门。

9月2日 制定下发《包商银行公司金融业务出账管理实施细则》。

9月2日至3日 全国工商联扶贫工作委员会第二次全体会议在通辽召开。包商银行董事长李镇西、行长助理刘鑫参加了会议。

9月3日 制定下发《包商银行公司金融业务信贷档案管理实施细则》。为了强化公司金融事业部信贷档案管理，切实做好信贷风险控制基础工作，特制定《包商银行公司金融业务信贷档案管理实施细则》，明确归档分类、管理职责、管理要求。

9月3日 包商银行成功发行第一期大额同业定期存款5亿元。

9月4日 包商银行召开"共青团包商银行第一次代表大会"。

同日　　为使积分制管理在包商银行首批试点单位得以顺利实施,帮助试点单位理解并用好积分制管理工具,根据积分制管理推广工作的安排,人力资源部开展积分制管理的宣讲培训会。

9月5日　　包商银行账户盈产品正式全面推广。

9月9日　　包商银行制定下发《包商银行公司授信业务信用风险预警管理实施细则》,明确预警工作职责、流程、预警处置办法。

9月10日　　根据总行统一安排,启动《包商银行志》编纂工作。

9月13日　　中国人民银行主办,包商银行北京分行承办了"2014年北京市银行业反假货币主题宣传暨社区反假货币服务站授牌仪式"。包商银行北京分行等6家金融单位的反假货币服务站社区代表现场接受授牌。

9月15日至19日　　小微金融部派员参加中国小额信贷联盟P2P行业委员会主办的关于《P2P网贷合规发展之路》的培训。

9月16日　　小微金融部印发《包商银行小微金融产品管理办法》,进一步明确小微金融产品研发、报批流程,规范了小微金融产品管理工作。

同日　　截至当日,包商银行电子银行渠道资金交易金额突破2,000亿元。

同日　　"包商银行杯"首届中国·东盟国际摄影季在广西壮族自治区首府南宁拉开帷幕。

9月19日　　内蒙古银监局局长文振新和有关处室负责人在包头市委常委、副市长高志勇,市金融办主任闫化冰,包头银监分局局长于岚、副局长王海军、局长助理薛云龙等领导的陪同下到包商银行调研指导工作并召开座谈会。

9月24日　　包商银行零售板块组织架构优化研讨会在北京分行501会议室召开。

9月24日至26日　　行长助理武仙鹤出席包商银行与国家开发银行小微信贷技术研讨班开班仪式并做讲话。

9月25日　　中国金融工会内蒙古工作委员会在呼和浩特市内蒙古民族艺术剧院,举办了"中国梦·金融情——弘扬内蒙古金融系统先进人物事迹活动"晚会。包商银行党委书记、董事长李镇西,党委副书记、监事长李献平,董事会秘书、工会主席陶伟参加了此次活动。

9月26日　　包商银行"小马bank"线下融资服务系统正式上线。

同日　　《包商银行志》编纂工作从今年9月开始启动。按照董事长的要求，全行分西部、东部和南部三个片区开办《包商银行志》编纂培训班。9月26日、9月28日，分别在包头和北京开办了西部和东部"《包商银行志》编纂培训班开班仪式"。出席西部区开班仪式的行领导有：包商银行副董事长、《包商银行志》编纂委员会副主任金岩，包头分行行长、《包商银行志》编纂委员会委员常永峰；出席东部区开班仪式的行领导有包商银行监事长、《包商银行志》编纂委员会副主任李献平等领导。总行各部室、各分行分管领导和参与编纂《包商银行志》的各位编辑出席了开班仪式。总行层面成立了编委会及其办公室，《包商银行志》由李镇西董事长担任主编，首席文化顾问王德恭教授为执行主编。包头市人民政府地方志办公室主任、史志专家胡云晖教授、张和增教授和包头市委党史办公室原副主任、史志专家高志昌教授担任专家顾问。

9月27日　　内蒙古品牌建设促进会、《内蒙古晨报》、先行品牌策略机构在内蒙古大学联合举办召开了"品牌建设在行动——2014内蒙古最有价值品牌"发布会。包商银行荣获"内蒙古最有价值品牌"荣誉称号，党委书记、董事长李镇西荣获"内蒙古品牌人物：品牌建设功勋人物奖"。

9月29日　　包商银行董事长李镇西参加内蒙古银监局召开的辖内银行业金融机构主要负责人座谈会。

同日　　包商银行工会庆祝建国65周年职工歌咏表演在总行八楼会议室上演。

同日　　包商银行在银行间市场成功发行三期同业存单，合计发行规模15亿元人民币，期限均为3个月。这是内蒙古自治区地方法人金融机构发行的首批同业存单。

同日　　在内蒙古自治区审计厅、内蒙古自治区内部审计师协会联合举办的2011至2013年度全区内部审计先进集体和先进工作者评选活动中，包商银行荣膺"全区内部审计先进集体"荣誉称号，审计部两名同志荣获"全区内部审计先进工作者"荣誉称号。

9月29日至10月2日　　第37届全球金融年会（SIBOS,SWIFT International Banker's Operation Seminar）在美国波士顿国际会展中心举办。包商银行周凤亮副行长、刘建军行长助理带队，相关部门负责人或代表组成的近20人团队参加了此次年度盛会。

10月9日　　包商银行制定下发《包商银行关于优化公司金融事业部风险经理管理路径的通知》，并对包商银行公司业务流程按照全行改革方案适时进行了调整，制定下发《包商银行关于优化公司业务流程相关措施的通知》。

10月10日　　包商银行零售板块组织架构优化二次研讨会在北京分行召开。

10月11日　　包商银行"富农宝"被内蒙古银行业协会评为2014年内蒙古银行业服务"三

农三牧"优秀金融产品。

10月14日　包商银行小微金融部客户管理系统（CRM）系统实现零售客户信息共享功能。

同日　印度工业信贷投资银行（ICICI）零售业务经验交流研讨会在北京分行召开，由麦肯锡专家詹妮·托马斯（Jenny Thomas）先生介绍印度 ICICI 银行在零售业务方面的先进经验。

10月15日　包商银行办公室举办了各分行、总行各部室档案管理系统上线培训视频会议。经过前期多次测试与调试，全行档案管理系统正式上线运行。

同日　包商银行运营管理部集中作业中心包头、北京地区工作场地建设完成。

10月15至30日　包商银行小微金融部赴宁波分行对艺术品质押业务进行实地调研，并完成《包商银行小微金融艺术品质押授信业务管理办法（试行）》。

10月16日　为进一步丰富网点获客手段，拉动网点储蓄存款业务稳步增长，提高零售客户的资金沉淀率，总行在充分分析客户需求和借鉴同业经验的基础上，研发完成了储蓄存款增值收益型产品——定存宝，并于2014年10月16日正式上线运行。

10月20日　李镇西董事长在鄂尔多斯参加全区金融工作推进会。

同日　金华银行董事长徐雅清、行长宣利新、监事长金立群和主要业务部门总经理到包商银行学习考察。包商银行王慧萍行长、魏占元常务副行长、刘建军行长助理及战略发展部、小微金融部、金融市场部等部门相关负责人与徐雅清董事长一行在北京分行进行了座谈。

10月21至22日　包商银行组织开展包商银行新型农村金融机构新反洗钱系统上线前操作培训。

10月24日　内蒙古自治区工商联召开2014内蒙古民营企业100强发布会，发布2014内蒙古民营企业100强和内蒙古民营企业100强调研分析报告。包商银行以2013年营业收入142.32亿元，入选内蒙古民营企业100强第5名，其中包商银行以2013年总资产2347.59亿元，成为内蒙古民营企业100强第1名。

同日　第二届中国文化金融高峰论坛在北京长白山国际酒店隆重召开。本次高峰论坛由包商银行主办，北京中传文化金融产业研究院、北京东方国学院共同承办。来自中国艺术产业研究院、北京大学、中国传媒大学等高等院校的专家学者以及中央文史研究馆、亚洲金融合作联盟、皇城艺术品交易中心、陕西文化产业投资集团、潍坊银行、包商银行等相关单位的领导和业界资深人士100多人出席了本次高峰论坛。本次论坛以"小微文化金融的创新战略与路径"为主题，聚焦小微文化金融发展现状与瓶颈。包商银行党委书记、董事长李镇西致开幕词。在本次高峰论坛上，同时也举行了北京中传文化金融产业研究院学术顾问聘任仪式和《中国文化金融评论》辑丛首发式。包商银行首席文化顾问、北京中传文化金融产业研究院院长王德恭教授主持了仪式。北京中传文化金融产业研究院聘任了陆磊、王勇、陈少峰、范周四人担任学术顾问。

　　同日　　包商银行发布《包商银行债券投资业务管理规定》。

　　10 月 27 日　　包商银行村镇银行现场检查分析系统（EAST）上线。

　　10 月 28 日　　包商银行公司金融事业部成都分部、包头分部和呼和浩特分部负责人参加了公司金融事业部 2014 年三季度经营情况分析及通报会议。

　　10 月 30 日　　鉴于宏观经济的下行趋势以及麦肯锡咨询顾问的建议，公司风险部整合审批资源，撤回向各行业事业部派驻的风险管理中心，在公司风险部下设公司风险部审批中心，审批中心依据各事业部的设置下设个行业组，在保持行业化专业审批的基础上集中审批资源。

　　同日　　《包商银行新系统会计业务操作规程》初稿完成，顺利进入复审阶段。

　　10 月 31 日　　包商银行保管箱业务正式上线。

　　同日　　包商银行各分行召开第一次团员代表大会。

　　11 月 3 日　　《包商银行志》编纂培训班南部区开班仪式在成都分行会议室成功举行，李献平监事长做了重要讲话，指明了行志编纂工作的重要意义，首席文化顾问王德恭教授在现场对编纂工作明确了要求。胡云晖、张和增、高志昌三位专家对行志编纂内容的详细讲解，为行志编纂工作指明了方向。来自深圳、宁波、贵州、成都等地的 13 家分行及村镇银行代表在现场就行志编纂工作的具体细节及遇到的问题进行了深入探讨。

　　11 月 4 日　　包商银行资产负债管理委员会通过了《关于调整首套房住房按揭贷款文件传输协议（FTP）定价的提案》，原则上同意通过调整 FTP 定价方案鼓励个人住房按揭业务的开展。资产负债管理部将在每期《包商银行资产负债管理提示》中披露最新的个人住房按揭贷款 FTP 价格。

　　11 月 4 日至 5 日　　内蒙古自治区工商联十一届五次常委（扩大）会议在通辽市召开。包商银行董事长李镇西参加会议。

　　11 月 10 日　　人民银行呼和浩特中心支行反洗钱处一行在包商银行进行反洗钱系统调研。

　　11 月 10 日至 11 日　　内蒙古自治区政协经济界别第二组组长、包商银行党委书记、董事长李镇西和自治区政协经济界别第二组委员一行赴土右旗调研并召开土右旗县域经济转型发展座谈会。

11 月 12 日　印发《包商银行小微授信业务调查操作指引（试行）》，优化业务流程，规范小微授信业务咨询、申请与调查环节工作内容、操作标准与尽职要求。

11 月 17 日　对总行、个人与小微金融总部、公司金融事业部部门负责人岗位进行人才盘点面谈工作。

同日　包商银行印发《公司类风险资产综合定价指导意见》（包商银发〔2014〕397 号）。

11 月 20 日　包商银行小微业务电子影像功能正式上线启用。

11 月 25 日　涉农公益项目在兴安盟地区成功落地。此项目是小微金融部以涉农业务为契机，寻求互联网金融新突破，创新开发的金融扶贫新模式。

11 月 26 日　包商银行李镇西董事长出席中国银行业声誉风险管理联席会第三届全体成员大会暨三届一次常委会。包商银行当选为联席会第三届轮值主席单位，包商银行党委书记、董事长李镇西为轮值主席，行长助理刘鑫为常务副主席。包商银行等 3 家单位荣获声誉风险管理"优秀成员奖"。

同日　中国银行业协会主办的中国银行业优秀客户服务中心评选活动总结表彰大会在北京隆重举行。包商银行电子银行部呼叫中心凭借完善的人才培养体制，荣获中国银行业客户服务中心"人才培养与发展"奖。

11 月 27 日　包商银行各分行举办"谈改革，促发展，青春筑梦新金融"演讲比赛。

同日　包商银行荣获自治区国家税务局和地方税务局联合评定的 2012—2013 年度"A 级信用纳税人"荣誉称号。

同日　包商银行各分行召开党的群众路线教育实践活动总结大会。

11 月 28 日　包商银行村镇银行网上银行系统上线。

11 月 30 日　包商银行 815 项目首批"以测代训"业务骨干完成培训任务。

同月　经董事会、监事会、经营层充分研究讨论，决定对包商银行零售组织体系、公司金融事业部组织体系进行全面优化调整。

12月1日　　村镇银行网上银行项目正式投产。村镇银行网银项目经过前期调研、立项、开发、测试，于2014年12月1日投产。该项目进一步落实了银监会建设新型农村金融机构，支持"三农"的政策要求，为"三农"打造符合其自身特点的便捷多样的电子渠道服务，满足其日益增长的电子金融服务需求，为农村地区及县域经济的发展提供有力支撑。

12月2日　　内蒙古自治区社会科学联合会第六次代表大会在呼和浩特举行。会议选举产生第六届委员会委员。杭栓柱当选社科联第六届委员会主席，包商银行董事长李镇西等10人当选副主席。

12月3日　　在由金融时报社和社科院金融研究所联合主办的"中国金融机构金牌榜·金龙奖"评选中，包商银行凭借在财富管理服务方面的卓越表现荣登金牌榜，荣获2014年"年度最佳理财服务中小银行"称号。

12月9日　　包商银行召开中共包商银行第二次党员代表大会，包头市委组织部常务副部长李淳仁、人才干部处处长赵强应邀出席会议。大会选举了新一届常委委员和纪委委员，其中李献平同志当选包商银行党委书记、魏占元同志当选包商银行党委副书记、陶伟同志当选包商银行纪委书记。

12月14日　　包商银行首个试点单位（包头分行保利支行）顺利完成整体轮岗工作。

12月17日　　包商银行小微金融部更名为小微与消费金融部。

同日　　财政部正式发布《关于2015—2017年国债承销团候选成员名单公示的公告》，包商银行顺利上榜，将获得2015—2017年凭证式国债及储蓄国债（电子式）承销资格，成为全国38家具备该资格的银行机构之一。

12月17日至19日　　包商银行王慧萍行长，刘鑫行长助理，战略发展部相关人员在包头万号酒店参加国务院扶贫开发领导小组办公室举办的全国扶贫小额信贷工作培训班。

12月18日　　包商银行公司风险管理部资产监测中心与资产保全中心在总行组织架构优化方案宣讲会召开后，正式合并为资产监控中心。

同日　　包商银行全国统一客服号码95352正式开通。全国统一客服电话95352整合了包商银行在全国不同分行地区的客服电话号码，全面突破服务地域的限制，实现覆盖全国的24小时金融服务，整体提升了服务品质及品牌形象。

12月19日　　包商银行公司金融事业部发布第一期《同业动态》，自此开始在事业部内按旬发布最新同业资讯。

12 月 28 日 中国反腐倡廉建设法制化研讨会暨中国廉政文化包商银行网络电视台开播仪式在北京国家行政学院举行。

同日 包商银行各分行团委组织开展了"谈改革，促发展，青春筑梦新金融"主题演讲比赛。

同日 包商银行包头金荣支行荣获全国巾帼文明岗称号。

同日 中国金融认证中心"第十届中国电子银行年会暨 2014 中国电子银行年度金榜奖颁奖盛典"在北京隆重举办。包商银行电子银行从全国 60 多家参评单位中脱颖而出，荣获 2014 年区域性商业银行"最佳网上银行成长奖"。

12 月 31 日 投资银行部历经四个多月，完成设计的组合投资类资产管理（代销池）产品，首单业务开始募集。

同日 包商银行参加 2014 中国二连浩特中蒙俄经贸合作洽谈会。

同日 包商银行参加在美国波士顿举办的第 27 届全球金融年会（SIBOS）展会。

同日 包商银行信用卡消费信贷业务当年交易额突破 3 亿元，历史累计交易额突破 4 亿，2014 年对比 2013 年的产能提升 3 倍。

同年 截至 2014 年底，全行资产总额已达 3,029 亿元，存款余额 1,601 亿元，贷款余额 863 亿元，全年营业收入 87.5 亿元，利润总额 37.4 亿元，净利润 28.9 亿元，缴纳税金 18.7 亿元，相比 2007 年底，资产总额增长了 4.75 倍。

第二篇　　分行大事记

1998 年

12 月 19 日　　17 家城市信用社更名为"包头市商业银行支行"。即：包头市工业路城市信用社更名为包头市商业银行工业路支行，贺诚福任行长（现广通支行）；包头市金鹿城市信用社更名为包头市商业银行金鹿支行，李春任行长；包头市东河区胜利路城市信用社更名为包头市商业银行胜利路支行，赵俊敏任行长；包头市人民银行青山区鑫源城市信用社更名为包头市商业银行鑫源支行；包头市昆信城市信用社成立更名为包头市商业银行昆信支行，夏利生任行长；包头市银河城市信用社更名为包头市商业银行银河支行；包头市乌素图信用社更名为包头市商业银行乌素图支行（现金荣支行）；包头市钢铁信用社更名为包头市商业银行包钢支行；包头市青山区城市信用社更名为包头市商业银行青信支行；包头市东河区西脑包城市信用社更名为包头市商业银行红光支行，常青任行长；包头市安定城市信用社更名为包头市商业银行安定支行，牛秀兰任行长；包头市丽都信用社更名为包头市商业银行振华支行，刘新伟任行长；包头市职工城市信用社更名为包头市商业银行鞍山道支行，连福良任行长；包头市发达信用社更名为包头市商业银行发达支行，申玉喜任行长；包头市郊区沙河城市信用社更名为包头市商业银行沙河支行；包头市青山繁荣城市信用社更名为包头市商业银行繁荣支行，马冬梅任副行长主持工作；包头市科技城市信用社更名为包头市商业银行科技支行，李镇西任行长；包头市商业银行石拐支行正式挂牌营业，张金城任副行长并主持工作；胜利路城市信用社更名为包头市商业银行胜利支行巴彦储蓄所。

1999 年

9 月 6 日　　　包头市商业银行乌素图支行搬迁至铁西更名为铁西支行。

2000 年

1 月 18 日　　包头市商业银行胜利路支行从旧址和平路 42 号搬迁至东河区巴彦塔拉大街矿机厂南门并更名为包头市商业银行胜利支行。

3 月 21 日　　包头市商业银行石拐支行正式接收中国银行包头分行东河分理处的存款业务。

10 月 1 日　　撤销胜利支行商贸大厦营业部、工业路支行火车站储蓄所、银河支行为民储蓄所，将原银河支行食品街营业部升格为环城支行，昆信支行长城商厦营业部升格为利通支行。

11 月 1 日　　包头市商业银行广通支行正式挂牌营业。

12 月 1 日　　银河支行工商营业部撤销，并正式移交广通支行。广通支行成立，张金城任行长。

2001 年

9月15日　　包头市商业银行科技支行从址昆区友谊大街友谊市场 1 楼搬迁至昆区友谊大街 20 号天龙商厦西座。

10月18日　　包头市商业银行胜利支行被内蒙古自治区档案局晋升为自治区二级先进单位。

2002 年

6月　　包头市商业银行胜利支行被包头市东河区文明建设委员会评为"文明示范窗口"单位。

8月5日　　经市、区两级档案升级评审小组的评审验收，包头市商业银行发达支行顺利晋升为省（部）级档案管理工作单位。

8月　　包头市商业银行广通支行被包头市东河区政府评为"文明示范窗口单位"。

9月15日　　经市、区两级档案升级评审小组的评审验收，包头市商业银行沙河支行顺利晋升为省（部）级档案管理工作单位。

10月15日　　经内蒙古自治区级档案升级评审小组评审验收，包头市商业银行青信支行顺利晋升为自治区级档案管理工作单位。

12月1日　　石拐支行、红光支行营业部、胜利支行营业部被包头市团市委命名为"2002年度包头市青年文明号"。

12月　　广通支行通过了包头市东河区政府综治委及办事处的验收，被授予"东河区创安先进单位"荣誉称号。

2003 年

1 月 13 日　　包头市商业银行科技支行营业部被自治区团委命名为"2002 年度自治区级青年文明号"。

1 月 20 日　　包头市商业银行党委副书记、副行长周有才代表行党委走访、慰问了广通支行郝志刚、环城支行王大勇等 4 名生活困难党员职工。

2 月　　包头市商业银行广通支行被包头市文明委授予市级"文明示范窗口单位"称号。

3 月 4 日　　包头市商业银行胜利支行被包头市委、市政府命名为市级"文明单位"称号。

4 月 14 日　　中国人民银行包头中心支行批准筹建包头市商业银行和平支行。

4 月 23 日　　发达支行被中共包头市昆区委员会命名为"标兵文明单位"。

5 月 16 日　　中国人民银行包头中心支行批准筹建包头市商业银行向阳支行。

6 月 1 日　　包头市商业银行科技支行泰汇和营业部业务划转科技支行营业部办理，泰汇和营业部撤销。

6 月 6 日　　鞍山道支行营业部完成与昆信支行白云路营业部合并交接工作。

同日　　昆信支行白云路营业部储蓄业务划转包钢支行营业部，对公业务划转鞍山道支行营业部，该机构迁址更名为青信支行富强路营业部，昆信支行白云路营业部撤销。

2004 年

3 月 20 日   富强路营业部升格为支行，更名为包头市商业银行富强支行，白亮任行长。

4 月 28 日   包头市商业银行完成林荫营业部与昆信支行的并账工作。

4 月   包头市商业银行团结支行成立，张金梅任行长；公园路支行成立，张志林任行长。

5 月   包头市商业银行幸福支行成立，叶德瑞任行长。

7 月 10 日   铁西支行搬迁至金荣建材城，更名为包头市商业银行金荣支行。

10 月   包头市商业银行广场支行成立，韩征任行长（广场支行前身为包钢支行阿尔丁营业部）。

11 月 5 日   包头市商业银行金鹿支行团结营业部迁址。

11 月 20 日   包头市商业银行包钢支行林荫路营业部迁址。

11 月 21 日   包头市商业银行银河支行公园路营业部迁址。

11 月 28 日   包头市商业银行广通支行工业路营业部迁址。

12 月 11 日   包头市商业银行红光支行站北路储蓄所迁址。

2005 年

1 月 7 日　　包头市商业银行鞍山道支行林荫路营业部成立（即包商银行车站支行），杨林任支行长。

1 月 11 日　　包头市商业银行沙河第一营业部搬迁至包头铝业园区公建房 4 号底店，即现在的包商银行包头包铝支行，崔云侠任行长。

同日　　包头市商业银行飞龙营业部成立，贾璟辉被任命为负责人。

7 月 6 日　　包头市商业银行发达支行发达营业部成立。

7 月 15 日　　包头市商业银行环城支行环西储蓄所正式扁平化为包头市商业银行环西营业部，何宝生任营业部负责人。

7 月 16 日　　包头市商业银行广通支行裕丰营业部正式扁平化为包头市商业银行裕丰营业部，周浩任营业部负责人。

7 月 22 日　　包头市商业银行文化支行正式成立，白桂英任行长。

7 月　　包头市商业银行胜利支行巴彦储蓄所扁平化管理，成为独立支行，更名为包头市商业银行巴彦支行，吴骞星任行长。

9 月 30 日　　包头市商业银行环西营业部与包头市商业银行银河支行通顺储蓄所合并，更名为包头市商业银行通顺营业部，何宝生任营业部负责人。包头市商业银行红光支行站北路储蓄所扁平化为包头市商业银行红光支行站北路营业部，乔卫东任营业部负责人。

12 月 10 日　　包头市商业银行民主路支行正式成立，刘温被任命为行长。

2006 年

3月11日　　包头市商业银行鑫源支行鑫源营业部由原包四中对面搬迁至自由路现址，并于同年11月更名为包头市商业银行自由路支行。其前身是青山区财政局国债服务部与包头市鑫源城市信用社于1995年成立的联办所，青山区财政局于2000年6月30日整体将该业务移交至鑫源支行，联办所于2005年7月升格为营业部，李国薇任负责人。

5月15日　　包头市商业银行裕丰营业部搬迁至巴彦塔拉西大街郝氏综合楼底店，极大改善了办公环境，同年9月11日，微小企业贷款业务在支行开办，满足了周边中小商户的资金需求。

6月4日　　包头市商业银行高新支行成立，王俊岭被任命为高新支行负责人。

6月6日　　包头市商业银行红光新兴营业部成立。

9月15日　　包头市商业银行文化支行荣获自治区团委授予的"青年文明号"光荣称号。

12月31日　　包头市商业银行发达支行发达营业部升格为包头市商业银行股份有限公司神华支行。

2007 年

3 月 15 日　　包头市商业银行包钢支行被中华全国妇女联合会评为"全国巾帼文明岗"。

4 月　　包头市商业银行营业部成立，下设公司金融部、微小企业金融部、个人金融部、运营服务部、保卫部、风险管理部、人力资源部、办公室、营业部等 9 个部门，包商银行营业部为包头分行前身。

6 月 7 日　　包头市商业银行星城支行成立，李辰骥任支行行长。

7 月　　包头市商业银行科技广汇营业部正式升格为"广汇支行"，魏晓东任行长。同年支行由不足百平方米的营业网点搬迁至面积近 400 平方米的综合性支行，地址为昆区友谊大街明日星城安景苑底店。

8 月 8 日　　通顺支行搬迁至位于包头市东河区通顺街名流大厦底店、面积为 300 平方米的新营业网点，提高了包头市商业银行通顺支行的形象，改善了员工的办公环境。

8 月 29 日　　包头市商业银行巴彦淖尔分行开业，李镇西董事长在开业庆典上做了重要讲话。

9 月 28 日　　包商银行扩大经营规模，由市级商业银行转为国家级股份制银行，市行及下辖 51 家支行均由包头市商业银行某某支行更名为包商银行股份有限公司某某支行。

9 月　　包商银行红光新兴营业部更名为包商银行明阳支行。

11 月　　包商银行向阳支行成立，地址在向阳市场，史贵林任行长。

12 月 8 日　　包商银行巴彦淖尔分行组织召开了"包商银行及市区两级金融办银政联谊会"。

12 月 31 日　　包商银行巴彦淖尔分行实现存款 55,639 万元，发放各项贷款 6,363 万元。

2008 年

3 月 13 日　　赵建业任包商银行营业部副总经理（主持工作）。

同日　　刘洛任包商银行营业部副总经理；杨林任包商银行营业部副总经理。

3 月 16 日　　通辽分行开展服务礼仪培训。

3 月　　包商银行进行架构改革，包商银行营业部部室更改为公司金融部、微小企业金融部、个人金融部、运营服务部、风险管理部、人力资源部、营业部。

4 月 2 日　　巴彦淖尔市、临河区两级金融办、发改委与包商银行巴彦淖尔分行联合举办了"中小企业融资推进会"，共有 31 家企业参会。

4 月 11 日　　宁波银监局批准包商银行宁波分行开业，并核准了朱晓明、张宪胜、郝春梅、裴烨 4 位高管的任职资格和分行业务经营范围以及营业场所地址。

同日　　包商银行总行印发《关于对朱晓明等同志聘任的决定》（包商银发〔2008〕19 号）的文件，聘任朱晓明为宁波分行行长，张宪胜为宁波分行副行长，郝春梅为宁波分行风险总监，裴烨为宁波分行行长助理。

4 月 18 日　　通辽分行与通辽市侨商会成功举办银企对接会。

4 月 25 日　　包商银行宁波分行正式开业。庆典仪式在喜来登大酒店隆重举行，内蒙古自治区副主席布小林、浙江省政协副主席张蔚文共同为包商银行宁波分行开业揭牌，两省、市的政府有关部门领导，人民银行、监管局领导和各界嘉宾出席开业典礼并表示祝贺。宁波分行行长朱晓明代表宁波分行在开业典礼上向宁波市慈善总会捐款 10 万元，以表达包商银行的一份爱心。

5 月 6 日　　通辽分行参加全市金融工作会议。

5 月 15 日　　宁波分行组织举行"抗震救灾，有你有我"捐款仪式，全行员工踊跃捐款，共募集 26,305 元捐款。同时分行共产党员也积极响应党中央的号召主动交纳"特殊党费"，27 名党员自愿交纳支援灾区的特殊党费共计 38,100 元。

5 月 18 日　　通辽分行组织全体员工向汶川地震灾区人民捐款。

5 月 22 日　　宁波分行成功开出第一笔金额为 230.4 万欧元进口信用证，标志着分行国际业务正式启动。

5 月 23 日　　总行微小企业信贷部部长赵梦琴、副部长高永刚一行莅临宁波分行开展"商业可持续微小贷款"专题讲座。

5 月 30 日　　中国人民银行宁波市中心支行批准包商银行宁波分行开通宁波市辖本票业务。

6 月 18 日　　包商银行总行行长助理侯慧聪莅临宁波分行开展业务调研工作。

同日　　宁波分行举行首批微小贷款发放仪式，分行行领导出席发放仪式并接受了 4 名客户代表向分行赠予的锦旗。宁波电视台和宁波晚报对整个仪式进行了跟踪采访。

6 月 21 日至 22 日　　宁波分行组织分行青年团员在九峰山开展为期两天的野外拓展训练活动。

6 月 24 日　　通辽分行召开全行大会贯彻落实中心组学习暨经营分析会会议精神。

6 月 25 日　　包商银行宁波分行决定成立授信审批部，承担原风险管理部授信审查、召集审贷会等部分职能；组建合规部，承担银监会要求的合规及风险管理、放款审查等职能；撤销风险管理部。

6 月 27 日　　包商银行宁波分行党建工作暨行情教育动员大会在宁波开元大酒店举行。会上，行长朱晓明按照总行党建工作总体要求结合宁波分行实际，做了题为《让历史告诉未来》的主题报告。

同日　　包商银行宁波分行与中国银行宁波分行签署《国际业务合作协议》《进口业务/保函业务合作协议》和《同业往来账户协议》，双方开展了国际业务方面更深层次的合作。

6 月 30 日　　宁波银监局核准徐文勇包商银行宁波分行行长助理任职资格。

7 月 3 日至 6 日　　包商银行总行微贷部部长赵梦琴一行 8 人莅临宁波分行，对为期 4 天的"宁波分行微小企业贷款业务培训班"进行培训指导。

7 月 4 日　　包商银行总行印发《关于对徐文勇同志聘任的决定》（包商银发〔2008〕65号），聘任徐文勇为宁波分行行长助理。

7 月 6 日　　包商银行文化支行荣获全国金融系统国家级"青年文明号"光荣称号。

7月8日　　　通辽分行参加通辽市银企对接会。

7月8日至9日　　　包商银行总行零售业务部部长陈立宇一行4人莅临宁波分行，对分行开业以来的零售业务开展情况进行调研。

7月14日　　　宁波分行印发《包商银行宁波分行来宾接待办法》《包商银行宁波分行部门职责》《营业网点防盗窃处置预案》《营业网点防火灾处置预案》《营业网点防挤兑处置预案》《营业网点防破坏、滋事处置预案》《营业网点防抢劫处置预案》《营业网点防诈骗处置预案》。

同日　　　宁波分行发生第一笔进口信用证项下的到单付款，金额230.4万美元。

7月16日　　　通辽分行与通辽浙江商会举行银企座谈会。

7月24日　　　包商银行宁波分行顺利加入宁波市财税库行计算机横向联网系统。

7月25日　　　宁波分行于上午8：30成功上线宁波市同城票据电子交换系统。

7月28日　　　宁波分行首次成功发行"包商财智系列2号"人民币票据理财产品。

7月29日　　　通辽分行召开2008年年中工作会议。

8月2日　　　通辽分行开展"迎奥运，树新风，夺标兵"活动。

8月5日　　　通辽分行开展"与生命对话"演讲比赛。

8月14日　　　宁波分行邀请中共宁波市委党校副校长郑湘娟教授，为全行员工做"学习党的十七大精神，加强新时期党建工作"专题讲座。

8月16日　　　宁波分行选手杨振华、陈声在总行举办的"廉洁敬业，奉献拼搏"——包商银行全员"与生命对话"演讲决赛中分获演讲决赛二、三等奖。

8月28日　　　宁波分行举办"包商银行宁波分行客户经理主协办资格准入考试"。分行在编公司业务客户经理（含各公司业务部门负责人）共37人参加了考试。

9月3日　　　通辽分行参加银监局举办的新会计准则培训。

9月9日　　　宁波分行参加了由宁波市人民银行、市政府经济办公室、市工商联共同主办的2008年宁波市小企业融资产品推介会暨银企洽谈会，现场与两名客户达成了协议，并签订授信合约。

9 月 11 日　　通辽分行被评为通辽市推进小企业信贷工作重点联系行。

9 月 20 日　　通辽分行党支部组建暨支部委员选举大会圆满成功。

9 月 21 日至 22 日　　宁波分行成功承办"总行区域信贷政策研讨会"。

10 月 1 日　　通辽分行携手通辽市委、团市委、《通辽日报》社举办"包商银行杯"全市青少年学习党的十七大、团的十六大百题知识竞赛。

10 月 11 日　　宁波分行响应中国人民银行宁波市中心支行《关于组织开展"提升金融服务，激活沉淀硬币"活动的通知》精神，在周边社区组织开展了"反假币宣传及硬币回笼"等系列活动。

10 月 15 日　　宁波分行为全面贯彻落实总行"大干 100 天——全面实现 2008 年工作目标动员大会"精神，推动和完善分行目标管理工作，举办中层干部工作述职大会。

同日　　通辽分行开展案件防控专题教育活动。

10 月 16 日　　包商银行鄂尔多斯直属支行成立，包商银行董事长李镇西出席开业庆典仪式，王利娟被正式聘任为鄂尔多斯直属支行行长。

10 月 19 日　　宁波分行六名员工参加中国人民银行宁波市中心支行组织的"人民币银行结算账户管理员资格考试"，其中胡青青在全部考试人员中名列个人成绩第一名（89 分），在考试人员平均分及合格率上分行分别排名第一名和第十二名。

10 月 23 日至 25 日　　宁波分行参与由宁波市委市政府组织的第三届宁波金融展活动。

10 月 26 日　　鄂尔多斯支行第一批 8 名信贷人员开始业务拓展。

10 月 29 日　　通辽市人民政府李秀芝副市长一行莅临通辽分行指导工作。

11 月 3 日至 7 日　　宁波银监局监管三处张亚娟处长一行 6 人莅临包商银行宁波分行，对分行开业半年以来的经营管理情况开展了为期五天的全面现场检查评估工作，并于同月 24 日，将现场评估结果向分行做了现场反馈。

11 月 19 日　　宁波分行为顺利在年底前完成总行下达的各项存款、利润指标，切实提高各业务部门综合业务、发展水平，组织开展了为期 60 天的"历练 2008"公司业务营销竞赛活动。

12 月 1 日　　巴彦淖尔市政协领导及部分经济界政协委员在市金融办领导的陪同下专项

视察巴彦淖尔分行中小企业贷款工作，并召开了专题会议。

12月6日　　　通辽分行被通辽团市委命名为2008年度市级青年文明号单位。

12月15日　　　宁波分行营业部员工袁丽云被人民银行宁波市中心支行评为"2008年宁波市金融机构反假货币工作先进个人"，并予以通报表彰。

12月24日　　　包商银行副行长魏占元一行莅临宁波分行，对分行安全保卫工作开展为期两天的检查指导。

12月31日　　　巴彦淖尔分行各项存款达到10.15亿元，突破10亿元大关。

2009 年

1 月 8 日　　　宁波分行举办迎新春银企联谊会。

1 月 12 日　　　鄂尔多斯支行成功发放第一笔 10 万元微小企业贷款，标志着对鄂尔多斯地区的市场探索成功迈出了第一步。

1 月 13 日　　　中国银行宁波市分行副行长吴建峰一行 5 人莅临包商银行宁波分行交流考察。

1 月 14 日　　　宁波分行召开全体员工大会，分行行长朱晓明传达总行 2009 年工作会议精神，提出贯彻落实措施。

1 月 15 日　　　宁波分行召开 2009 年工作会议暨先进表彰大会，宁波银监局监管三处有关人员（领导）受邀列席会议。朱晓明行长代表分行领导班子做了题为《认清形势，转变观念，稳健经营，打造亮点，构建和谐》的工作报告。

1 月 16 日　　　宁波分行派员参加"高新区民协工会年会"，充分表达对宁波中小企业的关注与支持。

1 月 18 日　　　交通银行总行东京分行及宁波分行负责国际业务的相关人员一行 4 人莅临包商银行宁波分行，就国际业务合作事项与分行行领导及部门负责人进行了交流与探讨，为今后双方更好地合作奠定了基础。

2 月 10 日　　　包头市委组织部李平副部长率领包头市委组织部企业党建工作考察团一行 9 人，在包商银行总行监事长、党委副书记李献平陪同下莅临宁波分行检查指导工作。

2 月 25 日　　　包商银行总行王慧萍行长、武仙鹤行长助理莅临宁波分行视察指导工作。

3 月 3 日　　　通辽市团委授予通辽分行团委"2008 年度全市共青团工作业绩突出单位"荣誉称号。

3 月 12 日　　　通辽分行成功批准第一笔农机批量业务。

3 月 14 日　　　宁波分行邀请宁波市经济发展改革委员会詹荣胜副主任做"宁波经济形势报告"，总行微小企业金融部、风险管理部负责人及分行全体员工参会。

3 月 16 日　　　通辽分行党委书记王久翔参加中共通辽市委三届四次全委（扩大）会议。

同日　　通辽分行开展 2009 年案件防控主题教育月活动。

3 月 18 日　　宁波市江东区人大常委会主任于海平一行 4 人莅临包商银行宁波分行进行调研。

3 月 19 日　　宁波分行经过前期与城商行上海资金清算中心及总行的沟通协调，正式开通全国城商行系统汇票业务，又为企业提供了一项全日性的支付结算工具。

同日　　福州市商业银行行长蒋杰宏一行莅临包商银行宁波分行交流考察。

3 月 20 日　　宁波分行参加了由宁波银监局、宁波市民营企业协会联合东南商报举办的"中小企业融资平台——首届宁波中小企业融资洽谈会"。

4 月 1 日　　包商银行总行副董事长金岩、石占才率领董事会调研组一行 5 人莅临宁波分行进行为期两天的调研。

4 月 22 日　　宁波分行召开"深入学习实践科学发展观活动"动员大会。

4 月 30 日　　宁波分行成功办理第一笔出口托收业务，金额为 8,992.10 欧元。

5 月 4 日　　巴彦淖尔分行员工自发组织献血献爱心活动。

同日　　通辽分行举行"迎五四，践行科学发展观文体竞赛"活动。

5 月 14 日　　宁波分行首次成功处理两笔光票查询和委托业务。

5 月 21 日　　宁波分行 5 名员工在人民银行宁波市中心支行举行的人民币账户管理员资格考试中全部通过，在所有参加考试的 38 个金融机构中取得了合格率和平均分双项第一的优异成绩。

同日　　包商银行深圳分行正式挂牌营业。

5 月 26 日　　宁波分行徐文勇行长助理参加宁波市外经贸银企对接会暨外经贸企业网上融资平台启动仪式。

6 月 2 日　　包商银行包头通顺支行荣获内蒙古档案管理二级荣誉称号。

6 月 5 日　　宁波银监局核准徐文勇包商银行宁波分行副行长任职资格。

6月8日至7月8日　　宁波银监局对包商银行宁波分行成立一年的经营管理情况进行为期一个月的现场检查评估。

6月15日　　宁波分行行长助理徐文勇陪同总行行长助理侯慧聪参加中国工商银行在北京召开的银行同业外汇业务合作研讨会。

6月19日　　中共包商银行委员会印发《关于对朱晓明等四名同志任命的决定》（包商银党发〔2009〕第15号）文件，决定任命朱晓明为宁波分行党委书记，张宪胜为宁波分行党委副书记兼纪委书记，郝春梅为宁波分行党委委员，徐文勇为宁波分行党委委员兼工会负责人。

同日　　宁波分行行长朱晓明赴延安参加总行深入践行科学发展观交流考察活动。

6月22日　　深圳分行申玉喜行长一行5人拜会了深圳市龙岗区副区长钟鸣，双方就各自情况进行了充分交流。

6月22日至28日　　总行公司金融部和风险管理部一行5人组成的联合调研组赴深圳分行调研"包融通"业务。

6月27日　　宁波分行副行长张宪胜、徐文勇及分行贸易金融部负责人参加由宁波市金融办主办的"2009年北京国际金融论坛夏季报告会"。

7月9日　　宁波分行与上海银行宁波分行、中国民生银行宁波分行正式建立票据转贴现业务关系。

7月10日　　鄂尔多斯支行与天誉担保公司成功合作，标志着微贷业务多元化发展正式启动。

7月14日　　由巴彦淖尔市银监分局主办的"巴彦淖尔市银行业金融机构首届职工运动会"在市体育馆拉开帷幕。包商银行巴彦淖尔分行代表队取得排球比赛第三名及精神文明奖。

7月29日　　中共包商银行委员会印发《关于对徐文勇同志聘任的决定》（包银党发〔2009〕第26号）文件，任命徐文勇为包商银行宁波分行副行长兼总行公司金融部副总经理。

7月31日　　宁波分行存款余额为292,140万元，贷款余额为179,723万元。

8月1日　　鄂尔多斯支行正式成立风险管理部，初步建立了风险管理组织架构，风险控制体系得到进一步完善。

8月4日至11日　　包商银行总行副行长魏占元在总行风险管理部赵建业总经理的陪同

下莅临宁波分行考察指导工作，并拜会了宁波银监局有关领导。双方就宁波市金融环境以及包商银行在当地的发展战略、市场定位进行了深入沟通。

8月7日　深圳分行副行长潘慧盛一行前往包头向总行专题汇报了供应链贸易融资业务，又称"包融通"业务。

8月10日　包商银行锡林郭勒支行成立。

8月11日　由巴彦淖尔市工商联主办，包商银行巴彦淖尔分行、中国移动临河区公司协办的"包商银行杯"民营企业乒乓球赛圆满落下帷幕。市委常委、统战部部长张少甫，市政府副市长云治厚、李文天参加闭幕式并发表重要讲话。

8月12日　包商银行小企业金融部与包头市永盛成百货有限责任公司合作推出的"商银通"链式贷款业务首批贷款在包头金鹿支行顺利发放。

8月15日　包商银行呼伦贝尔直属支行成立。

8月18日　巴彦淖尔市第三届"民营企业节"表彰大会在市政府报告厅隆重举行，包商银行巴彦淖尔分行被市委、市政府授予"为非公有制经济服务先进单位"荣誉称号。

8月26日　宁波分行举办"包商银行公司类业务受理与调查作业标准"培训班。

8月27日　宁波江东区人大常委会主任于海平在江东区法工委主任胡建康、江东区贸易局局长钟建波等陪同下，莅临包商银行宁波分行调研指导工作。

8月28日　宁波分行按照宁波银监局的指导意见，根据总行《关于内外网实施物理隔离的通知》文件精神，顺利完成全行内外网物理隔离。

9月8日　杨林任包商银行营业部总经理，刘洛同志任包商银行营业部副总经理，王树斌任包商银行营业部副总经理。

同日　巴彦淖尔分行利民支行顺利开业。

9月9日　根据人民银行反假币工作要求，为扩大反假币的宣传范围，加大反假币工作力度，包商银行宁波分行反假币宣传队前往宁波范桂馥小学开展反假币宣传活动。

9月10日　中国人民银行宁波市中心支行行长殷兴山一行5人莅临包商银行宁波分行调研指导工作。

同日 中国工商银行（亚洲）有限公司金融机构部、中国工商银行宁波分行国际业务部相关负责人莅临包商银行宁波分行交流洽谈业务，分行徐文勇副行长及贸易金融部负责人会见来访人员。

9月11日 宁波分行参加由宁波银监局统一组织和安排的"反腐倡廉集中警示教育"展览，分行全体党员和经理级以上干部共计45人参观展览。

9月14日 宁波分行顺利连通总行新系统测试环境，完成分行端测试终端、读卡器及密码小键盘等设备的调试、布置等工作。

9月15日 包商银行总行王慧萍行长莅临宁波分行，宣布总行人事决定，原分行行长朱晓明调任总行小企业金融部工作，宁波分行副行长陈立平主持分行全面工作。

9月17日 宁波分行组团参加由人民银行和宁波市对外贸易经济合作局组织的"银、保、企融资对接洽谈会"。

9月20日 宁波分行联系人民银行宁波市中心支行并递交相关测试申请书，在人行宁波市同城票据电子交换系统数据处理中心（DPC）端及财税库行横向联网人行中心端开通了测试环境，满足新系统模拟运行时的要求，保证模拟运行的正常进行。

9月27日至28日 总行在深圳召开全面推动深圳、宁波两大分行又好又快发展的专题会议。

9月29日 宁波分行副行长陈立平（主持工作）召开行务会议，传达贯彻包商银行总行深圳工作会议精神，部署落实分行下一步工作思路和具体措施。

10月10日 锡林郭勒盟银监分局批准包商银行在市内设立两家支行。此外，为了落实银监会建设新型农村金融机构、支持"三农"的政策，包商银行发起设立西乌旗惠丰村镇银行，将其纳入分支机构模式进行管理，全力扶持西乌旗惠丰村镇银行的发展。

10月11日 宁波分行被宁波市金融学会推荐为省金融学会展出单位，参与浙江省社会科学普及周暨宁波市社会科学普及月开幕式，并在随后的广场咨询中向到场的300多家有资金需求的中小企业和众多居民积极展示包商行金融产品、服务特色。

10月13日 包商银行总行同意锡林郭勒支行设立镇上支行。

同日 宁波市江东区区长胡军及区府办、发改局、白鹤街道负责人等一行莅临包商银行宁波分行视察指导工作。

10 月 24 日　　深圳分行出席深圳市支付清算系统宣传暨金融 IC 卡推广活动的启动仪式。

10 月 27 日　　宁波分行召开全行员工大会，副行长陈立平（主持工作）做了题为《解放思想，转变观念，开拓创新，稳健经营，提升管理，防范风险，扎扎实实推进宁波分行二次创业新战略》的主题报告。

10 月 29 日　　国务院参事任玉岭一行莅临包头分行车站支行指导工作。

10 月 30 日　　深圳分行举行石狮安放揭幕仪式，喜庆各项存款突破 20 亿元大关。

同日　　深圳分行申玉喜行长带领 50 多位员工参加深圳市第 30 届市民长跑日活动。

11 月 2 日　　深圳分行成功开通同城支付结算系统退库业务。

11 月 4 日　　宁波分行成功办理系统内首个境内外汇账户（NRA）业务。

同日　　包头分行明阳支行荣获内蒙古自治区 2009 年"服务满意明星班组"称号。

11 月 5 日　　宁波分行派员参加人行宁波中支组织的 2009 年宁波市票据电子交换系统危机处置演练会议，并做好相应的应急演练准备工作。

11 月 11 日　　总行小企业金融部一行 4 人莅临宁波分行开展小企业贷款专项调研。

12 月 8 日　　宁波分行副行长陈立平（主持工作）参加人行宁波市中心支行组织的"宁波市经济形势分析会"。

12 月 10 日　　包头车站支行被内蒙古自治区共青团授予"青年文明号"称号。

12 月 11 日至 13 日　　宁波分行副行长陈立平（主持工作）组织召开分行 2010 年工作思路务虚会。

12 月 16 日　　包商银行聘任连福良为成都分行行长，王勇为成都分行副行长，刘俊为成都分行副行长，郑磊为成都分行副行长。

12 月 18 日　　包商银行成都分行正式开业。

12 月 21 日　　深圳分行同城支付系统成功实现代收代付业务功能。

同日　　宁波分行召开业务营销及风险防范会议。

12 月 25 日　　宁波分行举办了一场激情四溢的圣诞联欢晚会，内容丰富精彩，邀请的嘉宾同员工们一起度过了美好的夜晚。

12 月 26 日　　锡林郭勒盟盟委委员、副盟长张晓兵一行 20 多人莅临包商银行考察指导工作，专门针对中小企业贷款及三农问题同支行领导进行了深入的交流，对包商银行取得的成绩予以肯定，鼓舞了员工的士气。

12 月 31 日　　包商银行鄂尔多斯支行全年累放贷款 1,277 笔，金额 5.1 亿元，贷款余额 3.7 亿元，在全包商银行单点作业支行中排名第一。

2010 年

1月5日　　包商银行召开第三届董事会二十九次会议，出席会议董事表决、审议并通过了《关于包商银行股份有限公司在包头市、乌海市和阿拉善盟新设分支机构的议案》，同意包商银行在包头市、乌海市和阿拉善盟新设分支机构。

1月18日　　宁波分行召开行务会议，分行副行长陈立平（主持工作）传达总行2010年工作会议精神，并提出贯彻落实措施。

1月22日　　包商银行呼和浩特分行正式成立。

1月24日　　宁波分行召开2010年工作会议暨先进表彰大会，分行副行长陈立平（主持工作）代表分行领导班子做了题为《壮大规模，塑造品牌，风险控制，合规经营》的工作报告。

1月25日　　成都分行发放第一笔微小企业贷款。

1月30日　　通辽分行召开2010年工作会议。

2月3日　　深圳分行成功办理第一笔大额付汇赢业务，为分行带来一年定期存款7,319万。

2月8日　　包商银行总行公司金融部一行3人莅临宁波分行开展贸易融资业务调研工作。

2月10日　　深圳分行举办2009年总结表彰暨2010年工作动员大会。

3月8日　　呼和浩特分行完成财务系统的安装、调试等工作，财务系统正式投入运行。

3月9日　　深圳银监局进驻深圳分行进行为期9个工作日的例行内控检查。

同日　　宁波分行办公用品管理系统由分行办公室科技中心员工自主设计开发并投入使用，该系统主要具备基础信息管理、出入库管理、领用及退领管理、库存统计、领用统计及自由时间区间的管理统计报表等功能。

3月9日至10日　　包商银行总行李镇西董事长、王慧萍行长莅临宁波分行视察工作，分行领导陪同李镇西董事长和王慧萍行长拜会宁波市委副书记陈新、宁波银监局局长凌敢等领导。

3月10日　　宁波分行副行长（主持工作）陈立平和相关部门负责人参加由宁波市金融

办组织的金融系统—杭州湾新区合作交流对接会。

3月12日　　包商银行总行印发《包商银行关于对杨碧红同志聘任的决定》（包商银发〔2010〕61号）文件，聘任杨碧红为包商银行宁波分行副行长。

3月16日　　宁波分行召开小企业金融部成立暨业务推动大会。

3月18日　　宁波分行副行长徐文勇与相关部门负责人应邀参加宁波银联成立五周年主题为"2010经济复苏中的风险与调控"大会。

3月22日　　通辽分行举办通辽市首届"包商杯"老年乒乓球邀请赛。

3月24日　　深圳市福田区区长张青山一行莅临深圳分行调研考察。

3月30日　　马连英调任包商银行鄂尔多斯支行行长。

3月31日　　深圳分行举行"三个办法，一个指引"测试。

同日　　宁波分行存款余额为486,180万元，贷款余额为341,545万元。

同日　　财政部驻宁波市财政监察专员办事处一行3人莅临包商银行宁波分行，开展2010年金融企业会计信息质量检查查前调查工作。

4月5日　　鄂尔多斯支行尝试拓展农贷业务。

4月9日　　呼和浩特分行开通同城税票交换系统。

4月12日　　总行战略部副总经理魏丽峰一行莅临宁波分行开展调研工作。

4月13日　　通辽分行举行先进集体、先进个人表彰大会。

同日　　总行公司金融部副总经理段建宇一行莅临宁波分行指导工作。

同日　　总行印发《包商银行关于对陈立平等同志任免的决定》（包商银发〔2010〕98号）文件，聘任陈立平为包商银行宁波分行副行长（主持工作）。

4月19日　　青海银行到包商银行成都分行考察学习跨区域发展经验。

4月21日　　巴彦淖尔分行全体员工自发组织为玉树地震灾区捐款。

同日　　深圳分行发起"血浓于水，情系灾区"捐款活动，向玉树地震灾区人民献出一片爱，捐出善款共计 42,203 元。

4月26日　　成都分行举行主题为"凝民族大爱，为玉树祈福"青海玉树捐款仪式。

同日　　通辽分行获得通辽市政府评选的 2009 年度信贷支持中小企业金融机构一等奖。

4月28日　　通辽分行第一家支行——霍林河支行开业。

4月29日　　通辽分行平安支行开业。

同日　　通辽分行行长常永峰荣获通辽市"五一劳动奖章"。

同日　　宁波银监局监管三处崔宇杰处长一行两人到宁波分行反馈 2009 年度监管意见及 2010 年监管工作计划。

4月30日　　巴彦淖尔分行协助巴彦淖尔市临河区团委举办迎"五四"青年联谊会。

4月　　包商银行分行营业部获得由共青团包头市委员会颁发的全市五四红旗团组织称号。

同上　　总行营业部微小企业金融部"富农宝"农贷业务当月发放 1,451 笔贷款，发放金额为 3,113.2 万元，2010 年累计发放 2,366 笔，金额为 5,400.5 万元。

5月4日　　通辽分行开展主题为"用爱点燃希望，用心照亮生命"捐款活动，为青海玉树地震灾区捐款。

同日　　宁波分行副行长陈立平（主持工作）参加由宁波市人民政府办公厅举办的"全市推进金融业发展座谈会"。

5月13日　　中国银行业监督管理委员会内蒙古监管局派出检查组对分行营业部的现金、重要空白凭证、银企对账等业务进行突击检查。

5月14日　　宁波分行积极发扬"一方有难，八方支援"的优良美德，开展支援玉树地震灾区捐款活动，共筹得善款 169,100 元，以实际行动支持灾区抗震救灾工作，主动履行社会责任。

同日　　包头市委副书记廉素在包商银行监事长李献平陪同下莅临宁波分行调研指导工作。

5月18日　　呼和浩特市营销中心成立，这是包商银行继包头营销中心之后成立的第二家营销中心。

5月19日　　深圳分行组织全体员工签订《合规承诺书》。

同日　　宁波分行举办通讯员公文写作培训班。

同日　　宁波分行举办为期一个月的"2010年第一期公司金融客户经理培训班"。

5月20日　　深圳分行各项存款余额突破100亿元。

5月26日　　深圳外资银行同业公会、深圳银监局一行4人莅临深圳分行，对员工行为准则贯彻落实情况进行检查与指导。

5月31日　　通辽分行在通辽市少先队庆祝少先队成立61周年表彰大会上为进城务工人员子女捐款。

5月　　总行营业部微小企业金融部实现首批11家支行专职微贷人员的派驻。

6月1日　　成都分行举行社会招聘。

6月2日　　宁波分行微小企业金融部开展深入学习"三个办法，一个指引"培训活动。

6月3日　　深圳市福田区中央商务区（CBD）银企座谈会在深圳分行举办。

6月3日至17日　　通辽分行开展主题为"提升优质服务，展现包商风采"客户体验日活动。

6月4日　　呼和浩特分行开设社保、医疗、住房公积金3个核算管理专户，按时进行相关费用的划转与归集，规范了社保、医疗、住房公积金管理，维护了职工切身利益。

6月7日　　通辽分行在高考考点举办"包商银行客户体验日"活动，为在考点外等候的考生家长搭设凉棚，并提供免费的矿泉水、凳子、纸巾。

6月17日　　呼和浩特分行新核心系统切换上线成功。

6月18日　　成都分行核心系统升级，新系统上线运行。

6月20日　　宁波分行参加由人民银行宁波市中心支行牵头举办的宁波市付费通（一卡通）工程十周年庆暨服务宣传启动仪式。

6月23日　　呼和浩特分行营业部正式推行《服务礼仪行为标准》，要求部门全体员工严格执行标准。

同日　　呼和浩特分行组织召开"电子商业汇票系统""反假币信息系统"培训，并进行资格考试。

6月24日　　中国银行业监督管理委员会内蒙古监管局副局长贾奇珍赴包商银行呼伦贝尔直属支行考察。

同日　　为进一步推进小企业业务扎根首府呼和浩特，呼和浩特分行召开"小企业金融部第一次银企洽谈会"，行长助理石文刚、小企业金融部总经理梁素琴、小企业全体客户经理及23家呼市小企业代表参加了会议。

6月25日　　宁波分行组织"三个办法，一个指引"理论考试，分行全体正式在册员工共计132人参加了考试，参考率达100%。

6月29日　　成都分行特邀中共四川省直机关党校党史党建教研部马国祥副教授，做题为"以改革创新精神推进党的事业新的伟大工程"的党课培训讲座。

7月1日　　包商银行锡林郭勒支行成立妇女工作委员会，王林枝副行长任主任。

同日　　根据《工会法》及总行成立工会工作委员会的规定要求，包商银行锡林郭勒支行成立工会委员会，王林枝副行长任工会主席。

同日　　根据《中国共产党章程》及总行相关规定要求，包商银行锡林郭勒支行成立第一、第二党支部，李国森任第一党支部书记，邰风云任第二党支部书记。

同日　　根据《中国共产主义青年团章程》及总行成立团委的规定要求，包商银行锡林郭勒支行成立团委，张雅静任团委书记。

同日　　深圳分行举办庆祝建党89周年"党在我心中"主题演讲比赛。

7月5日　　呼和浩特分行财税库银缴税系统上线成功。

同日　　深圳分行参加总行"红色七月，情动包商"暨庆祝建党89周年文艺晚会。

7月6日　　为加强银政、银企沟通合作，促进企业融资，巴彦淖尔分行在五原县鸿鼎农贸市场召开了"包商银行与五原鸿鼎农贸市场商户融资座谈会"。

7 月 9 日　　成都分行下发《包商银行成都分行"金鹰通"重要客户消费贷款实施细则》。

7 月 11 日　　宁波分行小企业金融部参加了由中国中小企业协会、宁波市外经贸局、宁波市经委等单位牵头举办的"2010 中欧中小企业论坛"。

7 月 12 日　　呼和浩特分行营业部颁发《呼和浩特分行营业部 6S 现场管理规范化标准》，要求部门全体员工统一执行 6S 标准，规范化操作。

7 月 13 日　　宁波分行召开上半年中层干部述职大会。

7 月 14 日　　深圳福田区常委兼区委、区政府办公室主任洪存伟一行莅临深圳分行进行调研。

同日　　呼和浩特分行运营科技部邀请中国人民银行呼和浩特中心支行货币发行科侯亚斌科长为分行进行反假币培训。

同日　　深圳分行举办解读流动资金贷款新规实施细则及贷后管理专题培训。

7 月 16 日　　宁波分行在宁波新晶都大酒店召开公司业务营销部门负责人座谈会。

7 月 17 日　　通辽分行举办"激情草原，红色科尔沁"员工主题篝火晚会。

7 月 18 日　　通辽分行开展党日活动，组织全体员工赴麦新纪念馆参观学习。

7 月 22 日　　成都分行召开"深入推进创优争先暨迎接城市公共文明指数测评，'文明杯'规范化服务竞赛活动工作会"。

同日　　宁波分行法律合规培训班在分行四楼培训中心正式开班。

8 月 3 日　　深圳分行隆重举行公司条线年中大会。

8 月 4 日　　深圳银监局栾锋副局长一行莅临深圳分行召开贷款执行情况座谈会议。

8 月 5 日　　宁波分行副行长张宪胜参加由宁波市人民政府农村工作办公室和人行宁波中支联合举办的金融支持农房"两改"工作推进会。

8 月 6 日　　成都分行举行社会招聘会。

8 月 7 日　　由包商银行巴彦淖尔分行冠名承办的"包商银行杯"乒乓球邀请赛在市乒乓

球协会活动中心成功举行。全市部分企业选派的 22 支代表队 80 余名运动员参加了此次邀请赛。

8 月 8 日　　巴彦淖尔分行近 100 名员工组成代表队参加了 2010 年巴彦淖尔市"全民健身日"暨第四届民营企业节健身活动启动仪式。

8 月 10 日　　成都分行聘任贾震为分行风险总监。

8 月 11 日　　包商银行授予鄂尔多斯支行 1 亿元的公司业务审批权限,这是支行首次拥有独立审批业务的权限。

8 月 15 日　　呼和浩特分行成立招标委员会和招标办公室。

8 月 18 日　　包商银行同意鄂尔多斯支行成立审贷委员会。

同日　　第二届"科尔沁牛肉干美食节""燕京啤酒节"暨包商银行金融服务周在通辽市奥体中心开幕。

8 月 20 日　　宁波市银行业协会有关领导莅临包商银行宁波分行,就参与"2010 年度中国银行业文明规范服务千佳示范单位候选"的评选事宜进行调研。

9 月 1 日　　宁波分行成立包商银行股份有限公司宁波海曙支行筹建工作领导小组。

9 月 9 日　　成都分行下发《包商银行成都分行公司业务贷后管理实施细则(试行)》。

同日　　宁波分行微小企业金融部发放贷款总额突破 5 亿元大关。

9 月 19 日　　宁波分行成立包商银行第五届职工运动会宁波分行承办委员会及工作小组,加强对运动会筹办工作的把控。

9 月 27 日　　呼和浩特分行营业部与各部室配合进行了反抢、防暴演练,提升本部员工在节假日期间突发事件的处置能力。

10 月 8 日　　总行微小企业金融部总经理赵梦琴莅临宁波分行指导工作。

同日　　包商银行兴安盟分行开业。

10 月 9 日　　呼伦贝尔直属支行代表队参加"包商银行第五届职工运动会",并获得团体第三名。

10月10日　　包商银行第五届职工田径运动会在宁波隆重举行，共青团中央中国青年创业就业基金会秘书长王庆，宁波市委副书记陈新，市政协副主席、市总工会主席胡建岳，包头市委宣传部部长红洁，包头市人大常委会副主任、市总工会主席那音太以及总行李镇西董事长、李献平监事长、王慧萍行长等总行领导出席了开幕式。

同日　　深圳分行参加包商银行第五届职工运动会。

同日　　巴彦淖尔分行参加"包商银行第五届职工田径运动会"，派出 32 名运动员参加了 24 个项目的角逐，并最终获得了团体三等奖、体育道德风尚奖和优秀组织奖三项殊荣。

10月13日　　深圳分行第一家支行——宝安支行顺利开业。

10月14日　　内蒙古银监局对呼和浩特分行营业部进行业务检查，检查内容包括现金出纳、重要凭证管理。

10月21日　　成都分行正式接受第六届职工田径运动会会旗。

10月26日　　深圳分行完成首次全员网上合规考试。

10月　　包头分行广汇支行荣获内蒙古自治区级"巾帼文明岗"荣誉称号。

11月1日　　成都分行加入四川省柜面业务合作机制，凡开通通存通兑的包商银行借记卡、活期结算存折个人客户，可在四川省内 26 家合作银行办理现金存取、资金转账、账户查询等跨行交易。

11月3日　　中国银监会稽核调研组领导莅临包商银行成都分行调研指导工作。

同日　　宁波分行参加宁波银监局、宁波银行业协会共同举办的"三个办法，一个指引"知识竞赛预赛，名列小组第五。

11月8日　　包商银行总行王慧萍行长莅临包商银行成都分行向银监会稽核调研组汇报工作。

11月9日　　呼和浩特分行运营科技部组织开展了呼和浩特分行核心业务系统应急预案演练。

11月12日　　宁波分行在宁波天港禧悦大酒店召开了 2010 年四季度业务推动大会。

11月17日　　总行运营科技部组织召开呼和浩特分行"票据、身份证等重要票证防伪鉴别办法及案件分析"培训班。

同日　宁波分行副行长陈立平（主持工作）参加宁波银监局召开的 2010 年银行业公众教育服务日动员会。

11 月 18 日　深圳分行成功举办首届会计结算人员开业前辅导培训活动。

11 月 23 日　深圳分行龙岗支行开业。

11 月 28 日　深圳分行积极组织参加 2010 年银行业"公众教育服务日"活动。

同日　银监会在全国范围内组织银行业金融机构开展"2010 年银行业公众教育日"活动。巴彦淖尔监管分局与全市各家银行机构在市人民广场举行了"2010 年银行业公众教育日"活动启动仪式。

11 月 30 日　包商银行鄂尔多斯支行单笔 100 万元以下微小企业贷款单月累计发放金额突破 1 亿元。

12 月 1 日　深圳分行组织员工参观"金融系统反腐倡廉建设展"。

12 月 4 日至 6 日　深圳分行参展 2010 中国（深圳）国际金融博览会。

12 月 10 日　通辽分行与通辽经济技术开发区管理委员会举行战略合作签约仪式。

12 月 14 日　通辽分行荣获"2010 年度内蒙古自治区诚信企业"荣誉称号。

同日　杨林任包商银行包头分行行长，刘洛任包商银行包头分行副行长，王树斌任包商银行包头分行副行长。

12 月 20 日　呼和浩特分行"车易贷"业务签约启动仪式在呼和浩特市香格里拉大酒店举行，新城区人民政府、回民区人民政府、如意工业园区管委会、内蒙古自治区国税局、呼和浩特市国税局、呼和浩特市工商局专业市场分局、包商银行总行的相关领导和嘉宾及呼和浩特市 10 家汽车经销商参加了启动仪式。

12 月 24 日　巴彦淖尔分行在"2010 年巴彦淖尔杰出企业（企业家）"评选中被评为银行优质服务精品网点。

12 月 26 日　包商银行包头分行成立，分行设有公司金融部、微小企业金融部、个人金融部、小企业金融部、运营服务部、风险管理部、财务部、办公室、党群工作部、人力资源部、营业部 10 个部门，下辖 51 家网点。

12 月 29 日　　宁波分行第一家支行——海曙支行开业，宁波海曙区政府谭国洪副区长、海曙区白云街道舒建国书记、宁波分行班子成员、宁波恒威集团、宁波大榭春和集团有限公司等政府部门领导及企业界朋友出席了海曙支行开业典礼。

12 月 31 日　　宁波市江东区区委副书记、代区长孙黎明一行 7 人莅临包商银行宁波分行，看望分行参加年终决算的一线员工，并与分行班子成员进行会谈。

同日　　宁波银监局副局长吕碧琴一行 4 人莅临包商银行宁波分行视察指导工作，分行领导班子做工作汇报。

2011 年

1 月 4 日   包头分行营业部成立。

1 月 8 日   通辽分行举办微小企业金融部业务主管竞聘会，这是通辽分行小微企业金融部首次举办的业务主管竞聘会。

1 月 11 日   总行魏占元常务副行长深入乌兰察布，与市政府、人民银行、银监分局领导就分行筹建事宜进行协调。

1 月 22 日   成都分行举行社会招聘。

1 月 24 日   呼伦贝尔直属支行召开《2010 年度双先表彰大会》。

2 月 1 日   总行财务部授予成都分行"包商银行 2010 年度决算工作第二名"荣誉。

2 月 15 日   通辽分行团结支行正式对外营业。

2 月 20 日   宁波分行参加市财贸工会举办的"光大杯"宁波市财贸金融旅游系统女职工才艺大赛，获得最佳创意奖。

2 月 22 日   宁波分行副行长陈立平（主持工作）、副行长张宪胜、风险总监郝春梅和副行长杨碧红赴北京参加总行 2011 年工作会议。

2 月 23 日   锡林郭勒支行获得"2010 年度金融业务创新奖"称号。

2 月 25 日   四川省南充市金融工作办公室杨丹主任及李海鸥副主任莅临包商银行成都分行考察调研。

2 月 26 日   通辽分行召开 2011 年党建工作会议。

2 月 28 日   成都分行运营服务部邀请北京金储自动化技术有限公司举办 2010 版银行票据凭证知识现场培训。

同日   呼和浩特分行计划财务部在包商银行全行年度决算工作评比中荣获 2010 年度决算工作第三名，受到表彰奖励。

同日　　呼和浩特分行在满都拉宾馆三楼七号会议室召开 2011 年工作会议。

同日　　宁波分行副行长张宪胜参加银监会召开的 2010 年度小企业金融服务评优表彰 (电视电话) 会议。

3 月 3 日　　宁波分行召开全行任职干部会议，贯彻落实总行 2011 年工作会议精神，对新一年的工作进行动员部署。

3 月 4 日　　呼和浩特分行微小企业金融部在内蒙古大学学术会议中心举办首场招聘会。

同日　　宁波分行副行长张宪胜参加江东区区委区政府召开的全区经济工作暨对外开放工作会议。

3 月 5 日　　兴安盟分行组织召开 2011 年分行工作会议。

3 月 7 日　　赤峰分行 2011 年工作会议在赤峰宾馆召开。分行领导班子成员、中国人民银行赤峰中心支行、赤峰银监分局派员出席会议。分行各部门负责人、各支行行长及员工共 520 人参加会议。会议由副行长蔡寿松主持。会上传达了总行 2011 年工作会议精神。鲍景魁行长代表分行班子向大会做了工作报告。

3 月 8 日　　总行包头车站支行被中华全国妇女联合会、全国妇女"巾帼建功"活动小组授予"巾帼文明岗"称号。

同日　　呼和浩特分行在满都拉宾馆举行了三八节"巾帼英豪"演讲比赛暨"2010 双先表彰"大会。

同日　　经内蒙古银监局同意，总行鄂尔多斯支行升格为总行鄂尔多斯分行。

同日　　内蒙古银监局批准乌兰察布分行开业，核准分行行长刘玉梅和副行长刁建华任职资格。

3 月 9 日　　成都分行召开"2011 年工作会议暨'双先'表彰大会"。

3 月 17 日　　宁波分行副行长陈立平（主持工作）参加宁波市银行业协会召开的五届三次理（监）事会议暨《宁波市银行业存款自律公约》签约仪式。

3 月 18 日　　通辽分行获得通辽市政府颁布的 2010 年度信贷支持中小企业金融机构一等奖。

同日　　宁波市银行业协会授予包商银行宁波分行营业部"2010 年度宁波市银行业协会

文明规范服务示范单位"荣誉称号。

3月19日　　兴安盟分行喜获市级"青年文明号"荣誉。

3月21日　　赤峰分行2011年领导班子述职大会在赤峰宾馆举行，总行副行长侯慧聪、财务部总经理张素梅、人力资源部总经理助理班胜利及赤峰分行领导班子出席会议，全行近500名员工参加了会议。

3月22日　　总行任命马连英调任包商银行鄂尔多斯分行行长。

3月23日　　宁波分行小企业金融部喜获总行小企业金融部颁发的2010年度最佳产品创新奖。

3月24日　　通辽分行新城支行正式对外营业。

3月25日　　成都分行获得2010年度成都市内保系统"平安示范单位"荣誉称号。

3月26日　　乌兰察布分行正式迁入办公大楼办公。

3月28日　　中共赤峰市委、赤峰市人民政府授予包商银行赤峰分行"2010年度市级文明单位"荣誉称号。

同日　　宁波分行副行长陈立平（主持工作）参加宁波市金融办召开的全市重点项目资金保障对接会。

3月30日　　巴彦淖尔分行被市地税局评为"诚信纳税企业"。

同日　　经中共锡林浩特市非公有制企业委员会同意，成立包商银行锡林郭勒支行党总支，实行委员制，韩珍行长任书记。

同日　　成都分行连福良荣获"2010年度四川银行业金融机构小企业金融服务先进个人"称号。

4月1日　　通辽分行成功办理第一笔定制理财产品业务，成为通辽地区开通此项业务的首家商业银行。

同日　　乌兰察布分行为内蒙古恒信精功投资有限责任公司办理额度为400万元的第一笔对公存款业务。

4月6日　　乌兰察布分行成功办理额度为3万元的首笔汇兑业务。

4月7日　　乌兰察布分行开始试营业。

4月8日　　通辽分行参加通辽市银企对接项目签约仪式。

4月11日　　宁波分行副行长陈立平（主持工作）参加宁波市金融办召开的全市金融工作座谈会。

4月12日　　呼和浩特分行小企业金融部荣获内蒙古自治区"工人先锋号"荣誉称号。

4月14日　　宁波海曙支行一行6人赴中国银行江东支行、招商银行中山支行考察学习银行规范化服务工作。

4月15日　　兴安盟分行喜获市级"精神文明号"荣誉。

4月17日　　经中国银行业监督管理委员会北京银监局批准，包商银行北京分行正式成立。

4月18日　　通辽分行举办"爱在包商，成就梦想"第二届青春风采大赛选拔赛。

同日　　云南省曲靖市商业银行融惠通小企业信贷中心向包商银行学习微小企业金融业务。

同日　　宁波分行副行长徐文勇参加宁波银监局召开的"辉煌银行业：回顾十一五，展望十二五"系列形势政策（电视电话）报告会（第三讲）。

4月19日　　成都分行运营服务部邀请北京神州金信公司资深工程师举办自助设备管理现场培训。

4月20日　　成都分行召开2011年一季度经营形势分析会。

同日　　宁波分行副行长徐文勇参加宁波银监局召开的宁波辖内城市商业银行分行负责人座谈会。

同日　　包头银监分局局长刘金明在宁波银监局王伟玲副处长的陪同下莅临宁波分行指导工作。

同日　　呼和浩特分行微小企业金融部举行第五批初级信贷员第一次评估工作。

4月21日　　锡林郭勒支行荣获中共锡林郭勒市委、锡林郭勒市政府授予的2010年度市级"文明单位"荣誉称号。

同日   宁波分行成功为宁波翔驰国际贸易有限公司开出了一笔金额为 1,908 万元的人民币远期信用证。

4 月 23 日   总行宣布对通辽分行领导班子进行调整,王志勤任通辽分行行长,柴利民任通辽分行副行长,赵力莉任通辽分行副行长。

同日   乌兰察布分行召开必保完成 2011 年各项经营任务动员大会。

4 月 26 日   呼和浩特分行举办了"爱心在行动——为李胜献爱心"捐款活动。

4 月 28 日   锡林郭勒支行在锡林郭勒盟举行的"全盟青年纪念建党 90 周年暨'五四'表彰大会"上获"全盟五四红旗团委"荣誉称号。

4 月 29 日   北京分行组织全体员工参加了"北京分行防抢、防暴安全演练"。

同日   成都分行人民南路自助银行正式获批开业,实现了包商银行在自助银行建设中"零"的突破。

5 月 3 日   呼和浩特分行邀请国际职业培训师安妮老师在满都拉宾馆进行了银行优质文明服务与职业形象提升的培训。

5 月 4 日   成都农商银行赴成都分行进行小企业金融服务经验交流。

同日   呼和浩特物流协会向呼和浩特分行小企业金融部赠送"一样的机构,不一样的服务"的牌匾。

5 月 5 日   乌兰察布分行吸收通辽市科尔沁左翼后旗农村信用合作联社期限 6 个月的同业存款 1 亿元,实现同业存款零的突破。

同日   兴安盟行政公署办公厅召开全盟金融工作会议,会上兴安盟行政公署授予兴安盟分行 2010 年度扶持中小企业发展贡献奖,以表彰其在支持中小企业发展中做出的突出贡献。

5 月 6 日   北京分行微小企业金融部召开培训工作研讨和推进会议,并陆续制定《北京分行微小企业金融部初级信贷人员培训工作实施细则(试行)》和《北京分行后台人员业务操作指南(试行)》,从初级信贷人员、转正信贷人员和管理人员三个层面搭建"微贷业务培训体系"。

同日   成都分行举行校园招聘。

5 月 8 日   为纪念"五四运动"92 周年，弘扬民族文化，振奋民族精神，展示总行赤峰分行青年员工的风采，赤峰分行团委举行以"弘扬革命精神，共建和谐包商"为主题的红歌演唱会。

5 月 9 日   赤峰分行 2011 年党建工作会议在赤峰分行华夏支行四楼会议室隆重召开。分行领导蔡寿松、李首民、王宗和、王玉东；各部室、支行助理级以上干部以及全体党员参加了会议。会议由分行党委副书记、行长鲍景魁主持。赤峰分行党委书记岳兴江做了党委工作报告。

5 月 11 日   呼和浩特分行微小企业金融部举行了业务副主管内部竞聘大会。

5 月 14 日   宁波分行应邀参加浙江师范大学举办的 2011 年理工科招聘活动，并于次日举行了包商银行微小企业信贷员专场招聘会。

5 月 17 日   成都分行召开党员大会选举参加中国共产党包商银行党员代表大会代表人选。

同日   锡林郭勒支行成功办理包商银行首笔境内人民币代付业务。

5 月 19 日至 20 日   新华社驻呼和浩特特约记者任会斌在总行战略部和公司联络部人员陪同下来到赤峰分行，对赤峰分行开办的微小企业金融业务进行专题采访。

5 月 20 日   深圳分行举办"两载谱华章，再创新辉煌"两周年庆典活动，深圳银监局领导出席庆典活动。

5 月 23 日   贵州省贵阳地区农村信用社高管人员王陵行长等一行 22 人来呼和浩特分行学习考察微小企业金融业务。

5 月 24 日   总行呼伦贝尔直属支行荣获海拉尔区级"精神文明单位"称号。

5 月 30 日   北京地区 96016 热线服务电话正式开通。

同日   北京分行应邀参加首届"中国品牌文化经验交流会"，荣获"中国品牌文化建设优秀单位"奖。

同日   乌兰察布分行开业庆典仪式在乌兰察布宾馆隆重举行。内蒙古自治区经济和信息化委员会副主任王旺旺，乌兰察布市委副书记、市长陶淑菊，包头市人大常委会副主任刘志斌，包头市政协副主席梁瑞，乌兰察布市政府副市长周明虎，各委、办、局主要领导，市银监分局、中国人民银行一把手，集宁区各有关部门负责人，企业各界代表共 200 余人出席了仪式。

5月31日　宁波分行副行长杨碧红参加宁波银监局召开的2011年宁波银行业案件防控和安全保卫工作会议。

6月2日　总行常务副行长魏占元一行莅临宁波分行视察工作，分行副行长陈立平（主持工作）陪同魏行一行拜访宁波银监局新任分管副局长施先强。

6月5日　包头环城支行由原东河区食品街B区1号搬迁至青山区科学路宝林苑103-105底店，并同时更名为包商银行股份有限公司包头科学路支行。

6月7日　包商银行李镇西董事长一行莅临通辽分行视察指导工作，并听取了通辽分行工作情况汇报。

6月8日　2011年内蒙古（东部区）中小企业金融服务峰会在通辽市召开，李镇西董事长参加了此次会议，通辽分行与内蒙古东蒙水泥有限责任公司签订2亿元流动资金贷款协议。

6月9日　微贷技术德国国际项目咨询公司(IPC)专家亨宁·福格申(Henning Vogelsang)与吕晶圣老师一行亲临包商银行呼和浩特分行，对分行小企业金融业务开展情况进行了为期一天的调研指导。

同日　由朝阳区大屯街道办事处安慧东里社区主办，包商银行北京分行协办的"创建文明城区暨包商银行金融知识宣讲活动"在北京分行门前广场成功举行。

6月9日至13日　宁波分行成功开办了首笔电子商业汇票业务，并通过电子商业汇票系统办理了首笔银行承兑汇票业务。

6月12日　友成企业家扶贫基金会（简称友成基金会）一行6人赴呼和浩特市武川县调研农副产品扶贫项目。呼和浩特分行行长杨俊杰、行长助理石文刚、微小企业金融部信贷员陪同进行了调研。

同日　在由人民银行呼和浩特中心支行主办，内蒙古银监局、证监局、保监局协办的内蒙古自治区金融系统庆祝中国共产党成立90周年运动会中，包商银行呼和浩特分行代表总行荣获团体总分第一名。

6月14日　成都分行举行了社会招聘。

同日　宁波分行荣获宁波市2010年信息安全等级保护先进单位。

6月14日至16日　由总行审计部和北京中经科环质量认证有限公司组成的质量管理体系认证小组对宁波分行开展了为期两天的质量管理体系认证培训。陈立平副行长（主持工作）、张宪胜副行长和徐文勇副行长，分行各管理部室、海曙支行的负责人和内审员参加了此次培训。

6月15日　　乌兰察布分行召开开业总结表彰大会。

6月16日　　为庆祝中国共产党建党90周年，积极响应总行发起的以"爱的情怀"为主题的征文演讲活动，北京分行举办了"爱的情怀"演讲比赛。

同日　　宁波分行参加由宁波银监局和宁波市银行协会联合举办的"颂歌献给党——宁波银行业庆祝中国共产党成立90周年合唱大赛"，获得优秀组织奖。

6月17日至18日　　陈立平副行长（主持）、张宪胜副行长赴北京参加中共包商银行第一次党员代表大会。

6月19日　　李镇西董事长、王慧萍行长一行在出席金融机构支持兴安盟发展对接会期间莅临兴安盟分行视察指导工作，看望了分行员工并进行了亲切座谈。

同日　　兴安盟分行行长于秀峰与乌兰浩特市中蒙制药有限责任公司、乌兰浩特红云酒业有限公司、乌兰浩特市天亿混凝土加工有限责任公司等五家企业签署了7,400万元贷款项目协议。

同日　　内蒙古自治区金融办、兴安盟行署、兴安盟金融办在乌兰浩特市组织召开了2011年金融机构支持兴安盟发展对接会。自治区政府副主席布小林，自治区政府副秘书长张津，金融办副主任李雅，兴安盟盟委书记王程熙、副盟长张利、市委书记皇甫军、盟金融办主任张晓明等领导出席会议。自治区及兴安盟各金融机构负责人、签约项目各企业主要负责人参加了会议。包商银行董事长李镇西、行长王慧萍出席了此次会议。会上，王慧萍行长与兴安盟行政公署签订了为期五年的战略合作协议。

6月20日　　北京分行"一卡通"智能控制系统正式启用。"一卡通"主要功能包括员工餐厅刷卡就餐、办公楼电梯门禁开启、各楼层电子钥匙等。

6月21日　　北京分行与朝阳区大屯办事处联合举办"学党史，强党性，当先锋，促发展"座谈会。

同日　　为了隆重纪念建党90周年，总行赤峰分行党委举办的"立志在包商、红歌颂党恩"大型群众歌咏比赛在赤峰宾馆一号会议室举行。分行领导和来自全行的15支代表队共500多名员工参加了本次歌咏比赛。

同日　　宁波市江东区人大胡开通副主任一行莅临包商银行宁波分行指导工作，陈立平副行长（主持）、张宪胜副行长、郝春梅风险总监、徐文勇副行长、杨碧红副行长与胡副主任一行进行了友好交流。

6月24日　　呼和浩特分行举办了包商银行"爱的情怀"演讲比赛呼和浩特分行预选赛。

同日　　经四川银监局批准，成都武侯支行开业。

6月25日　　巴彦淖尔分行与巴彦淖尔银监分局共同举办了以"学党史，唱红歌，促和谐"为主题的庆祝建党90周年联谊活动，乌海、阿拉善银监分局全体人员参加了此次活动。

同日　　成都分行组织分行党员、先进集体部门负责人及先进个人参观红色圣地小平故居和华蓥山，开展"重访伟人之地，重走复兴之路"活动。

6月28日　　巴彦淖尔分行参加"全市金融系统纪念建党90周年知识竞赛"并获优秀奖。

同日　　呼和浩特分行聘请宣玖消防培训中心乌兰教官为分行员工进行了消防安全培训和演练指导。

6月30日　　中国银行业监督管理委员会包头监管分局正式同意包商银行包头五当支行正式搬迁至土右旗萨拉齐镇工业路北侧天晟嘉园E1-D1底店，并更名为包商银行股份有限公司包头土右支行。

6月　　深圳分行国际业务突破2亿美元。

7月1日　　包商银行股份有限公司包头科学路支行经过25天搬迁筹备期，正式开业并对外营业。

同日　　成都分行网银上线推广活动领导小组正式开展工作，负责推广活动的全面组织、方案审定和奖项评比。领导小组办公室设在运营服务部，负责推广方案的制定、业务指导、推广支持和监督工作。

同日　　乌兰察布分行为四子王汇鑫铜业有限责任公司办理首笔公司贷款2,000万元，实现了各类信贷业务全面开花。

7月3日　　宁波分行组织全体党员和团员赴嘉兴南湖学习。

7月4日　　王慧萍行长、侯慧聪副行长一行莅临宁波分行视察工作，分行陈立平副行长（主持工作）陪同王行一行拜访了宁波银监局新任分管副局长施先强。

7月4日至6日　　呼和浩特分行召开小企业金融新流程技术推广西部区会议。

7月7日　　成都分行举行社会招聘。

7月9日　　北京分行与华堂商场联合举办"清凉夏日"抽奖活动,以提高包商品牌知名度,更好地宣传理财产品和金融服务。

7月12日　　成都分行下发《包商银行成都分行加强个人征信管理工作相关细则》。

7月13日　　包头土右支行在包头市土右旗萨拉齐镇正式开业,地址位于土右旗萨拉齐镇工业路北侧天晟嘉园底店 E1-D1 号。

同日　　韩珍调任包商银行鄂尔多斯分行行长。

7月14日　　宁波分行杨碧红副行长参加宁波市人民政府召开的全市推进"六个加快"重大项目融资合作大会。

7月15日　　成都分行召开中共包商银行成都分行党员大会第一次筹备工作会议。

7月16日　　为庆祝建党90周年,由北京中央商务区(CBD)金融商会主办、北京电视台独家平台直播的第三届"唱红歌,颂辉煌,朝阳公园海洋沙滩狂欢节——首都青年金融精英专场联谊会"在朝阳公园盛大开幕。总行北京分行选派30名优秀员工参加本届海洋沙滩狂欢节。

7月18日　　成都分行建立行长接待日制度。

同日　　巴彦淖尔分行乌拉特中旗支行开业。

7月21日　　包商银行首席经济学家华而诚、首席文化顾问王德恭、董事长助理郭凯军来呼伦贝尔直属支行考察调研。

7月23日　　宁波分行在天港禧悦大酒店召开了半年度经营工作会议。

7月25日　　北京分行以直联方式正式加入人民银行大额支付系统,7月26日加入小额支付系统,8月1日加入支票影像系统。

7月27日　　宁波分行陈立平副行长(主持工作)参加宁波银监局召开的2011年年中银行业金融机构负责人会议暨小企业信贷工作推进会。

同日　　乌兰察布分行举办全员业务制度考试。

7月28日　　赤峰分行2011年年中工作会议在赤峰分行华夏支行四楼会议室召开。赤峰分行领导班子成员、各部门负责人、各支行行长及执行副经理以上干部共150余人参加会议。会议由副行长蔡寿松主持。赤峰分行行长鲍景魁代表分行班子向大会做了工作报告。

7 月 29 日　　　鄂尔多斯分行成立组织架构再造和绩效考核体系建设工作领导小组，着手进行组织架构再造和绩效考评体系建设。

同日　　　北京分行编写完成《包商银行北京分行统计台账手册》，填补了总行台账手册的空白。

7 月 30 日至 31 日　　　呼和浩特分行邀请东南银通咨询管理公司高级讲师李晓虹举办了为期两天的银行柜面操作法律风险防范及案例分析培训。

8 月 1 日　　　经中国保险监督管理委员会北京监管局批准，包商银行北京分行正式获批保险兼业代理资格。

8 月 2 日　　　由总行呼伦贝尔直属支行协办的"包商银行联动监管会议"在呼伦贝尔市召开。

8 月 4 日　　　呼和浩特分行与呼和浩特市煤炭经营行业协会签订了银企合作框架协议。

8 月 5 日　　　北京分行"做卓越员工，燃激情岁月"员工风采秀拉开帷幕。

8 月 8 日　　　北京分行网上银行业务正式对外开通，实现了传统业务从柜面到网上银行的平稳过渡。

同日　　　宁波分行徐文勇副行长参加人行召开的"金融服务创新年"活动推进会暨 2011 年年中市级金融机构负责人会议。

8 月 11 日　　　北京分行邀请中国人才研究会金融人才专业委员会金牌讲师时秀丽对全行员工进行"高效沟通与时间管理"培训。

同日　　　呼和浩特分行圆满完成销毁旧版银行票据、2011 年第一批次银行票据及其他重要空白凭证的工作。

8 月 12 日　　　包头分行微小企业金融部 2011 年当年累计发放贷款 20,011 笔，实现当年累放笔数突破 2 万笔大关。

同日　　　呼伦贝尔直属支行升格为分行。

8 月 13 日　　　北京分行选派员工参加"新华资产——2011 北京 CBD 金融杯"羽毛球精英赛暨团体赛。

8 月 15 日　　　北京分行业务发展情况调研会在京召开，总行行长王慧萍主持会议并讲话，北京分行领导以及分行公司金融部、小企业金融部、微小企业金融部、个人金融部、合规部、风险部、办公室等部室负责人参加了会议。

同日 成都分行与深圳发展银行成都分行在深圳发展银行成都分行举行同业业务座谈会。

同日 呼和浩特分行营业部收到了客户送来的一面题为"拾金不昧，品格高尚，行风优秀，服务一流"的锦旗，以感谢分行营业部员工的拾金不昧精神。

8月16日至17日 包商银行首席经济学家华而诚教授、首席文化顾问王德恭教授、董事长助理郭凯军博士莅临宁波分行进行工作调研，并与分行全体任职干部举行了见面会。

8月18日 巴彦淖尔分行参加由巴彦淖尔市委、市政府、工商联（总商会）组织举办的全市第五届"民营企业节"，被授予第五届"民营企业节"突出贡献奖。

同日 成都分行下发《包商银行成都分行会议管理办法》。

同日 鄂尔多斯分行将原有的公司金融部拆分为三个部、小企业金融部拆分为六个部、个人金融部拆分为六个部；出台了《包商银行鄂尔多斯分行绩效考核方案》《包商银行鄂尔多斯分行客户经理业绩评价体系方案》《包商银行鄂尔多斯分行末位淘汰制度》，搭建了新的组织架构和考评体系。

8月20日 宁波分行举办公司条线客户经理专业技能培训。

同日 赤峰分行代表赤峰地区反洗钱工作先进单位参加了在赤峰市克什克腾旗召开的"2011年冀辽蒙三地（市）人民银行反洗钱协作机制建设工作年会"。赤峰分行风险总监王宗和、统计中心执行经理赵秩俪参加了此次年会。

8月25日 宁波分行杨碧红副行长参加慈溪青企协和银企互促交流会。

8月29日 赤峰分行科技信息中心从运营服务部中分离，单独成立信息科技部。

同日 呼和浩特分行新华支行开业。

8月30日 成都分行召开党员大会第一次筹备工作会议。

9月13日 兴安盟分行成功召开了第一次党员大会。总行武仙鹤副行长莅临指导并发表重要讲话，对分行下一阶段的工作提出具体要求。

9月14日 北京银监局副局长向世文一行莅临北京分行调研指导工作，调研组与分行全体行领导以及各部室负责人进行座谈，并对分行营业部、小企业金融部、微小企业金融部和财富中心等进行参观。

9月15日　常永峰任总行包头分行行长、于锦丽任副行长、李猛任风险总监、王景泉任行长助理、王孝任行长助理、李翠凤任行长助理。

同日　巴彦淖尔分行被巴彦淖尔市消费者协会和《巴彦淖尔日报》社评为"百姓满意金融服务品牌"。

9月16日　包头分行成立信息科技部。

同日　乌兰察布分行召开"百日增存"全体员工动员大会。

9月19日　成都分行在国栋国际大酒店三楼会议厅举行了人才招聘。

9月20日　呼伦贝尔分行第一届党员代表大会召开。会上选举产生第一届党委委员，段晓勇当选为党委书记。包商银行总行行长助理武仙鹤到会。

同日　宁波分行召开首届中共包商银行宁波分行党员大会。

9月21日　成都分行召开中共包商银行成都分行党员大会，并成立成都分行党委。

同日　鄂尔多斯分行成立中共包商银行鄂尔多斯分行委员会并召开第一次党员大会，民主选举第一届党委会委员。韩珍当选鄂尔多斯分行党委书记，张来树当选鄂尔多斯分行党委副书记。

同日　通辽分行召开中共包商银行通辽分行第二次代表大会，大会选举产生中共包商银行通辽分行第二届委员会委员和纪委委员。

9月22日　乌兰察布分行组织全行员工听取总行"爱在包商，成就梦想"主题教育报告。

同日　巴彦淖尔分行召开中共包商银行巴彦淖尔分行第一次党员大会。大会选举产生了中共包商银行巴彦淖尔分行第一届委员和纪律检查委员会委员。

同日　赤峰分行在分行华夏支行四楼会议室隆重召开中共包商银行赤峰分行第一次党员代表大会。总行党委委员、行长助理武仙鹤，总行人力资源部执行副经理金润英出席大会，来自全行各党支部的60名正式代表参加了大会，部分执行经理助理以上干部列席了会议。会议由赤峰分行党委副书记、赤峰分行行长鲍景魁同志主持。

同日　　宁波分行杨碧红副行长参加宁波市银行业协会召开的第六次会员大会。

同日　　通辽分行举办包商银行"爱在包商，成就梦想"通辽分行分会场主题教育报告会。

9 月 23 日　　包商银行锡林郭勒支行召开党员大会。

9 月 24 日　　乌兰察布分行召开第一次党员大会，成立了分行党委和纪委，选举产生了党委成员和纪委成员。

9 月 25 日　　包商银行"爱在包商，成就梦想"主题教育报告会在成都巡讲。

9 月 28 日　　总行巴彦淖尔乌拉特中旗支行开业。

9 月 29 日　　鄂尔多斯分行荣获鄂尔多斯市"文明单位"荣誉称号。

同日　　根据包商银行总行相关文件，聘任王向东为包商银行锡林郭勒支行行长，免去韩珍包商银行锡林郭勒支行行长职务。

同日　　总行印发《包商银行关于对闵学龙等同志任免职的决定》(包商银发〔2011〕358号)文件，聘任闵学龙为包商银行宁波分行副行长；张宪胜不再担任包商银行宁波分行副行长职务。

9 月 30 日　　为纪念中国共产党建党 90 周年，弘扬包商银行企业文化中的大爱文化，让大爱植根于广大员工心中，"爱在包商，成就梦想"巡讲报告小组走进包商银行北京分行，分行优秀员工代表参加巡讲并听取演讲报告。

同上　　宁波分行存款余额为 403,684 万元，贷款余额为 345,266 万元。

同日　　宁波分行马连英书记、杨碧红副行长参加"爱在包商，成就梦想"主题教育报告会。

10 月 10 日　　通辽分行营业部荣获通辽市"十佳"巾帼文明岗，霍林河支行荣获巾帼文明岗荣誉称号。

10 月 11 日　　北京分行组织全体员工参加"包商行情、企业文化及员工守则培训"。本次培训涵盖了包商银行发展历史、企业文化宣讲及员工守则学习三个方面。

10 月 12 日　　宁波分行郝春梅风险总监参加宁波市人民政府办公厅召开的金融支持中小企业工作座谈会。

10 月 15 日　　在巴彦淖尔市乌拉特中旗大型传统祭敖包活动中，我行冠名的"包商银行杯"赛马比赛，得到当地媒体的大力宣传，极大地提高了包商银行的品牌美誉度。

同日 宁波分行参加由宁波市委宣传部和市社科联联合主办，市金融协会、市法官协会、市劳动保障协会等36家单位共同承办的"为市民提供义务咨询活动——2011社会科学普及月"开幕活动。

10月16日 英国管理学界知名学者莫里斯·犹意丝（Maurice Yolles）教授，保罗·列斯（Paul Iles）教授来包商银行宁波分行进行题为《理解组织及其变革的必要条件》的巡回讲座。

10月18日 呼和浩特分行参加由呼和浩特市金融办组织的"打击非法集资宣传周"活动启动仪式。

10月20日 宁波分行杨碧红副行长参加宁波银监局召开的银行业有效支持中小企业转型发展专题会议。

10月21日 通辽分行警示教育基地落成。

同日 通辽分行举办了"强党性，促政风，带行风"警示教育主题报告会，通辽市人民检察院职务犯罪预防处包灵处长做了警示教育专题报告，就金融职务犯罪的形势、特点及预防措施做了深入的分析和讲解。

同日 通辽分行荣获通辽市委、市政府授予的"文明单位标兵"荣誉称号。

10月23日 包商银行成都分行选举赵健为分行党委书记。

同日 中共包商银行委员会印发《关于中共包商银行宁波分行党员大会选举结果的批复》（包商银党发〔2011〕第38号）文件，同意马连英、陈立平、郝春梅、徐文勇、杨碧红、闵学龙、陆海平为中共包商银行宁波分行第一届委员会委员。其中马连英为党委书记，陈立平为党委副书记。徐文勇、董淑芹、刘晋瑟为中共包商银行宁波分行纪委检查委员会委员。其中徐文勇为纪委书记。

10月24日 北京富国祥泰有限公司将写有"金融行业之楷模，中小企业之救星"的锦旗送与包商银行北京分行。

10月25日 成都分行营管部获得"2011年度四川银行业百家文明规范服务示范单位"称号。

同日 宁波分行组织"个人金融业务红色服务进社区"活动。

10 月 28 日　　总行武仙鹤行长助理参加包商集宁村镇银行开业庆典并莅临分行检查指导工作。

同日　　呼和浩特分行荣获"2010 首府百姓最满意品牌"调查活动股份制本土银行第一名。

同日　　《成都日报》刊登题为《坚持客户至上诚信服务本地微小》的文章，对成都分行微小企业贷款业务开展情况进行了报道。

11 月 2 日　　成都分行光华大道自助银行对外开放营业。

11 月 4 日　　锡林郭勒银监分局同意锡林郭勒支行升格为分行。

11 月 9 日　　呼和浩特分行特邀请中国人民银行呼和浩特中心支行反洗钱处王璐来分行举办反洗钱知识培训讲座。

11 月 11 日　　内蒙古银监局团委书记姚中义一行莅临呼和浩特分行交流微小企业金融业务。

同日　　宁波分行陈立平副行长（主持工作）参加银监会 2011 年第四次经济金融形势通报分析（电视电话）会议。

11 月 14 日　　北京分行在全行范围内开展"预防职务犯罪"活动，要求全体员工参观警示教育基地，观看《贪之害》警示教育片。

11 月 15 日　　央视二套《经济信息联播》、《理财周报》、《银行家》、《中国金融》、中国新闻社、《财经国家周刊》、《环球财经》、《IT 经理人》8 家媒体记者到鄂尔多斯分行就小微业务进行调研采访。

同日　　包头分行个人贷款余额创历史新高，突破 50 亿元大关。

11 月 16 日　　包商银行赤峰林西支行开业。

11 月 17 日　　央视一套在凌晨《朝闻天下》"中小银行创新方式支持小微企业"节目中播出对包商银行鄂尔多斯分行行长韩珍的采访实况。

同日　　包商银行赤峰敖汉支行开业。

11 月 18 日至 19 日　　宁波分行在平湖白金汉爵大酒店召开了 2011 年四季度"谁与争锋"业务推进会。

11 月 24 日　　成都分行举办"做优秀员工，创和谐包商"主题知识竞赛活动。

11 月 29 日　　中小企业家协会书记、副会长孔庆泰，秘书长任兴磊带领 30 多名中小企业家代表参观北京分行，并授予包商银行北京分行"扶持中小企业发展示范商业银行"称号。

11 月 30 日　　深圳分行龙华支行举行开业庆典。

12 月 1 日　　乌兰察布分行与兴和县同创房地产开发有限责任公司签订购买营业网点合同。

12 月 2 日　　成都分行参加"成都中小微企业融资对接高峰会"。

12 月 4 日　　呼和浩特分行邀请内蒙古阿吉利泰人才顾问有限公司总经理姚瑞林讲师在满都拉宾馆举行了员工素质提升系列培训。

12 月 5 日　　乌兰察布分行与鑫茂科技集团有限公司就集宁皮革皮件城建设和运营等项目达成合作意向。

12 月 7 日　　成都分行小企业金融部在分行四楼会议室召开小企业微小企业信贷技术（IPC）新流程推广启动仪式。

12 月 9 日　　宁波分行在宁波甬港饭店文澜厅举办"一则两法"知识竞赛。

12 月 13 日　　中国人民银行成都分行召开了 2011 年度制度性调查工作总结表彰会，成都分行喜获 2011 年银行家问卷调查考核评比二等奖。

12 月 19 日　　包商银行分支机构考核小组第二组张素梅、王宏、高福罕一行三人来到北京分行，对分行领导班子建设、党组织建设、员工队伍建设、经营管理、业务指标完成进度、廉政建设等方面进行全面了解和考核。

同日　　宁波分行陈立平副行长（主持工作）赴北京参加总行 2012 年工作安排汇报会。

12 月 21 日　　包商银行宁波江北支行开业。

12 月 26 日　　巴彦淖尔分行参与了由《巴彦淖尔日报》社和巴彦淖尔市消费者协会主办的"2011（首届）巴彦淖尔百姓满意消费品牌（服务）"的评选活动，并荣获"百姓满意金融服务品牌"奖项。

12 月 27 日　　乌兰察布分行与甘肃信托有限责任公司合作，办理信托计划业务 10,000 万元，实现投资业务零的突破。

12 月 30 日　　北京分行组织召开"2011 年终表彰会",对优秀集体和员工进行鼓励和表彰。

12 月 31 日　　成都分行各项存款余额总计 34.92 亿,各项贷款余额总计 10.48 亿元。

同日　　乌兰察布分行举办庆新年联欢晚会,市政府周明虎副市长、市金融办和人民银行及银监局负责人、集宁区党政领导等组成的元旦决算慰问团亲临慰问指导。

同日　　成都分行被四川银监局评为"四川银行业金融机构中小企业金融服务先进单位"。

2012 年

1 月 4 日　　成都分行举行新进员工入行培训。

1 月 8 日　　呼伦贝尔分行召开"2012 年度双先表彰大会"。

1 月 10 日　　呼伦贝尔分行举行首季"开门红"动员大会，根据呼伦贝尔地区存款增长特点，将 2012 年的各项任务进行分解，采取"4-3-2-1"的发展策略，确保分行 2012 年各项任务目标的全面完成。

1 月 11 日　　成都分行下发《包商银行成都分行信息安全协管员管理办法（试行）》。

1 月 13 日　　赤峰分行风险总监、工会主席王宗和亲自安排部署送温暖活动，帮助员工解决各种实际困难，为广大员工送去工会组织对他们的殷切关怀，使广大员工感受到各级领导的关爱。

1 月 14 日　　赤峰分行 2012 年工作会议在赤峰宾馆召开。赤峰分行领导班子成员、人民银行赤峰中心支行、赤峰银监分局派员出席会议。赤峰分行各部门负责人、各支行行长及员工共 550 人参加会议。

1 月 16 日　　"包商银行杯"赤峰市青年创业大赛颁奖典礼于赤峰宾馆隆重举行。该大赛是由包商银行赤峰分行冠名，由团市委联合市金融办等 9 部门共同举办的全市首届青年创业大赛。赤峰市委副书记宋亮、市人大常委会副主任梁万龙、副市长梁淑琴、市政协副主席布赫朝鲁及市政府副秘书长、市金融办主任方武出席了颁奖典礼；赤峰市部分青年企业家、大赛优胜选手参加了活动；赤峰分行行长鲍景魁、党委书记岳兴江代表主办单位及冠名单位参加了颁奖典礼。

同日　　宁波分行副行长徐文勇参加人民银行宁波市中心支行召开的 2012 年市级金融机构负责人会议。

1 月 18 日　　北京分行组织开展管理岗位竞聘工作，由分行行领导担任评审，人力资源部组织协调，全体管理人员竞聘上岗，选优聘优。

1 月 19 日　　北京分行召开 2012 年工作会议，分行领导和干部员工代表参加会议。会议的主要任务是传达总行 2012 年工作会议精神，认真总结 2011 年主要工作和成绩，提出 2012 年工作指导思想，安排部署重点工作任务，推进分行实现新的跨越和发展。

1月20日   经呼伦贝尔市档案史志局审核，包商银行呼伦贝尔分行获得"机关档案工作目标管理自治区一级先进单位"荣誉称号。

1月30日   成都分行下发《包商银行成都分行公司代开银行承兑汇票实施细则（试行）》。

2月1日   包商银行财务部授予成都分行"包商银行2011年度财务预算管理工作第三名"荣誉。

同日   宁波分行个人金融部与合众人寿宁波公司联合在分行四楼会议室举办银行代理保险业务培训。

2月3日   四川银监局阚超副局长及监管三处李兴平副处长莅临包商银行成都分行指导工作。

2月4日   深圳分行召开2012年工作会议。

2月9日   呼和浩特分行召开2012年工作会议暨"双先"表彰大会。

2月10日   包商银行北京分行组织召开2012年度员工任职及岗位意向"双向选择"大会。

同日   锡林郭勒支行召开2012年工作会议暨"一先双优"表彰大会。

2月16日   宁波分行召开全体任职干部会议，传达全国银行业整治不规范经营问题电视电话会议精神。

2月17日   成都分行召开中层人员职位公开竞聘大会。

同日   深圳分行举行2011年度公司条线授信业务管理工作评比颁奖大会。

2月18日   北京分行组织微贷条线全体员工开展以"一圈、一链、一散户"营销思路为主题的研讨会。

2月19日   成都分行在国栋国际大酒店三楼会议厅举行人才招聘会。

2月22日   北京分行组织302名员工面签《职业操守承诺书》。

2月24日   成都分行发放第一批涉农批量贷款。

2月25日   成都分行与四川省经济和信息化委员会开展银政联谊足球对抗赛。

同日　　呼和浩特新华支行举办主题为"践行贷款新规，展包商风采"的宣传活动。

同日　　为全面深入贯彻总行业务条线专业会议精神，确保完成2012年目标任务，赤峰分行召集公司金融部、小企业金融部、微小企业金融部、个人金融部四个业务条线的全体客户经理，在赤峰宾馆召开赤峰分行2012年业务工作会议。分行领导班子成员、各部门负责人、各支行行长及全体业务条线客户经理共300余人参加会议。会议由副行长蔡寿松主持。

2月28日　　为有效解决小微企业融资难的问题，推动银企合作深入开展，赤峰分行和赤峰市经济和信息化委员会在分行五楼会议室共同研究商讨开展"推进银企合作——包商银行赤峰分行专场"活动。赤峰市经济和信息化委员会副主任韩铭、付征兵与包商银行赤峰分行行长鲍景魁、副行长蔡寿松、风险管理部及各事业部负责人以面对面的形式进行了座谈研究并达成多项共识。

3月1日　　成都分行聘任尹永攀为分行副行长。

3月3日　　为解决蒙东农机市场中小企业客户的融资需求问题，赤峰分行行长鲍景魁率分行分管副行长及公司金融部、小企业金融部、微小企业金融部、个人金融部、风险管理部客户经理，与松山区农机局、松山区物流园区、蒙东农机市场商会领导共同对赤峰市蒙东农机市场进行了实地调研，并达成一致意见，多方合力解决蒙东农机市场商户融资难问题。

3月5日　　北京分行微小企业金融部联动小企业金融部和个人金融部，参展2012年中国国际建筑装饰及材料博览会，并进行展台营销。

3月6日　　成都分行荣获四川银监局颁发的"2011年度四川银行业金融机构小企业金融服务先进单位"光荣称号。

同日　　深圳分行召开"合规经营·案件防控"宣导大会。

3月8日　　宁波分行召开个人金融业务工作会议。

3月9日　　北京分行邀请"五方天雅"汽配城商户参加"赢在五方，爱在包商"首届微小企业客户答谢暨贷款产品推介会。

同日　　成都分行举行社会招聘会。

同日　　宁波分行公司业务发展研讨会在分行四楼视频会议室召开。

3月10日　　呼伦贝尔分行成立职工篮球队。

3 月 14 日至 16 日　总行微小企业金融部培训中心派出三名培训师对宁波分行微小企业金融部"师傅"进行培训，并就培训情况进行调研。

3 月 15 日　北京分行以"3·15 消费者权益保护日"和"小微企业金融服务宣传周"活动为契机，积极组织反假知识宣传，深入集市，走访商户，开展第五套人民币防伪知识主题宣传以及送反假知识入商户等系列活动。

同日　成都武侯支行微小企业金融部召开第一次涉农批量业务专项研讨会，拉开了批量业务的序幕。

同日　北京银监局对辖内 137 家金融机构 2011 年度统计工作进行考评。包商银行北京分行凭借扎实、有效的工作荣获 2011 年度监管统计工作综合评比三等奖。

同日　包商银行在锡林浩特市民盛购物中心举办"包商银行'龙腾盛世，财富大有'品牌推介会"。

3 月 16 日　赤峰分行 2012 年党建工作会议隆重召开。分行党委书记岳兴江，党委副书记鲍景魁，纪委书记蔡寿松，党委委员李首民、王宗和、王玉东，各党支部组成人员和各部室负责人、各支行行长以及党员代表参加了会议。会议由分行党委副书记、行长鲍景魁主持。

同日　内蒙古自治区公安厅、中国银行业监督管理委员会内蒙古监管局授予包商银行呼伦贝尔分行行长、党委书记段晓勇 2011 年全区银行业金融机构安全保卫工作先进个人称号。

3 月 17 日　宁波分行在宁波新舟宾馆举行信贷岗专场招聘会。

3 月 20 日　北京分行喜获中国人民银行营业管理部清算中心颁发的"支付系统百日安全运行单位"荣誉称号。

3 月 21 日　成都成华支行正式开业，吴茂松任成华支行行长，胡刚任成华支行副行长。

同日　中国人寿宁波分公司与包商银行宁波分行合作开展"全新启航"保险快乐营销活动启动仪式。

3 月 22 日　通辽分行获通辽市政府 2011 年度信贷支持中小企业金融机构一等奖。

同日　宁波分行成功开展包融通业务，这是分行自 2008 年 4 月开业以来打破传统业务，第一次办理包融通业务。

同日　宁波分行开出首笔国内信用证。

3月23日 宁波分行贸易金融部国际收支申报员陈维被国家外汇管理局宁波市分局评为2011年国际收支网上申报工作先进个人。

3月24日至25日 赤峰分行于赤峰第三小学举办了微小企业信贷人员专场招聘会。本次招聘会共有1,064人报名，439人参加考试，计划录用信贷人员30人左右。截至2012年2月，赤峰分行已开办微小企业金融业务中心支行20家，其中旗县支行5家。此次招聘后，赤峰分行微小企业信贷人员数量将达到180人左右，为即将开业的旗县支行储备了充足的信贷与后台人员，为早日实现赤峰分行微小企业金融业务全面覆盖县域的目标起到了积极的推动作用。

3月26日 成都分行荣获"2011年度四川银行业金融机构小企业金融服务先进单位"光荣称号。

同日 北京分行微小企业金融部成功发放首批涉农微小贷款，拉开了北京分行农贷业务的序幕。

3月27日 内蒙古自治区外汇管理局高惠民副处长、李振宇科长，包头市外汇管理局姜丽华科长一行来到包商银行宁波分行进行工作调研。

同日 宁波市银监局授予包商银行宁波分行"2011年度宁波市银行业金融机构信息科技考核二等奖"荣誉称号。

3月29日 锡林郭勒支行荣膺锡林郭勒盟"最具活力企业"荣誉称号。

3月30日 包头银河支行被内蒙古自治区妇联授予"自治区级巾帼文明岗"称号。

3月31日 北京分行在505会议室召开了"不规范经营"专项治理活动紧急会议。会议由合规部总经理陈世红主持，公司金融各部、公司金融管理部、风险管理部等十三个部室的总经理及专项治理活动联系人参加了会议。

同日 宁波分行存款余额为428,607万元，贷款余额为335,949万元。

3月 通辽分行获得中华全国妇女联合会颁发的全国"巾帼文明岗"荣誉称号。

同月 赤峰分行元宝山支行荣获内蒙古自治区"诚信单位"称号。

4月1日 为全面深入贯彻总行风险管理、运营服务、电子银行条线会议精神，确保完成2012年目标任务，赤峰分行领导班子成员、各部门负责人、各支行行长及执行副经理以上干部180余人参加了会议。会议由副行长王玉东主持。会上，风险管理部、运营服务部、电子银行部负责人深入传达了总行2012年各条线会议精神，并结合总行对各业务条线发展的工作要求，全面剖析本条线中存在的问题，同时对本条线 2012 年各项工作进行了具体部署。

4 月 5 日　　成都分行举行新员工入行培训。

同日　　金融机构支持宁城经济发展对接会在赤峰市宁城县召开。总行赤峰分行行长鲍景魁、赤峰宁城包商村镇银行董事长王宗和参加了会议。

4 月 6 日　　呼和浩特分行联合赛罕区工商联在赛罕区政府办公楼召开了"包商银行呼和浩特分行——赛罕区政府银企洽谈会"。

4 月 9 日　　宁波市银行业支持实体经济服务月暨小微企业金融服务宣传月活动启动仪式和银企对接会在宁波大剧院隆重举行。总行宁波分行副行长徐文勇、副行长闵学龙、分行微小企业金融部负责人，以及 10 位小微企业代表和 8 位信贷员代表应邀出席了启动仪式。

4 月 10 日　　总行首席文化顾问王德恭教授赴宁波，在汉雅晶都大酒店为宁波分行员工宣讲包商精神。

4 月 11 日　　宁波分行召开民主评议行风活动动员大会。

同日　　锡林郭勒支行召开一季度经营分析会。

4 月 12 日　　北京分行邀请广东发展银行柜面业务技能冠军对分行营业部和运营服务部全体员工开展手工点钞和计算器翻打传票技能培训。

4 月 13 日　　宁波分行营业部"四方协议"方案获包商银行首届公司业务客户金融服务方案竞赛二等奖。

4 月 16 日　　锡林郭勒支行团委荣获"2011 年度锡林郭勒盟共青团工作实绩目标考核突出单位"荣誉称号。

4 月 17 日　　北京分行举办公文管理培训，办公室文秘中心全体人员和各部室综合管理人员约 40 余人参加培训。

4 月 18 日　　赤峰市红山区地方税务局、赤峰市青年就业创业交流协会诚邀赤峰分行共同举办"青年创业基金"签约活动。

4 月 19 日　　北京分行举办题为"关注消防，珍爱生命"消防安全知识培训活动。北京市永安防火宣教中心宋晓龙老师应邀主讲，北京分行近百人、总行驻京各部室义务消防员参加了此次培训。

4月21日　　北京分行"真情融入社区，回馈社会"周年联谊活动在分行办公楼前广场隆重举行。作为北京分行周年庆系列宣传活动的重头戏，此次活动得到协办单位朝阳区大屯街道、安慧东里社区的大力支持，新京报等媒体对活动进行了报道。

4月22日　　由赤峰市经济和信息化委员会与总行赤峰分行联合举办的全市中小企业与包商银行赤峰分行金融合作项目对接会召开，全市近120家企业与包商银行共谋银企合作双赢，推动实体经济发展大计。对接会上，21个重点银企对接项目集中签约，授信总额达2.7亿元。

4月24日　　宁波市江东区人大常委胡开通副主任一行莅临包商银行宁波分行指导工作。

同日　　巴彦淖尔分行质量管理体系启动会在分行五楼会议室召开，标志着巴彦淖尔分行质量管理体系认证工作正式开展。

4月26日　　赤峰市银行系统·阿鲁科尔沁旗战略合作座谈会在阿鲁科尔沁旗天山宾馆举行。赤峰分行行长鲍景魁、行长助理胡铁男出席了座谈会。

4月28日　　宁波分行在四楼会议室召开了安全保卫专题工作会议。

4月30日　　宁波分行存款余额为419,873万元，贷款余额为337,919万元。

4月　　通辽分行荣获内蒙古自治区"精神文明单位"荣誉称号。

同月　　呼和浩特分行小企业金融部获得中华全国总工会颁发的"工人先锋号"荣誉。

5月3日　　成都分行获得"2011年度四川省银行机构支付结算先进单位"荣誉称号。

5月4日　　呼伦贝尔分行理财产品销售提前完成全年任务目标。

同日　　通辽分行举办迎"五四"大型业务宣传活动。

同日　　锡林郭勒支行荣获"全盟五四红旗团委"称号。

5月6日　　呼和浩特分行召开了2012年岗位竞聘大会。

同日　　赤峰市委组织部、宣传部、团委、青联、日报社、电视台等部门联合开展评选第二届"赤峰青年五四奖章"和首届"赤峰青年五四奖章集体"活动，在赤峰市国际会展中心举行了颁奖典礼，总行赤峰分行获评"赤峰青年五四奖章集体"荣誉称号。

5月9日　　北京分行与华夏人寿保险股份有限公司北京分公司签订《保险兼业代理协议》，

组织召开华夏人寿保险产品启动会及产品培训，分行营业部、财富管理中心及个人金融部全体员工参加了此次培训。

同日　赤峰分行在华夏四楼会议室隆重召开 2012 年 1 至 4 月经营形势分析会议。会议由蔡寿松副行长主持，赤峰分行近 200 余名执行副经理以上干部参加了会议，鲍景魁行长做了重要讲话。

5 月 14 日　宁波分行营业部被宁波市总工会评为"工人先锋号"。

5 月 15 日　宁波分行召开半年末营销竞赛大会。

5 月 16 日　北京分行被北京银监局授予"2011 年度北京银行业金融机构小微企业金融服务先进单位""2012 年北京银行业小微企业金融服务宣传月活动先进单位"两项荣誉称号。

同日　成都分行被中共成都市锦江区委、成都市锦江区人民政府评为"2011 年度人口和计划生育工作先进单位"。

同日　呼和浩特分行微小企业金融部与呼和浩特市中盈粮油仓储有限公司（以下简称中盈粮油）签署批量业务合作协议。

5 月 17 日　北京分行举办"读一本好书，写一篇好文"——北京分行周年庆征文、读书心得分享暨颁奖活动。总行首席文化顾问王德恭教授为活动致辞并颁奖。

同日　深圳龙华支行客户富泰华工业（深圳）有限公司成功办理了首笔金额 5,000 万美元的进口代付业务。

同日　通辽分行获首届"银协杯"乒乓球比赛精神文明奖。

5 月 18 日　通辽分行荣获"内蒙古自治区青年文明号"。

5 月 20 日　通辽分行扎鲁特支行试营业。

5 月 24 日　内蒙古东部盟市中小企业金融服务峰会在呼伦贝尔市召开，包商银行李镇西董事长做经验介绍。

5 月 25 日　呼和浩特分行微小企业金融部成功发放"乳业宝"贷款。

5 月 29 日　北京分行邀请北京市检察院公诉处金融公诉科孙晴科长为分行干部员工进行了一堂主题为"防范风险，警钟长鸣，保障金融安全"的警示教育讲座。

同日　　包头分行与包头骑士乳业有限责任公司成功签署了业务合作协议并开展贷款奶户的调查工作，首批"乳业宝"产品正式上线运营。

同日　　成都分行运营服务部制定并下发了《包商银行成都分行对账管理实施细则》，将对账管理工作统一上收至分行，实现集中对账制度化、规范化。

同日　　宁波市民主评议行风活动办公室一行三人莅临包商银行宁波分行，就分行的行风建设暨民主评议行风活动的开展情况进行现场督查。

5月　　包头分行被中共包头市委员会、包头市人民政府评为包头市级文明单位。

同月　　赤峰分行作为国债承销团成员，积极参与国债的承销工作，全年承销国债1.5亿元、凭证式国债4期、电子式国债18期，均超额、出色地完成了国债销售任务。为树立模范、鼓励先进，促进赤峰市国债市场良好发展，中国人民银行赤峰市中心支行、赤峰市财政局开展了2011年度国债工作先进集体和先进个人评选活动。赤峰分行荣获"2011年度赤峰市国债工作先进集体"荣誉称号，赤峰分行行长鲍景魁获得"国债工作先进个人"称号。

同月　　通辽分行荣获中华妇女联合会、全国妇女"巾帼建功"活动领导小组颁发的2013年"巾帼文明岗"荣誉称号。

6月2日　　鄂尔多斯分行入驻宏源财富中心新办公大楼，原金辉大厦办公楼设立第一家同城支行——天骄支行。

6月5日　　赤峰分行在华夏支行四楼组织召开了1至5月储蓄存款工作会议，旨在对2012年1至5月储蓄存款工作进行阶段性总结，并按年初既定目标推动下一步工作。个人金融部全体人员、营业部、各支行负责人及个金条线人员75人参加了本次会议，鲍景魁行长出席了会议，并做重要讲话，会议由李首民副行长主持。

6月6日　　包商银行成都分行广福路自助银行正式开业。

同日　　呼和浩特分行参加了由内蒙古银监局组织召开的全区小微企业金融服务研讨会。

6月9日　　宁波分行在华侨城社区开展了"付费通，百姓缴费好帮手"及"包商银行反假币及硬币回笼"宣传活动，取得良好效果。

6月10日　　总行王慧萍行长率包商银行总行相关部门负责人赴成都分行指导工作。

6月12日　　宁波分行微小企业金融部组织管理岗位公开竞聘。

6月13日　　成都分行举行社会招聘。

同日　　赤峰分行与赤峰温商五金机电城有限公司举办了微小企业批量业务签约仪式。赤峰分行行长鲍景魁、副行长王玉东、微小企业金融部总经理张晓娟与温商商会会长、四位副会长及部分客户代表参加了仪式。新兴支行副行长杜峰与赤峰温商五金机电城有限公司总经理王献金签订了授信额度3,000万元的批量业务合作协议。

6月16日　　通辽分行成功举办首届职工羽毛球比赛。

同日　　宁波分行运营部在分行四楼视频会议室就安防知识和电子银行安全问题对各网点柜面人员进行了培训。

6月17日　　总行王慧萍行长在总行办公室主任蒋守法的陪同下赴赤峰市参加由内蒙古自治区银监局和赤峰市政府共同举办的自治区银行业支持草原生态保护和建设座谈会。次日上午，王慧萍行长深入赤峰市阿鲁科尔沁旗实地考察了阿旗草原生态保护和草业建设。下午，在赤峰市参加了自治区银行业支持草原生态保护和建设座谈会。自治区银监局局长薛纪宁及自治区金融办、各银行机构负责同志，市委副书记、市长包满达，市委常委、常务副市长包振玉，市政府秘书长董连珍及市直相关部门出席座谈会，赤峰分行行长鲍景魁参加了座谈会。

6月18日　　成都分行在成都职业技术学院软件大楼举行第一次客户经理岗位资格认证上机考试。

同日　　宁波分行在三楼会议室举行2012年度公司金融客户经理岗位认证考试。

6月19日　　宁波分行举行银行防抢实战演习。

6月21日　　深圳分行微小企业金融部举办首期审贷技能培训。

6月23日　　呼伦贝尔分行端午节举行大型宣传活动。

6月24日　　锡林郭勒支行在锡林郭勒盟金融系统"金融杯"庆党建活动中荣获语言类节目二等奖和优秀组织奖。

6月26日　　北京分行组织开展了2012年度会计结算业务知识考试，分行运营业务条线人员共46人参加。

同日　　锡林郭勒支行王向东行长当选为锡林郭勒盟金融学会副会长。

6月27日　　成都分行被人民银行成都分行评为"四川省银行机构支付结算先进单位"。

同日　　北京物流公共信息平台组织召开"2012物流北京商企互助论坛"，作为会议的特邀嘉宾，包商银行北京分行微小企业金融部选派骨干员工参加论坛并发表主题演讲。

同日　　通辽分行举办唱响红歌迎"七一"活动。

同日　　在林西县委、县政府召开的"全县精神文明建设暨文明单位命名表彰大会"上，包商银行赤峰林西支行被命名为"文明单位"。

6月28日　　包商银行乌兰察布兴和支行开业。

同日　　总行王慧萍行长莅临深圳分行进行调研。

6月29日　　包商银行全行内网域名系统（DNS）服务器升级，成都分行信息科技部修改成都分行内网计算机的DNS服务器地址。

7月2日　　北京分行业务条线骨干人员参加文艺传输协议（FTP）主题培训测试。

同日　　通辽分行召开庆"七一"创先争优表彰大会。

7月4日　　董事会专家指导委员会委员王松奇教授一行赴通辽分行进行调研。

7月4日至10日　　北京分行组织2011年度优秀员工代表组成考察团，赴延安开展"弘扬延安精神　践行包商文化"学习活动。

7月5日　　包商大讲堂赤峰分场开讲。现任中国社会科学院金融研究所党委书记兼副所长，中国社科院研究生院教授、博士生导师，第六届中国金融学会常务理事，《银行家》杂志主编的王松奇教授为分行干部员工做了关于国内经济形势若干问题的讲座。讲座由赤峰分行行长鲍景魁主持，分行各部室、支行执行经理以上共200余名干部参加了讲座。

同日　　北京市内保局验收工作小组对北京分行支行安防工程建设工作给予了充分肯定。将包商银行北京大红门支行物防工程列为样板工程，并向其他金融机构进行宣传推广。

7月6日　　成都分行成立银行卡部。

7月9日　　成都分行举行社会招聘。

7月11日　　巴彦淖尔分行第一时间向巴彦淖尔市洪涝灾区捐款23,200元，并积极开展抢险救灾捐助活动。

同日　　包商银行呼和浩特新汇支行正式开业。

7月16日　　深圳分行新同城支付系统成功上线。

7月17日　　宁波分行在四楼视频会议室召开任职干部会议，传达总行2012年年中工作会议精神，对分行下半年工作进行动员部署。

7月18日　　北京分行主办的主题为"分享、合作、共赢"的"草原行·包商情"大型同业交流会在锡林浩特市开幕。

同日　　赤峰分行2012年中工作会议在华夏支行四楼会议室召开。会议全面总结上半年主要工作，分析当前经济金融形势，研究包商银行经营发展面临的问题，安排部署下半年重点工作。分行行级领导出席会议，各部室、各支行负责人及全行执行经理级以上干部近200余人参加了会议。会议由副行长蔡寿松主持。

同日　　深圳分行南山支行隆重开业。

同日　　锡林郭勒支行协助总行和北京分行召开"草原行·包商情"大型同业交流会，并取得圆满成功。

7月20日　　包商银行亮相赤峰首届金融博览会，包商银行展区吸引了大量新闻媒体与客户驻足。在本次金博会上，包商银行副行长侯慧聪代表包商银行与市政府签订"十二五"期间在赤峰地区投入200亿信贷资金的战略意向性合作协议书，包商银行赤峰分行行长鲍景魁代表分行与企业客户签订了2.02亿意向性合作协议书，着力为地方经济和社会公众提供更优质、更高效、更全面的金融服务。

7月21日　　赤峰市人民政府新闻办公室、总行赤峰分行在赤峰市政府新闻发布会议室联合召开微小企业金融业务开办五周年新闻发布会。赤峰分行新闻发言人、副行长蔡寿松、微小企业金融部总经理张晓娟出席发布会。

7月22日　　呼和浩特分行召开2012年年中工作会议。

7月23日　　成都分行召开年中工作会议。

同日　　宁波分行召开理财经理选聘动员大会。

7月24日　　宁波分行微小企业金融部新任管理团队发布"星火燎原，塑造品牌"业务竞赛方案。

7月25日至27日　在总行审计部牵头下，中经科环认证公司曹春香总经理在审计部同事的陪同下对宁波分行内审员进行了为期三天的内审员继续培训。

7月26日　北京分行成功吸收一笔500万美元三个月定期存款，该笔业务为分行开业以来首笔境外个人大额外币存款业务。分行领导高度重视，总行全球金融部给予大力支持与配合，获得客户高度评价。

同日　宁波分行在四楼培训中心举行全行柜面人员业务理论知识考试。

7月30日　赤峰市首届"最具责任感企业"评选活动尘埃落定，并于赤峰市各大新闻媒体公示，共40家企业榜上有名，其中包商银行赤峰分行成为赤峰市金融机构中唯一获此殊荣的企业。此次评选活动由赤峰市委宣传部、赤峰市经济和信息化委员会、赤峰市工商业联合会、赤峰市总工会、《赤峰日报》社联合举办。活动围绕企业积极履行社会责任、热心公益、关爱员工、服务大众、回报社会、贡献家乡的行动和创举进行评选。

7月31日　北京分行邀请中国红十字会李玉珠老师对全体员工进行紧急救护基础培训。同时，由各部室综合人员、一线营销人员、大堂经理、安全保卫人员等30人组成的"紧急救护小分队"接受16个学时的专业培训。

8月1日　深圳分行新电子验印系统成功上线。

8月2日　包商银行巴彦淖尔乌拉特前旗支行开业。

同日　北京分行首场"金融服务咨询推广活动"拉开序幕。分行营业部、运营服务部、个金、微贷、小企业、财富中心等部室抽派业务骨干向到场的200余名社区居民普及金融知识、宣传推广包商银行近期发行的理财产品，回答他们关于理财常识、假币辨别、反洗钱、小微贷款等日常生活中遇到的问题。

8月4日　为加强"师傅"队伍建设，保证培训生在岗培训的质量，总行宁波分行微小企业金融部组织了第二期"师傅"资格考试。

8月6日　赤峰分行成功办理了全行首笔150公斤Au99.99黄金租赁业务，不仅开辟了一条为企业融资的新渠道，而且实现了中间业务收入的增加。

8月9日　北京分行组织全体柜员参加柜面行为禁令专项考试，本次考试体现"重视、创新、实效"三大特色。

同日　呼和浩特分行微小企业金融部联合小企业金融部参加了由金海国际五金机电城（以下简称金海机电城）组织召开的园区内银企交流会。

同日　　　总行王慧萍行长莅临锡林郭勒支行调研指导工作。

8 月 10 日　　包商银行成都金沙支行开业。

同日　　　包商银行呼和浩特新城支行正式开业。

同日　　　宁波分行迎来市评议办检查组的检查。

8 月 13 日　　深圳分行在小面额人民币整洁度专项工作上获得中国人民银行深圳市中心支行的通报表扬。

8 月 17 日　　呼和浩特分行微小企业金融部成功发放首批渔户联保贷款。

同日　　　人民银行营业管理部货币信贷处副处长龙非一行三人莅临包商银行北京分行，就"贯彻落实信贷政策有关情况"进行调研座谈，分行领导和业务部室负责人参加座谈。

8 月 18 日　　为有效加强会计事前、事中管理，强化会计监督，在一定程度上防范和化解经营风险，包商银行 2012 年运营服务部委派会计培训班正式开班。总行运营服务部副总经理陈建伟、赤峰分行风险总监王宗和、分行运营服务部总经理戴铭、副总经理司艳文出席会议。此次培训由总行运营服务部主办，赤峰分行运营服务部承办。培训共分两期，一期三天，来自北京分行、深圳分行、成都分行、宁波分行、通辽分行等地区的 110 名学员参加了学习培训。

8 月 21 日　　北京分行正式接入财税库银横向联网系统，开始对外办理横向联网电子缴税业务。

8 月 23 日　　北京分行组织营业部全体员工参加"人民币收付业务专项考试"。

8 月 24 日　　鄂尔多斯分行邀请台湾金融教育协会理事长、财经立法促进院院长黄达业做"金融危机、金融监管与金融创新发展"讲座。

8 月 25 日　　应韩征行长之邀，著名书法家、包商银行首席文化顾问王德恭教授做客鄂尔多斯分行大讲堂，以《弘扬包商精神——做怎样的包商人》为题做了主旨演讲。

8 月 27 日　　包商银行鄂尔多斯分行第一家旗县支行——准格尔支行正式开业。

8 月 28 日　　包商银行巴彦淖尔新区支行试营业，12 月 28 日正式开业。

同日　　　包商银行印发《包商银行关于阿拉善分行筹建的请示》(包商银报〔2012〕200 号)，向中国银监会内蒙古监管局申请筹建包商银行阿拉善分行。

8月28日至30日　　锡林郭勒支行协助内蒙古银监局、包商银行在锡林浩特市召开"包商银行联动监管工作会议"。

8月30日　　"包商银行深圳分行义工服务队"成立大会隆重举行。

同日　　人民银行营业管理部检查组莅临包商银行北京分行对人民币收付业务进行现场执法检查。

8月31日　　宁波分行微小企业金融部单月放款突破200笔。

8月　　成都分行参加"2012中国·四川绿色金融博览会"。

9月1日　　包头分行财务部配合全行组织架构改革,在全行范围内先行以业务模拟利润作为绩效考核制定标准。

9月4日　　北京分行举办业务大练兵专项考试,检验和展示练兵活动成效。

9月5日　　"包商银行杯"巴彦淖尔首届双十佳"创业之星"评选活动拉开帷幕,分行徐翔行长应邀出席了开幕仪式。

同日　　总行基金业务部负责人王晓蕾、张勇及财通证券两位代表在宁波分行组织了关于中小企业私募债的对接沟通会议。

9月10日　　巴彦淖尔分行被巴彦淖尔日报社和巴彦淖尔市消费者协会评为"2012(第二届)巴彦淖尔百姓满意诚信服务消费品牌"荣誉称号,分行已经连续两届获此殊荣。

同日　　北京分行刘建军行长主持召开了包商银行北京分行安全保卫专题工作会,分行全体中层以上干部和安全保卫部门负责人参加了会议。

9月12日　　总行微小企业金融部总经理助理吴建东、批量业务中心执行副经理赵鑫、培训中心执行经理周朝阁一行三人对宁波农贷业务进行实地调研与指导。

9月15日　　北京分行联合知名国医养生馆举办了"阳光财富,智慧养生"主题沙龙,分行信托、大额存款贵宾客户约60余人参加。

9月15日至16日　　赤峰分行隆重举行阿鲁科尔沁支行、大板支行开业庆典仪式。赤峰市副市长吴力吉、市金融办副主任郝久武、市人民银行副行长王建民、赤峰银监分局纪委书记刘志强、阿旗旗委书记周春义、人大常委会主任王铁命、旗长敖日格勒、副旗长张吉信、人大常委会副主任魏树毅,政协副主席白振林领导出席了阿鲁科尔沁支行典礼仪式。巴林右旗委副书记、旗长浩毕斯嘎拉图、旗人大常委会主任钢苏和、旗委副书记郭殿明、旗人大副主任岳金荣、旗政协副主席仁钦苏荣等领导出席了大板支行庆典仪式。赤峰分行行长刘玉梅携班子成员参加了庆典。

9月17日　包头分行引进天一仕业公司，在裕丰支行率先启动全行金牌服务标杆网点项目建设工作，并推广至全行53家网点。

9月18日　呼和浩特分行提前三个月完成全年理财销售任务指标。

9月20日　北京分行组织新晋柜员和在职柜员分别参加结算条线上岗资格考试和结算条线继续教育考试，考试内容涵盖结算专业知识笔试、翻打传票和手工点钞考试等。

同日　北京分行组织召开信访舆情专题工作会，分行全体中高级干部和安全保卫部门负责人参加了会议，为全面迎接十八大的胜利召开营造和谐稳定的舆论氛围。

同日　深圳分行喜获"中国人民银行机构信用代码推广工作先进单位"荣誉称号。

9月21日　赤峰分行邀请总行个人金融部总经理陈立宇一行三人到分行指导储蓄存款营销工作并召开了全体干部员工大会暨存款动员大会，行长刘玉梅携班子成员出席会议，全行近800余名员工分别在主会场及视频分会场参会。会上，副行长李首民向全体员工传达了总行储蓄存款专题会议精神，赤峰分行个人金融部总经理秘根东通报了包商行及所辖24家支行储蓄存款完成情况，宣读储蓄存款考核修订办法。

同日　宁波分行举行了第二次信贷员专场招聘会。

9月22日　成都分行运营服务部成功举办"包商银行成都分行2012年度会计知识竞赛"。

9月23日　国家农业部、国家海洋总局、宁波海洋渔业局相关领导、总行小企业金融部副总经理（主持工作）陈诚、执行副经理杜宇等一行6人，莅临包商银行宁波分行研究、洽谈海洋经济金融业务合作事宜。

9月25日　总行微小企业金融部总经理赵梦琴一行2人莅临宁波分行指导视察工作。

9月26日　宁波分行组织开展"扬帆"慈善助学活动，受助对象为宁波万里学院大二或大三的学生，捐助期至该学生毕业止。助学标准为每人每学年5,000元，每学年一次性赞助。

9月27日　成都分行下发《包商银行成都分行关于印发印章管理实施细则的通知》。

同日　锡林郭勒支行举行"迎双节·回馈客户暨大有财富中心落成·新产品推介会"。

10 月 10 日   成都分行举行人才招聘会。

10 月 10 日至 12 日   赤峰分行代表赤峰地区反洗钱先进工作单位参加在辽宁朝阳举办的"2012 年冀辽蒙三地（市）人民银行反洗钱协作机制建设年会"。包商银行赤峰分行风险总监王宗和参加了会议，并做主题发言。

10 月 12 日   深圳分行赴宁波分行进行工作交流。

10 月 14 日   宁波分行在"宁波市金融系统职工文化年活动暨支持实体经济发展劳动竞赛活动"中获得五个奖项。

10 月 15 日   呼和浩特分行与内蒙古河套商会、赣商商会、内蒙古婚庆协会、视光学协会、锁业协会等十多家商会、协会举行了推进小微企业金融业务座谈会。

同日   锡林郭勒支行成为锡林浩特市金融系统 2012 年度成功创建"先进职工之家"的唯一单位。

同日   呼和浩特分行首家离行式自助银行正式开业。

10 月 16 日   包商银行董事长顾问徐光太一行赴通辽分行进行工作调研。

同日   宁波分行风险管理部召集公司业务条线和小企业业务条线负责人及客户经理团队，召开信贷与票据领域案件预防暨风险预警会议。

10 月 18 日   包商银行董事长顾问徐光太一行到赤峰分行调研指导工作。18 日下午，赤峰分行行长刘玉梅携班子成员、各部室负责人同调研组一行召开座谈会，就分行经营管理等多方面问题进行探讨。

同日   深圳分行召开"抓管理，提升服务"主题服务季活动启动大会。

10 月 20 日   北京分行微小企业金融部于办公楼前广场举办了主题为"青春如火，超越自我"的趣味运动会，北京分行行长刘建军、副行长王青及微小企业金融部全体员工参加了本次运动会。

10 月 23 日   中国银监会内蒙古监管局批复同意包商银行阿拉善分行筹建，筹建期 6 个月。

10 月 24 日   包商银行董事长顾问徐光太一行 3 人在成都分行尹永攀副行长的陪同下，至成华支行进行调研指导。

同日　包头分行副行长于锦丽与中国大地财产保险股份有限公司包头中心支公司总经理许建国成功签署了营运性车辆保险贷款合作业务协议，开创了包头市银行业与保险业又一新的业务合作模式。

同日　锡林郭勒支行召开锡林郭勒盟肉产业链金融推进工作专题会议。

同日　赤峰分行党委举办主题为"赞包商，迎盛会"的诗歌朗诵比赛活动。分行党委书记岳兴江、行长助理胡铁男及部分部门总经理应邀出席了活动并担任评委。

10 月 25 日　包商银行董事长顾问徐光太老师一行 3 人莅临成都分行调研指导工作。

同日　包头分行各类理财产品实现销售 100.23 亿元，成功突破 100 亿元销售大关。

10 月 26 日　中国人民银行呼和浩特中心支行余文建行长、桂林银行王能董事长一行 5 人莅临包商银行呼和浩特分行考察交流。

10 月 29 日　总行发文免去陈立平包商银行宁波分行副行长（主持工作）职务。

10 月 30 日　巴彦淖尔分行荣获市委、市政府颁发的"市民族团结进步先进集体"奖。

11 月 1 日　包商银行 2012 年安全保卫工作现场会议在赤峰宾馆召开。总行办公室主任蒋守法、主任助理王晓晶、安全保卫中心执行经理霍聪明出席会议，赤峰分行行长刘玉梅、副行长王玉东，各分支机构办公室主任及安全保卫工作具体负责人共 30 余人参加了会议，会议由总行办公室主任蒋守法主持。

同日　宁波分行赴成都武侯支行进行微贷业务交流。

11 月 2 日　成都分行参加由成都市日报社、四川银监局、成都市金融办、成都市信用与担保协会、成都市小额信贷协会及成都市中小企业投融资服务专业联盟共同主办的"成都中小微企业融资对接高峰会"，并荣获"小微金融创新奖"。

同日　赤峰分行召开储蓄存款经验交流会，赤峰分行行长刘玉梅携班子成员出席会议，市区全体干部员工 500 余人参加了会议，会议由行长助理胡铁男主持。

11 月 2 日至 3 日　深圳分行荣获 2012 年深圳市"银行公会杯"乒乓球比赛"体育风尚奖"殊荣。

11 月 4 日　包商银行在全国最大的高新技术产业园区设立的第一家支行——包商银行北京中关村支行开业。

11 月 5 日　　包商银行兴安盟扎赉特支行隆重开业。

11 月 6 日　　呼和浩特新华支行、玉泉区大南街街道办事处、金旺角服装批发市场联合举办了服务咨询综合座谈会。

同日　　深圳分行为宝安支行微小企业金融部员工张金亮患有先天性心脏病的孩子进行募捐活动，爱心捐款总计 101,073 元。

11 月 13 日　　成都分行荣获 2012 年银行家问卷调查考核一等奖。

同日　　深圳分行荣获"深圳金融结算系统建设先进集体"。

同日　　通辽分行举办"喜迎十八大，岗位大练兵"竞赛活动。

11 月 15 日　　南山瑞河耶纳离行式自助银亭成功上线。

11 月 16 日　　成都分行举行 2012 年第四期新晋员工入行培训。

11 月 17 日　　呼伦贝尔分行段晓勇行长赴阿荣旗考察"一圈一链一散户"。

同日　　宁波分行在新舟宾馆举行了第三次信贷员专场招聘会。

11 月 18 日　　通辽分行举办"包商银行杯"儿童绘画大赛。

11 月 24 日　　宁波分行微小企业金融部举行庆祝包商银行微小企业贷款业务开办七周年座谈会。

11 月 26 日　　锡林郭勒支行行长王向东及公司部、小企业、微贷部负责人一行六人，在西苏旗政府大楼会议室，与西苏旗党政及有关局办领导就如何支持和促进农牧业产业化发展进行了合作性洽谈。

11 月 27 日　　在"榜样的力量——兴安盟十大杰出人物"系列评选活动中，兴安盟分行于秀峰行长被评为"兴安盟十大经济领军人物"。

11 月 28 日　　包商银行印发《包商银行关于阿拉善分行开业的请示》（包商银报〔2012〕269 号），向中国银监会内蒙古监管局申请包商银行阿拉善分行开业。

11 月 29 日　　包商银行乌海分行开业。

同日　　深圳分行小企业金融部顺利获批第一笔"展商赢"产品授信业务。

11月30日　　呼伦贝尔分行荣获呼伦贝尔市级"文明单位"称号。

同日　　宁波分行微小企业金融部共发放贷款434笔，金额4,567万元，再次刷新了分行单月放款笔数和金额的历史纪录。

11月　　成都分行运营服务部全面推行人民币单位银行结算账户集中管理工作，实现分行集中审批单位银行结算账户的开立、变更、撤销等相关业务。

12月3日　　成都分行举行社会招聘。

12月7日　　乌兰察布分行聘任赵云芝同志为分行行长。

12月10日　　乌海分行召开包商银行乌海分行第一次全体员工会议暨动员大会。

12月11日　　总行印发《包商银行关于对武仙鹤同志任职的决定》（包商银发〔2012〕456号）文件，聘任武仙鹤同志为包商银行宁波分行行长（兼）。

同日　　宁波分行学习党的十八大精神宣讲会顺利举行。宁波市委党校副校长冯建波做宣讲报告，分行党委书记马连英主持报告会。

12月12日　　巴彦淖尔分行荣获内蒙古创建青年文明号组委会颁发的"青年文明号"荣誉称号。

同日　　巴彦淖尔分行风险管理部被市银监分局评为统计"先进集体"荣誉称号。

同日　　北京分行组织召开学习贯彻党的十八大精神动员部署大会，行领导班子、各部室负责人、中层干部、员工代表共计300余人参加大会。

12月13日　　包商银行深圳福田支行开业。

同日　　包商银行总行印发《包商银行关于对孙杰同志任职的决定》（包商银发〔2012〕464号）文件，聘任孙杰同志为包商银行宁波分行副行长。

12月14日　　宁波分行员工郑斌获得由人民银行宁波市中心支行举办的"跨境人民币业务竞赛先进个人"荣誉。

12月17日　　锡林郭勒支行召开2012年领导干部专题民主生活会。总行首席风险官赵建业一行出席了此次会议。支行领导、各部室负责人、环节干部及党员代表等共48人列席会议。会议由锡林郭勒支行行长王向东主持。

12月18日 　包商银行北京大红门支行开业。

同日 　乌海分行与乌海市12家地区农业龙头企业联合举办区域农业龙头企业银企座谈会。

同日 　通辽分行召开领导干部专题民主生活会。

12月21日 　为进一步贯彻落实总行党委《关于召开2012年领导干部专题民主生活会的通知》要求，更好地指导分行学习十八大精神和各项经营管理工作，包商银行党委书记、董事长李镇西一行三人，来到包商银行北京分行，参加分行领导干部民主生活会。

12月23日 　包商银行包头滨河支行成立，叶德瑞任支行长。

12月24日 　包商银行成都分行新鸿路口自助银行正式开业运营。

12月25日 　呼和浩特分行被自治区地方税务局授予2010—2011年度"A级信用纳税人"荣誉称号。

同日 　呼和浩特分行营业部与包头利通支行荣获中国银行业协会颁发的"2012年度中国银行业文明规范服务千佳示范单位"荣誉称号。

12月26日 　中国银监会内蒙古监管局批复同意包商银行阿拉善分行开业并颁发了《金融许可证》。

同日 　中国银监会内蒙古监管局核准许宁胜任包商银行阿拉善分行行长任职资格，核准王雪冰任包商银行阿拉善分行副行长任职资格。

12月27日 　北京分行喜获人民银行营业管理部颁发的"2012文化金融文化服务年活动先进单位"荣誉称号。

12月28日 　包商银行阿拉善分行挂牌开业，是首家入驻阿拉善盟的城市商业银行，填补了阿拉善地区银行业金融机构类型空白，实现包商银行在内蒙古自治区内各盟市机构全覆盖。

同日 　包商银行巴彦淖尔新区支行开业。

同日 　包商银行印发任职决定，聘任许宁胜为包商银行阿拉善分行行长，聘任王雪冰为包商银行阿拉善分行副行长。

同日　　宁波市江东区副区长戴平辉一行代表江东区委、区政府，亲切看望包商银行参加年终决算的干部员工，向包商行员工致以节日的问候，并与分行班子成员进行了热情友好的交流。

12月31日　　成都分行荣获"中国人民银行国库业务考核综合评价 A 级"称号。

12月　　呼伦贝尔分行个人金融部获得2012年分行渠道年终评比活动风云团队称号。

同月　　总行行长助理武仙鹤、综合管理中心执行经理高福罕、赤峰分行副行长李首民、敖汉旗人民银行行长田力刚来赤峰敖汉支行调研、指导工作。武行长一行视察了支行办公区域和员工生活区域，详细了解了支行基本情况和发展状况，对敖汉支行开业到现在的工作给予了肯定，并对其发展寄予了希望。

同月　　总行行长助理武仙鹤前来赤峰分行宣读任免文件，原乌兰察布分行行长刘玉梅任赤峰分行行长，免去鲍景魁赤峰分行行长职务，调回总行另行任用。

同月　　宁波分行微小企业金融部成功发放首笔"农联宝"贷款，总金额为15万元。

2013 年

1月5日　　兴安盟分行 2013 年一季度工作会议在乌兰浩特长丰宾馆召开。分行领导班子成员、各部室负责人、各支行行长及全体员工共 200 余人参加了会议。于秀峰行长做了工作报告。

1月9日　　兴安盟分行公司金融二部为玉米种子龙头企业内蒙古丰垦种业有限责任公司成功办理了一笔"包融通"项下的货押业务。

1月12日　　兴安盟分行微小企业金融部召开了业务经营分析会，通报了 2012 年度微贷部的经营情况。并向分行 22 名微贷业务的前后台客户经理发放不等金额的现金奖励，以表彰在 2012 年度为部门发展做出突出贡献的团队和个人。

1月14日　　包商银行成都分行举行校园招聘。

1月15日　　包商银行乌海分行被客户授予印有"清正廉明拒一针一线，雪中送炭解燃眉之急"和"贴心服务，真心帮助"的锦旗。

同日　　兴安盟召开 2013 年全盟金融工作会议，盟委书记王程熙、盟长邓月楼出席会议，包商银行及各金融机构、旗县市委市政府、盟直有关部门及重点企业负责人共计 90 余人参加了会议。

同日　　以"快乐创业，智慧成长，创新创业"为主题的"搜狐科技财富论坛"在国家会议中心启幕。包商银行北京分行作为创业企业服务机构的优秀代表应邀参加。

1月16日　　兴安盟分行组织召开"一圈一链一散户"专项工作会议，兴安盟分行行长于秀峰、行长助理张威以及全体行务会成员出席了此次会议。

1月17日　　包商银行宁波分行制定下发《包商银行宁波分行经营网点个人金融岗位绩效考核实施细则（暂行）》。

1月18日　　包商银行锡林郭勒支行在中国人民银行锡林郭勒盟中心支行组织开展的2012 年度锡林郭勒盟金融机构综合评价中荣获第一名。

同日　　锡林郭勒支行召开"肉产业银政企座谈会"，盟经信委、盟畜牧业局、西苏旗金融办及大型肉产业加工龙头企业代表与支行吴显志行长助理及肉产业链团队共同参加了会议。

1月21日　北京分行召开"组织价值与组织目标共享"讨论会,旨在落实北京分行刘建军行长在"学习贯彻党的十八大精神动员部署大会"上提出的"组织价值与组织目标共享"的相关思想。

1月22日　包商银行北京大红门支行开展安全防暴演练,强化春节期间的安全保卫工作,最大限度避免案件的发生,确保员工及客户人身、财产安全。

1月23日　由北京市银行业协会主办的"品质服务,诚信创新——2012年度北京市银行业优质服务示范单位表彰会"在京举行。包商银行北京分行在近百家金融机构中凭借优质"中小企业服务"荣获2012年度北京市银行业"特色服务示范单位"以及"普及金融知识万里行"活动优秀组织奖两项殊荣。

同日　包商银行宁波分行营业部举办事后监督无差错竞赛。

1月25日　北京大红门支行与北京福建企业总商会水产农特产商会就微小企业贷款批量业务合作顺利签约。

同日　深圳分行杨锋副行长一行3人赴成都分行进行微贷业务经验交流。

同日　宁波江北支行成功办理分行首笔非债券类投资业务。

1月28日　总行北京分行深入安慧东里社区宣传推广机构信用代码。此次活动以新年送福为契机,以大力推广机构信用代码、建立机构"经济身份证"制度为主题,工作人员向社区居民详细介绍了什么是机构信用代码、机构信用代码证如何申领及机构信用代码具有怎样的使用优势。

1月28日至31日　兴安盟分行组织开展管理人员集中学习培训活动。分行领导班子成员、执行副经理以上共计40余人参加培训。

1月29日　鄂尔多斯市团委、总行鄂尔多斯分行共同组织召开"服务青年创业就业,搭建银企合作平台"银企面对面座谈会。

同日　呼伦贝尔分行召开竞聘大会、双先表彰大会。业绩突出的微小企业金融部、营业部等四个部门被评为"先进部室",寇莹、李伟、赵颖3位同志被评为"优秀部门负责人",于梦等5位同志被评为"优秀执行经理",敖磊等14名同志被评为"优秀员工"。

1月31日　呼伦贝尔分行召开全年工作会议。段晓勇行长传达总行工作会议精神,对分行2013年工作进行了安排部署并与各部门负责人签订了目标责任状。

2月1日　　　北京分行全面打响"百日增存"营销战役。

同日　　　北京分行召开 2013 年工作会议，行领导刘建军、段建宇、王青、何焱、曹霞出席会议，分行各部室执行经理助理以上干部及员工代表参加会议。

同日　　　兴安盟分行五一自助银行正式获批开业，实现了兴安盟分行在自助银行建设中"零"的突破。

同日　　　阿拉善分行成立信贷业务合作中介机构管理委员会，委员会办公室设在风险管理部。

同日　　　呼和浩特分行实现国际结算量零的突破，全年共办理各类国际结算业务 130 笔，总金额 492 万美元。

同日　　　海曙支行成功办理宁波分行系统内首笔过桥业务。

2月2日　　　阿拉善分行印发《关于对杨智钧等十二名同志任职的决定》，对分行各部室总经理、副总经理进行聘任。

同日　　　成都分行下发《包商银行成都分行关于印发 2013 年百日安全生产活动实施方案的通知》。

2月5日　　　北京分行 2013 年合规专员工作交流与讨论会议在 504 会议室召开，分行 17 个部室、两个支行的 18 名合规专员及合规部全体员工出席了会议。

同日　　　兴安盟分行紧急召开行务会议，传达贯彻总行 2 月 4 日晚电话会议精神，专题研究部署支持兴安盟县域和非公有制经济发展的具体措施。成立"兴安盟分行支持县域经济和非公有制经济工作领导小组"，负责指导推进全行支持县域和非公经济工作。

2月6日　　　兴安盟分行小企业金融部审批通过首笔 200 万元"展商赢"流动资金贷款。

2月16日　　　宁波市江东区杨慧芳副书记一行莅临宁波分行，看望慰问分行员工，并与分行领导班子成员进行工作交流。

2月19日　　　成都分行荣获"监管统计单位二等奖"，成都分行风险管理部员工韩美清获得"监管统计工作先进个人"和"客户风险统计工作先进个人"荣誉称号。

同日　　　呼和浩特分行被呼和浩特市国家税务局直属分局纳入大企业管理范畴。

2月20日　　　赤峰市副市长吴平，市政府副秘书长、金融办主任方武，综合处处长王凤海一行莅临赤峰分行调研指导工作，同赤峰分行领导班子和部室负责人进行了座谈。

2月22日　李猛任包商银行包头分行副行长；任小飞任包商银行包头分行风险总监。

2月23日　兴安盟分行微小企业金融部策划举办"感恩包商，逐梦微贷"主题演讲比赛。经过评委最终评定，评选出一、二、三等奖及优秀奖，并为获奖选手颁发了奖品。

2月25日　乌海分行召开2013年工作会议，并对特殊贡献集体及个人进行表彰。

2月26日　乌海分行承办"乌海煤炭资源整合银企座谈会"。

2月28日　成都分行成功举行2013年第二次校园招聘会。

同日　呼伦贝尔分行满洲里支行开业。满洲里市委副书记白晓娟、政府副市长丁昊、人民银行呼伦贝尔中心支行行长王永新、银监局呼伦贝尔分局石晶处长、包商银行呼伦贝尔分行行长段晓勇等领导为支行开业剪彩。

3月1日至3日　兴安盟分行在融通支行会议室举办了"包商银行兴安盟分行管理人员培训班"。

3月2日　经总行审批同意后，宁波余姚支行（筹）专场招聘会于在余姚太平洋酒店正式举行。

3月3日　赤峰分行2013年工作会议暨党建工作会议在赤峰宾馆隆重召开。赤峰分行领导班子成员、各部室负责人、各支行行长及员工共650多人参加了会议。中国人民银行赤峰中心支行副行长王建民、赤峰银监分局纪委书记刘志强等应邀出席会议。会议由蔡寿松副行长主持。刘玉梅行长代表分行班子向大会做了工作报告。

同日　呼伦贝尔分行行长段晓勇赴阿荣旗考察圈链业务，阿荣旗旗委书记潘金生等陪同考察。

3月5日　中国银监会阿拉善监管分局核准林方建任包商银行阿拉善分行副行长任职资格。

3月6日　呼伦贝尔分行阿荣旗支行开业，以阿荣旗旗委书记潘金生为首的旗委四大班子领导、呼伦贝尔银监分局局长兰青峰、包商银行呼伦贝尔分行行长段晓勇为阿荣旗支行开业剪彩。

3月8日　北京分行邀请对外经贸大学国际经贸学院特邀讲师张肇达先生为全分行女干部员工开展"时尚着装与品质女人"专题讲座。

同日　　　呼和浩特分行小企业金融部荣获内蒙古自治区总工会授予的"模范职工小家"荣誉称号。

3月12日　　　包商银行印发任职决定，聘任林方建为包商银行阿拉善分行副行长。

3月13日　　　北京分行在2012年人民银行营业管理部统计工作综合评比中荣获"金融统计与分析优秀集体二等奖"。

3月18日　　　包商银行锡林郭勒支行首家离行式自助银行——额尔敦路离行式自助银行开业。

同日　　　兴安盟分行微贷部与科右前旗科尔沁镇民泉村开展农贷合作，成功发放了18组54户115.1万元涉农微小贷款，并通过投保形式规避风险。

3月20日　　　总行批复同意阿拉善分行开办个人理财业务及个人类代理业务。

3月21日　　　包头分行成立不良资产清收工作组，加大不良资产的清收督导力度，全面推进清收工作。

3月27日　　　成都分行获得中国人民银行成都分行人民银行国库业务考核综合评价"A"级称号。

同日　　　由市金融办主办的银企对接会在乌兰浩特市举行。市政府四大班子主要领导、市商务局、发改委、乌市12家金融机构、40多家企业，共200余人参加了对接会。李健副行长介绍了兴安盟分行的基本情况、品牌特色和市场定位、取得了预期效果。

同日　　　宁波分行在四楼视频会议室举行2013年度公司金融条线新产品业务推广探讨培训会。

3月28日　　　成都分行获2012年四川银行业机构支付结算工作"先进单位"荣誉称号。

同日　　　赤峰分行工会举办了以"强素质，提技能，练本领，树形象"为主题的员工柜面综合业务技能大赛。来自全行的200余名员工参加了本次技能比赛。

同日　　　锡林郭勒支行第二家离行式自助银行——杭盖路自助银行开业。

同日　　　锡林郭勒支行在锡林浩特市纪委监察局组织开展的2012年锡林浩特市民主评议银行业金融机构行风满意度调查中名列第三，极大地提高了该行在锡林郭勒盟地区的知名度和美誉度。

　　同日　兴安盟分行召开执行经理工作汇报会。

　　同日　烟台银行孙才厚行长一行 5 人莅临包商银行北京分行考察交流。北京分行段建宇副行长、何焱副行长、曹霞行长助理以及分行公司金融管理部、金融同业部、小企业金融部、微小企业金融部、个人金融部负责人陪同参观并举行座谈会。

　　同日　中国人民银行阿拉善盟中心支行批复同意包商银行阿拉善分行加入人民银行金融管理与服务体系。

　　同日　宁波分行在四楼视频会议室进行了安防操作与消防知识培训，全体一线员工参加了培训。

　　3 月 29 日　北京分行于楼前广场组织开展了以"好好理财，天天向上"为主题的大型营销宣传活动，隆重拉开了 2013 年个人金融业务春季营销系列活动的序幕。

　　同日　兴安银监分局贾尔宠局长工作组一行赴兴安盟分行开展 2013 年监管工作会谈，兴安盟分行于秀峰行长、李健副行长、张威行长助理以及各部室负责人、支行行长参加了会议。会议由兴安监管分局包利君副局长主持。

　　3 月 31 日　赤峰市促进非公有制经济发展大会在赤峰宾馆召开。会上，市委、市政府授予赤峰分行"赤峰市非公有制优秀企业"称号。自治区党委常委、市委书记王中和讲话，市委副书记、市长包满达主持会议并作总结讲话，市委副书记宋亮宣读表彰决定。

　　同日　乌兰察布市"双学双比"活动领导小组，授予分行赵云芝同志"巾帼建功标兵"光荣称号，同时授予分行营业部"巾帼文明岗"光荣称号。

　　4 月 2 日　成都分行荣获 2012 年度成都市公安内保系统平安示范单位荣誉称号。

　　同日　总行个人金融部陈立宇总经理、陈彪总经理助理莅临宁波分行开展个金业务调研工作。

　　4 月 7 日　巴彦淖尔分行荣获总行银行卡部 2012 年度信用卡业务评选活动"风云团队"奖，乌拉特中旗支行员工嘎日迪获"年度销售风云人物"奖。

　　4 月 8 日　呼伦贝尔银监分局与呼伦贝尔分行进行监管会谈。呼伦贝尔银监分局石晶处长及监管科室相关人员参加会议，提出了呼伦贝尔分行 2013 年监管工作目标、要求和措施，并与分行段晓勇行长签订了《2013 年度监管目标责任书》。

　　同日　兴安盟融通支行隆重开业，融通支行是兴安盟分行成立的第二家县域支行，也是首家专业型支行。

4月10日　　北京分行应邀出席驻京内蒙古企业商会巴彦淖尔分会召开的会长级会议，与参会企业代表共商合作事宜。

4月11日　　阿拉善分行成立消防安全领导小组和义务消防队，领导小组办公室设在分行办公室安全保卫中心。

4月12日　　克什克腾支行试营业4个月后，各项存款2.36亿元，其中储蓄存款1.04亿元，对公存款1.34亿元，均突破亿元大关。

同日　　赤峰市首届"包商银行杯"青工职业技能大赛决赛在赤峰宾馆和交通职业技术学院隆重举行。市人大常委会副主任冬日布、团市委书记莫峰及其他主办方领导出席了开幕式；赤峰市青年岗位标兵、进入决赛的参赛选手参加了活动；赤峰分行党委书记岳兴江代表冠名单位参加开幕式并担任决赛评委。

4月13日　　赤峰分行与民生人寿保险公司在分行五楼会议室正式举行合作启动会。民生人寿保险内蒙古分公司副总经理张晓军、民生人寿保险公司赤峰中支银保总经理刘学英、赤峰分行行长助理胡铁男、分行个人金融部总经理苏存孝、部分支行长及理财经理参加了此次启动仪式。

4月16日　　包商银行董事长顾问徐光太教授、顾问助理赵兴梅博士等一行3人莅临包商银行北京分行调研指导。北京分行领导，及各部门、各支行负责人陪同调研并参加了座谈会。

同日　　内蒙古东部盟市非公有制经济金融服务峰会在锡林浩特市上都苑会议中心隆重召开。总行监事长李献平、呼和浩特分行行长杨俊杰、锡林郭勒支行行长王向东等5人代表包商银行参加了会议。

4月17日　　北京银监局张磊副处长一行莅临包商银行北京分行调研指导。北京分行行长刘建军率行领导班子及公司金融、微小企业金融、小企业金融、个人金融条线负责人全程陪同并召开工作座谈会。

4月18日　　包商银行北京中关村支行受邀参加北京市海淀区金融办举办的中小微企业投融资对接会，被授予"中小微企业信贷服务专营机构"称号。

同日　　兴安盟委统战部副部长、盟工商联党委书记朱中文，盟工商联主席王喜林，盟工商联副主席陈克俭等一行5人来到兴安盟分行，双方就签订战略合作协议有关事宜进行座谈。根据协议规定，盟工商联向兴安盟分行推荐全盟1,200户会员单位及异地商会和行业协会，未来三年内，兴安盟分行将向盟工商联推荐的企业提供不低于50亿元的意向信用额度，并在客户需求符合国家产业政策和银行管理规定的前提下，在金融服务和资源配置上优先倾斜。

同日　　宁波分行开展为期三个月的柜面金融服务标准化建设系列活动。

4月19日　　锡林郭勒支行王向东行长作为唯一一家金融机构负责人出席了锡林郭勒盟肉类协会第二届会员大会，并当选为第二届锡林郭勒盟肉类协会副会长。

4月20日　　成都分行向芦山地震灾区捐款40,840元。

同日　　兴安盟分行召开了一季度总结表彰暨二季度工作安排会。全体员工共160余人参加了此次会议。会上，分行对一季度各项存款、电子银行、银行卡营销情况进行了通报，并对一季度综合营销活动中业绩突出的先进集体和先进个人进行表彰，全行共有7个部室和68名员工获得了表彰奖励。

4月20日至24日　　赤峰分行王玉东副行长携同小企业金融部、微小企业金融部、公司金融部以及风险管理部8人组成的调研工作组在阿鲁科尔沁旗对牧草行业开展了为期5天的圈链调研工作。

4月23日至24日　　为庆祝宁波分行成立五周年，分行在四楼视频会议室召开了后台管理条线、业务条线、风险条线员工座谈会。

4月26日　　呼和浩特分行微小企业贷款累放突破20,000笔、金额过20亿元大关。

4月27日　　锡林郭勒盟银行业协会创立大会暨首届会员大会在锡林郭勒银监分局会议室召开。锡林郭勒支行行长王向东在会议上顺利当选副会长，并成为锡林郭勒盟唯一一名入选首届理事会副会长的城商行负责人。

同日　　兴安盟分行举行2013年度管理人员缺岗竞聘大会，本次竞聘包括分行各部室总经理、副总经理、总经理助理等岗位，13名竞聘人员结合工作完成情况和对所竞聘岗位的设想安排等发表了竞聘演讲。

同日　　宁波分行召开专题会议，深入贯彻总行2013年案件防控和安全保卫工作会议精神。

4月　　成都分行被评为"2012年度四川银行业金融机构小微企业金融服务先进单位"，成都分行连福良行长被评为"2012年度四川银行业金融机构小微企业金融服务先进个人"。

5月1日　　呼和浩特分行小企业金融部荣获2013年全国"工人先锋号"荣誉称号。

5月2日　　锡林郭勒支行与锡林郭勒盟经济和信息化委员会在锡林郭勒盟党政大楼正式签订培育锡林郭勒肉羊产业品牌战略金融合作框架协议。锡林郭勒盟行署乌力吉副盟长、锡林郭勒盟经信委张怡主任、支行领导出席了签约仪式。

同日　　赤峰分行在赤峰宾馆1号会议室召开2013年个人金融工作会议，赤峰分行领导班子、部室负责人、支行长及市区全体员工、旗县区大堂及理财经理共计450余人参加了会议。

5月4日　　乌海分行被共青团乌海市委员会授予乌海市2012年度"青年文明号"荣誉称号。

同日　　赤峰分行团委、工会共同举办的"颂五四风采，展青春英姿"职工健美操大赛拉开了帷幕。分行党委书记岳兴江、部分支行行长和机关部室总经理担任本次大赛的评委，来自全行的22家支行代表队和机关3个代表队的200多名老中青员工参加了本次比赛。

同日　　宁波分行联合海曙支行在宁波"天一广场"举行以"诚信服务，青春飞扬"为主题的大型广场宣传活动。

5月6日　　鄂尔多斯分行发放涉农贷款7,842笔，总额2.15亿元，鄂尔多斯市杭锦旗电视台、达拉特旗电视台、东胜区《百姓直通车》栏目组就分行"服务三农工作"进行了专题报道。

同日　　兴安盟分行召开2013年"案防长效机制深化年活动"启动大会。分行领导班子成员，风险管理部、运营服务部、营业室、办公室安保中心、融通支行全体人员以及各部室、各支行副执行经理以上人员参加了会议，会议由李健副行长主持。

5月6日至8日　　在赤峰分行刘玉梅、王玉东副行长的带领下，赤峰分行圈链业务调查组深入阿鲁科尔沁旗牧草种植企业、畜牧养殖企业开展调查工作，通过实地调研、座谈等方式进一步了解企业的经营管理情况和实际融资需求，在严格把控风险的前提下，为企业量身订制了牧草种植圈、肉牛养殖圈、羊养殖圈三个授信模式，并与企业达成一致意见。

5月7日　　包商银行星城支行搬迁至钢铁大街36号街坊，新营业网点正式营业。

5月8日　　北京分行副行长王青陪同人民银行营业管理部货币金银处刘治国副处长亲临安慧东里社区，深入基层，就2013年社区反假工作进行现场调研，并结合社区实际对创新人民币反假工作、提高人民群众参与度做出详细部署和安排。

同日　　包商银行乌海分行参加"2013年金融支持乌海区域中小微企业项目融资对接会"暨乌海市第二届"金融超市"活动。行长白保林代表乌海分行与企业代表签订合作意向书。

5月9日　　呼和浩特分行荣获2012年度"12万元以上个人所得税纳税人自行申报工作优秀企业"称号。

5月10日　　鄂尔多斯分行行长韩珍赴河北石家庄对民生银行石家庄分行先进经营管理模式进行考察学习。

5月13日　　赤峰分行首批离行式自助银行——黄金大厦离行式 24 小时自助银行及北方离行式 24 小时自助银行开业，标志着分行在网点转型建设和自助电子建设方面又迈上一个新台阶。

同日　　兴安盟阿尔山支行筹备组成立，并于 11 月 27 日取得营业执照对外营业。

5月14日　　兴安盟分行《关于设立乌兰浩特市泰华农产品批发市场离行式自助银行的请示》得到总行批复。

5月15日　　乌兰察布幸福支行试营业，并于 2013 年 10 月 18 日正式开业。

5月16日　　成都高新支行开业，这是继武侯、成华、金沙之后设立的第四家分支机构。

同日　　宁波分行邀请宁波市律师协会副会长、浙江百铭律师事务所主任叶明律师为分行业务条线和风险条线员工作了《信贷业务担保法律风险防范》专题培训。

5月18日　　总行阿鲁科尔沁旗惠农肉牛养殖信用互助社成立暨授信签约仪式在赤峰市阿鲁科尔沁旗宾馆举行。阿鲁科尔沁旗政府副旗长菅春生，包商银行赤峰分行行长刘玉梅，副行长王玉东，行长助理胡铁男、汪海峰出席签约仪式。王玉东担任包商银行阿鲁科尔沁旗惠农肉牛养殖信用互助社主任。

5月20日　　成都分行下发《包商银行成都分行关于印发客户投诉管理办法的通知》。

5月20日至22日　　总行魏占元副行长检查了呼伦贝尔分行和满洲里支行的监控中心、安保设施、安保制度等，对呼伦贝尔分行安保工作给予了充分肯定。呼伦贝尔分行行长段晓勇陪同视察。

5月21日　　2013 年内蒙古西部盟市非公有制经济金融服务峰会在阿拉善盟巴彦浩特召开，包商银行党委副书记、监事长李献平率队参加。包商银行包头分行、呼和浩特分行、乌兰察布分行、巴彦淖尔分行、阿拉善分行有关领导参加峰会并与相关企业签订信贷合作和融资项目协议。

同日　　呼和浩特分行与泛蒙石材市场签订微小企业批量业务合作协议。

5月22日　　四川省循环经济促进会与包商银行成都分行对接小微企业融资合作项目。

5月24日　　包商银行锡林郭勒支行营业部获得锡林郭勒盟妇女联合会授予的"巾帼文明岗"荣誉称号。

同日　　呼伦贝尔分行孙德育副行长一行 15 人参加了由呼伦贝尔银监分局组织的"防范和打击非法集资和小微企业金融服务宣传活动"。

同日　　鄂尔多斯分行首个"圈链"业务——"运输车辆保险贷款"业务正式落地，并成功发放第一笔贷款。

5 月 29 日　　成都分行组织开展英语口语和国际金融文明礼仪培训。

同日　　根据《包商银行经营管理模式及组织体系改革方案》要求，阿拉善分行将原小企业金融部和微小企业金融部整合为小微金融部。

5 月 30 日　　包头裕丰支行正式与包头房地产置业担保有限责任公司签署预抵押登记合作协议。

5 月　　共青团乌兰察布市委员会授予乌兰察布分行"全市'五四'红旗团委"光荣称号。

6 月 1 日　　呼伦贝尔分行举行了首届春季"三对三"篮球赛。

6 月 3 日　　呼和浩特分行成功为内蒙古浩众进出口贸易公司办理出口退税质押融资业务，为分行产品多样化增添重要一笔。

同日　　宁波分行成功叙做首笔法人客户黄金租赁业务。

6 月 4 日　　宁波分行营业部成功实现个人本外币的柜台业务一体化。

6 月 5 日　　乌海分行与乌海市餐饮协会签署战略合作协议，双方就业务合作进行洽谈。

6 月 6 日　　成都分行消费信贷业务在区外分行第一家成功上线。

6 月 6 日　　经内蒙古银监局批准，包商银行锡林郭勒支行升格为包商银行锡林郭勒分行。

6 月 7 日　　"包头市北梁棚户区搬迁改造领导小组现场指挥部"正式户在银河支行开立，支行配合包头市政府进行北梁棚户区搬迁改造工程资金运转正式开始。

同日　　成都分行下发《包商银行成都分行关于印发同城票据交换业务管理实施办法的通知》《包商银行成都分行关于印发办理继承公证过程中查询被继承人名下存款等事宜操作流程的通知》。

同日　　宁波分行召开经营工作扩大会议。

6月8日　　"包商银行兴安盟分行与融佳建材市场商户商圈合作社推介会"在兴安盟融通支行二楼会议室召开，兴安盟分行微小企业金融部、融通支行负责人以及融佳建材市场商户共计30余人参加会议。

同日　　成都分行举办"第二届小微企业金融服务宣传月"知识技能竞赛。

6月13日　　总行行长助理兼呼和浩特分行行长、公司事业部区内负责人杨俊杰一行3人到兴安盟分行开展工作调研，并传达总行的经营改革精神。

6月14日　　内蒙古新闻频道对兴安盟分行支持小微企业和"三农"经济进行专题报道。兴安盟分行在区域经济相对落后的情况下，积极采取措施支持县域和"三农"经济，开业两年来累计投放各项贷款达到23亿元，业务覆盖全盟6个旗县市，为全盟社会经济发展做出了应有的贡献。

6月15日　　巴彦淖尔分行成功代理巴彦淖尔市阳光能源集团有限公司收取暖费业务，实现了分行代收业务零的突破。

6月18日　　兴安盟分行阿尔山地区银企座谈会在阿尔山市海神大酒店五楼会议室举行。兴安盟分行行长助理张威、分行各信贷部门负责人、阿尔山支行筹备组参加了会议。阿尔山市委常委、副市长郭凌云应邀出席会议并讲话，阿市金融办、发改委、经委、商贸局、旅游局等部门负责人及全市30多家企业代表参加了座谈会。

同日　　兴安盟分行考核办组织召开了岗位工作流程研讨会，会议由考核办常务副主任朝乐门主持，于秀峰行长、李健副行长及各部室执行副经理以上人员（包括中心负责人）参加了此次会议，会议就各部室岗位工作流程的具体内容、制作要求等进行了深入的探讨。

6月19日　　北京分行在501会议室召开了"北京分行原小、微企业金融部合并工作会议"。北京分行行长刘建军，副行长王青，各支行行长，原小、微企业金融条线全体人员，分行组织推动部门负责人出席会议。

6月22日　　成都分行荣获四川省城市商业银行"天府杯"羽毛球比赛团体第三名。

6月23日　　阿拉善分行荣获阿拉善盟首届"银协杯"乒乓球比赛优秀组织奖。

6月24日　　鄂尔多斯分行选派42名干部职工赴民生银行太原分行就圈链业务进行再学习。

6月26日　　北京分行邀请北京市十佳公诉员、北京市检察院第二分院张启明检察官为分行干部员工开展"强化案件防控机制、预防银行职务犯罪"主题讲座。

6月27日   北京分行开展综合文秘管理培训,各部室、各支行对接员,办公自动化(OA)管理员,档案管理员,印章管理员参加了培训。

6月28日   宁波分行余姚支行开业。

同日   在兴安盟检察分院的支持下,在分行党委委员、纪委书记李健的带领下,兴安盟分行组织员工到内蒙古保安沼监狱开展警示教育活动。

7月1日   为庆祝建党92周年,赤峰分行党委举办了以"汲取红山文化精髓、实现包商银行梦想"为主题的教育实践活动。分行党委书记岳兴江、行长刘玉梅、风险总监王宗和、副行长王玉东、行长助理胡铁男出席了本次活动,来自全行的部分党员及入党积极分子共计100余人参加了活动。

7月2日至3日   兴安盟分行召开零售板块业务讨论会,分行各前台业务执行副经理以上共计30余人参加会议,会议由分行行长于秀峰主持。

7月5日   赤峰分行在赤峰宾馆召开"严肃工作纪律,整顿工作作风"专项活动启动大会,赤峰分行行长刘玉梅,党委书记岳兴江,副行长蔡寿松、李首民,风险总监王宗和,行长助理汪海峰、胡铁男出席会议,会议由副行长蔡寿松主持,全行约750名员工参加了会议。

同日   兴安盟分行在融通支行会议室召开"人才战略讲座",董事长顾问徐光太,董事长顾问助理赵兴梅、李扬,兴安盟地区企业家,分行行长于秀峰,行长助理张威以及全体员工共计200余人参加了会议,会议由张威行长助理主持。

7月9日   兴安盟分行邀请内蒙古党校于连锐教授到分行进行党史讲座。分行行领导、总经理助理以上人员及全体党员和积极分子参加了会议,会议由李健副行长主持。

7月10日   北京银监局对辖内140余家金融机构2012年度新闻舆情工作进行了考评。北京分行新闻舆情工作得到了监管部门的认可和好评,在2012年北京银行业新闻信息综合评比中荣获"2012年北京银行业信息工作先进单位"的称号。

7月13日   兴安盟分行在吉林省白城市国家级自然保护区向海举行为期两天的2013年"喜迎三周年"郊游活动,全行共计170余人参加了活动。

7月19日   成都分行举办包商银行经开园区一卡通首发启动仪式。

同日   兴安盟分行在融通支行会议室召开2013年零售板块启动大会,全行共计180余人参加了会议,会议由李健副行长主持。

7月20日　　兴安盟分行冠名的2013首届"包商银行杯"东四盟及周边城市羽毛球邀请赛在乌兰浩特市举行。本次邀请赛由兴安盟分行主办，乌兰浩特市羽毛球协会和笑羽俱乐部承办，来自齐齐哈尔市等9支代表队共150余名运动员参加了比赛，兴安盟体育局、兴安盟分行有关领导出席开幕式并观看了比赛。

7月22日　　乌海电视台新闻频道对乌海分行支持地方中小企业发展事迹进行报道。发表《8337在乌海市着力发挥金融服务业对中小企业的支持作用系列报道》《300万元贷款真是及时雨》两篇专题报道。

7月27日　　兴安盟分行联合人民银行组织反假币上岗资格考试，44名参考人员全部通过。

7月29日　　锡林郭勒分行第一家社区小微金融工作室正式成立。

7月29日至8月1日　　中国社会科学院农村发展研究所杜晓山教授一行来到包商银行锡林郭勒分行调研指导工作。

7月30日　　兴安盟分行赞助并参加了胜利街站前社区"畅想中国梦·品味邻里情"仲夏晚会。

7月31日　　总行宁波江北支行时点存款余额11.0589亿元，首破10亿元大关。

7月　　巴彦淖尔分行青年就业、创业见习基地被团中央评为2012年度工作成效突出见习基地。

8月1日　　包头分行根据全行经营管理模式及组织体系改革发展要求，完成全行组织架构调整，共设立十个部门及一个工作组，即零售规划部、小微与个人金融部、零售风险管理部、零售服务部、运营科技部、办公室、人力资源管理部、计划财务部、营业部、公司金融部、不良资产清收工作组。

8月3日　　成都分行荣获四川省银行卡业协会第三届羽毛球比赛优秀组织奖。

同日　　乌海分行召开改革推进会。乌海分行领导班子成员出席会议，行长白保林动员部署改革任务。

8月4日　　原包商银行和平支行搬迁、更名，所有业务移交至银河支行办理。

8月6日　　锡林郭勒分行在锡林浩特市华锡大酒店举行肉产业批量授信业务发放仪式。

同日　　兴安盟分行召开包商大课堂开班仪式暨零售业务调研动员大会，分行行领导，各部门负责人，各支行行长以及全体客户经理共计 80 余人参加了会议，会议由副行长李健主持。

8 月 7 日　根据《包商银行关于印发经营管理模式及组织体系改革方案的通知》（包商银发〔2013〕97 号）精神，包商银行鄂尔多斯分行启动组织架构改革。设立了公司金融事业部鄂尔多斯分部；搭建了零售、资源配置与综合管理、运营科技三个板块为主线，十个职能部门的组织架构。

同日　宁波分行召开社区金融工作推进会议。

8 月 9 日　北京分行通州支行开业。

同日　乌海分行全面开展改革工作。根据《包商银行关于印发经营管理模式及组织体系改革方案的通知》（包商银发〔2013〕97 号）精神，制定《包商银行乌海分行改革实施方案》及《改革竞聘方案》。

8 月 10 日　乌海分行召开改革实施暨岗位竞聘动员大会，行长白保林部署深入推进"两小"金融发展的工作任务。

8 月 12 日　乌海分行首次召开社区金融便利店建设沟通协调会议，社区金融便利店建设工作取得了乌海政府及各社区代表的响应与支持。

同日　宁波分行召开了改革工作动员会议。

8 月 14 日　成都分行玉林芳草东街自助银行正式开业。

同日　赤峰分行与松山区政府召开政银共建和谐社区座谈会。松山区政府副区长刘彦华、办公室衣副主任及松山区下属 7 个街道办事处主任出席会议，赤峰分行行长助理胡铁男及社区金融工作领导小组成员及对接街道的支行行长共 27 人参加了会议。

同日　总行公司事业部改革宣讲团莅临宁波分行进行事业部制改革政策宣讲。

8 月 15 日　成都分行召开 2013 年年中工作会议。

同日　呼伦贝尔分行开展开业三周年金融宣传活动。

同日　呼伦贝尔分行组织全体职工召开改革动员大会，段晓勇行长发表重要讲话，部署各项改革措施的落实工作。

8 月 16 日　北京分行召开组织架构改革动员会，由刘建军行长主持，全体员工参加了会议。

8月18日至20日　兴安盟分行组织开展了分支行改革干部竞聘大会，本次竞聘打破原有模式，本着公平、公正、择优和注重实效的原则，在全行范围内重新对分行部室中层管理人员及各中心负责人实行公开竞聘，全行共40余人报名参加了岗位竞聘。

8月19日　北京分行根据总行组织体系改革要求完成新架构下各部室总经理竞聘工作。

8月20日　乌海分行召开第一届员工代表大会，会议选举出5名工会委员，副行长王桂华当选工会主席。

同日　兴安盟分行召开第一届一次工会会员代表大会，行领导班子出席了会议，45名会员代表及全体员工参加大会，选出了由5人组成的第一届工会委员会，并在此基础上选举张威同志为新一届分行工会主席。

同日　根据《包商银行分支机构改革方案》和《包商银行分支机构改革实施工作安排》要求，调整包商银行阿拉善分行组织架构。调整后的分行组织架构包含零售、运营科技与营业、资源配置与综合管理三个板块八个部室。零售板块包含规划部、小微与个人金融部、风险管理部、客户服务部。运营科技与营业板块包含运营科技部、营业部。资源配置与综合管理板块包含办公室、计划财务部。

8月22日　阿拉善分行工会成立暨第一届一次工会会员大会召开。大会选举产生了阿拉善分行第一届工会委员会委员5名，副行长林方建当选为工会主席。

同日　赤峰分行第二届一次工会会员代表大会在华夏支行四楼会议室隆重举行。分行领导及各工会分会代表共计100人参加了选举大会。第一届工会主席王宗和做了工作报告；大会举手表决并审议通过了《工会工作报告》《选举办法》和候选人名单。

同日　赤峰分行召开2013年年中工作会议暨全体干部员工大会，此次会议主要任务是贯彻总行年中工作会议精神，部署下半年各项工作，向全员说明分行机构改革工作总体情况。全行干部员工近800人参加会议，会议由副行长蔡寿松主持，刘玉梅行长做了重要讲话。

同日　宁波分行召开第一届工会会员代表大会。

8月23日　成都分行成功出版第一期《包商小微金融服务会刊》。

同日　包商银行工会委员会印发《关于包商银行宁波分行第一届一次工会会员代表大会和第一次全委会选举结果的批复》（包商银工发〔2013〕第26号）文件，同意包商银行宁波分行工会由徐文勇、戴光伟、贺灵敏、汪秀宾、梁宏伟组成，徐文勇任工会主席。

8月25日　呼伦贝尔分行扎兰屯支行开业，呼伦贝尔市王国林副市长、任宇江书记、扎兰屯市兰天猛市长、呼伦贝尔银监分局局长兰青峰，中国人民银行呼伦贝尔中心支行副行长王永新，呼伦贝尔分行行长段晓勇为包商银行扎兰屯支行开业剪彩。

8月26日　　巴彦淖尔分行召开第一届一次工会会员代表大会。

8月27日　　乌海分行召开中层干部竞聘大会。宣布设立公司金融事业部乌海分部；搭建了零售、资源配置与综合管理、运营科技三个板块为主线，十个职能部门的组织架构。

同日　　包商银行聘任连福良为公司金融事业部成都分部总裁。

9月1日　　宁波分行在徐文勇副行长的带领和组织下，风险条线和公司条线相关人员与宁波从事基金投资业务的资深人士举行了一次业务交流沙龙活动。

9月4日　　总行批复同意阿拉善分行设立阿左旗巴彦浩特镇中心市场离行式自助银行。

同日　　呼伦贝尔分行工会一届一次代表大会召开，经选举行长助理齐伟任工会主席，刘晓峰、于梦等7人为工会委员。

9月6日　　阿拉善分行被包头军分区、包商银行联合授予"包商银行庆祝建军86周年国防知识竞赛活动优秀组织奖"荣誉称号并通报表彰。

9月7日　　呼和浩特分行与紫丁香之爱公益、如意小区居委会携手举办了"关注失学儿童爱心社区行"音乐会。通过此次公益活动的举办，极大提高了分行在周边社区居民当中的影响力。

同日　　兴安盟零售规划部培训认证中心结束了为期9天的第一期客户经理资格认证培训。

9月8日　　北京通州支行正式与北京潞洲有限公司合作，成为包商银行在北京地区首个水费代缴业务网点。

同日　　鄂尔多斯分行第一家城市商业合作社——琛胜出租车合作社在准格尔支行成立。

9月11日　　巴彦淖尔分行成功发放第一笔"农蔬宝"贷款，巴彦淖尔分行乌拉特中旗支行开拓了涉农贷款的新领域，共计授信农户48户，授信金额144万元。

9月12日　　北京分行客户服务部成立。

同日　　北京分行召开人员调整和部门交接会议，用实际行动践行改革理念，推动改革进程。

同日　　　乌海分行举行文明单位创建启动仪式。

同日　　　呼和浩特分行实现企业所得税网上申报、缴纳。

9月13日　　包头分行科技支行储蓄存款突破10亿元大关。

9月14日　　宁波分行深入白鹤街道贺丞社区开展"金融知识进万家"的宣传活动。

9月16日　　北京分行规划部成立。

9月17日　　鄂尔多斯分行第一家农业合作社——新民堡农业合作社在伊金霍洛支行成立。

同日　　　包头分行首家餐饮协会商业合作社成立。

9月23日至24日　　总行在赤峰市召开"包商银行（蒙东地区）公司金融事业部及分支行改革实施推动会议"。总行行长助理、公司金融事业总部副总裁杨俊杰带队，一行17人出席了会议。赤峰分行、通辽分行、兴安盟分行、呼伦贝尔分行4家机构180名员工参加了会议。

9月25日　　总行改革推动小组莅临北京分行指导工作，高度赞扬北京分行在公司金融事业部和零售银行改革中敢做排头兵的勇气和能力。

9月26日　　鄂尔多斯达拉特支行正式试营业。

9月27日　　成都分行下发《包商银行成都分行关于印发员工一般违规行为积分管理办法的通知》。

同日　　　呼和浩特分行银联商务俱乐部正式成立。呼和浩特分行行长助理石文刚、规划部负责人李智慧参加了会议，会上双方达成了合作共识，签署了合作协议。

同日　　　人民银行呼和浩特中心支行汪处长莅临赤峰中支调研指导工作，并与全市金融机构召开座谈会。赤峰分行小微与个人金融部总经理张晓娟做了小微金融业务开展情况报告，通报了分行小微金融实现"两个不低于"的业务数据，并得到了汪处长首肯。

9月28日　　鄂尔多斯分行第一家社区金融便利店——佳泰金融便利店成立。

同日　　　兴安盟分行与兴安盟工商业联合会签订《战略合作协议》。

9月29日　　宁波分行余姚支行员工杨蔷薇参加了由余姚市人民银行主办，余姚市中国工商银行余姚支行协办的"梦想与人生"演讲比赛，获三等奖。

9月30日　　　红都社区 24 小时自助银行隆重开业，意味着兴安盟分行第一家自助银行落户红城。

同日　　　内蒙古金融行业协会、内蒙古金融网、内蒙古人民广播电台共同举办"第五届内蒙古金融业卓越理财团队评选活动颁奖盛典"，呼和浩特分行荣获内蒙古金融业卓越理财师个人、卓越理财团队奖。

10月8日　　　乌兰察布分行佳美社区和兴和县新城区阜顺街两家社区金融便利店同时开业。

同日　　　宁波分行副行长闵学龙带领办公室工作人员赴余姚支行慰问奋斗在抗击"菲特"台风一线的员工。

10月10日　　　乌海分行盛世家园建材合作社正式成立。

10月13日　　　北京分行开展了为期一周的 2013 年反假货币宣传活动，营业网点组织员工深入周边社区，走到老百姓的生活中开展"反假币知识宣传"活动。

10月18日　　　赤峰分行召开"大干 70 天"全体员工动员大会。赤峰分行全体干部员工近 800 余人参加了会议，会议还特别邀请通辽分行平安支行行长魏宝祥、行长助理红霞传授宝贵的营销经验，刘玉梅行长做了重要讲话。

同日　　　兴安盟分行成功举办兴安盟分行首届柜面业务技能比赛。

10月19日　　　锡林郭勒分行无形出租车俱乐部成立。

同日　　　赤峰分行在华夏支行四楼会议室召开社区金融便利店理财经理营销经验交流会。赤峰分行行长刘玉梅出席了会议，小微与个人金融部总经理张晓娟、副总经理苏存孝参加了会议。会议由张晓娟总经理主持。

10月20日至22日　　　赤峰分行小微团队在红山脚下分三批参加"长征魂"军事拓展训练。赤峰分行行长刘玉梅、行长助理胡铁男亲临参加训练。

10月21日　　　阿拉善盟金融系统"五个一"帮联行动领导小组确定阿左旗巴彦浩特巴彦塔拉嘎查为阿拉善分行扶贫帮联单位，要求实施 2013—2015 三年扶贫帮联工作。

同日　　　宁波分行在开元大酒店五楼开元厅召开"宁波分行公司事业部及分支机构改革推动宣讲大会"，全体员工参加了会议。

10月22日　　　成都分行召开零售板块改革落地会，完成了分行组织架构的调整。

10月23日　　北京分行举行了2013年度点钞技能比赛。本次真钞实战比赛动用真、假人民币超过300万元，比赛设手工挑错点钞、机器识假挑错点钞两个项目，来自4个支行的12名选手参加了比赛。

同日　　总行批复同意阿拉善分行第一批申报的民生花园社区金融便利店、绿色之光社区金融便利店项目规划。

同日　　宁波银监局监管三处崔宇杰处长、朱艳群监管员莅临宁波分行视察指导工作。

同日　　包商银行北京大红门支行第一家金融互助合作社马连道茶叶金融互助合作社成立。

同日　　乌海分行首家社区金融便利店——文博佳苑社区金融便利店正式开业。

同日　　宁波分行成功办理包商银行系统内首笔出口退税质押融资业务。

10月25日　　锡林郭勒分行首家有形小微客户俱乐部——华联小微客户俱乐部正式开业。

10月26日　　巴彦淖尔长春支行试营业。

10月29日　　阿拉善分行成立劳动人事争议调解委员会。

10月30日　　北京分行首台智能互动营销桌、自助派件柜进驻分行第一家开业的社区便利店。

同日　　成都分行举行社会招聘。

同日　　宁波分行在分行四楼会议视频室举行了改革后组织架构中层干部公开竞聘。

10月31日　　北京分行首家社区金融便利店——远洋万和城社区金融便利店装修完毕，实现了北京分行社区金融网点建设零的突破。

同日　　鄂尔多斯乌审东街支行正式开业运营。

同日　　呼和浩特分行营业部组织员工编写的《柜面业务操作及风险防范手册》印刷成册，分发给分支行营业部全体员工。

10月　　呼和浩特分行先后与内蒙古敕勒川旅游股份有限公司、内蒙古惠丰堂药业、内蒙古水务投资集团有限公司签订长期战略合作协议。

11月1日　　北京分行于北京联合大学、中央财经大学等院校进行2014应届生专场宣讲会，共收集简历1,200余份，为分支机构建设储备人才。

11月1日至2日　　兴安盟分行在阿尔山召开了2013年零售工作会议，分行领导班子、各部室负责人、各支行行长以及各筹备组组长共计19人参加了会议，会议由分行行长助理张威主持。

11月2日　　呼和浩特分行应邀参加了呼和浩特"阳光培训工程"暨农村科技扶贫志愿者培训班，并以"包商银行农村金融服务"为主题向参会的农村创业中青年代表进行金融知识培训。

11月4日　　成都分行小微客户经理熊杰、姚楠、徐川等3名员工荣获四川银监局授予的"四川银行业金融机构百名优秀小微企业客户经理"荣誉称号。

11月5日　　乌海分行成功举办第一届员工劳动技能大赛。

同日　　呼和浩特分行南台什村乐富农金融互助合作社成立。

11月11日　　赤峰分行组织召开全体党员大会，传达学习了中央关于薄熙来严重违纪违法案及其教训的通报。分行领导班子及全体党员近240余人参加了会议，赤峰分行行长刘玉梅、副行长蔡寿松做了重要讲话，各级党组织进行了座谈讨论。

同日　　宁波分行首个"互助赢"业务落地成型。

11月13日　　巴彦淖尔分行首家农村金融互助合作社——长胜农贸金融互助合作社在乌拉特前旗新安镇长胜举行启动仪式。

同日　　包头分行各类理财产品累计销售304.90亿元，实现了理财产品销售突破300亿元的新跨越。

同日　　赤峰市政府纠风办公室卢秀萍局长、王德军主任等一行4人莅临赤峰分行，视察指导分行行风建设情况。副行长蔡寿松、副行长王玉东及各部室负责人出席了会议。

同日　　兴安盟分行融通支行举行了以"我是包商警卫员"为主题的防抢防砸大演习活动。

11月14日　　巴彦淖尔分行首家养殖合作社——包商银行九州大地养殖农业专业合作社在分行举行签约仪式。

同日　　赤峰分行杂粮购销信用互助社成立暨授信签约仪式在赤峰市华威酒店举行。赤峰市工商联副主席于东升，赤峰杂粮协会主席李彦明，赤峰分行副行长蔡寿松，行长助理胡铁男，分行小微与个人金融部总经理张晓娟，松州支行行长吴金华出席了签约仪式。互助社所有社员共 21 位法人代表及分行小微与个人金融部部分员工参加了仪式。

同日　　呼和浩特分行与水投集团签订战略合作协议。

11 月 15 日　　呼和浩特分行武川惠农金融互助合作社成立。

同日　　兴安盟分行扎赉特支行签约银协三方 4.8 亿元授信战略合作协议。

同日　　针对总行下发的 11 种小微新产品，兴安盟分行小微与个人金融部组织召开了新产品研讨会，各支行及筹备组业务团队负责人参加了此次会议。

11 月 16 日　　阿拉善分行荣获包商银行第五届职工劳动技能知识竞赛优秀团队奖。

同日　　呼伦贝尔分行代表队获得包商银行第五届职工劳动技能知识竞赛风采展示比赛二等奖和优秀组织奖。

11 月 17 日　　在总行工会和总行团委联合举办的以"技能比拼展风采，为民服务青年行"为主题的职工劳动技能竞赛中，赤峰分行以小组第一进入决赛，最终荣获包商银行第五届职工劳动技能大赛团体二等奖。

同日　　赤峰分行行长刘玉梅、副行长王玉东、元宝山支行行长景玉祥共同参加了"2013年赤峰市元宝山区国有资产经营有限公司公司债券持有人会议"，在评审会议上分行凭借优质的服务与全面的业务优势，在众多国有商业银行竞争者中脱颖而出，最终以全票优势获得了"赤峰市元宝山区国有资产经营有限公司"的公司债券受托管理人资格。

11 月 18 日　　兴安盟分行召开管理人员会议，传达贯彻总行宏观经济趋势与政策解读培训会议精神，安排部署下阶段工作重点。分行二级主管（含）及以上人员共计 30 余人参加了会议，会议由于秀峰行长主持。

11 月 19 日　　北京分行组织分行员工到中国钱币博物馆参观"反假货币展"，帮助员工更多地了解金融历史与文化，进一步做好反假币工作。

同日　　兴安盟金融办刘刚副主任一行 4 人来到兴安盟分行进行调研，分行行长助理张威、零售板块各部室以及计划财务部负责人参加了会议。

11 月 22 日　　北京分行小微与个人金融部首家行业合作社正式揭牌。王青副行长、刘媛总经理、红门鞋城商会会长、会员代表出席成立仪式。

同日　　包头分行沙河支行保利花园社区便利店正式开业。

同日　　包头分行银河支行鹿鸣苑便利店正式开业。

11月23日至26日　　由公共机构金融部二级资深主管李健带队的公司金融总部调研组在赤峰分部进行了调研和走访。赤峰分部总裁刘玉梅、分部各行业组负责人和风险中心负责人陪同，对每家走访的客户进行了下一步的金融服务落地工作安排。

11月23日至12月30日　　锡林郭勒分行先后成立丽景社区金融便利店等15家社区金融便利店，并开业。

11月25日　　段晓勇全面主持包商银行成都分行工作。

11月26日　　乌海分行首家小微金融俱乐部——海南区小微金融俱乐部正式开业。

11月27日　　乌海分行金盘商厦服装鞋帽小微俱乐部成立。

同日　　呼和浩特分行组织并成立包商好姻缘婚庆服务俱乐部。

11月27至28日　　兴安盟分行召开了工作流程讨论会，分行行长于秀峰，行长助理张威，风险总监李为强，分行各部室二级主管（含）以上人员以及各中心负责人共计30余人参加了会议。

11月28日　　包商银行批复同意阿拉善分行第二批申报的世纪阳光城社区金融便利店、欣誉社区金融便利店项目规划。

11月30日　　北京分行行长刘建军、办公室主任范志华、小微与个人金融金融条线业务骨干，参加了第八届中小企业家年会暨小企业产品展示交易会，刘建军行长致辞发言。包商银行荣获"2013年度全国支持中小企业发展十佳商业银行"奖，总行董事长李镇西、监事长李献平、行长助理刘建军分别荣获"2013年全国服务中小企业先进个人"称号。

同日　　赤峰分行首批社区金融便利店——兴隆社区便利店、龙山鸿郡社区便利店、松州园社区便利店同期开业。

11月　　包商银行包头土右支行由土默特右旗萨拉齐镇工业路北侧天晟嘉园E1-D1号迁址到包头市土默特右旗萨拉齐镇新区钟金哈屯大街北侧诺宝·中央城8-S106号。营业面积扩大到6,304.94平方米。

12月1日　　成都分行举行支行行长竞聘大会。

12月3日　北京分行启动完成网上银行新增动态令牌身份认证工具、定活储蓄存款互转两项新功能试运行工作。

同日　包商银行聘任李滨为包商银行呼伦贝尔分行风险总监（行长助理级）。

12月5日　成都分行各部室办公地点由锦兴路57号搬迁至蜀汉路526号附2号。

12月6日　锡林郭勒分行餐饮无形俱乐部成立。

同日　兴安盟分行举行"小区和小微与社区银行经营发展之我见"主题演讲比赛，分行行长于秀峰、行长助理张威、风险总监李为强以及各部室、各支行负责人和员工代表共计70余人参加本次活动。

同日　兴安盟分行组织参观兴安盟纪委监察局创建的兴安盟廉政教育中心。分行风险总监李为强及分行各部门负责人、党员代表共计30余人参加了此次活动。

12月9日　包商银行宁波海曙支行、江北支行和余姚支行均通过了国家外汇局即期结售汇对私业务的审批，获准开展该项个人外汇业务的办理。

12月10日至12日　兴安盟分行组织社区金融相关人员赴大连民生银行学习考察，并于14日回行后召开了总结汇报会。

12月12日　阿拉善分行首家小微客户俱乐部——中心市场小微客户俱乐部开业。

同日　成都分行举行各部室负责人及支行行长竞聘大会。

12月13日　根据总行战略转型整体推进要求，北京分行共完成13家社区便利店、6家小微俱乐部的现场确认、单点规划报批、合同签订、机具布放、费用申请、后期租金支付等系列工作。

同日　巴彦淖尔分行富川公司—富农金融合作社正式成立。

同日　包商银行包头土右支行在包头市土右旗振华大街包百城市广场116号底店开立了包百24小时自助银行。

同日　呼伦贝尔分行领导班子召开民主生活会，各位领导就2013年自身工作开展、思想动态、理论学习等方面的成绩和不足进行了深入的批评和自我批评。

12月14日　兴安盟分行认真贯彻党的十八大、十八届三中全会精神，召开党员干部民主生活会，分行党委书记、行长于秀峰、行长助理张威、风险总监李为强，各部室、各支行负责人，全体党员及员工代表共 70 余人参加了会议，会议由于秀峰行长主持。

12 月 16 日　　成都分行开展员工"双选"活动。

同日　　包商银行新井村富农农业合作社成立与授牌仪式在松山区新井村村委会会议室举行。赤峰分行同济支行行长乌云、小微金融部主管张红英、新井村村主任杨海明以及 32 户种植户参加了成立仪式。

同日　　由兴安盟分行小微与个人金融部组织成立的绒毛行业担保合作社在内蒙古中绒有限责任公司召开了第一次年终会议，合作社 7 家企业经营人及金融部客户经理参加了会议。

12 月 17 日　　巴彦淖尔新区支行增光养殖互助合作社召开成立大会。

同日　　锡林郭勒分行申报设立商赢支行、融兴支行并审批通过，同时完成两家支行开业筹备工作。

12 月 18 日　　总行金融市场部代客中心张新宇（二级资深产品经理）、林伟（一级高级产品经理）、李杨及霍妍一行到宁波分行举办金融市场相关业务培训会，公司事业部宁波分部产品经理、风险经理及客户经理参加培训。

12 月 19 日　　包头分行风险管理部审批模式首次创新，视频、网络、电话审批正式试运行。

同日　　乌兰察布分行首家小微金融俱乐部——国际商贸城小微俱乐部正式揭牌成立。

12 月 20 日　　人民银行赤峰市中心支行行长哈斯一行 16 人莅临包商银行赤峰分行视察、指导工作，并召开了座谈会。赤峰分行行长刘玉梅，副行长蔡寿松、李首民、王玉东，行长助理汪海峰、胡铁男出席会议，各部室负责人、业务骨干近 40 余人参加了本次会议，会议由副行长蔡寿松主持。

同日　　兴安盟分行滨河社区金融便利店正式开业。

12 月 24 日　　包商银行批复同意阿拉善分行依托离行式自助银行建立中心市场小微客户俱乐部、绿色之光小微客户俱乐部。

同日　　乌海分行实现扭亏为盈，实现盈利 205 万元。

12 月 25 日　　北京分行完成分行微信（订阅号）注册申请，试运行"包商银行北京分行"微信编辑推送平台。

同日　　　呼和浩特分行青年创业小额担保贷款累计服务客户突破 100 户。

12 月 26 日　　　北京分行原微小企业金融部在北京银监局 2012 年度小微企业金融服务工作评比中荣获"2012 年度北京银行业金融机构小微企业金融服务表现突出的银行团队"奖。

同日　　　成都金牛支行正式开业。

同日　　　乌兰察布分行出租车俱乐部、餐饮俱乐部、马铃薯种植合作社三家无形小微俱乐部同时开业揭牌。

同日　　　兴安盟分行扎赉特支行的三家社区便利店相继开业。

12 月 27 日　　　宁波分行首批六家 24 小时自助银行正式开业，分别位于湖景花园、天合家园、欢乐家园、紫郡、太古城、中山东路社区。

12 月 28 日　　　阿拉善分行世纪阳光城等首批三家社区金融便利店及第二批一家小微客户俱乐部同期开业。

同日　　　呼和浩特分行"包商好生活健康肉业俱乐部"成立。呼和浩特分行行长助理石文刚，规划部负责人李智慧、小微与个人金融部负责人菅建英参加了会议。

12 月 29 日　　　呼伦贝尔分行首批自助银行——龙凤自助银行、鑫海都市绿洲自助银行同期开业。

同日　　　兴安盟分行红都社区金融便利店携手大学生创业协会共同召开融资洽谈会。兴安盟就业局局长王晓军、就业促进会秘书长白海、就业局贷款科主任宋智敏、大学生创业协会会长刘小永、分行行长助理张威、创业协会的会员及红都社区金融便利店的工作人员共计 30 余人参加了会议。

12 月 31 日　　　包头分行储蓄存款余额占比位列包头市第一，年内增量位列包头市第二。

同日　　　成都分行零售风险板块的改革全部落地。

2014 年

1月2日　　北京分行在504会议室组织开展北京分行高管考核测评工作。考核工作小组由总行常务副行长魏占元、总行人力资源部高福罕、总行办公室刘磊、总行风险部白雪梅组成，魏占元副行长担任组长。北京分行行领导班子、分行与公司金融事业部分部20名中层干部、100名员工代表参加了考核测评工作。

同日　　成都分行在成都金融办与成都日报社联合举办的"影响成都生活品牌"年终大调查活动中获得"影响成都生活品牌·最佳小微金融服务银行"称号，成都日报社特约记者作为颁奖代表为分行颁发了奖杯。

同日　　呼和浩特分行机房环境集中监控系统上线。

1月5日　　呼和浩特分行人力战略部成立。

1月8日　　成都分行发布优质文明服务规范教学片。

1月10日至30日　　成都分行先后下发《包商银行成都分行关于印发行政值班工作制度的通知》等11项管理制度。

1月14日　　乌兰察布新体路支行开业。10月16日迁址更名为乌兰察布广场支行。

1月15日　　巴彦淖尔分行成功营销首笔3,000万元"日溢宝"理财产品。

1月16日　　"包商银行伊利经销商商业合作社"正式揭牌成立。

同日　　北京分行第四家分支机构——包商银行北京望京支行隆重开业。

同日　　包头分行设立小微与个人金融部一级部，下设小微金融部与个人金融部，将原零售规划部相关人员及工作职能合并至小微与个人金融部。

同日　　兴安盟阿尔山支行隆重开业。兴安盟人民银行，阿尔山市委、市政府、人民银行、金融同业、企业代表以及媒体记者共同出席庆典仪式，并为支行开业揭匾。

1月17日　　北京分行召开"2013年双先表彰会"。

同日　　阿拉善分行成立分行党的群众路线教育实践活动领导小组。

同日　　兴安盟分行组织召开直销团队竞聘大会，分行行长助理张威、风险总监李为强以及分行员工共计 80 余人参加了会议。

1月18日　　"包商银行北京分行食品行业商业合作社"正式揭牌成立。

1月19日　　通辽分行部分行领导春节前夕走访慰问贫困大学生。

1月20日　　阿拉善分行通过总行信托计划投资为客户阿拉善左旗博宇矿业有限责任公司融资 2,000 万元，该笔业务系阿拉善分行第一笔非债类投资业务。

1月22日　　宁波分行水岸枫情社区金融便利店和雨辰文星社区金融便利店同期开业。

1月24日　　兴安盟分行公司分部成功办理了第一笔进口信用证业务，信用证额度 3,300 万美元。

同日　　兴安盟分行组织针对客户经理的集中培训。此次培训共计 4 课时，参训人员为各支行及直销团队的前台客户经理，内容涉及财务数据分析、金融产品细则和 100 万以上案例分析等。

同日　　乌海分行召开 2014 年工作会议。乌海分行全体干部职工参加会议，行长白保林发表讲话。

1月27日　　通辽分行召开 2014 年工作会议。

同日　　兴安盟分行召开 2014 年工作会议。分行行长于秀峰、行长助理张威、风险总监李为强及全体员工共计 160 余人参加了会议，会议由行长助理张威主持。

同日　　宁波余姚支行行长康炳携员工代表为余姚市舜辰老年公寓的老年朋友们送去了节日的问候与关爱。

1月29日　　阿拉善分行以中小企业私募债形式为内蒙古庆华集团旗下子公司及关联公司内蒙古额济纳旗庆华—马克那林苏海特商贸有限责任公司、内蒙古庆华集团额济那庆华矿业科技有限责任公司、内蒙古庆华集团阿拉善百灵煤炭有限责任公司、内蒙古庆华集团商贸有限公司融资 6 亿元，该笔业务开包商银行中小企业私募债业务之先河。

2月7日至22日　　成都分行先后下发《关于下发〈包商银行成都分行电子验印管理实施细则〉的通知》等 10 项管理制度。

2月12日　　呼和浩特分行印发 2014 年岗位竞聘实施方案的通知。

同日　　宁波分行档案管理工作成功晋升为宁波市一级单位。

同日　　呼和浩特分行印发各支行、分行各部室 2014 年经营目标的通知。

2月13日　　兴安盟分行组织相关人员开展手机银行业务知识培训，共计 32 人参加。

2月14日　　成都分行东苑、桐梓林欧城、华润二十四城、保利香槟四家社区金融便利店开业。

同日　　呼和浩特分行印发《关于零售银行客户经理考核管理实施细则（试行）》的通知。

同日　　宁波分行格兰春天社区金融便利店、世纪长春社区金融便利店和奥林 80 社区金融便利店正式开业。

2月17日　　北京分行召开零售审批流程交流会，分行风险合规部总经理、专职审批官、风险经理，以及零售业务骨干就信贷审批流程工作开展调研和讨论。

同日　　呼和浩特分行岗位述职竞聘。

同日　　锡林郭勒分行首批分支机构——包商银行锡林郭勒商赢支行、包商银行锡林郭勒融兴支行开业。

同日　　乌兰察布市人民政府授予乌兰察布分行"2013 年度金融服务创新奖"。

2月18日　　"包商银行通州八里桥商业合作社"与"包商银行通州张家湾商业合作社"在北京通州支行正式揭牌成立。

同日　　兴安盟分行召开存款工作情况分析会，分行行长于秀峰，行长助理张威，风险总监李为强，总经理助理（含）以上人员及直销团队全体员工共计 30 余人参加了会议，会议由于秀峰行长主持。

2月20日　　中国保险监督管理委员会内蒙古监管局向包商银行阿拉善分行颁发《保险兼业代理业务许可证》，许可包商银行阿拉善分行代理人身意外伤害保险、健康保险、人寿保险、机动车辆保险、企业财产保险业务。

2月21日　　成都分行调整分行党支部。

同日　　宁波分行在开元大酒店五楼会议厅举行 2014 年工作会议暨 2013 年先进表彰大会。

2月24日　　阿拉善分行为内蒙古庆华集团额济纳庆华矿业科技有限责任公司签发100%保证金银行承兑汇票3,000万元，该笔业务系阿拉善分行第一笔低风险业务。

同日　　兴安盟信用卡部在包商银行兴安盟分行二楼小会议室进行了新员工招聘的面试工作。

2月25日　　根据总行要求，兴安盟分行零售规划部组织100万元以上及100万元以下小微授信业务资格认证考试。

同日　　呼和浩特分行第一次精细化管理会议召开。

2月28日　　北京分行成立"北京日用品商业合作社和北京汽车配件配饰商业合作社"。

同日　　兴安盟分行营业部举办了本年度第一场业务技能比赛。

同日　　宁波分行天水华都社区金融便利店和亿家居社区金融便利店正式开业。

3月4日　　阿拉善分行成立党的群众路线教育实践活动督查指导组，督察指导组下设三个督导组。

同日　　包商银行聘任段晓勇为呼伦贝尔分行行长。

3月5日　　包商银行任命段晓勇为呼伦贝尔分行党委书记，中国银行业监督管理委员会内蒙古监管局批准王海涛任包商银行呼伦贝尔分行副行长（主持工作）。

同日　　乌海分行参加2014年内蒙古西部盟市非公有制经济金融服务峰会暨"乌海市第三届金融超市活动"。行长白保林参加会议，行长助理杨毅远代表乌海分行与企业代表签约。

3月5日至28日　　成都分行先后下发《包商银行股份有限公司成都分行关于下发银行销售人员行为规范管理办法的通知》等5项管理制度。

3月7日　　北京分行刘建军行长主持召开了"包商银行北京分行党的群众路线教育实践活动动员大会"，北京分行党的群众路线教育实践活动正式拉开序幕。

同日　　通辽分行荣获通辽市政府颁布的2013年度信贷支持中小企业贡献奖。

同日　　宁波分行常青藤社区金融便利店、格兰云天社区金融便利店和天一家园社区金融便利店同期开业。

3月8日　　北京分行工会特地邀请北京中医药大学教授、中日友好医院中医妇科李仁杰博士为分行女干部员工进行女性健康知识讲座。

3月9日　　由宁波分行工会组织的"拥抱自然，健康生活"员工健身活动在东钱湖环湖自行车道举行。

3月10日　　成都成华支行成立包商银行成都分行首个合作社——包商四川农产品合作社。

同日　　成都分行开通成都分行员工建议邮箱。

同日　　通辽分行党委召开党的群众路线教育实践活动动员大会。

同日　　宁波分行荣获宁波人行"支付结算工作先进单位"与"支付清算工作先进单位"称号。

3月11日　　兴安盟分行党委召开党的群众路线教育实践活动动员大会。总行党委党的群众路线教育实践活动领导小组成员、党委委员、副董事长金岩，总行党委党的群众路线教育实践活动领导小组联络员、办公室执行经理张永军出席了本次大会。兴安盟分行领导班子、部门总经理助理及支行行长助理以上人员、全体党员、非党员员工代表及客户代表共计50余人参加了会议。会议由分行行长助理张威主持。

3月12日　　阿拉善分行召开党的群众路线教育实践活动动员大会。

同日　　鄂尔多斯分行召开党的群众路线教育实践活动动员大会，全面启动党的群众路线教育实践活动。

同日　　兴安盟盟委委员、副盟长苏峻和行署办公厅调研员张富强、盟金融办主任曲贵军、盟委组织部党联办、盟广电局、盟金融办等领导赴兴安盟分行调研，对分行工作情况和党的群众路线教育实践活动开展情况进行督导，并召开座谈会。兴安盟分行行长于秀峰、行长助理张威、风险总监李为强和分行有关部室负责人参加了座谈会。

3月13日　　宁波分行东湖馨园社区金融便利店和南都花城社区金融便利店正式开业。

同日　　宁波分行召开第一批社区支行长公开竞聘活动。

3月15日　　北京分行积极组织，高效部署，各营业网点全面联动，在"3·15"当天开展"金融消费者权益日"活动。

同日　　成都分行开展"3·15"消费者权益日进社区"赠书·讲金融"活动。

同日　　兴安盟分行开展"金融消费者权益日"活动。

3月17日　　闵学龙分管包商银行成都分行相关工作。

同日　　四川银监局城商处陈立调研员、王凯科长到包商银行成都分行调研。

3月18日　　成都分行聘任赵华栋为分行风险总监。

3月19日　　兴安盟分行党委组织观看了先进典型专题片《周恩来的四个昼夜》，行长于秀峰、行长助理张威、风险总监李为强，各支行、各部室一级高级主管以上人员及全体党员参加了此次活动。

3月21日　　宁波分行第一家专营支行——包商银行宁波慈溪小微企业专营支行正式开业。

3月24日　　总行批复阿拉善分行2014年机构发展规划，同意阿拉善分行在阿拉善左旗巴彦浩特镇设立一家同城支行，同意阿拉善分行在阿拉善额济纳旗设立一家县域支行。

同日　　为深入贯彻落实总分行党委党的群众路线教育实践活动的工作安排和要求，提升全行党员干部反对"四风"意识，廉洁自律，兴安盟分行组织全体党员参观了兴安盟纪委监察局创建的兴安盟廉政教育中心。

3月25日　　成都分行建立成都分行党员服务中心。

同日　　北京永安防火宣教中心宋晓龙老师在北京分行505会议室举办了题为"认识火灾，学会逃生"的消防知识讲座。分行各部室义务消防员、安全员及新入职员工代表和驻行保安员参加培训。

3月26日　　内蒙古自治区工商业联合会第十一届执行委员会第三次会议在兴安盟隆重召开。自治区党委常委、自治区党委统战部部长布小林，自治区工商联领导田震、郝智浓、高海涛、张秀芬、曲晨然、牛勇强、郭贵元、盟领导苗银柱、杜学军、孙德敏、苏峻及各盟市工商联领导和部分企业家出席会议。自治区工商联副主席、包商银行党委书记、董事长李镇西，总行行长助理、呼和浩特分行行长杨俊杰参加了会议。会上，总行杨俊杰行长助理和兴安盟苏峻副盟长分别代表包商银行和兴安盟行政公署签订了银政战略合作框架协议，结成战略合作伙伴。

同日　　总行行长助理、呼和浩特分行行长杨俊杰随同李镇西董事长赴兴安盟参加自治区工商联第十一届执委会第三次会议期间来到兴安盟分行进行调研，并召开座谈会与分行员工进行了交流。

3月27日　　总行行长王慧萍在锡林郭勒分行行长王向东及副行长王殿军的陪同下，对锡林郭勒分行广达社区金融便利店、嘉伟社区金融便利店等社区金融服务网点进行了实地调研。

　　同日　　通辽分行小微与个人金融部成功发放首笔"互助赢"贷款业务。

　　3月28日　　成都分行下发《包商银行成都分行关于印发〈会计人员违反"五十个严禁"行为处罚办法〉的通知》。

　　同日　　宁波分行运营科技部被人民银行宁波市中心支行授予小规模银行类"支付清算工作先进单位"和"支付结算工作先进单位"荣誉称号,并被宁波银监局授予2013年度信息科技考核先进集体二等奖。分行法律合规部王艳梅在宁波银监局2013年度监管统计竞赛中获得先进个人,被授予"优秀统计联络员"称号。

　　同日　　宁波分行在2013年度宁波市银行业金融机构信息科技考核活动中,被宁波银监局授予"2013年度宁波市银行业金融机构信息科技考核先进集体二等奖"的荣誉称号。

　　3月29日至30日　　成都分行在西南交通大学犀浦校区举行校园招聘。

　　3月30日　　呼和浩特分行开展"每周　书"活动,由人力资源部通知分行办公自动化(OA)系统,向全行员工发送关于营销、经济等方面的电子书,倡导全员读书学习氛围。

　　3月31日　　乌兰浩特市委、市政府举办了乌市地区政银企推介会,兴安盟、乌兰浩特市有关领导、各有关部门负责人及乌市地区各金融单位和有关企业代表共计200余人参加了会议。兴安盟分行行长助理张威及客户经理代表出席了会议,并与部分客户达成了合作意向,并在对接会上进行签约。

　　4月2日　　成都分行任命原高新支行营业部主任董军代为主持高新支行工作。

　　同日　　宁波海曙支行获得人民银行宁波市中心支行2013年度货币流通专业先进个人称号。

　　4月4日　　兴安盟金融办云鹰主任带领工作组一行4人赴兴安盟分行开展调研,并召开座谈会,了解分行金融运行情况、经营战略及发展中存在的问题和困难。分行风险总监李为强及零售板块负责人参加了座谈会。

　　同日　　兴安盟分行考核办按照于秀峰行长的工作部署,抽调4人成立临时限时服务专项检查组,于4月5日至11日对各支行、各筹备组、营业部、直销团队以及零售风险部3月份零售业务限时服务系统录入情况、中后台按流程审查审批情况以及在此管理中行级领导及部门老总履职情况进行了检查。本次检查采取内部服务系统与实地检查相结合、现场检查与沟通、交流、指导相结合及边查边核实的方式,检查面达到100%。

4月8日　总行小微与个人金融部王利娟总经理助理、小微金融部朱宏伟三级高级主管、小微金融部李尚霖3人一行来到锡林郭勒分行指导圈链业务和批量业务工作。

4月11日　按照总行教育实践活动实施方案的统一安排，兴安盟分行开展"客户需要我做什么，我能为客户做什么"大家谈活动。分行行长助理张威、全行一级高级主管、全体党员及员工代表参加了会议，会议由张威行长助理主持。

4月12日　为进一步提高前台员工的综合业务技能水平，提升业务素质和服务质量，兴安盟分行举办了第二届柜面业务技能比赛。

同日　兴安盟分行领导班子成员组织开展了党的群众路线教育实践活动"为了谁、依靠谁、我是谁——我的群众观"主题研讨活动。分行党委书记于秀峰，行长助理张威，风险总监李为强参加了会议。会议由于秀峰行长主持。

4月14日　包头分行小微金融部业务推进小组深入包头土右支行，开展了为期一周的小微圈链业务标准化动作相关培训，并与土默特右旗经纪人协会进行圈链业务洽谈。

4月15日　阿拉善分行成立"法轮功"反宣币专项整治工作领导小组，领导小组办公室设在分行营业部。

4月16日　阿拉善分行成立责任目标考核领导小组。

同日　兴安盟分行邀请银联商务公司兴安盟地区负责人皇甫钰做关于银联POS业务的专题讲座。

4月17日　呼和浩特分行营业部启动6S现场管理项目，并进行了全员动员和培训，实现本部门精细化管理的目标。

同日　兴安盟分行组织员工开展义务植树活动。

4月18日　成都分行将2014年定为"合规管理年"。

同日　北京银监局城商处处长肖云钢、副处长张磊、副处长郭郦、朱超、薛飞一行5人莅临北京分行调研指导工作，深入了解包商银行经营管理模式改革的整体情况、改革后北京分行运营管理情况和业务运营中存在的问题。

同日　内蒙古自治区党委统战部副部长、工商联党组书记杨继业，中共阿拉善盟委书记云喜顺，中共阿拉善盟委副书记、盟长冯玉臻，中共阿拉善盟委委员、统战部长靳生瑞等自治区、阿拉善盟领导，莅临包商银行阿拉善分行视察指导工作。

4月19日　　包头分行组织开展了以"包商银行感恩回馈——限时打折促销季"为主题的大型系列宣传活动，包头53个营业网点同时吹响活动的号角，分行首期小微优惠营销宣传活动的乐章奏响鹿城每一个角落。

同日　　中共阿拉善左旗巴彦浩特额鲁特街道工作委员会授予包商银行阿拉善分行"2013年度维护稳定和社会管理综合治理工作实绩考评优秀单位"荣誉称号并通报表彰。

4月20日　　在鄂尔多斯东胜区志愿者协会第一届理事会第四次会议上，包商银行鄂尔多斯分行被鄂尔多斯市东胜区志愿服务协会授予"2014年度东胜区志愿服务工作先进集体"称号。

4月21日　　成都分行获得2013年度中国人民银行成都分行"人民银行国库业务考核综合评价A级"称号。

4月23日　　北京分行党的群众路线教育实践活动领导小组组织号召分行小微与个人金融、营业部、各支行分别以"客户需要我做什么，我能为客户做什么"为主题开展座谈活动。

4月24日　　通辽分行行长王志勤荣获通辽市五　劳动奖章。

同日　　兴安银监分局贾尔宠局长一行工作组赴兴安盟分行进行2014年监管工作会谈暨教育实践活动听取意见座谈会，兴安盟分行于秀峰行长、张威行长助理、风险总监李为强及各支行行长、各部室负责人参加了会议。会议由兴安监管分局包利君副局长主持。

4月25日　　阿拉善分行参加阿拉善经济开发区企银政对接洽谈会，与内蒙古庆华集团签订总额达11亿元的贷款协议，是此次企银政对接洽谈会的单笔最大融资协议。

同日　　成都分行荣获人民银行"2013年四川省银行业机构支付结算工作先进单位"荣誉称号。

4月27日　　兴安盟分行小微与个人金融部联合各支行、便利店针对小微金融业务优惠组织主题为"包商小微贷款特惠季，超低利率风暴冰爽一夏"全行性营销活动。

4月28日　　成都分行的四川支付结算综合服务系统完成开发及测试，顺利上线运行。

同日　　包商银行通辽开鲁支行开业。

4月30日　　兴安盟分行召开一季度总结表彰暨二季度工作安排会议。分行领导班子成员，各支行、各部室全体员工参加了会议，会议由李为强风险总监主持。

4 月　　乌兰察布分行营业部荣获内蒙古银行业协会颁发的"2013 年度内蒙古银行业文明规范服务先进单位"称号。

5 月 1 日　　通辽分行开展"包商六周年，感恩特惠季"小微金融业务优惠促销活动。

5 月 4 日　　巴彦淖尔分行新区支行和乌拉特中旗支行被评为巴彦淖尔市青年文明号集体；分行青年志愿服务队和乌拉特前旗支行青年志愿服务队被评为巴彦淖尔市优秀青年志愿服务集体；分行部分共青团员分别获得了巴彦淖尔市优秀共青团员荣誉称号、优秀青年志愿者荣誉称号、最美青工荣誉称号。

同日　　锡林郭勒分行团委荣获锡林郭勒盟团委授予的"五四红旗团委"称号。

同日　　通辽分行举办庆"五四"青年歌手大奖赛。

5 月 7 日　　宁波江北支行与奉化市中小企业经济信息促进会签订了战略合作协议。

5 月 8 日　　包头分行风险管理部成立鄂尔多斯地区不良贷款集中处置小组。

5 月 10 日　　兴安盟分行天起社区便利店正式开业。

同日　　由兴安盟文体广播电视局、共青团兴安盟委员会和包商银行兴安盟分行联合主办的"包商银行杯"羽毛球团体争霸赛在乌兰浩特市举行。团体前三名分别由兴羽羽毛球俱乐部代表队、包商银行兴安盟分行代表队和翔宇羽毛球俱乐部代表队摘得。

5 月 11 日　　兴安盟分行组织开展了"感恩母亲节，把爱带回家"主题营销活动。

5 月 12 日　　鄂尔多斯分行成立县域经济发展创新模式项目工作组，开展创新服务县域经济工作。

同日　　锡林郭勒分行成立支持县域经济项目领导小组，负责协调指导和组织部署分行支持县域经济发展的总体工作。

同日　　包商银行乌兰察布丰镇支行开业。

5 月 13 日　　巴彦淖尔分行举行"包商银行经理人协会金融俱乐部"成立仪式。

5 月 14 日　　为推动支持县域经济发展工作的开展，呼和浩特分行召开"支持县域经济发展推动会"。

5月15日　　北京分行邀请北京市钱币学会李志东副秘书长在安慧东里社区图书馆，以"钱币学与钱币文化"为课题，为安慧东里社区群众现场讲解钱币知识和钱币文化。

同日　　成都分行组织全体干部员工召开工作会议。

5月15日至6月15日　　兴安盟分行在全行范围内开展"小微企业金融服务宣传月"活动，并成立了领导小组，负责小微企业金融服务宣传月的组织领导工作。

5月16日　　根据兴安盟开展防范和打击非法集资工作领导小组办公室文件《兴安盟开展防范和打击非法集资"宣传教育活动日"工作方案》的要求，包商银行兴安盟分行开展了以"树立正确理财观念，警惕非法集资陷阱"为主题的宣传活动。

5月18日　　客户王巧玲为感谢呼和浩特分行营业部的优质服务，送来了书写"爱岗敬业大公无私，为国为民奉献爱心"的锦旗。

5月19日　　成都分行原分行客户服务部洪涛正式接任分行营业部总经理一职。

5月21日　　包商银行创新服务县域经济东部区现场会在阿荣旗召开，包商银行呼伦贝尔阿荣旗支行启动了育肥牛特色批量业务。

5月24日　　呼和浩特分行小微与个人金融部牵头举办大有财富沙龙活动，分行营业部及各家支行共同携手邀约分行高端客户，潜在大有财富客户参加沙龙活动，体验增值服务。

5月26日　　根据总行《关于开展包商银行产能提升项目的通知》要求，兴安盟分行组织召开了网点产能提升项目动员大会。总行个人金融部韩勇副总经理、兴安盟分行行长于秀峰，行长助理张威、仁脉公司冯琛等4位培训师及兴安盟分行全体员工参加了会议，会议由张威行长助理主持。

5月29日　　鄂尔多斯分行创新的"应收账款供应链金融""出租车行业批量授信""银行＋协会＋农户"三个业务模式，作为样板在全包商银行范围内推广。

同日　　兴安盟分行组织相关人员到兴安盟扎赉特支行社区支行进行现场观摩，并召开零售业务推进会议。分行行长于秀峰，行长助理张威，各支行、分行零售板块相关人员共计30余人参加会议，会议由张威行长助理主持。

5月30日　　北京分行第五家分支机构——包商银行北京国贸支行隆重开业。

6月1日　　北京分行中关村支行在网点附近开展"集赞赢大奖、贷款折上折"主题营销活动。

6 月 10 日　　乌兰浩特工业经济开发区包商银行小微企业俱乐部正式成立，并召开成立大会。工业经济开发区管委会副主任魏耀旗、兴安盟分行行长助理张威及首批入会的 24 家会员企业出席了会议。

6 月 11 日　　乌海分行召开社区金融工作会。乌海分行全体领导干部出席会议，行长白保林做工作指示。

6 月 13 日　　包商银行成都龙泉经开孵化园自助银行开业运营。

6 月 18 日　　呼和浩特分行如意支行正式成立。

同日　　宁波分行成立内审部。

6 月 20 日　　北京分行召开工会会员代表大会，正式成立工会组织。选举曹霞为包商银行北京分行第一届工会主席。

6 月 25 日　　呼伦贝尔分行海拉尔河西支行开业。

6 月 26 日　　为开好下阶段党员领导干部专题民主生活会，根据总行群教办工作安排，包商银行兴安盟分行组织召开了党的群众路线教育实践活动集中学习暨支部组织生活会，分行行长于秀峰、行长助理张威、风险总监李为强、全行管理人员及全体党员参加了会议，会议由李为强风险总监主持。

同日　　英国知名教授莫里斯·约里斯（Maurice Yolles）到包商银行兴安盟分行进行企业组织战略高端讲座，本次讲座邀请了兴安盟银监局领导和盟内知名企业家参加，分行全体员工参加了本次讲座。

6 月 27 日　　为进一步加强对新晋员工的了解，增强主人翁意识和归属感，兴安盟分行召开了新晋员工座谈会。分行行长于秀峰、行长助理张威、风险总监李为强、办公室主任李晓波及 30 多名新晋员工参加了座谈会。

6 月 28 日　　包商银行包头西阁外支行账务并入包商银行包头通顺支行。

6 月 29 日　　在兴安盟盟行署、阿里巴巴集团共同主办的兴安盟绿色农畜产品电子商务大会暨"点亮淘宝路，聚焦兴安盟"活动中，包商银行兴安盟分行举行了"包商之夜"晚宴。

6 月 30 日　　鄂尔多斯分行设立第一家 VIP 俱乐部——天骄路 VIP 客户俱乐部。

7 月 1 日　　内蒙古东部盟市非公有制经济金融服务峰会在兴安盟隆重召开。包商银行党委副书记、监事长李献平，总行行长助理、呼和浩特分行行长杨俊杰，总行公共机构金融部副经理李健，兴安盟分行行长于秀峰参加了会议。会上，总行党委副书记、监事长李献平代表包商银行与兴安盟委副书记、盟长杜学军签订了战略合作协议，结成战略合作伙伴。

同日　北京分行在2013年10月公安部和银监会组织的第三轮银行业金融机构安全评估暨银行业安全大检查评分排名中与宁波银行、江苏银行并列在京城商行首位。

同日　包头分行建华支行隆重开业。

同日　呼和浩特分行与呼和浩特市汇利牧场/粮食物流有限责任公司进行业务合作，通过"银行+核心企业（托牛所）+养殖户"的模式，成功为19户奶牛养殖户发放贷款195万元。

7月2日　成都分行罗浮世家社区便利店开业。

7月3日　成都分行蓉上坊社区自助银行正式开业。

7月4日　乌海分行县域经济工作小组赴乌海市海勃湾区千里山镇的农业企业、乌海市海南区巴音陶亥镇的养殖企业和鄂尔多斯市鄂托克旗的养殖企业及其上下游进行调研，与其中9家企业、63户农户共开展金额2,882万元的业务合作。

7月7日　总行金融扶贫项目部领导、"小马bank"项目负责人等一行3人在兴安盟分行小微和个金部领导的陪同下，深入到包商银行扎赉特支行开展调研工作，促进项目实施更早落地。

7月8日　包商银行乌兰浩特市绒毛市场小微企业俱乐部正式成立，并召开了成立大会，包商银行兴安盟分行行长助理张威及首批入会的20家会员企业出席了会议。

7月10日　呼和浩特分行小微与个人金融部、零售风险部在分行五楼会议室组织召开了"煤炭行业分析会"。会议由小微与个人金融部总经理井特主持，零售风险部逾期清收中心人员、小微与个人金融部零售业务中心人员及支行相关客户经理共23人参加了此次行业分析会。

7月11日至12日　兴安盟分行组织员工在吉林省松原市查干湖拓展基地开展为期两天的拓展训练活动，共计50余人参加。

7月12日　呼和浩特分行营业部邀请内蒙古农业大学73名大学生客户在分行三楼会议室举办了"海量获客活动"。本次活动现场办理储蓄卡66张，签约手机银行66户。

7月14日　共青团阿拉善盟委员会、中国银监会阿拉善监管分局授予包商银行阿拉善分行"2013—2014年度盟级青年文明号"荣誉称号。

7月16日　　宁波分行印发《包商银行宁波分行声誉风险管理实施细则》。

7月17日　　乌海分行召开2014年年中经营工作分析会。

7月20日　　总行印发《包商银行关于对孙杰等同志任免职的决定》（包商银发〔2014〕253号）文件，根据宁波银监局批复（甬银监复〔2014〕282号）聘任孙杰为宁波分行行长，总行行长助理武仙鹤不再兼任宁波分行行长。

7月21日　　成都分行下发《关于下发〈包商银行成都分行人民币单位银行结算账户集中管理实施细则〉的通知》。

7月22日　　乌海分行召开上半年经营情况通报会暨海量获客动员大会。

同日　　包商银行兴安盟突泉支行开业庆典隆重举行。兴安盟金融办、人民银行兴安盟中心支行、突泉县四大班子领导及兴安银监分局代表出席了庆典仪式，并为支行开业剪彩。出席开业庆典仪式的还有突泉县各机关单位的领导、部分企业家代表以及媒体记者等。

7月25日　　鄂尔多斯分行荣获由中国文化管理协会、企业文化管理专业委员会共同授予的"践行社会主义核心价值观中国企业文化建设优秀单位"荣誉称号。

同日　　宁波分行办理了行内第一笔"合作远期结售汇业务"。

7月29日至30日　　总行创新服务县域经济协调领导小组金岩副董事长一行深入锡林郭勒分行调研指导工作，对分行创新服务县域经济工作进行实地考察、指导。

7月31日　　成都分行龙湖北城天街社区自助银行开业。

同日　　鄂尔多斯分行与鄂尔多斯伊金霍洛农村商业银行合作的第一笔他行理财托管项目落地，属包商银行首例。

8月1日　　成都分行图书室正式建成启用。

8月5日　　成都分行红牌楼红城社区便利店开业。

8月7日　　成都分行产能提升项目组正式进入成都分行并召开了成都分行产能提升启动大会，标志着网点销售化转型工作正式拉开帷幕。

同日　　总行批复同意阿拉善分行筹建阿拉善新华支行（同城支行）和阿拉善额济纳支行（县域支行）。

同日　　包商银行成立阿拉善新华支行筹备组和阿拉善额济纳支行筹备组。

8月8日　　北京分行组织召开了党的群众路线教育实践活动领导班子专题民主生活会。

8月8日至10日　　兴安盟分行在总行培训学院的支持下,携手北京百年基业管理顾问有限责任公司对中层干部进行了管理能力提升的集中培训。

8月11日　　北京分行召开零售业务销售化转型项目启动大会,打造网点销售导向型运营模式,提高网点创收能力,建立"全员转介,专人销售"的阵地销售模式,提升网点销售竞争力。

同日　　总行印发《包商银行关于对陈才伟同志任职的决定》(包商银发〔2014〕295号)文件,根据《宁波银监局关于核准陈才伟同志任职资格的批复》(甬银监复〔2014〕311号)精神,聘任陈才伟为包商银行股份有限公司宁波分行风险总监。

8月13日　　乌海分行召开党的群众路线教育实践活动领导班子专题民主生活会。

同日　　通辽分行召开党的群众路线教育实践活动专题民主生活会。

8月14日　　呼和浩特分行为进一步优化员工晋升平台,在呼和浩特分行三楼会议室举办了包商银行呼和浩特分行业务团队主管竞聘会。

8月15日　　宁波分行党委组织召开党的群众路线教育实践活动专题民主生活会。

8月18日　　包头分行成立法律合规部。

8月19日　　兴安盟分行党委召开了党的群众路线教育实践活动专题民主生活会,总行教育实践活动督导组訾秀文、张成成出席了会议,并对会议进行了点评指导。兴安盟分行党委书记、行长于秀峰主持会议。

8月20日　　北京分行首张关联特惠商户享受消费折扣的联名借记卡——"乐惠卡"正式发行。

同日　　阿拉善分行调整招标委员会成员,招标委员会办公室设在分行办公室。

8月24日　　北京分行工会在奥林匹克森林公园举行了"走出户外,拥抱健康"健步走活动。

8月26日　　阿拉善分行召开党的群众路线教育实践活动专题民主生活会,开展批评与自我批评,认真查摆解决分行领导班子及成员"四风"方面的突出问题。

8月27日　　阿拉善盟巾帼建功活动领导小组授予包商银行阿拉善分行营业部"全盟城乡妇女岗位建功先进集体（巾帼文明岗）"荣誉称号并颁发"巾帼文明岗"牌匾。

9月2日　　总行金岩副董事长一行深入通辽分行调研指导创新服务县域经济工作。

9月12日　　包商银行下发〔2014〕324号文件《关于启动〈包商银行志〉编纂工作的通知》。设立《包商银行志》编纂委员会，委员会下设办公室。《包商银行志》编纂工作正式启动。

9月13日　　由中国人民银行主办、北京分行承办的"2014年北京市银行业反假货币主题宣传暨社区反假货币服务站授牌仪式"启动。北京分行等6家金融单位的反假货币服务站社区代表现场接受授牌。

同日　　包商银行宁波慈溪支行参加慈溪市第一届慈溪市银行业业务技术比赛并获奖。

9月16日　　乌海分行召开三季度全行职工大会。行长白保林对发展思路、业务方向做出重要指示。

9月18日　　通辽分行库伦支行开业。

9月19日　　乌海分行首家分支机构——海源支行正式成立。

9月23日　　鄂尔多斯分行第八家支行——伊煤路支行正式开业运营。

同日　　兴安盟金融办刘刚主任带领工作组一行4人赴包商银行兴安盟分行开展调研，并召开座谈会。分行行长于秀峰，营业部、零售板块及公司金融分部负责人参加了座谈会。

9月24日　　阿拉善分行成立员工违规失职行为问责领导小组，领导小组办公室设在风险管理部。

9月26日　　通辽分行开展"领衔计划"领导力提升跟进培训。

9月28日　　包商银行巴彦淖尔五原支行开业运营。

同日　　北京分行参加《包商银行志》编纂培训班。

9月29日　　包商银行聘任闵学龙为成都分行副行长。

同日　　包商银行巴彦淖尔杭后支行开业运营。

9 月 30 日　　宁波分行首单资产托管业务落地。

10 月 2 日　　宁波分行由百丈东路 883 号搬迁至中兴路 676 号包商大厦并正式营业。

10 月 10 日　　成都分行"网吧小微客户俱乐部"在分行营业部五楼会议室正式成立。

同日　　兴安盟分行召开四季度业务经营暨逾期及不良贷款清收工作会议，分行行长于秀峰、风险总监李为强以及全体员工参加了会议，会议由李为强风险总监主持。

10 月 12 日　　阿拉善盟行政公署表彰奖励 2013 年度为地方经济社会发展做出突出贡献金融单位，包商银行阿拉善分行等 9 家银行在"2013 年度信贷投放增加及提供直接融资服务"方面获表彰奖励。

同日　　成都分行运营科技部以"展现柜员风采，唱响青春旋律"为主题，举办了分行柜面会计业务知识综合竞赛。

10 月 15 日　　呼伦贝尔分行营业部被呼伦贝尔市银行业协会授予"2014 年度呼伦贝尔银行业文明规范服务示范单位"称号。

10 月 16 日　　北京分行工会举办了首届业务知识及技能综合竞赛，北京分行所辖各支行共七支代表队、35 名优秀选手参加了比赛。

同日　　乌兰察布分行迁址。

10 月 21 日　　共青团包商银行阿拉善分行第一次代表大会召开，选举产生共青团包商银行阿拉善分行第一届委员会委员 5 人。

10 月 22 日　　共青团包商银行呼伦贝尔分行第一次代表大会召开。

10 月 23 日　　宁波分行召开第二届团代会，选举产生了共青团包商银行宁波分行第二届委员会委员。

10 月 24 日　　成都分行成立团委，召开团代会。

同日　　宁波分行召开网点零售业务销售化转型项目总结大会。

10 月 26 日　　鄂尔多斯分行在鄂尔多斯市银行业协会组织的首届全市银行业职工篮球比赛中获得冠军。

同日　　成都分行任命董军为包商银行成都高新支行行长、罗萍为金沙支行行长。

同日　　乌海分行召开共青团包商银行乌海分行第一次代表大会，会议选举产生 5 名委员。

同日　　共青团包商银行巴彦淖尔分行第一次团员代表大会顺利召开。

10 月 28 日　　包商银行锡林郭勒分行千品汇家居建材俱乐部成立。这是锡林郭勒分行小微俱乐部建设的阶段性成果，也标志着包商银行的小微金融服务迈上了一个新的台阶。

10 月 29 日　　兴安盟分行召开共青团包商银行兴安盟分行第一次代表大会，共计 61 名代表参加会议，会议由张威行长助理主持。

11 月 1 日　　兴安盟分行组织召开了零售业务专业会议，分行行长于秀峰，行长助理张威，各支行行长、分管行长及全体客户经理参加了会议，会议由分行小微与个人金融部总经理袁桂芳主持。

11 月 3 日　　《包商银行志》编纂培训班南部区开班仪式在成都分行三楼会议室召开。总行李献平监事长、首席文化顾问王德恭教授以及《包商银行志》编纂培训讲师胡云晖教授、张和增教授、高志昌教授、李俊崙教授出席会议。包括成都分行、宁波分行、深圳分行和南部片区村镇银行在内的 13 家分支机构参加了培训。

同日　　兴安盟分行行长于秀峰在兴安盟工商联联合会（总商会）三届三次执委会中被评选为盟工商联副主席，成为金融系统首位入选的副主席。

11 月 5 日　　成都分行下发《包商银行成都分行关于集中管理护照、港澳通行证严格执行请假制度的通知》。

11 月 6 日　　共青团北京分行第一次代表大会隆重召开，成立北京分行团委，选举刘媛为北京分行第一届团委书记。

11 月 15 日　　包商银行"浓墨重彩"出版印刷俱乐部在呼和浩特新城支行成立。

11 月 16 日　　在阿拉善盟银行业协会举办的"首届阿拉善银协杯业务技能比赛"中，包商银行阿拉善分行营业部赵洁、李欢分获票币计算、单指单张点钞第三名。

11 月 18 日　　北京分行第六家分支机构——北京方庄支行隆重开业。

11 月 20 日　　兴安盟地税局康富强副局长及税源管理一科负责人一行 3 人来到包商银行兴安盟分行，为分行颁发"2012—2013 年度自治区级 A 级信用纳税人"荣誉称号牌匾并举行了座谈。兴安盟分行行长于秀峰及相关工作人员参加了授匾仪式。

同日　包商银行印发《包商银行关于筹建阿拉善绿色之光小微支行的报告》（包商银报〔2014〕190号），向中国银监会内蒙古监管局申请筹建包商银行阿拉善绿色之光小微支行。

11月22日　兴安盟分行营业部和乌兰浩特市和平工商所联合举办了包商银行零售业务洽谈会。30户农资行业商户代表参加了会议。

11月23日　包商银行锡林郭勒景泰苑社区支行开业。

同日　巴彦淖尔分行荣获巴彦淖尔市临河区团结街道工作委员会和团结街道办事处颁发的"2013年度社区建设工作先进单位"荣誉称号。

11月24日　"包商·内蒙古计算机服务销售行业协会俱乐部"在呼和浩特分行营业部揭牌成立。这是分行营业部今年按照支行建制以来首个组建的小微俱乐部。

11月25日　呼和浩特分行接到内蒙古银监局《关于同意包商银行股份有限公司呼和浩特和林格尔支行开业的批复》和《关于同意包商银行股份有限公司呼和浩特武川支行开业的批复》。

同日　包商银行鄂尔多斯天骄支行曙光社区金融便利店正式获得鄂尔多斯银监分局金融许可牌照与开业批复，成为鄂尔多斯市第一家有正式营业执照的社区支行。

同日　包商银行锡林郭勒新城支行隆重开业。

同日　通辽分行开展"读书月"活动。

同日　中国银监会内蒙古监管局批复包商银行阿拉善新华支行、阿拉善额济纳支行筹建，筹建期6个月。

同日　包商银行呼和浩特汇豪天下、幸福小区、巨海城和华侨新村四家社区支行开业。

11月26日　鄂尔多斯分行党委召开党的群众路线教育实践活动总结大会。

同日　通辽分行党委召开党的群众路线教育实践活动总结大会。

11月27日　呼和浩特分行与内蒙古品牌建设促进会携手成立的"包商银行品牌建设联盟小微金融俱乐部"在如意支行举办了揭牌仪式。

同日　　"包商·内蒙古正大饲料经销俱乐部"在呼和浩特分行营业部举行小微俱乐部成立启动仪式。

同日　　包商银行呼伦贝尔牙克石支行成立。

同日　　宁波分行党委召开党的群众路线教育实践活动总结大会。

同日　　宁波分行举办"谈改革，促发展，青春筑梦新金融"演讲比赛。

11月28日　　为了深入理解贯彻李镇西董事长《致全行员工的一封信》以及总分行共青团第一次代表大会会议精神，充分展现包商银行员工的精神风貌，包商银行兴安盟分行举办"谈改革、促发展，青春筑梦新金融"演讲比赛。本次比赛共计20名选手参加，分行行长于秀峰、风险总监李为强、各部室负责人、各支行行长以及员工代表共计70余人出席了比赛。

11月29日至12月1日　　在第九届中国中小企业家年会上，包商银行兴安盟分行张威行长助理和袁桂芳总经理荣获"2014年度全国服务中小企业发展先进个人"称号。

12月1日　　北京分行团委组织开展了"谈改革，促发展，青春筑梦新金融"主题演讲比赛。

同日　　呼和浩特和林格尔支行取得金融许可证。

同日　　中国中小商业企业协会第九届中国中小企业家年会组委会授予阿拉善分行许宁胜行长"2014年度全国服务中小企业发展先进个人"荣誉称号。

12月2日　　呼和浩特分行大召支行隆重开业。

12月3日　　阿拉善分行召开党的群众路线教育实践活动总结大会，对分行教育实践活动开展情况进行总结分析并安排部署下一步工作。

同日　　宁波分行印发《包商银行宁波分行员工管理实施细则》。

12月4日　　包头分行理财市值时点余额达100.25亿元，突破100亿元大关。

同日　　兴安盟分行召开党的群众路线教育实践活动总结大会，分行领导班子成员、全体党员、一级主管（含）以上人员以及员工代表共计60余人参加了会议，会议由分行风险总监李为强主持。

同日　　由中国人民银行鄂尔多斯市中心支行主办，包商银行鄂尔多斯分行承办的鄂尔多斯市金融学会第四届会员代表大会暨理论研讨会在分行召开，全市33家银行负责人参加会议。

12月5日　　成都分行开展"谈改革，促发展，青春筑梦新金融"演讲比赛。

同日　　包商银行兴安盟行署为兴安盟分行授予"诚信纳税人"称号，并颁发牌匾，这是分行继获得盟地税颁发的自治区级"A级诚信纳税人"称号之后的又一项殊荣。

同日　　中国银行业监督管理委员会内蒙古监管局批准王海涛任呼伦贝尔分行行长。

12月6日　　包商银行通辽分行荣获自治区级文明单位称号。

12月7日　　兴安盟分行召开经营工作分析会，分行行长于秀峰、行长助理张威、风险总监李为强，各部室、各支行负责人及全体客户经理共计60余人参加了会议。

12月9日　　成都分行下发《包商银行成都分行关于印发委派会计主管管理办法实施细则的通知》。

同日　　成都分行总行档案管理中心二级高级主管刘建霞、档案管理人员张紫燕亲临成都分行进行档案管理工作指导。

同日　　阿拉善分行许宁胜行长出席包商银行第二次党员代表人会。

12月11日　　四川银监局下发正式文件同意包商银行成都龙泉支行开业。

12月13日　　兴安盟分行突泉支行市场社区金融便利店正式开业。

12月15日　　在包商银行共青团"谈改革，促发展，青春筑梦新金融"演讲比赛中，阿拉善分行王天、刘静娴、王婷三名员工分别获得一、二、三等奖。

12月16日　　兴安盟分行与沈阳中山航服公司及沈阳铁路局合作，开设了代理代售机票、火车票业务，并开展代售火车票、机票流程及营销技巧的培训，分行各部室和各支行员工代表参加了培训。

12月17日　　乌海分行被乌海市海勃湾区文明办授予"乌海市海勃湾区文明单位"荣誉称号。

12月18日　　四川银监局下发正式文件同意包商银行成都分行东苑小区、华润二十四城、置信丽都花园、21世纪花园、蓉上坊5家社区支行开业。

12月20日　　由兴安盟分行阿尔山支行发起的"阿尔山企业联合商会"在阿尔山海神大酒店会议室隆重举行成立大会暨首届第一次全体会员代表大会。兴安盟工商联、阿尔山市委、政府及相关部门主要领导，包商银行兴安盟分行行长于秀峰、行长助理张威应邀参加会议。

12月21日　兴安盟分行组织召开对总行审计组"零售板块授信业务"审计问题讨论会，分行风险总监李为强，零售风险部、内控合规部及相关责任部门负责人参加了会议。

12月24日　宁波分行成立员工违规失职行为问责委员会。

12月25日　成都分行被评为四川省新型城镇化建设研究会第一届副会长单位。

同日　宁波分行5家社区支行经监管部门审批后正式开业。

12月30日　鄂尔多斯分行成立72家小微俱乐部，位居包商银行各分行第一位。

12月31日　乌海分行成立8家社区便利店、1家小微俱乐部，成为乌海地区首家设立便民机构的金融机构。

12月　包商银行包头保利花园社区支行、包商银行包头幸八雅园社区支行成立。

第三篇 村镇银行大事记

2007 年

3 月 1 日　　依据 2007 年 3 月 1 日《关于对达尔罕茂明安联合旗包商惠农贷款有限责任公司开业的批复》（包银监发〔2007〕33 号文件），同意达尔罕茂明安联合旗包商惠农贷款有限责任公司开业，并核准《达尔罕茂明安联合旗包商惠农贷款有限责任公司章程》。该公司实行一级法人，独立核算的管理体制，注册资本为人民币 200 万元，法定代表人陈立宇，公司住所为包头市达茂旗百灵庙镇百灵大街 18 号，同意陈立宇的总经理任职备案。

3 月 16 日　　包头达尔罕茂明安联合旗包商惠农贷款有限责任公司在达茂旗百灵庙镇百灵大街 18 号正式成立，并举行开业典礼。包商银行董事长李镇西，原中国银监会副主席唐双宁和内蒙古自治区人民政府副主席余德辉出席典礼并致辞。

4 月 28 日　　包头固阳包商惠农村镇银行在固阳县下湿壕镇王二壕村成立，是内蒙古地区设立的第一家村镇银行。

2008 年

9 月 19 日　　贵州毕节发展村镇银行成立。全国人大常委会副委员长、民盟中央主席蒋树声为毕节发展村镇银行亲笔题写行名并发来贺信。民盟中央名誉主席、毕节试验区专家顾问组组长、著名经济学家厉以宁教授亲临村镇银行开业典礼，并和地委书记秦如培、行署专员张吉勇在主席台就座。厉以宁教授为毕节发展村镇银行提词。

9 月 26 日　　包头固阳包商惠农村镇银行广场支行开业，是固阳包商惠农村镇银行在固阳县城内设立的第一家支行。

10 月 22 日　　四川广元市包商贵民村镇银行隆重开业。

11 月 21 日　　四川广元市副市长孙贤龙、银监局局长杨文海、中国人民银行副行长杨武生与相关领导，视察了广元市包商贵民村镇银行的工作，并与广元市包商贵民村镇银行行长陈冬生一同围绕包商贵民村镇银行的工作及未来发展等话题展开了座谈。

12 月 15 日　　根据《关于达茂旗包商惠农贷款有限责任公司增资扩股的批复》（〔2008〕157 号文件），包头银监分局同意达尔罕茂明安联合旗包商惠农贷款有限责任公司增资扩股 1,000 万元，注册资本达到 1,200 万元。

12 月 23 日　　中国农业银行广元市分行与四川广元市包商贵民村镇银行的业务合作签约仪式在剑门关大酒店会议室隆重召开并取得成功。广元市银监分局副局长杨克文、剑阁县副县长李斌等领导做了重要讲话。

2009 年

1月18日　　包头达尔罕茂明安联合旗包商惠农贷款有限责任公司由达茂旗百灵庙镇百灵大街18号迁址到百灵庙镇外环南路富磊热力公司大楼，包商银行纪委书记、监事长李献平，包头市政府金融办主任闫化冰，原达茂旗政府副旗长郝文亮参加了迁址仪式。

2月24日　　四川广元市包商贵民村镇银行第一个分支机构——普安支行举行开业庆典。在庆典仪式上剑阁县委常委、副县长肖光林，中国人民银行剑阁县支行行长郝建波，广元市银监分局监管三处副处长李虎等领导做了重要讲话并为普安支行揭牌。

3月1日　　包头固阳包商惠农村镇银行与固阳县政府联合启动了"强民惠农工程"，固阳包商惠农村镇银行"农户小额贷款"信贷投放工作全面展开。

3月13日　　民建四川省委副主委、省政协常委、四川大学教授、博士生导师杨明洪等一行6人来四川广元包商贵民村镇银行调研，与行领导就"加强金融创新与服务扩大民间资金投资渠道"这一话题展开了座谈。

3月24日　　四川广元市包商贵民村镇银行发展论坛在剑门关大酒店五楼会议室隆重召开。大会由剑阁县委常委、副县长肖光林主持，四川省、广元市银监局领导和剑阁县委、县政府、县人大、县政协分管领导以及县级各部门、有关企事业单位负责人等共40余人参加了此次大会。

4月10日　　呼伦贝尔鄂温克旗包商村镇银行正式成立。

5月11日　　呼伦贝尔鄂温克旗包商村镇银行邀请著名礼仪专家、中国人民大学国际关系学院外交系主任金正昆为员工培训礼仪、服务等方面知识。随后，对全行员工进行了培训考试。

5月15日　　四川广元市包商贵民村镇银行召开了下寺镇驻村联络官工作总结暨表彰大会。

6月9日　　内蒙古鄂温克旗包商村镇银行发放了成立以来的第一笔贷款，金额10万元。

6月23日　　贵州毕节发展村镇银行与毕节市人民政府在市政府会议室签订了《战略合作协议》。毕节市委书记周荣、市委副书记王彬、常务副市长聂宗智和毕节发展村镇银行董事长陈远东、副董事长李兴春、行长常青出席了签字仪式。聂宗智常务副市长和常青行长分别代表双方在协议书上签字。

7月4日　　全国政协副主席、致公党中央主席、科技部部长万钢在毕节试验区考察期间，视察了贵州毕节发展村镇银行，并亲笔题写了"科技立行"的题词。

7月10日　贵州省政协主席黄瑶和副主席陈海峰、左定超一行，在地区领导秦如培、杨继红、吴勇、李文德、周荣等的陪同下对毕节地区进行专题调研，并视察了毕节发展村镇银行。

7月16日　中国人民大学党委常务副书记、教授牛维麟率领教授团一行11人到贵州毕节发展村镇银行参观考察。

8月12日　包头固阳包商惠农村镇银行赞助固阳县举办"首届中国·包头秦长城热气球节"，并在这国际性的盛会上，利用媒体加大宣传力度，打造品牌形象。

8月13日　根据地区银监分局的统一部署，贵州毕节发展村镇银行组织开展了为期一个月的处置非法集资宣传教育活动。

8月21日　中国银行赴贵州毕节发展村镇银行调研座谈会在毕节发展村镇银行会议室举行。中国银行战略发展部副总经理陈卫东、中国银行人力资源部高级经理赵众一、中国银行贵州省分行行长助理张文明及营业部高级经理熊蜀瑜、中国银行毕节分行副行长杨泽建等参加了座谈会。

9月3日　四川剑阁县人民政府、人行剑阁县支行、下寺镇人民政府、广元市包商贵民村镇银行等主要领导及下寺镇各村、社区代表进行了座谈。座谈会上，剑阁县委常委、副县长肖光林、中国人民银行剑阁县支行行长郝剑波、剑阁县下寺镇党委书记张军等，对包商贵民村镇银行的工作给予了充分的肯定，客户代表将"真情服务到我家，农民致富乐开花"的锦旗赠送到村镇银行领导的手中。

9月20日　贵州毕节发展村镇银行主办的《毕节发展村镇银行》第一期（试刊）正式发行。

9月28日　《金融时报》刊载介绍达茂旗包商惠农贷款公司典型业绩的通讯报道《贷款公司忙了，农牧民笑了》。

10月19日　贵阳花溪建设村镇银行正式开业，中国银行业监督管理委员会贵州监管局副局长舒世庸、市场准入二处处长王赤灵、中国人民银行贵阳市中心支行金融稳定处处长令狐兵、花溪区政府副区长李群育、包商银行代表刘月菊等出席开业仪式。

10月20日　大连金州联丰村镇银行筹建小组正式成立。

10月28日　北京大学教授常近时等专家组团来贵州毕节发展村镇银行考察调研。

10月29日　　四川广元市包商贵民村镇银行普安支行在城北镇政府会议室召开了城北镇驻村联络官工作总结暨表彰大会。广元市包商贵民村镇银行行长陈冬生、城北镇袁镇长到会，并做了讲话。

11月3日　　贵州毕节发展村镇银行何婵、刘哲副行长前往织金洞，对织金洞景区大发展拟建项目进行实地考察。

同日　　四川省人民银行副行长一行莅临包商贵民村镇银行视察工作。

11月5日　　贵州省银监局冉太模副局长等来到毕节发展村镇银行对业务进行调研。

11月10日至12日　　四川广元市银监分局局长杨文海、监管三处处长刘志伟及办公室人员侯磊一行到贵民村镇银行总部及普安支行进行了为期两天半的现场调研。

11月12日　　四川广元市包商贵民村镇银行成立一周年座谈会在剑门关大酒店五楼会议室隆重召开。大会由剑阁县委常委、副县长肖光林主持，省、市银监局领导和剑阁县委、县政府分管领导以及县级各部门、有关企事业单位负责人等参加了此次座谈会。刘月菊董事长做了发言。

11月20日　　全国政协副主席、中央统战部部长杜青林一行，在贵州省委副书记王富玉、常务副省长王晓东等的陪同下，到毕节发展村镇银行视察工作。杜主席在听取了陈远东董事长的工作汇报后，到营业柜台前看望在岗员工。

11月30日　　大连金州联丰村镇银行正式获得大连银监局下发的筹建批复。

12月12日　　贵阳花溪建设村镇银行召开第一次全体员工大会，会议选举产生了第一届工会主席及工会委员。

12月19日　　贵阳花溪建设村镇银行举办信贷产品设计比赛活动，李泽江等人设计的"农游乐旅游贷款"和邹航等人设计的"创实贷"分别获得比赛的前两名。

12月22日　　贵阳花溪建设村镇银行顺利向花溪区青岩镇山王庙村村民阳智强发放首笔20万元涉农贷款，正式拉开了该行支农支小的帷幕。

12月24日　　大连金州联丰村镇银行在大连新世界酒店召开创立大会暨第一届股东大会首次会议，选举出董事会及监事会成员，并确定行长、副行长、董事会秘书等人选。

12月25日　　包头达尔罕茂明安联合旗包商惠农贷款有限责任公司贷款发放金额突破亿元大关，达到10,021万元，充分展现了新型农村金融机构在扶持"三农"工作中的作用。

同日　　大连金州联丰村镇银行召开第一届董事会第一次会议及监事会第一次会议，

12 月 31 日　　大连银监局正式下发《关于大连金州联丰村镇银行股份有限公司开业的批复》（大银监复〔2009〕596 号），核准《大连金州联丰村镇银行股份有限公司章程》及发起行、法定代表人、营业地址、业务范围等事项。同日，颁发《中华人民共和国金融许可证》，标志着大连金州联丰村镇银行诞生。

2010 年

1月8日　　包头固阳包商惠农村镇银行与固阳县联合举办了"村镇银行杯"春节联欢晚会，提升了公众认知度。

1月21日　　大连金州联丰村镇银行取得大连市工商行政管理局颁发的《企业法人营业执照》。

1月23日　　贵州毕节发展村镇银行常青行长赴北京参加包商银行工作会议，并就2009年度工作进行汇报。

1月25日　　包商银行新型农村金融机构管理总部经理胡明等一行3人到贵阳花溪建设村镇银行调研指导工作。

1月27日　　贵阳花溪建设村镇银行行长郭卫兵参加由中国银监会贵州监管局主办、贵州省银行业协会承办的2010年新春团拜会。

同日　　兴安盟科尔沁包商村镇银行召开出资人大会，成立了由贺光明任组长，张向阳任副组长，徐涛、张万江、姜永欢为成员的筹建小组，并确定了包商银行出资51%，当地三家企业、三个自然人共同出资49%的出资比例。

1月28日　　呼伦贝尔鄂温克旗包商村镇银行召开第一届董事会第三次会议、2010年度股东大会以及2010年度工作会议。此次会议主要审议2009年年度报告、2009年度行长工作报告、2009年度经营报告及2010年财务预算报告、聘任副行长以及设立分支机构的议案。

1月30日　　宁夏贺兰回商村镇银行在银川市行政中心会堂举行开业典礼，正式挂牌营业。

2月4日　　贵阳花溪建设村镇银行召开第一届党支部会议，中共花溪区直属机关党委书记唐玲、副书记车荣、副书记兼纪委书记蒋秀丽、副书记夏贵荣出席会议，会议选举郭卫兵为贵阳花溪建设村镇银行党支部书记。

同日　　"广元市包商贵民村镇银行2009年度工作总结暨表彰大会"在剑门关酒店五楼会议室召开。广元银监分局监管三处刘志伟处长等领导参加会议。行长陈冬生总结了包商贵民村镇银行在过去一年中所取得的成绩与不足，并对2010年全行工作提出明确要求。同时，大会对在2009年度工作中贡献突出、表现优异的6位职工进行了表彰和奖励。

2月7日　　贵州毕节发展村镇银行召开2010年工作会议，对2009年度全行工作进行总结，并对 2010 年主要工作进行了安排和部署。

2月8日   呼伦贝尔鄂温克旗包商村镇银行第一家分支机构——巴雁支行挂牌营业。

2月9日   宁夏贺兰回商村镇银行出席由自治区金融办组织的 2010 年村镇银行工作会议。

3月5日   贵州省银行业协会小额银团贷款委员会会议在贵阳花溪建设村镇银行召开，贵阳花溪建设村镇银行董事长覃波当选贵州省银行业协会小额银团贷款委员会副主任。

3月10日   四川广元市包商贵民村镇银行普安支行召开了"全面落实新年工作任务动员大会"并与全体支行员工签订了《2010 年目标合同责任书》。

同日   贵阳花溪建设村镇银行成立足球队，成为贵州村镇银行系统中首个成立足球队的村镇银行。

3月15日   宁夏贺兰回商村镇银行出席包商银行在北京组织召开的 2010 农村金融工作会议。

3月17日   赤峰宁城包商村镇银行开业庆典在宁城县天义镇铁西区金融街宁城包商村镇银行营业厅前隆重举行。赤峰市人民政府副市长吴平，政府副秘书长、金融办主任方武，人民银行赤峰市中心支行副行长王建民，赤峰银监分局正处级调研员周亚树，赤峰银监分局副局长李守义，宁城县人大主任李显良，宁城县政协主席赵宗源，宁城县委副书记吴卫东，宁城县委常委、县政府常务副县长童慧泉，县政府副县长吕雪生，包商银行副行长武仙鹤，包商银行公司联络部总经理蔡寿松，包商银行赤峰分行的行领导以及驻宁金融机构、县直有关部门的负责同志出席了开业庆典仪式。开业当天，宁城包商村镇银行吸收群众存款 152 万元。

3月18日   大连金州联丰村镇银行派出全部业务人员到包商银行赤峰分行进行集中培训。

3月23日   贵阳花溪建设村镇银行董事长覃波参加花溪区第十五届人民代表大会第五次会议、花溪区第八届政协委员会第五次会议。

3月28日   赤峰宁城包商村镇银行召开第一次审贷会，上会 5 笔业务，全体审贷委员会成员参加了会议，放款金额 94 万元。

3月29日   呼伦贝尔鄂温克旗包商村镇银行组织招聘第三批员工，并举行入职考试。员工由成立之初的 13 人增加至 37 人。

同日   宁夏贺兰回商村镇银行举行主题为"我为行建献锦囊，我与我行同发展"的演讲比赛。

4月1日 　　由贵州毕节发展村镇银行行长助理张向潮带队，毕节发展村镇银行员工组成的爱心队伍赴毕节市流仓桥办事处后河村，将全行员工捐赠的700余桶（近14吨）饮用纯净水送到受旱最严重的灾民家中。

4月15日 　　贵州毕节发展村镇银行将原市场营销部重组为公司业务部和小企业农村业务部。

同日 　　中国银行业监督管理委员会呼伦贝尔监管局核准腾国华同志任呼伦贝尔鄂温克旗包商村镇银行副行长。

4月16日 　　鄂尔多斯乌审旗包商村镇银行有限责任公司第一届一次董事会暨创立大会在包商银行会议室召开，董事会所有成员及夏利生列席了本次会议。经董事会选举决议，任命夏利生为乌审旗包商村镇银行董事长，杜雷为行长。

4月21日 　　广元市包商贵民村镇银行举行了"心系玉树震区捐款"活动。

4月22日 　　财政部驻宁夏专员办来宁夏贺兰回商村镇银行开展调研。

4月30日 　　贵阳花溪建设村镇银行员工自发奉献爱心，支援玉树地震灾区。

5月6日 　　赤峰宁城包商村镇银行董事会正式任命高红梅同志为宁城包商村镇银行营业部总经理。

5月7日 　　大连金州联丰村镇银行与兴业银行大连分行的"银银邮路"开通，并办理第一笔"银银邮路"业务。

5月10日 　　宁夏贺兰回商村镇银行聘请中国人寿保险公司的专职讲师为全员进行营销知识和技巧培训。

5月14日 　　包头固阳包商惠农村镇银行被评为固阳县文明单位。

同日 　　中国人民银行银川中心支行和贺兰县支行来宁夏贺兰回商村镇银行检查信贷工作。

5月17日 　　贵州毕节发展村镇银行召开党团工妇组织建设工作会议，会议通过成立村镇银行党支部委员会、团支部委员会、工会、妇联的决议。

同日 　　中国银行业监督管理委员会吉林监管局经审核，批复同意筹建长春九台龙嘉村镇银行股份有限公司。

5 月 24 日　　中国共产党大连金州联丰村镇银行股份有限公司党支部正式成立。

5 月 25 日　　大连金州联丰村镇银行股份有限公司工会委员会正式成立。

6 月 1 日　　四川广元市银监局局长袁益富等莅临包商贵民村镇银行，就本行目前的经营情况和发展情况做了调研。

6 月 9 日　　中国人民银行对赤峰宁城包商村镇银行进行业务检查。在检查过程中，包商村镇银行虚心接受中国人民银行领导的指导意见，并及时纠正工作中存在的问题。

同日　　中国人民银行银川中支领导来宁夏贺兰回商村镇银行检查存款准备金缴存情况。

6 月 11 日　　在中国人民银行剑阁支行统一组织和安排下，剑阁县全县金融系统举行了隆重的反假币宣传月启动仪式。广元包商贵民村镇银行派出的反假货币宣传员在活动现场派发宣传单，为老百姓讲解反假货币知识。仪式结束后，包商贵民村镇银行成立以行长为组长，相关部门负责人为成员的反假货币宣传领导小组，并专题研究了本次反假币宣传月活动。

6 月 12 日　　赤峰宁城包商村镇银行在宁城县公安局的指导下组织全体员工进行消防及安全防卫演练。通过这次演练，员工更进一步了解了安全防卫的重要性。

6 月 18 日　　赤峰宁城包商村镇银行行长杨宇参加赤峰银监分局组织召开的"小企业贷款情况工作会议"，并在会议上发表讲话。

6 月 19 日　　大连金州联丰村镇银行举行了隆重的开业庆典，大连银监局、金州新区、包商银行有关领导出席了庆典仪式。

6 月 23 日　　世界银行东亚及太平洋地区金融发展局局长乌亚尼克（Tung　Uyanik）及首席金融专家王君先生一行到贵阳花溪建设村镇银行考察指导工作。

6 月 24 日　　经如皋包商村镇银行主发起人包商银行股份有限公司召集，在江苏省南通市华通大酒店举行发起人大会。会上一致同意出资设立南通如皋包商村镇银行，并成立江苏南通如皋包商村镇银行股份有限公司筹建工作小组。

6 月 26 日　　江苏南通如皋包商村镇银行股份有限公司筹建工作小组向中国银行业监督管理委员会江苏监管局提出《关于筹建江苏南通如皋包商村镇银行股份有限公司的请示》。

6 月 29 日　　鄂尔多斯准格尔旗包商村镇银行盛大开业。

7 月 2 日　　天津津南村镇银行创立大会召开。

7月5日　　包商银行"红色七月，情动包商"文艺演出在包头市工人文化宫隆重举行，包头市地方党政领导以及包商银行领导、员工齐聚一堂，共庆中国共产党建党89周年。在晚会的第二篇章中，广元包商贵民村镇银行选送的四川曲艺《金融新风绿剑门》得到了全场热烈的掌声和一致好评。

7月6日　　大连金州联丰村镇银行正式加入中国人民银行大连市中心支行同城票据交换系统。

7月10日　　宁夏回族自治区金融办领导莅临贺兰回商村镇银行检查指导工作。

7月11日　　共青团大连金州联丰村镇银行股份有限公司支部委员会成立。

7月12日至13日　　贵阳花溪建设村镇银行举办第一届员工辩论大赛。

7月14日　　赤峰宁城包商村镇银行中共党支部成立，召开第一届党支部大会，杨宇同志为支部临时负责人，李宇轩同志为组织委员，冯旭影为宣传委员。

7月15日　　贵州毕节发展村镇银行启动"融农好"农户贷款业务市场调研工作。

7月23日　　赤峰宁城包商村镇银行召开了工会第一届委员大会。大会选举产生了工会委员会、女工委员会和经费审查委员会。

7月28日　　包商银行行长助理武仙鹤一行到贵阳花溪建设村镇银行视察指导工作。

7月29日　　赤峰宁城包商村镇银行行长杨宇组织召开宁城包商村镇银行第一届团员大会，大会选举产生团支部并任命冯旭影同志为团支部书记，韩晔、孔令峰分别为宣传委员和组织委员。

8月1日　　鄂尔多斯乌审旗包商村镇银行有限责任公司举办开业庆典，乌审旗政协副主席王彩霞，乌审旗人民政府旗长助理、乌审旗农发行行长高建荣，乌审旗金融办主任张云等领导在乌审旗包商村镇银行开业庆典仪式上做了重要讲话，并为该行剪彩。

8月10日　　成都银监局广元监管分局统计信息处尹斌处长等对包商贵民村镇银行的统计管理情况、非现场监管统计、监管机构要求报送的各类临时数据（资料）的真实性、准确性进行了检查。

8月17日　　中国人民银行广元市中心支行调查统计处张远军处长一行就广元包商贵民村镇银行金融数据的真实性和准确性、统计法规和统计制度的贯彻执行情况、统计工作管理等情况进行了现场检查。

8月18日　广元市元方副市长在剑阁县副县长肖光林等领导的陪同下，到包商贵民村镇银行视察工作。

同日　鄂尔多斯乌审旗包商村镇银行有限责任公司在包商银行会议室召开第一届第二次董事会，董事会所有成员列席了本次会议。

8月24日　赤峰宁城包商村镇银行行长杨宇在辽中京会议室主持召开"宁城包商村镇银行与设施农业主合作洽谈会"。

8月25日　天津银监局批准筹建天津津南村镇银行有限责任公司。

8月26日　大连金州联丰村镇银行微贷业务部正式成立，标志着"微贷"这一信贷产品正式登陆大连，填补了大连地区微小贷款业务的空白。

8月27日　长春九台龙嘉村镇银行股份有限公司（筹）第一次董事会在北京融金酒店召开。审议通过选举王久翔为九台龙嘉村镇银行股份有限公司董事长。审议通过聘任李春光、杨雨生为九台龙嘉村镇银行股份有限公司副行长。

同日　长春九台龙嘉村镇银行股份有限公司（筹）第一次股东会会议在北京融金国际酒店召开。选举王久翔、胡明、徐浩、王光、邓学民等5人为公司董事。选举徐政龙、徐文学为公司监督机构岗位人员。

9月1日　兴业银行来宁夏贺兰回商村镇银行商谈柜面通平台合作事宜。

9月6日　中国人民银行银川中心支行于华民行长等一行人员来宁夏贺兰回商村镇银行调研。

同日　中国银行业监督管理委员会江苏监管局（苏银监复〔2010〕492号）正式批复同意筹建江苏南通如皋包商村镇银行股份有限公司。

9月13日　四川广元银监分局监管三处刘志伟处长一行3人，对包商贵民村镇银行开业近两年以来的经营管理等情况展开了全面现场检查评估工作。

9月14日　内蒙古鄂尔多斯准格尔旗信用联社葛建强主任等一行来宁夏贺兰回商村镇银行调研。

9月17日　宁夏回族自治区党委常委、宣传部长杨春光对宁夏贺兰回商村镇银行进行调研。

9 月 20 日　　大连金州联丰村镇银行第一届董事会第二次会议在大连日航酒店召开。

同日　　鄂尔多斯乌审旗包商村镇银行有限责任公司正式印发了《乌审旗包商村镇银行规章制度汇编》，包括内控、信贷、营业、财务、科技、风险等制度。

同日　　由贵阳花溪区委主办、贵阳花溪建设村镇银行赞助和承办的花溪区"村镇银行杯、三创一办"知识竞赛圆满落幕。

9 月 27 日　　四川广元银监分局局长袁益富、监管三处处长刘志伟等领导一行莅临包商贵民村镇银行视察指导工作。

9 月 28 日　　莫力达瓦旗包商村镇银行开业。

同日　　呼伦贝尔莫力达瓦包商村镇银行开业庆典成功举办。

9 月 29 日　　宁夏银监局法规处到宁夏贺兰回商村镇银行检查"三个办法、一个指引"实施情况。

9 月 30 日　　包头固阳包商惠农村镇银行增资扩股全面完成，资产规模由 300 万元增资到 3,000 万元。

10 月 10 日　　北京昌平兆丰村镇银行试营业，对外开办储蓄业务。

10 月 13 日　　赤峰宁城包商村镇银行第一届董事会第三次会议在天义镇正基海逸五楼会议室召开，会议就增设宁城包商村镇银行大明支行、大宁支行的议案及聘任高红梅为行长助理的议案进行讨论研究。

同日　　赤峰宁城包商村镇银行员工招聘会在宁城县国税局会议室举行。

10 月 14 日　　鄂尔多斯乌审旗包商村镇银行有限责任公司在乌审旗嘎鲁图镇开展反假币宣传活动，提供反假币知识资料 1,000 份。

10 月 15 日　　湖南省银监局邵阳分局召开三方会谈会议，邵阳市人民政府、武冈市人民政府、包商银行参加了此次会议，商议并确定在邵阳武冈市组建村镇银行，包商银行为主发起人。

10 月 18 日　　经内蒙古银监局批准在兴安盟科右前旗设立第一家包商村镇银行。

10 月 19 日　　贵阳花溪建设村镇银行与工商银行贵州省分行签订代理柜面通业务协议，标志该行存折可以在贵州省内工行所辖 500 多个网点实现通存通兑业务。

同日　中国银行业监督管理委员会鄂尔多斯监管分局领导到乌审旗包商村镇银行有限责任公司视察工作。

10月20日　长春九台龙嘉村镇银行股份有限公司正式成立。

同日　中国人民银行贺兰支行到宁夏贺兰回商村镇银行检查存款准备金缴存情况。

10月21日　锡林郭勒包商惠丰村镇银行作为包商银行第十五家村镇银行在西乌珠穆沁旗隆重开业。锡林郭勒盟行署办副秘书长陈海清、包头银监分局副局长柴宝玉、锡林郭勒盟银监分局局长马中华、西乌珠穆沁旗人民政府副旗长达林太、包商银行农村金融部副总经理贺光明等出席开业仪式并进行剪彩。西乌旗电视台、锡林郭勒盟电视台、内蒙古卫视频道对开业庆典进行跟踪报道。

同日　天津津南村镇银行召开股东会第一次会议及第一届董事会第一次会议。

10月22日　呼伦贝尔鄂温克旗包商村镇银行召开第一届董事会第四次会议及2010年临时股东会议。此次会议审议并通过该行增资扩股的议案、增设分支机构的议案以及修改章程的议案。

同日　贵阳花溪建设村镇银行参赛队在贵州省银行业协会举办的贷款新规知识竞赛中，获得团体第二名和个人第一名的佳绩。

10月25日　贵州毕节发展村镇银行第一届股东会、董事会、监事会2010年会议召开。会议就法人治理结构、业务经营、机构建设、人力资源管理等重要议题达成了一致。

10月29日　赤峰宁城包商村镇银行新晋员工培训动员大会在中国人民银行宁城县支行四楼会议室召开。会上宁城银行董事长王宗和对考核通过的员工表示衷心的祝贺，向他们介绍了宁城村镇银行的概况及需要努力的方向。杨宇行长对新员工表示祝贺的同时根据员工的不同情况分配了具体的工作岗位。

同日　呼伦贝尔市银监分局贾尔宠局长等一行到莫力达瓦包商村镇银行检查指导工作。

10月30日至31日　在呼伦贝尔莫力达瓦包商村镇银行行领导的带领下，综合业务部及风险部调研组一行先后到西瓦尔图镇、孔木台镇、五宝山镇、甘河镇、红彦镇进行调研。

10月31日　贵阳花溪建设村镇银行在贵州饭店召开开业后第一次股东大会，会议审议通过了一系列重大议案。

11月1日　贵州毕节发展村镇银行信贷管理系统正式上线。

11月3日   包商银行总行农村金融部副总经理贺光明、张万江二人到兴安盟与地方党政机关及银监部门协调筹备包商村镇银行事宜

同日   呼伦贝尔市副市长乔勇等一行在旗委常委、政府副旗长索曙辉、金融办主任杜丽芬的陪同下到莫力达瓦包商村镇银行检查指导工作。

11月12日   鄂尔多斯乌审旗包商村镇银行有限责任公司于2010年11月12日举行首次人才招聘会，面向社会招纳有学历、有经验、有能力的"三有人才"。最终有5名应聘者通过笔试和面试两道关卡，入职该行。

11月18日   四川广元市包商贵民村镇银行全体干部职工在剑门关酒店五楼会议室召开了年终业务大冲刺启动大会。

11月22日   宁夏贺兰回商村镇银行成功举办"回商情"客户答谢会。

11月24日   湖南省邵阳市武冈包商村镇银行筹建工作组成立，组长为刘祥，副组长为于凤海，成员包括徐浩、曹晓丽、周磊，筹建工作组办公室设在武冈市人民武装部。

11月25日   北京昌平兆丰村镇银行举行正式揭牌庆典。

11月28日   赤峰宁城包商村镇银行与宁城县其他兄弟金融机构共同参加了"宁城县2010年银行业公众教育日"活动。

同日   鄂尔多斯乌审旗包商村镇银行有限责任公司开展为期一个月的"银行业金融活动公众教育日"，活动以"多一份金融了解，多一份财富保障"为主题，受益面涵盖乌审旗当地城乡居民。

11月30日   大连金州联丰村镇银行小额支付系统正式启用。

12月2日   内蒙古银监局办公室张玉山主任、赤峰银监分局刘保平局长、包商银行赤峰分行鲍景魁行长等一行莅临宁城包商村镇银行检查各项业务经营情况及新设支行的筹建工作，并与行领导及相关部门负责人进行了座谈。

12月6日   广元包商贵民村镇银行通过兴业银行成都分行现代化支付结算平台接入现代化支付系统，结束了无法直接办理对外汇兑等结算业务的困难局面。

12月8日   包头达尔罕茂明安联合旗包商惠农贷款有限责任公司被共青团内蒙古自治区委员会认定为"内蒙古自治区送金融知识下乡服务站"。

12 月 9 日　中国银行业监督管理委员会呼伦贝尔监管分局批准鄂温克旗包商村镇银行申请注册资本变更事宜。注册资本由原来的 500 万元增加至 3,000 万元。

同日　天津银监局批准天津津南村镇银行开业。

12 月 16 日　江苏南通如皋包商村镇银行召开创立会议暨股东会会议。会议一致审议通过《江苏南通如皋包商村镇银行股份有限公司章程（草案）》、《江苏南通如皋包商村镇银行股份有限公司股东会议事规则》、《江苏南通如皋包商村镇银行股份有限公司董事会议事规则》和《筹建工作报告》。选举产生 5 名董事，组成第一届董事会，不设监事会，设监事 1 名。

同日　江苏南通如皋包商村镇银行召开第一届董事会，选举产生了拟任董事长，确认拟聘任行长、副行长等高管。

12 月 17 日　鄂尔多斯乌审旗包商村镇银行有限责任公司在该行会议室召开了 2010 年终决算会议，行长杜雷、各部门负责人、中层干部以及业务骨干等 8 人参加本次会议。会议的主要任务是传达总行会计决算会议精神，安排部署该行年终决算工作。

12 月 18 日　贵州毕节发展村镇银行第一个分支机构——翠威支行正式开业。

12 月 21 日　经呼伦贝尔市鄂温克旗工商行政管理局批准，鄂温克旗包商村镇银行成功换发工商执照，注册资本金由原来的 500 万元增至 3,000 万元。

12 月 22 日　天津津南村镇银行举行开业庆典。天津市委常委、常务副市长崔津渡、天津市金融办主任杜强、人民银行天津分行副行长李文茂、市银监局副局长赵峰、津南区区委书记李国文、区长李广文等津南区领导及包商银行行长王慧萍出席开业庆典。

12 月 23 日　贵阳花溪建设村镇银行第一个分支机构——霞晖路支行隆重开业。

12 月 24 日　乌审旗包商村镇银行有限责任公司在金龙凤大酒店举行了年度联欢会，全行员工参加了联欢。

12 月 28 日　大连金州联丰村镇银行与金州新区中长街道在阿尔滨金山宾馆举行了银政合作签约仪式，双方达成了包含 1 亿元授信额度在内的囊括财务会计、理财、咨询、管理等金融服务的银政合作协议。

12 月 30 日　江苏银监局南通监管分局下发文件（通银监复〔2010〕204 号）正式批复同意筹建江苏南通如皋包商村镇银行股份有限公司。

12 月 31 日　广元银监分局袁益富局长、昝智勇主任，中国人民银行剑阁县支行行长郝剑波等，先后到包商贵民村镇银行慰问，与干部职工亲切交谈。

同日 贵阳花溪区委书记朱桂云率领人大常委会主任曾德书、区长向虹翔、政协主席谌业华、常务副区长曾明强以及组织部、财政局、税务局、招商局、发改局、公安局等相关部门领导到贵阳花溪建设村镇银行慰问。

2011 年

1月11日 广元市包商贵民村镇银行在剑门关酒店五楼会议室召开了"广元市包商贵民村镇银行 2010 年度工作总结暨表彰大会"。广元银监分局监管三处蒲联副处长等领导参加了会议。行长陈冬生到会讲话。

1月14日 南通如皋包商村镇银行开始正式对外试营业，设立行长室、财务部、办公室、科技部、信贷部、营业部等部门。

1月17日 湖南省邵阳市武冈包商村镇银行在武冈市政府常务会议室召开武冈包商村镇银行（筹）出资人大会，邵阳市前市委书记王春生，市领导杨安成、夏贤钦、夏建新、雷章林、李迪清，邵阳市银行业协会秘书长徐运熙，中国人民银行武冈市支行前行长李昌齐，邵阳银监分局农村合作非现场监管科、中国人民银行邵阳市中心支行货币信贷科和包商银行新型农村金融机构管理总部领导，湖南省云峰水泥有限公司等五家企业董事长以及武冈包商村镇银行筹建工作组副组长于凤海、成员曹晓丽等出席了此次会议。会议签订了出资人协议。

1月20日 天津津南村镇银行实现与中国人民银行同城票据直接清算。

同日 宁夏贺兰回商村镇银行召开"回商村镇银行 2011 年春节团拜会暨一周年庆典"活动。

1月21日 北京昌平兆丰村镇银行全行员工召开 2011 年度工作会议，确立了全年经营指标、三年规划指标，并对全年工作提出具体要求。

1月22日 呼伦贝尔鄂温克旗包商村镇银行召开第一届董事会第五次会议，会议主要听取了 2010 年年度报告、行长工作报告、财务报告及财务预算报告、董事会工作报告，并依据目前发展现状，对部门设置进行调整以及审议近期设立分支机构、聘任副行长等事宜。

同日 呼伦贝尔鄂温克旗包商村镇银行召开 2010 年度股东大会，会议审议了 2010 年年度报告、董事会工作报告、财务报告及财务预算报告等。

1月26日 "宁城包商村镇银行 2011 年安全保卫工作大会"在人民银行宁城县支行会议室召开。赤峰宁城包商村镇银行行长杨宇、行长助理高红梅、综合业务部负责人杨立明参加会议。会议由办公室副主任李晓辉主持。

同日 贵阳市息烽包商黔隆村镇银行取得了由中国银行业监督委员会贵州省监管局下发的《贵州省银监局关于息烽包商黔隆村镇银行有限责任公司筹建的批复》。

1月27日   呼伦贝尔鄂温克旗包商村镇银行对部门架构进行调整，实现扁平化的条线管理。

1月28日   天津津南村镇银行通过与兴业银行合作，开通大小额业务办理。

2月11日   贵阳花溪建设村镇银行首次迎来中国人民银行贵阳中心支行反洗钱评估领导小组反洗钱评估。

同日   长春九台龙嘉村镇银行挂靠兴业银行大、小额系统投入使用。

2月14日   北京昌平兆丰村镇银行增设风险管理部、微贷业务部，合并信息科技部、综合管理部，将信息科技部职能并入综合管理部。

2月15日   在赤峰宁城县经济工作会议上，宁城包商村镇银行行长杨宇荣获"宁城县金融工作先进个人"称号。

2月23日   鄂尔多斯乌审旗包商村镇银行有限责任公司董事长夏利生、行长杜雷、公司股东兼董事张东旭参加包商银行2011年工作会议，听取2011年工作会议精神，和经济金融形势通报分析会议精神，签订了《2011年业务责任书》。

3月2日   长春九台龙嘉村镇银行全面启动职工参保五险一金工作，公积金开户成功。

3月8日   湖北荆门掇刀包商村镇银行股份有限公司筹备组进驻荆门市掇刀区，与荆门三恒酒店签订营业及办公场所房屋租赁协议。

3月9日   经呼伦贝尔莫力达瓦包商村镇银行行长办公会会议决议，发布《关于周宏宇、郭塔纳等五位同志任命决定的通知》，任命周宏宇、郭塔娜、马光新、上官明明、郭勇五位同志为部门负责人并主持本部室工作。

3月10日   贵阳花溪建设村镇银行召开合规文化建设年活动动员大会，正式拉开该行合规文化建设的序幕。

3月15日   呼伦贝尔鄂温克旗包商村镇银行被鄂温克旗统战部授予"创先争优先进企业"荣誉称号。

3月16日   包头达尔罕茂明安联合旗包商惠农贷款有限责任公司被包商银行评为优秀村镇银行。

3月17日   南通市银行业协会召开第五届第三次理事会，会议审议决定接受南通如皋包商村镇银行为南通市银行业协会会员单位。

　　同日　　鄂尔多斯乌审旗全体党委换届暨2011年党建工作会议上，乌审旗包商村镇银行有限责任公司被授予"文明单位"称号，与其他7家文明单位、精神文明建设先进工作者一起，受到中共乌审旗委员会、乌审旗政府的统一表彰。

　　3月21日　　长春九台龙嘉村镇银行李春光副行长受王久翔董事长委托，召开全行大会，宣布杨雨生主持工作。

　　同日　　呼伦贝尔市鄂温克旗巴彦塔拉达翰尔民族乡牧民专业合作社将一面印有"惠农惠牧，阳光放贷"的锦旗送到鄂温克旗包商村镇银行，以表达对鄂温克旗包商村镇银行支持三农三牧、真正给牧民群众带来经济实惠的感激之情。

　　3月22日　　天津津南村镇银行第一届董事会第二次会议召开，会议通过了2011年的工作计划。

　　同日　　贵阳市息烽包商黔隆村镇银行与新华书店签订一楼和三至五楼作为包商银行营业用房的租赁合同。

　　3月25日　　山东省菏泽市鄄城包商村镇银行首次召开股东大会，6家法人股东代表共同选举李庆阳同志为董事长、何辛锐同志为监事、高旭东同志为行长，并制定公司章程。

　　3月26日　　《包商时报》调研组来到呼伦贝尔鄂温克旗包商村镇银行进行调研，全面了解其发展情况，并实地调查走访几家客户。

　　3月30日　　大连金州联丰村镇银行在大连富丽华酒店召开第一届股东会第二次会议、第一届董事会第三次会议、第一届监事会第二次会议。

　　4月8日　　菏泽监管分局正式批准鄄城包商村镇银行开业。同时，任命李庆阳任董事长，高旭东任行长，贾翔同、党宇光分别任副行长。

　　4月9日至10日　　由贵阳花溪区创卫办、卫生局、文广局主办，贵阳花溪建设村镇银行赞助和承办的"我的社区我的家，健康卫生社区行"活动在花溪区各大型小区隆重开展。

　　4月11日　　山东省菏泽市鄄城包商村镇银行举行开业庆典，菏泽市副市长刘勇、菏泽市人民银行行长刘洪来、菏泽市银监局局长党明娜、包商银行行长助理武仙鹤、鄄城县县委书记任仲义等出席了开业庆典。

　　4月15日　　大连金州联丰村镇银行完成第一笔银行承兑汇票业务。

4月16日　广元市包商贵民村镇银行行长陈冬生、业务部部长舒爱淋等在广元银监分局案防办主任李虎等领导的带领下赴苍溪益民农村资金互助社进行学习交流。

4月18日　大连金州联丰村镇银行完成第一笔存单质押贷款业务。

同日　呼伦贝尔鄂温克旗包商村镇银行第二家分支机构巴彦库仁支行正式成立。

同日　鄂尔多斯乌审旗包商村镇银行有限责任公司第一届三次董事会暨2010年度股东大会在包头市军港酒店会议室顺利召开，乌审旗包商村镇银行有限责任公司所有股东参加了会议。

4月20日　鄂尔多斯准格尔旗包商村镇银行召开第一届董事会第二次会议。

同日　中国人民银行呼伦贝尔市中心支行行长哈斯一行前来呼伦贝尔莫力达瓦包商村镇银行指导工作，燕飞行长就该行经营情况、存在的问题及下一步业务拓展方向向哈斯行长做了汇报。

4月22日　湖北省荆门市掇刀包商村镇银行股份有限公司召开全体发起人大会。

4月25日　呼伦贝尔莫力达瓦包商村镇银行成立了工会委员会。

同日　湖南省邵阳市武冈包商村镇银行在武冈市凌云宾馆一楼会议室召开武冈包商村镇银行创立大会暨股东会议和武冈包商村镇银行第一届董事会第一次会议。会议审议通过了《筹建工作报告》等10项议案。选举于凤海、贺光明、杨海军、陈立彪、刘正华等5人为公司董事，选举曹晓丽为监督机构岗位人员，选举于凤海为董事长，聘任杨海军为行长。

4月26日　长春九台龙嘉村镇银行医保参保成功开户。

4月27日　中国人民银行宁城县支行组织赤峰宁城包商村镇银行新晋员工参加"反假货币"培训活动。

4月28日　宁夏贺兰回商村镇银行在虹桥会议室举行礼仪培训活动。

同日　中国银行业监督管理委员会副主席周慕冰到大连视察。大连金州联丰村镇银行行长徐兴军作为村镇银行代表参加座谈会。

4月29日　赤峰宁城包商村镇银行新增两家支行——大明支行、大宁支行，奏响了宁城包商村镇银行"合理布局网点结构、助推地方经济发展"的序曲，标志着宁城包商村镇银行已经走上了健康发展之路。

5月4日 由风险管理部牵头，其他部门积极配合，北京昌平兆丰村镇银行对各项规章制度逐项梳理，建章建制，共出台47项制度办法。经行务会审定，汇集为《北京昌平兆丰村镇银行制度汇编》。

5月5日 宁夏贺兰回商村镇银行在北京饭店召开回商村镇银行第一届董事会第三次会议暨回商村镇银行2010年度股东会。

5月7日至8日 湖北省荆门市掇刀包商村镇银行举行员工招聘笔试、面试。

5月13日 呼伦贝尔鄂温克旗包商村镇银行邀请鄂温克旗消防大队领导为全体员工讲授消防知识。

同日 贵阳息烽包商黔隆村镇银行召开了股东大会，通过了公司《章程》，并选举产生了第一届董事会和监事。

5月14日 长春九台龙嘉村镇银行股份有限公司第一届董事会三次会议在长春丽庭宾馆第三会议厅召开。审议通过了《九台龙嘉村镇银行迁址及分支机构设置规划》《人事调整计划》。决定聘任李雪松为董事会秘书。

5月16日 山东省菏泽市鄄城包商村镇银行召开全体员工消防知识学习大会，邀请专业消防人员授课，指导员工学习消防专业知识，并学习使用消防器材。

5月18日 南通如皋包商村镇银行举行开业典礼，典礼由如皋市广播电视台主持人主持，刘洛董事长及各位股东应邀出席，并举行了剪彩仪式。

同日 四川银监局王筠权局长、广元银监分局袁益富局长与相关领导前来包商贵民村镇银行调研指导工作。

5月19日 在贵州银监局市场准入二处副处长王赤灵的陪同下，以中国银行业协会农合委员会副主任、银监会合作部副巡视员张芳为组长的《中国村镇银行发展研究项目》课题小组一行7人莅临贵阳花溪建设村镇银行进行调研指导。

5月23至24日 广元包商贵民村镇银行邀请市银监局杨克文副局长、监管三处蒲联副处长及建行广元分行李峰老师对全行员工进行信贷业务知识培训。

5月24日 中国人民银行邵阳市中心支行货币金银科来邵阳武冈包商村镇银行对全体员工进行反假币培训、考试。

5月26日 呼伦贝尔鄂温克旗包商村镇银行召开2011年度案件防控和安全保卫工作会

议。分管副行长李倩与各部负责人签订了《2011 年案件防控工作责任状》和《2011 年安全保卫工作责任状》。

5 月 31 日　　呼伦贝尔鄂温克旗包商村镇银行参加陈巴尔虎旗政银企融资洽谈，与各中小企业共签订 460 万元的贷款合作意向。

同日　　兴安盟科尔沁包商村镇银行得到内蒙古银监局同意筹建的批复。

同日　　湖北荆门掇刀包商村镇银行股份有限公司在财富酒店九楼会议室召开创立大会暨第一次股东大会，会上报告了筹建情况、审议章程草案、审议议事规则、选举董事和监事等事项。孙杰当选为董事长、张守军任行长。

同日　　贵阳息烽包商黔隆村镇银行取得了由中国银行业监督委员会贵州省银监局下发的《贵州省银监局关于息烽包商黔隆村镇银行有限责任公司开业的批复》。

6 月 3 日　　大连金州联丰村镇银行微贷业务部开发的农户联保贷款正式开始办理，并发放第一笔"三户联保"贷款。

6 月 4 日　　鄂尔多斯准格尔旗包商村镇银行全面开展"信用记录关爱日"活动。

6 月 7 日　　天津银监局赵峰副局长莅临津南村镇银行调研指导工作，对津南村镇银行工作给予充分肯定、并对未来工作提出了意见和建议。津南区委常委、区委宣传部部长、区金融办主任刘惠，区金融办副主任李学英，区财政局副局长孙兆彬陪同调研。

同日　　邵阳武冈包商村镇银行董事长于凤海陪同武冈市前市委副书记、市长余孝武与市委常务委员夏建新、副县级干部周清白、市政府办公室副主任兼金融办主任周恭友等人赴内蒙古包头市考察包商银行。包商银行党委副书记、监事长李献平，行长助理武仙鹤等领导接见了余孝武一行。

6 月 8 日　　赤峰宁城包商村镇银行第一届董事会第四次会议、宁城包商村镇银行 2010 年度股东大会先后在宁城包商村镇银行大明支行会议室召开。

6 月 10 日　　呼伦贝尔银监分局"案件防控合规建设年"活动检查小组莅临呼伦贝尔莫力达瓦村镇银行检查指导工作，对该行"案件防控合规建设年"活动实施情况进行了现场检查。

同日　　宁夏贺兰回商银行在贺兰县文化广场举办"清凉之夏·回商银行庆祝建党 90 周年暨送文化下乡文艺晚会"。

6 月 12 日至 14 日　　包商银行新型农村金融机构管理总部派科技部人员为贵阳息烽包商

黔隆村镇银行安装调试系统，并进行相关的培训。

6 月 13 日　　呼伦贝尔鄂温克旗包商村镇银行巴彦库仁支行 9 名员工在行长汪海峰、副行长腾国华的带领下，参加了陈巴尔虎旗"巴彦哈达敖包"祭祀活动。

同日　　河南省漯河市郾城包商村镇银行业务人员到乌审旗包商村镇银行有限责任公司参观学习。

6 月 14 日　　贵阳花溪建设村镇银行召开合规文化建设阶段性分析大会。

6 月 15 日　　内蒙古人民银行副行长高兰根在呼伦贝尔市人民银行行长哈斯及鄂温克旗人民银行行长姜中洲等人的陪同下，到鄂温克旗包商村镇银行检查指导工作，并听取了行领导的工作汇报。

同日　　邵阳武冈包商村镇银行开始试营业。

同日　　在包商银行召开的"包商银行 2010 年度双先表彰"大会上，赤峰宁城包商村镇银行因业绩突出，被授予"宁城包商村镇银行先进集体""先进村镇银行"的称号。

6 月 17 日　　贵阳息烽包商黔隆村镇银行与贵州威振护运有限公司签订《武装守押代保管合同》。

6 月 21 日　　广元市包商贵民村镇银行董事长刘月菊在赵骏副行长等相关人员的陪同下赴剑阁县辖内多个金融空白乡镇进行调研。

6 月 22 日　　兴安盟科尔沁包商村镇银行召开了创立大会，第一届股东会选举出刘洛、贺光明、张向阳、赵洵、宇星 5 名董事；第一届第一次董事会由 5 名董事共同选举出了董事长张向阳、聘任了行长徐涛，通过了公司章程、《机构岗位设置及职责》及各项内部控制制度。

6 月 22 日至 23 日　　中国银行业监督管理委员会鄂尔多斯监管分局领导郭春祥、陈栋、刘福成一行来乌审旗包商村镇银行调研。

6 月 27 日　　江苏仪征包商村镇银行召开创立大会暨第一届股东会第一次会议、第一届董事会第一次会议。

6 月 28 日　　锡林郭勒包商惠丰村镇银行参加了由西乌珠穆沁旗政府宣传部组织的"建党 90 周年学党史、讲党性、创佳绩知识竞赛"，此次竞赛由全旗 49 个行政、企业、事业单业共同参与。

6月29日　　　呼伦贝尔鄂温克旗包商村镇银行与旗统战部、旗老干部局共同开展了走访慰问"老干部、老革命、老党员"的活动，感谢他们为党的建设和自治旗的经济、社会发展所做出的突出贡献。

同日　　　江苏南通如皋包商村镇银行就加强信贷管理工作召开行务会，行务会经研究决定由信贷部增设信贷审查岗，岗位职责包括信贷资料审查和逾期贷款清收事宜，信贷审查岗具体工作由宋森负责。

同日　　　王树斌董事长到贵阳息烽包商黔隆村镇银行检查开业前的准备工作，并与县委、县政府、县银监办等有关部门进行了交流和沟通。

同日　　　应当地人民银行邀请，锡林郭勒包商惠丰村镇银行员工与人民银行组成合唱队，参加了"唱红歌、跟党走"大型活动。

6月30日　　　大连金州联丰村镇银行开发区支行筹建资料上报大连银监局备案。

7月1日　　　呼伦贝尔鄂温克旗包商村镇银行在鄂温克旗召开的"中国共产党建党90周年"庆祝大会上受到表彰，授予"先进基层党组织"荣誉称号。

7月5日　　　南通如皋包商村镇银行举行第一届董事会第二次会议，会议审议通过了《南通如皋包商村镇银行2011年上半年工作总结》和《南通如皋包商村镇银行2011年下半年工作计划》等议案。

同日　　　由中国小额信贷联盟、包商银行新型农村金融机构管理总部、战略部专家组成的客户保护评估组莅临呼伦贝尔鄂温克旗包商村镇银行评估调研。

7月7日　　　西乌旗监管办主任杨树全、主任白玉堂一行到锡林郭勒西乌珠穆沁包商惠丰村镇银行进行实地调研。

7月8日　　　贵阳息烽包商黔隆村镇银行组织员工到白云区沙子哨监狱接受警示教育。

7月9日　　　北京昌平兆丰村镇银行在金茂北京威斯汀大饭店召开第一届董事会第三次会议、第一届监事会第二次会议、第一届股东会第三次会议，各董事会、监事会成员以及股东出席会议。第一届董事会第三次会议审议通过了《关于北京昌平兆丰村镇银行2011年上半年工作报告的议案》等四项议案。第一届股东会第二次会议审议通过了《关于北京昌平兆丰村镇银行2010年度工作报告的议案》等七项议案。第一届监事会第二次会议审议通过了《北京昌平兆丰村镇银行2011年上半年财务分析报告及下半年财务预算的议案》等两项议案。

7月10日　　　湖南邵阳武冈包商村镇银行举行开业庆典。黑龙江银监局局长周民源发来贺电，前市委副书记、市长余孝武主持开业庆典仪式，武冈包商村镇银行董事长于凤海、包商银行行长助理武仙鹤、中国人民银行邵阳市中心支行副行长黄少青、前市委书记王春生先后发表讲话。中国银行业监督管理委员会邵阳监管分局局长邓建华为武冈包商村镇银行颁发金融许可证。市领导杨安成等一行7人，以及包商银行新型农村金融机构管理总部领导、武冈包商村镇银行前行长杨海军、武冈包商村镇银行全体股东出席了庆典仪式。

7月18日　北京昌平兆丰村镇银行与亚北博晟商业管理有限公司签订了战略合作协议，首次推出了商铺租金贷款金融服务。11月23日，北京昌平兆丰村镇银行发放了第一笔商铺租金贷款，金额为200万元。至此，商铺租金贷批量业务进入实际操作阶段。

同日　大连金州联丰村镇银行第一届董事会第四次会议于内蒙古赤峰市赤峰宾馆召开。

7月20日　中央电视台第七套《聚焦三农》栏目组对呼伦贝尔鄂温克旗包商村镇银行在推动农村牧区经济社会发展，支持和扶持当地农牧民增产创收等方面工作进行了深入采访，并于同年9月播出相关报道。

7月25日　中国人民银行贵阳中心支行征信管理处处长陈捷一行到贵阳花溪建设村镇银行检查指导工作。

7月26日　兴安盟科尔沁包商村镇银行得到兴安银监分局同意开业的批复。

同日　鄂尔多斯准格尔旗包商村镇银行成立团支部。

同日　鄂尔多斯准格尔旗包商村镇银行举行防抢防爆演练。

7月28日　兴安盟科尔沁包商村镇银行取得兴安银监分局下发的金融许可证。

同日　贵阳息烽包商黔隆村镇银行发放了第一笔贷款。

7月29日　南通如皋包商村镇银行举行第一届董事会第三次会议，会议审议通过了以下议案：要求经营层高度重视南通银监分局对如皋包商村镇银行贯彻执行"三个办法、一个指引"现场检查所发现的问题，并进行全面、仔细的分析，严格按照南通银监分局的要求进行整改。

同日　兴安盟科尔沁包商村镇银行得到科右前旗工商管理局颁发的工商营业执照。

7月　北京昌平兆丰村镇银行取得办理北京市工作居住证资格，成为北京地区首家可为员工办理工作居住证的村镇银行。

8月1日至10日　贵阳息烽包商黔隆村镇银行张向潮行长赴内蒙古包头参加包商银行

联动监管工作会议。

8月2日　　鄂尔多斯准格尔旗包商村镇银行成立工会。

8月4日　　张冉辉任贵阳息烽包商黔隆村镇银行副行长一职。

8月5日　　包头固阳包商惠农村镇银行召开2010年度股东会。

同日　　湖北荆门掇刀包商村镇银行获得人民银行武汉分行《关于湖北荆门掇刀包商村镇银行股份有限公司开业事项的批复》。

8月6日　　宁夏贺兰回商村镇银行在银大湖城酒店召开上半年工作会议,会期4天。随后,全体参会人员抵达青海西宁青海银行参观学习并实地考察3天。

8月8日　　江苏仪征包商村镇银行对外营业。

8月12日　　呼伦贝尔莫力达瓦达斡尔族自治旗旗地区股东座谈会在莫力达瓦包商村镇银行会议室召开,燕飞行长向股东汇报了该行2011年上半年经营成果,并就增资扩股的必要性向股东进行了说明。

8月13日　　内蒙古银监局处长王文英一行来到锡林郭勒西乌珠穆沁包商惠丰村镇银行进行调研,锡林郭勒盟银监分局陈浩等陪同调研。

8月15日　　邵阳武冈包商村镇银行组织全体员工召开案件防控动员大会,并进行培训。董事长于凤海、前行长杨海军参加了此次培训。

8月16日　　呼伦贝尔鄂温克旗包商村镇银行官方网站(www.ewkbrb.com)正式开通,标志该行企业信息化建设进入全新的阶段。

8月17日　　应贵阳息烽包商黔隆村镇银行张向潮行长邀请,人民银行贵阳中支处级领导一行10余人以及息烽县杜副县长、应急办蔡主任及人民银行息烽县支行冯行长等领导莅临息烽包商黔隆村镇银行指导工作。

同日　　河南省漯河市郾城包商村镇银行有限责任公司举行开业庆典仪式。市委常委、市政府常务副市长曹存正,市人大常委会副主任陈平,市政协副主席刘运杰,包商银行总行副行长陶伟,包商银行总行农村金融部副总经理雷振川,市银监局局长林保军,市金融办主任王振甫,区委书记余伟,区长王迎波,区人大常委会主任王冠武,区政协主席臧纪周,区委常委、常务副区长徐光华等市、区领导出席了仪式。

同日　　赤峰宁城包商村镇银行组织召开"宁城包商村镇银行 2010 年度先进工作者表彰大会"。

8 月 18 日至 22 日　　贵阳花溪建设村镇银行参展"中国（贵州）国际酒类博览会暨2011 中国·贵州投资贸易洽谈会"。

8 月 22 日　　鄂尔多斯准格尔旗包商村镇银行召开安防安保工作会议。

8 月 24 日　　河南省漯河银监分局同意聘任刘明坤为漯河市郾城包商村镇银行有限责任公司副行长（漯银监复〔2011〕36 号）。

8 月 25 日至 31 日　　鄂尔多斯市公安局治安支队领导于梦轩、乌审旗公安局治安大队领导王林虎等对乌审旗包商村镇银行有限责任公司进行安全评估。

8 月 27 日　　邵阳武冈包商村镇银行在湖南省菁乡米业股份有限公司三楼会议室召开《武冈包商村镇银行农户联保贷款业务推广座谈会》，武冈包商村镇银行董事长于凤海、前行长杨海军、湖南省菁乡米业股份有限公司董事长刘正华以及湖南省菁乡米业股份有限公司上游粮食收购 20 个客户代表出席会议。

8 月 29 日　　宁夏贺兰回商村镇银行举办"感谢有你，一路相伴"客户答谢会。

8 月 30 日　　在广元银监分局的组织和协调下，监管三处副处长蒲联、广元市包商贵民村镇银行行长陈冬生带领包商贵民村镇银行业务部、营业部等相关人员赴四川仪陇惠民村镇银行进行为期 2 天的参观学习。

9 月 2 日　　兴安盟科尔沁包商村镇银行在得到建设工程规划许可证、建设用地规划许可证、建设用地批准书及建设工程施工许可证的同时，正式开工建设占地 7,460 平方米、建筑面积 5,472 平方米的营业办公大楼。

同日　　湖北荆门掇刀包商村镇银行正式对外营业。

9 月 3 日　　由呼伦贝尔市、鄂温克旗两级公安局和呼伦贝尔市银监分局组成的检查组对鄂温克旗包商村镇银行的安全保卫工作开展了现场检查和评估，获 99 分高分，得到检查组领导的高度评价和认可。

9 月 6 日　　吉林银监局对长春九台龙嘉村镇银行进行合规性检查。

9 月 7 日　　南通如皋包商村镇银行举行第一届董事会第四次会议，会议审议通过针对人民银行南通中心支行对如皋包商村镇银行上半年信贷投放总量、投向等情况的现场调研。要求如皋包商村镇银行压缩贷款规模，并进行增资扩股，初步同意如皋包商村镇银进行增资扩股的议案。

同日　鄂尔多斯准格尔旗包商村镇银行开展"征信专题宣传月"活动。

9月9日　锡林郭勒包商惠丰村镇银行为庆祝包商惠丰村镇银行各项存款突破亿元大关，全体员工在西乌旗帝客隆生活广场前进行宣传庆祝活动。

同日　荆门掇刀包商村镇银行举行开业庆典。原荆门市委常委、副市长薛峰主持庆典仪式。荆门市委副书记、市长万勇宣布开业，并与包商银行行长助理武仙鹤共同揭牌。人行武汉分行党委副书记、副行长罗玉冰，湖北银监局副局长阙方平出席仪式并分别致辞。荆门银监分局局长曹小丽向掇刀包商村镇银行颁发金融许可证。

9月10日　江苏仪征包商村镇银行正式开业，包商银行行长助理武仙鹤莅临并致词。

9月11日　赤峰宁城包商村镇银行在宁城县电影院广场上举行了为期一周的金融知识公众教育服务活动。

9月14日　宁夏贺兰回商村镇银行举行"银行知识"考试。

9月16日　呼伦贝尔莫力达瓦包商村镇银行收悉呼伦贝尔银监分局出具的《关于莫力达瓦包商村镇银行有限责任公司开业等准入事项的批复》，呼伦贝尔银监分局同意莫力达瓦包商村镇银行开业申请，核准莫力达瓦包商村镇银行公司章程。核准莫力达瓦包商村镇银行注册资本金700万元，公司地址为莫旗纳文东大街公安综合楼16号。核准莫力达瓦包商村镇银行业务经营范围、高管人员任职资格，并向莫力达瓦包商村镇银行颁发金融许可证。

同日　中国银监会巡查组到大连调研。大连金州联丰村镇银行作为大连市村镇银行唯一代表参加巡查组座谈会。

9月20日　贵州银监局副局长冉太模、非现场监管二处处长罗扬、现场检查三处副处长王萍一行莅临贵阳花溪建设村镇银行调研指导工作。

同日　天津津南村镇银行第一届董事会第四次会议召开。

9月26日　呼伦贝尔鄂温克旗包商村镇银行成功加入全国现代化支付系统，支付结算系统成功上线。此系统的上线实现了传统柜台服务的有效延伸，更好地满足了客户对资金汇划的需要。

同日　鄂尔多斯准格尔旗包商村镇银行成立党支部。

9 月 30 日　河南漯河市郾城包商村镇银行有限责任公司组织员工参加河南省金融机构安全防范考试，26 人全部通过考试，取得河南省公安厅和河南银监局联合颁发的《金融安全上岗资格证》。

10 月 10 日　大连金州联丰村镇银行行长徐兴军及微贷业务部负责人出席大连银监局、大连市金融局和中国人民银行大连市中心支行共同举办的"大连市扩大小微企业融资启动仪式暨银企项目签约仪式"，并接受大会颁发的"小微企业融资金融顾问"聘书。

10 月 15 日　赤峰宁城包商村镇银行党支部组织了"金融知识进农村"活动。

10 月 17 日　锡林郭勒西乌珠穆沁包商惠丰村镇银行制定和完善《包商惠丰村镇银行贷款管理制度》《包商惠丰村镇银行员工绩效考核办法》《包商惠丰村镇银行档案管理办法》《包商惠丰村镇银行抵质押物保管办法》等各项管理制度。

10 月 18 日　贵阳花溪建设村镇银行以庆祝开业两周年为契机，举办"两周年行庆"演讲比赛。

同日　乌兰察布集宁包商村镇银行正式开业。

同日　中国小额信贷联盟在北京举办了"第七届联盟年会暨 2011 年中国小额信贷高峰论坛和中国银行业协会（花旗）微型创业奖"系列活动。作为联盟会员机构之一，呼伦贝尔鄂温克旗包商村镇银行李倩副行长、风险管理部陈爽副经理参加了此次会议。

10 月 21 日　包商银行对鄂尔多斯准格尔旗包商村镇银行业务进行为期 12 天的全面审计。

10 月 25 日　兴安盟科尔沁包商村镇银行试营业，并吸收第一笔居民储蓄存款。

10 月 26 日　鄂尔多斯银监分局乌审监管办领导周俊峰、武星一行对乌审旗包商村镇银行有限责任公司进行案件防控工作考核、检查。

10 月 31 日　漯河市郾城包商村镇银行有限责任公司与新晋员工签订劳动合同。

11 月 5 日　漯河银监分局林保军局长莅临漯河市郾城包商村镇银行有限责任公司，针对银行业监管知识对经营管理层及全体员工进行了培训。

11 月 7 日　荆门掇刀包商村镇银行贷款总额过亿元。

11 月 8 日　邵阳银监分局局长邓建华、邵阳市银行业协会秘书长徐运熙到武冈包商村镇银行调研，武冈包商村镇银行董事长于凤海参加此次会议。

11 月 10 日　　邵阳武冈市公安局在武冈包商村镇银行三楼会议室召开"武冈市金融机构安全评估总结表彰现场会"，公安局副局长彭育民、治安大队队长周新忠、武冈包商村镇银行董事长于凤海、前行长杨海军，以及全市金融机构代表 20 余人参加会议。会上评选出武冈包商村镇银行等 10 个金融机构网点为安全防范优秀单位。

11 月 11 日　　兴安盟科尔沁包商村镇银行正式开业，包商银行行长助理武仙鹤、农村金融部副总经理贺光明、兴安盟金融办、盟人民银行、盟银监分局、科右前旗人民政府领导，当地各企业及金融机构负责人等出席了开业庆典。

11 月 14 日　　《荆门日报》刊登新闻《掇刀包商村镇银行开业三月放贷破亿》。

同日　　中国人民银行郑州中心支行同意漯河市郾城包商村镇银行有限责任公司加入郑州金融城域网（郑银复〔2011〕122 号）。

11 月 16 日　　《荆门日报》以《打造村镇银行的标杆》为题报道掇刀包商村镇银行"支农支小"工作。

11 月 17 日　　邵阳银监分局农村合作非现场监管科科长李佶、监管员周乐成一行到武冈包商村镇银行检查指导工作，武冈包商村镇银行董事长于凤海、前行长杨海军及各部门临时负责人出席会议。

11 月 18 日　　中国人民银行支付结算司同意漯河市郾城包商村镇银行有限责任公司支票制版（银支付〔2011〕380 号）。

同日　　成都新都桂城村镇银行开业。

11 月 20 日　　呼伦贝尔莫力达瓦包商村镇银行在该行会议室召开第一届董事会第二次会议及年度股东大会。大会审议了《增资扩股至 4000 万元方案》、关于修改《莫力达瓦包商村镇银行有限责任公司章程》的议案、《关于增设计划财务部》的议案、《股东大会召开方式》的议案，并提请股东大会审议。

11 月 21 日　　呼伦贝尔莫力达瓦包商村镇银行上报呼伦贝尔银监分局《关于莫力达瓦包商村镇银行增资扩股的请示》。

同日　　赤峰宁城包商村镇银行在大明会议室召开宁城包商村镇银行第一届董事会第五次会议。

11月22日 赤峰宁城包商村镇银行全体员工在工会的组织下签署员工节约公约,倡导节能减排主题。

11月23日 鄂尔多斯准格尔旗包商村镇银行首次举办妇女健康知识讲座。

11月24日 漯河市郾城包商村镇银行有限责任公司召开2011年第一次临时股东大会。会议由董事长李孝主持。漯河市郾城包商村镇银行有限责任公司股东代表、董事、监事以及高管人员参加了会议,漯河银监分局副局长李晓华列席会议。

11月25日 邵阳武冈包商村镇银行在营业部举行防抢、防暴演习,武冈包商村镇银行董事长于凤海、前行长杨海军以及全体员工参加了此次演习。

11月29日 呼伦贝尔莫力达瓦包商村镇银行收到呼伦贝尔银监分局《关于莫力达瓦包商村镇银行有限责任公司增资扩股实施方案的批复》(呼银监复〔2011〕105号),同意增资扩股实施方案。

同日 人民银行贵阳中心支行货币信贷处处长孙涌莅临贵阳花溪建设村镇银行指导工作。

11月 天津津南村镇银行与津南区签订下岗再就业小额担保贷款协议,为2012年开展下岗再就业贷款奠定良好的基础。

12月4日 广元银监分局局长袁益富、监管三处副处长赵万志等领导一行莅临包商贵民村镇银行视察指导工作。

12月5日 鄂尔多斯准格尔旗包商村镇银行签订安全防范责任状。

12月6日 漯河市治安支队王金鑫队长带队来郾城包商村镇银行检查工作。

12月7日 漯河市郾城包商村镇银行有限责任公司同城清算系统建设完成。

12月9日 荆门掇刀区三届人大一次会议上,掇刀包商村镇银行行长张守军全票当选为荆门市第八届人大代表。

同日 漯河市委常委、常务副市长杨国志带领调研组到郾城包商村镇银行调研,市金融办主任王振甫、郾城区委常委、常务副区长、区经发局、信息中心等部门负责人陪同调研。

同日 邵阳武冈包商村镇银行召开全体共产党员会议,武冈包商村镇银行董事长于凤海、前行长杨海军以及4名党员出席此次会议。

12 月 13 日 　　　贵阳息烽包商黔隆村镇银行韩建群副行长、王祥顾问到北京分行参加"包商银行 2011 年度会计决算会议"。

12 月 14 日 　　　鄂尔多斯准格尔旗包商村镇银行申请创建准格尔旗"青年文明号"单位。

12 月 15 日 　　　鄂尔多斯准格尔旗文明办领导一行到准格尔旗包商村镇银行调研指导工作。

12 月 16 日 　　　大连金州联丰村镇银行正式收到《大连银监局关于大连金州联丰村镇银行股份有限公司开发区支行开业的批复》（大银监复〔2011〕580 号），并取得金融许可证，标志着联丰村镇银行第一家分支机构正式成立。

同日 　　　包头固阳包商惠农村镇银行进行系统升级。

12 月 17 日 　　　呼伦贝尔鄂温克旗包商村镇银行召开 2011 年度年终决算工作会议。通过此次会议，使各部门熟知自己在年终决算工作中的职能，对年终决算工作的顺利完成起到了积极的推动作用。

同日 　　　长春九台龙嘉村镇银行股份有限公司第二次股东大会在九台市宾馆第二会议室举行，会议由董事胡明主持，股东邓学民、王光（马声代）、徐文学、张术出席了会议，包商银行新型农村金融机构管理总部刘洛总经理，雷振川副总经理，董事徐浩、王景泉，九台龙嘉村镇银行杨雨生、李春光、李雪松、于彬列席会议。会议一致通过提请股东大会修改公司《章程》的议案，选举王景泉、胡明、徐浩、邓学民、王光等 5 人为九台龙嘉村镇银行第二届董事会董事。

同日 　　　长春九台龙嘉村镇银行股份有限公司第二届董事会一次会议在九台市宾馆会议室召开。全体董事一致通过选举王景泉任九台龙嘉村镇银行第二届董事会董事长。董事会聘任王旭为九台龙嘉村镇银行行长，聘任李春光、杨雨生、李雪松为副行长，聘任于彬为行长助理。

同日 　　　长春九台龙嘉村镇银行股份有限公司第一届董事会第四次会议在九台市宾馆第二会议室召开。会议审议通过了王久翔同志申请辞去九台龙嘉村镇银行股份有限公司董事长的议案。审议通过了王景泉同志任九台龙嘉村镇银行股份有限公司董事一职。

12 月 19 日 　　　化德包商村镇银行开业。

同日 　　　鄂尔多斯准格尔旗包商村镇银行新系统上线成功。

12 月 20 日 　　　南通如皋包商村镇银行举行第一届董事会第五次会议，会议审议并通过《南通如皋包商村镇银行增加注册资本金到 10,000 万元方案》的议案。举行第二次股东会，会议审议通过了《南通如皋包商村镇银行 2011 年 1—11 月工作报告、当前工作及 2012 年工作打算》及《南通如皋包商村镇银行增加注册资本金到 10,000 万元方案》的议案。

同日   赤峰宁城包商村镇银行召开年终安全保卫工作会议。

12 月 21 日   呼伦贝尔银监分局批准莫力达瓦包商村镇银行有限责任公司注册资本由 700 万元增加至 4,000 万元。

同日   江苏仪征包商村镇银行召开第一届董事会第二次会议。

12 月 23 日   漯河郾城包商村镇银行 2011 圣诞联欢晚会在郾城大酒店隆重举行。行长刘永生、副行长刘明坤与全行 30 余名员工欢聚一堂，一同迎接节日的到来。当地银监局相关领导也应邀参加了晚会。

12 月 25 日   赤峰宁城包商村镇银行在大明支行会议室召开了宁城包商村镇银行第一届董事会第六次会议。

同日   赤峰宁城包商村镇银行总行各部室举行消防安全演练。

同日   天津津南村镇银行第一届董事会第五次会议召开。

12 月 26 日   天津津南村镇银行葛沽支行开业。

同日   太原清徐惠民村镇银行开业。

12 月 27 日   荆门掇刀包商村镇银行召开第一届工会会员代表大会，正式成立工会委员会和经费审查委员会。

同日   贵阳息烽银监办 2011 年行风评议及行风监督会议在息烽包商黔隆村镇银行召开。

12 月 29 日   大连金州联丰村镇银行正式收到《大连银监局关于大连金州联丰村镇银行股份有限公司大黑山支行开业的批复》（大银监复〔2011〕634 号），并取得金融许可证，联丰村镇银行第二家分支机构正式成立。

同日   邵阳武冈市委市政府、武冈市财政局、中国人民银行武冈市支行等领导一行到武冈包商村镇银行评估指导工作，武冈包商村镇银行前行长杨海军出席此次会议。

12 月 30 日   南通如皋包商村镇银行顺利完成增资扩股，变更后注册资本为 10,000 万元。

12 月 31 日   呼伦贝尔鄂温克旗政府的四大班子领导莅临鄂温克旗包商村镇银行看望慰问干部职工，并代表旗委、旗政府向全体员工致以新年的祝福，对其为鄂温克旗经济社会平稳较快发展做出的贡献表示感谢。当日，鄂温克旗人民银行行长姜中州等一行也莅临鄂温克旗包商村镇银行慰问干部职工。鄂温克旗包商村镇银行郭建荣董事长、腾国华副行长、李倩副行长慰问总行、巴雁支行、巴彦库仁支行三个营业网点员工。

同日　　贵阳花溪区委书记向虹翔、区长向子琨等四大班子领导及相关委、办、局主要负责人到贵阳花溪建设村镇银行进行慰问。

同日　　兴安盟科尔沁包商村镇银行成功进行第一次年终决算。据会计报表数据，各项存款余额 1,937.49 万元，各项贷款余额 1,261.95 万元。

同日　　赤峰宁城县政府、人大、政协、财政局领导一行来宁城包商村镇银行进行新年慰问。

2012 年

1月4日　　呼伦贝尔莫力达瓦包商村镇银行向人民银行莫旗支行上报《关于首次申请支农再贷款的评估报告》，并于3月22日首次申得支农再贷款1,000万元。

同日　　宁夏贺兰回商村镇银行召开"回商村镇银行2012年新春团拜会暨家属答谢会"活动。

1月5日至9日　　荆门掇刀包商村镇银行行长张守军作为掇刀区市人大代表出席荆门市第八届人民代表大会第一次会议。

1月9日　　北京昌平兆丰村镇银行召开2012年度工作会，全面总结了2011年度全行工作，安排部署2012年度各项工作目标和要求，并对2011年度的先进集体和个人进行了表彰。

1月12日　　四川广元市包商贵民村镇银行在剑门关酒店五楼会议室召开了"广元市包商贵民村镇银行2012年工作会"，会议由赵骏副行长主持。会上陈冬生行长对2011年工作进行了全面总结，并制定2012年经营目标，对全行工作提出了明确要求。刘月菊董事长对2012年的总体发展方向及规划做了重要安排。

同日　　呼伦贝尔莫力达瓦包商村镇银行增资扩股后营业执照变更办理完毕。

同日　　鄂尔多斯乌审旗包商村镇银行行长杜雷、乌审旗扶贫办领导及乌审旗包商村镇银行中层干部等一行9人组成了慰问小组到乌审旗巴音柴达木乡木都柴达木村开展下乡慰问活动。

同日　　贵阳息烽包商黔隆村镇银行召开中层干部述职暨民主测评会。

1月13日　　贵阳息烽包商黔隆村镇银行召开2011年度工作总结会。

同日　　呼伦贝尔鄂温克旗包商村镇银行召开2011年度股东大会，会议审议了2011年度报告、董事会工作报告、财务报告及财务预算报告等议程。同时，依据《公司法》和公司《章程》的规定，全体股东及董事通过表决选举产生了新一届董事会成员。

同日　　呼伦贝尔鄂温克旗包商村镇银行召开第一届董事会第六次会议，会议对2011年工作做了全面总结，并依据目前发展现状，对下一年度的经营目标进行了部署和规划。

1月16日　　贵州毕节发展村镇银行召开第一届临时董事会，选举新一届董事，确立新的董事会，选举新一届监事，确立监事会，聘任新的经营班子，研究新的经营模式及内控制度等重大问题的建设，研究决定员工的团队建设，就员工的薪酬机制等议题达成一致意见。

1月17日　　呼伦贝尔鄂温克旗包商村镇银行巴雁支行工作人员同大雁镇政府、大雁镇教育局局长一起，亲切慰问了大雁镇部分贫困学生，并送上扶助金。

1月18日　　呼伦贝尔鄂温克旗包商村镇银行召开专题会议，研究部署春节期间的安全保卫工作，并提出具体要求。

1月25日　　锡林郭勒西乌珠穆沁包商惠丰村镇银行被西乌旗工商局授予"重合同、守信用"称号，同时举行了授匾仪式，并颁发荣誉证书。

1月30日　　贵阳息烽包商黔隆村镇银行与贵州心海律师事务所周金星、韦曦律师签订常年法律顾问合同。

2月2日　　菏泽鄄城包商村镇银行被中国人民银行菏泽市中心支行评为"2011年度菏泽市金融机构（银行类）综合评价优胜单位"。

2月4日　　江苏仪征包商村镇银行与仪征市文化馆在时代广场太和街组织猜灯谜活动。

2月7日　　天津市委常委、副市长崔津渡，中国人民银行天津分行行长林铁钢，市银监局纪委书记邓琦，津南区相关领导莅临天津津南村镇银行调研指导工作。

2月8日　　荆门掇刀包商村镇银行参加金融支持湖北经济发展"早春行"启动仪式暨"荆门·中国农谷"建设银企对接推进会。会上，掇刀包商村镇银行与荆门市昕泰大棚水果专业合作社签订了银企合作协议。

2月9日　　太原清徐惠民村镇银行召开董事会聘任薛书萍为副行长，负责主持全行工作。

2月11日　　广元市包商贵民村镇银行首届中层干部竞聘会在剑阁县天赐温泉酒店会议室成功召开并取得圆满成功。刘月菊董事长亲临此次竞聘会现场，行长陈冬生和副行长赵骏以及三位员工代表担任评委。

同日　　呼伦贝尔鄂温克旗包商村镇银行召开2012年工作会议。会议全面总结回顾了2011年的主要工作，深入分析了当前面临的经济金融形势，研究部署了2012年的工作任务和工作重点。

2月12日　　呼伦贝尔鄂温克旗包商村镇银行成功举办了第二期管理人员培训班。

2月14日　　宁夏贺兰回商村镇银行召开2012年中层干部竞聘大会，29名年轻同志脱颖而出，走上中层干部岗位。

2月15日　　　长春九台龙嘉村镇银行股份有限公司第二届董事会二次会议以电话、传真形式召开。审议通过了购买办公用房议案。

同日　　　赤峰宁城包商村镇银行在大明支行会议室召开2012年员工竞聘考试。

2月16日　　　赤峰宁城包商村镇银行举行2012年述职、竞聘大会。

同日　　　大连金州联丰村镇银行大黑山支行正式开业。这是大连金州联丰村镇银行的首家分支机构。

2月17日　　　锡林郭勒西乌珠穆沁包商惠丰村镇银行被西乌旗委政府授予旗级"文明单位"称号，同时在旗常委扩大会议上举行了授匾仪式。该行进入了旗级"文明单位"行列。

同日　　　宁夏贺兰回商村镇银行召开第一届董事会第四次会议暨2012年度股东会。

2月21日　　　贵阳花溪建设村镇银行董事长覃波、行长郭卫兵出席包商银行新型农村金融机构2012年工作会议。

同日　　　贵阳息烽包商黔隆村镇银行张向潮行长到包头参加包商银行新型农村金融机构2012年工作会议。

2月24日　　　太原清徐惠民村镇银行首批信贷产品诞生，共三大系列九个产品，范围覆盖商户、小企业、三农、个人等领域，为以后树立包商银行特色信贷服务品牌起到了重要的作用。

2月26日　　　贵阳息烽包商黔隆村镇银行与息烽县瑞信担保有限责任公司签订业务合作协议。

2月28日　　　菏泽鄄城包商村镇银行吸收储蓄存款1,944万元，对公存款为6,245万元。

2月　　　掇刀包商村镇银行推出"商富国兴、农富国安、保底惠贷、一圈一链"等四大系列七种微贷新产品。

3月1日　　　宁城包商村镇银行召开主题为"完善组织架构致力支农助微打造合规小微村镇银行"2012年工作会议。

同日　　　太原清徐惠民村镇银行开通金融局域网，3月6日正式对外开通人民币银行结算账户管理系统，开始办理对公业务。

3月3日　　　鄂尔多斯乌审旗包商村镇银行有限责任公司面向乌审旗当地高校毕业生举办

第二次公开招聘考试，通过初审、笔试、面试三个环节的选拔，20 名人才入职。

3 月 5 日　　太原清徐惠民村镇银行在三楼会议室召开 2012 年工作会议，会议由晋胜董事长主持，薛书萍副行长做工作报告。

同日　　太原清徐惠民村镇银行董事长晋胜主持并召开了 2012 年度第一届董事会第一次会议，会议审议并通过清徐惠民村镇银行关于经营管理和经营班子调整的相关议案。

3 月 6 日　　北京昌平兆丰村镇银行成立新机构筹备组，支行筹建工作正式拉开序幕。从 7 月起，进入全面筹建回龙观支行的阶段。

同日　　邵阳武冈包商村镇银行在三楼会议室召开"2012 年工作会议"。会议总结了 2011 年主要工作，全面部署 2012 年工作任务。武冈包商村镇银行董事长于凤海、前行长杨海军及全体员工参加此次会议。

3 月 7 日　　江苏仪征包商村镇银行召开 2012 年经营工作会议，全面部署当年各项工作。

同日　　邵阳武冈包商村镇银行在三楼会议室举行"武冈包商村镇银行 2012 年度中层干部竞聘大会"。此次竞聘会产生了 5 名中层干部，并且调动了员工的积极性，培养了员工的竞争意识和危机意识。

同日　　成都新都桂城村镇银行开展反假币宣传活动。

3 月 8 日　　成都新都桂城村镇银行召开 2012 年包商银行工作会议宣贯会。

3 月 9 日　　宁夏贺兰回商村镇银行在拍卖会上成功竞拍原贺兰县国税局办公大楼。

3 月 10 日　　乌兰察布集宁包商村镇银行开展"走村进乡"活动，深入到当地马莲渠乡进行宣传走访。

3 月 12 日　　呼伦贝尔鄂温克旗包商村镇银行创新"一次授信、三年循环使用"和"周转使用＋多户联保＋村委会成员担保"的信贷运行模式，深受农牧民欢迎。为此，当日《人民日报·海外版》第 3 版刊登《农民工迎来就业新春天》一文，对鄂温克旗包商村镇银行支持农牧民创业的信贷运行模式进行了报道。

3 月 15 日　　鄂尔多斯乌审旗包商村镇银行有限责任公司大小额系统正式上线。

同日　　中共莫力达瓦旗委常委、莫旗人民政府副旗长闫波、旗金融办主任杜丽芬等一行莅临莫力达瓦包商村镇银行慰问指导工作，向工作在一线的广大员工致以亲切的问候。

同日　　鄂尔多斯准格尔旗包商村镇银行开展"3·15"反洗钱宣传活动。

3月16日　　呼伦贝尔鄂温克旗包商村镇银行在2010年至2011年度内蒙古自治区各级公安机关、银监部门对银行业金融机构进行的"安全评估和安全大检查"活动中，获得高分。同时，该行负责安保工作的陈悦宾同志被评选为全区银行业金融机构安全保卫工作先进个人，并获荣誉证书。

3月18日　　邵阳武冈包商村镇银行举行了金融知识宣传活动，提升了武冈包商村镇银行在当地的知名度。

3月20日　　包头达尔罕茂明安联合旗包商惠农贷款有限责任公司被共青团中央委员会认定为"全国送金融知识下乡服务站"。

同日　　包头固阳包商惠农村镇银行为固阳县新世纪小学白血病患者乔嘉同学进行募捐，共募集善款3,150元。

3月21日　　中国人民银行扬州市中心支行小微企业信贷支持调研会在江苏仪征包商村镇银行召开，会议肯定了该行小微企业贷款工作成绩，明确该行为小微企业贷款试点银行。

3月22日　　乌兰察布集宁包商村镇银行顺利完成新系统上线工作。

同日　　大华会计事务所对兴安盟科尔沁包商村镇银行进行2011年度全面审计。

同日　　山东省银监局农村中小金融机构监管二处副处长王素玲，在菏泽市银监分局张以良副局长、办公室主任路冰、鄄城监管办主任王娟的陪同下到菏泽鄄城包商村镇银行考察、调研。

3月23日　　河南漯河市郾城包商村镇银行联网核查公民身份信息系统建成运行。

同日　　鄂尔多斯乌审旗包商村镇银行有限责任公司在乌审旗图克镇呼吉尔特乡呼吉尔特村举办"送金融知识下乡"活动，成立春耕服务小分队。活动以帮助农牧民春耕为主题，对有春耕困难的15户农牧民发放贷款300万元。

3月25日　　江苏仪征包商村镇银行新系统成功上线，为进一步提升各项业务的办理水平打下基础。

同日　　兴安盟科尔沁包商村镇银行新综合业务系统正式上线。

同日　　呼伦贝尔莫力达瓦旗召开全旗工业、非公有制经济暨项目、招商引资工作会议，旗政府对莫力达瓦包商村镇银行支持地方经济所取得的成绩进行了通报表彰和奖励，并授予莫力达瓦包商村镇银行"2011 年度全旗支持农村金融工作先进单位"称号。

3 月 26 日   包商银行新型农村金融机构管理总部审计中心配合会计师事务所，对呼伦贝尔鄂温克旗包商村镇银行进行全面审计。

3 月 27 日   贵阳息烽包商黔隆村镇银行开业庆典在息烽县文化活动中心广场隆重举行。

同日   成都新都桂城村镇银行召开第一届第二次董事会。

3 月 28 日   贵州银监局办公室副处长罗会坤、副处长徐明化到贵阳花溪建设村镇银行调研指导。

同日   赤峰宁城包商村镇银行组织全行人员参加《宁城包商村镇银行网点服务规范指引》考试。

同日   贵阳息烽包商黔隆村镇银行与贵阳市中小企业信用担保中心签订业务合作协议。

同日   在内蒙古银监局召开的总结全区中小农村金融机构对贷款新规推进年工作开展的情况和成效、安排部署今后各项工作的电视电话会议上，呼伦贝尔鄂温克旗包商村镇银行被呼伦贝尔银监分局评选为呼伦贝尔地区推进贷款新规工作的先进单位。

同日   鄂尔多斯准格尔旗包商村镇银行被授予"文明单位""青年文明号"荣誉称号。

3 月 28 日至 31 日   在宁波召开荆门掇刀包商村镇银行 2012 年度股东大会暨第一届董事会第二次会议。会议审议通过了《关于湖北荆门掇刀包商村镇银行股份有限公司成立微小企业金融部的议案》等三项议案。

3 月 29 日至 31 日   包商银行农村金融机构管理总部审计中心配合会计师事务所对呼伦贝尔莫力达瓦包商村镇银进行了全面审计。

3 月 30 日   贵阳花溪建设村镇银行成功与花溪区养牛村村委会、花溪金和经济发展商贸有限公司签订农户贷款担保合作协议，正式拉开了该行"四位一体"农贷模式的序幕。

3 月 31 日   邵阳武冈包商村镇银行组织全体员工在三楼会议室召开了加强案件防控和安全保卫工作的专题工作会议。

4 月 1 日   太原清徐惠民村镇银行行领导陪同清徐银监办领导与成子村、南青堆、西青堆、郝圁村等村的村主任及村民代表进行了主题为"扎根清徐、支持三农、共同发展"的银村座谈会，以此为契机将清徐惠民村镇银行"农贷的好服务"推广到更多的区域。

同日　　太原清徐惠民村镇银行行长薛书萍主持召开"成子村蔬菜大棚贷款"首发仪式。当天共发放贷款 33 笔，金额 79 万元。

4月5日　　"金融机构支持宁城经济发展对接会"如期召开，赤峰市市委常委、常务副市长包振玉携市县两级机关、金融机构领导参会。包商银行赤峰分行鲍景魁行长，赤峰宁城包商村镇银行王宗和董事长、杨宇行长等也参加了此次会议，并成功与草原万旗有限公司签订合作意向书。

4月6日　　包商银行新型农村金融机构管理总部审计组人员进驻贵阳息烽包商黔隆村镇银行，开展全面审计工作。

同日　　包头固阳包商惠农村镇银行金山支行开业，这是固阳包商惠农村镇银行在固阳县城内设立的第一家支行。

4月8日　　福建省银监局局长周民源、邵阳市银行业协会秘书长徐运熙以及邵阳武冈市委市政府有关领导视察了武冈包商村镇银行。

4月9日　　荆门掇刀包商村镇银行正式发文，成立微小企业金融部。微小企业贷款系列产品获得湖北省银行业"十大最受欢迎融资产品"殊荣。

同日　　长春九台龙嘉村镇银行在长春会展中心参加吉林省金融服务宣传周活动。

4月9日至20日　　贵州银监局现场检查三处检查组一行 9 人到贵阳花溪建设村镇银行进行首次现场检查。

4月10日　　江苏仪征包商村镇银行成功召开第一届董事会第三次会议和 2012 年度股东大会。

同日　　中国人民银行鄄城县支行行长仇高皓、调查信息科杨立新一行到菏泽鄄城包商村镇银行调研指导工作。

4月12日　　乌兰察布集宁包商村镇银行发放首笔三户联保类农户贷款，涉农类贷款产品日渐完善。

同日　　荆门掇刀包商村镇银行获得荆门市小微企业金融服务"十佳单位"的荣誉称号。

同日　　鄂尔多斯准格尔旗包商村镇银行救助四岁脑瘤患儿张新田。

4月13日　　鄂尔多斯乌审旗包商村镇银行有限责任公司第一届董事会第四次会议、

2011 年度股东大会在鄂尔多斯市达拉特旗东达假日酒店会议室举行，会议审议并通过了《董事会工作报告》等 7 项议案，听取了经营层工作汇报，对乌审旗包商村镇银行有限责任公司未来发展规划、综合管理等方面提出了意见和建议。

4 月 15 日　　鄂尔多斯准格尔旗包商村镇银行举办中层干部竞聘大会。

4 月 16 日　　太原清徐惠民村镇银行董事会聘用李贺伟为副行长，负责公司信贷业务。

4 月 20 日　　贵阳花溪建设村镇银行参加 2012 年贵州省推进小微企业金融服务暨贵州银行业小微企业金融服务宣传月活动启动仪式。

同日　　江苏仪征包商村镇银行与仪征市工商局、农委共同召开"共建诚信体系，促进小微企业、涉农企业发展推进会"，共商扶持小微企业、涉农企业发展之策。

同日　　邵阳武冈包商村镇银行在长沙成功召开第一届董事会第二次会议。审议通过《武冈包商村镇银行有限责任公司 2011 年工作报告》《武冈包商村镇银行提名行长》等议案。

4 月 23 日　　广元市包商贵民村镇银行参加广元银监分局在广元市政府广场举行的"小微企业金融服务"活动。

同日　　江苏仪征包商村镇银行 2012 年第一批新员工招聘工作圆满结束，录取 22 人，并对新员工进行培训。

同日　　兴安盟科尔沁包商村镇银行开通大小额支付系统。

4 月 26 日　　广元市包商贵民村镇银行、广元银监分局和剑阁县小微企业负责人在贵民村镇银行会议室举行"送金融知识讲座"，会后银监局领导在行领导的陪同下赴贵民村镇银行信贷扶持企业进行调研。

4 月 28 日　　大连金州联丰村镇银行在大连金州新区团委举行的纪念建团 90 周年暨"十杰百优"评比活动中，获得"十佳青年文明号"荣誉称号，团支部获得"金州新区先进团支部"荣誉称号，行长徐兴军被评为"首届金州新区青少年工作热心人士"，团支部书记徐闯被评为"金州新区优秀团干部"，营业部张冬欣被评为"首届金州新区十佳青年岗位能手"。

同日　　江苏仪征包商村镇银行大小额支付系统顺利开通，从根本上解决了支付清算网络不畅的局面，使跨行的资金汇划真正实现"零在途"，并迈入支付结算的"高速路"。

4 月 29 日　　长春九台龙嘉村镇银行连线包商银行综合业务系统成功。

同日　江苏南通如皋包商村镇银行开始切换新的核心系统、贷前系统及报表系统。

4月　天津津南村镇银行荣获"全国十佳村镇银行"的称号。

5月1日　邵阳武冈包商村镇银行新系统运行测试良好、各项性能稳定、业务处理正常，新业务系统成功上线，并对外营业。

同日　北京昌平兆丰村镇银行对现有核心业务系统进行数据集中项目上线工作，并于当日正式运行。

同日　贵阳息烽包商黔隆村镇银行新系统成功上线。

5月2日　呼伦贝尔鄂温克旗包商村镇银行对原有综合业务系统进行升级。经数据移植核对无误、各项业务测试正常后，系统升级工作顺利结束并正式运行。

5月3日　湖南省娄底市涟源沪农商村镇银行考察团与中国人民银行邵阳市中心支行领导一行来邵阳武冈包商村镇银行考察学习，武冈包商村镇银行董事长于凤海向考察团介绍了武冈包商村镇银行的筹建过程和经营情况、市场定位与服务理念。

5月4日　鄂尔多斯准格尔旗包商村镇银行举行"七不准、四公开"培训考试。

5月7日　赤峰宁城包商村镇银行开展残损人民币兑换服务月活动。

同日　天津津南村镇银行第一届董事会第七次会议召开。

5月8日　北京银监局张中奇书记陪同中国银监会政策研究局局长刘春航一行8人到北京昌平兆丰村镇银行，就村镇银行经营发展特点、客户群以及经营中面临的机遇和挑战进行调研座谈。

同日　太原清徐惠民村镇银行为员工办理了住房公积金、养老、医疗等保险手续，以消除员工后顾之忧，增强团队的凝聚力。

同日　贵州毕节发展村镇银行召开第一届董事会第七次会议，就修改公司章程（草案）、修改董事会议事规则、2011年财务决算方案、推荐新一届董事会成员名单等议题达成一致。

5月10日　内蒙古银监局宋建基副局长、农村非现场管理处孙琦科长在呼伦贝尔市银监分局领导的陪同下，莅临呼伦贝尔鄂温克旗包商村镇银行指导工作。会上，通过座谈、听取汇报等形式对该行各项工作进行了指导，并在座谈后题词"继续做好支牧工作,再创新业绩""积极支持'三农三牧'，发展壮大自己"。

5月10日至15日　　北京昌平兆丰村镇银行以传签方式召开了第一届董事会第四次会议，审议通过《关于设立分支机构的议案》《关于购置固定资产的议案》两项议案。

5月11日　　内蒙古银监局宋建基局长莅临呼伦贝尔莫力达瓦包商村镇银行检查指导工作，对该行进行了实地调研和考察，并与行领导及部门负责人进行了座谈。

5月15日　　包头达尔罕茂明安联合旗包商惠农贷款有限责任公司被包头市人民政府、文明办评为包头市文明单位。

同日　　鄂尔多斯乌审旗包商村镇银行有限责任公司制定了《消费者投诉处理制度》，并从发文之日起执行。

5月16日　　菏泽监管局副局长朱凤德在鄄城监管办王娟的陪同下，到菏泽鄄城包商村镇银行指导信息科技方面工作。

同日　　菏泽监管分局批复，正式任命王利军为鄄城包商村镇银行副行长。

5月18日　　天津津南村镇银行2012年第一次临时股东会召开。

5月21日　　经中国人民银行兴安盟中心支行同意，兴安盟科尔沁包商村镇银行加入人民币银行结算账户管理系统。

5月22日　　贵阳息烽包商黔隆村镇银行2012年工作会议在息烽大酒店召开。

5月25日　　呼伦贝尔鄂温克旗包商村镇银行党支部、工会、团支部联合举办了第三届职工篮球比赛。此次活动为总行及分支机构员工间的相互学习沟通提供了良好平台。

同日　　贵阳息烽包商黔隆村镇银行张向潮行长参加贵州省金融工作会议。

5月29日　　根据邵阳武冈包商村镇银行董事会第一届第二次会议决议及《中国银行业监督管理委员会邵阳监管分局〈关于杨晓云任职资格的批复〉》（邵银监复〔2012〕37号）文件精神，聘任杨晓云为武冈包商村镇银行行长。

同日　　江苏仪征包商村镇银行存、贷款余额双双突破3亿元，分别达到3.06亿元和3.04亿元。

同日　　人民银行贵阳中心支行调统处邵处长一行莅临贵阳花溪建设村镇银行，就统计系统建设和金融统计标准化等方面进行工作指导。

同日　　包头固阳包商惠农村镇银行召开 2011 年股东会。

5 月 30 日　　菏泽鄄城包商村镇银行与发起行签订《村镇银行流动性风险救助协议》，并在属地监管部门备案，增强了该行抵御流动性风险的能力。

6 月 1 日　　太原清徐惠民村镇银行根据业务发展需要和实际情况，重新对行领导的分工做出调整，薛书萍副行长主持全行工作，并分管办公室、计划财务部。郭改萍副行长分管营业部、风险管理部。李贺伟副行长分管公司业务部。张晓斌（微贷专家）分管微小信贷部。

6 月 1 日至 30 日　　江苏仪征包商村镇银行举办 6 场"支付结算宣传月"及反假货币宣传活动，宣传江苏仪征包商村镇银行支付结算优惠政策，吸引客户，扩大市场。

6 月 3 日　　包商银行战略部携中国中小金融机构联盟一行 4 人对赤峰宁城包商村镇银行进行为期三天的社会绩效评估。

6 月 5 日　　中国人民银行武冈市支行副行长周丽萍一行 6 人到邵阳武冈包商村镇银行进行人民币收付业务工作情况检查。

6 月 7 日　　呼伦贝尔鄂温克旗包商村镇银行综合信息平台成功上线，实现将文字、图片等内容以彩信、短信的形式发送至客户手机的功能，让客户在第一时间轻松了解该行动态。

6 月 8 日　　河南漯河市郾城包商村镇银行有限责任公司首家支行——祁山路支行隆重开业。

同日　　由新都区政府牵头、成都新都桂城村镇银行承办的"新都镇银政企座谈会"在阳光酒店会议厅召开。在出台了"菜篮子""米袋子""香瓜子"等富农系列产品之后，集中运作了粮食市场和瓜子市场批量客户贷款。

6 月 10 日　　锡林郭勒西乌珠穆沁包商惠丰村镇银行作为第三批上线的村镇银行迎来了期盼已久的新系统。通过数据移植、补录数据、核对报表的紧张工作后，新系统上线圆满完成。

同日　　长春九台龙嘉村镇银行进行第三次员工招聘，包商银行新型农村金融机构管理总部郭军总经理助理主持招聘考试。

同日　　太原清徐惠民村镇银行构建了完整的内部架构，设置营业部、微小信贷部、公司业务部、风险控制部、计划财务部、办公室，各部门各司其职，保障全行各项工作有序进行。

6 月 11 日　　呼伦贝尔莫力达瓦包商村镇银行通过系统更新改造，全行顺利完成了各项数据的移植工作，正式对外营业。

同日　　大连金州联丰村镇银行开发区支行隆重开业。

6月13日　　中国人民银行荆门中心支行韩飚行长一行莅临荆门掇刀包商村镇银行，就信贷定价机制和中间业务进行调研。

同日　　鄂尔多斯乌审旗包商村镇银行有限责任公司开展以提升农村金融服务为主题的"双百知识竞赛"。

6月13日至27日　　广元银监分局对广元包商贵民村镇银行进行全面现场检查。通过本次现场检查使包商贵民村镇银行的内控管理更加优化。

6月14日　　北京昌平兆丰村镇银行在本行会议室成功召开了第一届董事会第五次会议暨2011年度股东大会，审议通过了《2011年度董事会工作报告》等10项议案。

同日　　宁夏贺兰回商村镇银行成功主办第十四届贺兰县财税金融系统体育运动会。

同日　　太原清徐银监办刘宝荣主任、路荣江、高红丽，在清徐惠民村镇银行三楼会议室就2012年上半年工作进行审慎监管会谈。

6月15日　　太原清徐惠民村镇银行作为主要"银村合作"支持单位，应邀参加山西省农科院召开的设施蔬菜种植基地展示会暨"雪甜宝"甜瓜栽培技术现场会，现场与南青堆大棚水果专业合作社洽谈有关合作事宜。

6月20日　　兴安盟科尔沁包商村镇银行召开第一届董事会第二次会议及2011年度股东会议，会议通过了《关于兴安盟科尔沁包商村镇银行有限公司2011年度董事会工作报告方案》等6项议案。

同日　　鄂尔多斯准格尔旗包商村镇银行在包商银行新型农村金融机构管理总部成功召开第二届董事会会议、2011年度股东会和第二届董事会第一次会议。马连英辞去董事长职务，会议选举李建华为新一届董事会董事长，选举董静为监督机构岗位人员。

6月23日　　赤峰宁城包商村镇银行系统升级工作圆满完成。

6月24日　　广元市包商贵民村镇银行新系统全面上线。

6月25日　　贵阳花溪建设村镇银行组织合规文化建设考试，持续推进合规文化建设，提升内控水平。

6月26日　　乌兰察布集宁包商村镇银行成功举办第一届董事会第二次会议。

6月27日　根据《关于对达茂旗包商惠农贷款有限责任公司增资扩股方案的批复》，包头达尔罕茂明安联合旗包商惠农贷款有限责任公司顺利增资扩股至 3,000 万元。

同日　太原清徐惠民村镇银行正式开通大小额支付系统，实现了客户资金的跨行、跨地区的实时到账，突破了结算业务"瓶颈"。

6月28日　荆门掇刀包商村镇银行党支部正式成立并选举第一届党支部委员会。

同日　南通如皋包商村镇银行大小额系统正式开始运行，客户资金汇入、划转可以直接实现。自此，借助农业银行出、入账核心系统二次录入的时代结束。

同日　中国人民银行贵阳中心支行统计处邵雁翎副处长到贵阳息烽包商黔隆村镇银行指导金融统计工作。

6月29日　成都新都桂城村镇银行召开中小企业融资对接会。

6月30日　中共呼伦贝尔市委统战部、中共呼伦贝尔市非公有制企业系统委员会联合举办呼伦贝尔市"感党恩、跟党走"庆祝建党 91 周年的表彰大会。会上，呼伦贝尔鄂温克旗包商村镇银行党支部获得全市非公有制企业系统创先争优活动的"先进基层党组织"称号。

同日　江苏仪征包商村镇银行党支部组织全行党员开展建党 91 周年重温入党誓词活动。

6月　鄂尔多斯乌审旗包商村镇银行有限责任公司董事会通过决议，拟任董秀山为乌审旗包商村镇银行行长。

7月1日　在大连市金融工委系统举办的庆祝中国共产党成立 91 周年的表彰大会上，大连金州联丰村镇银行党支部获得"创优争先活动先进党支部"荣誉称号，党支部委员赵霞被评为"先进党务工作者"，徐闯被评为"优秀共产党员"。

7月1日至30日　由贵阳花溪建设村镇银行主办、花溪区电影发行放映公司农村公益电影队承办的"电影下乡"系列活动，在花溪区各乡镇顺利开展。

7月10日　长春九台龙嘉村镇银行大小额系统和包商银行成功连接。

7月11日　邵阳武冈包商村镇银行董事长于凤海参加"加快邵阳发展金融座谈会暨第三届银企洽谈会"和全市金融工作会议，并与意向企业正式签约。

7月12日　贵州毕节发展村镇银行召开第二届董事会第一次会议，就选举董事长、聘任行长、聘任副行长、2012 年经营计划、2012 年财务预算、2012 年亏损弥补方案、经营信息报告制度、调整董事会办公室等议题达成一致。

同日　邵阳武冈包商村镇银行在三楼会议室召开成立一周年座谈会。会议由武冈包商村镇银行董事长于凤海主持，邵阳银监分局徐运熙、中国人民银行邵阳市中心支行货币信贷科科长赵凌志、武冈市领导王春生、余孝武、夏建新、王小波、李迪清等莅临指导。

同日　菏泽鄄城包商村镇银行正式开通大小额支付系统，改变了从前汇路不通的局面，增强了核心竞争力。

同日　江苏仪征包商村镇银行首次举办会计主管竞聘，选拔出营业部会计主管1名。

同日　太原清徐惠民村镇银行在三楼会议室召开2012年上半年表彰大会，营业部获得"先进集体"的荣誉称号，微小信贷部郁玉浩、营业部王静婷、办公室李惠敏等三名员工获得"优秀员工"的荣誉称号。

同日　锡林郭勒西乌珠穆沁包商惠丰村镇银行组织员工参加了全旗"学党史、颂党恩、创佳绩、喜迎十八大"知识竞赛活动，通过本次活动，提高了全体员工自觉加强党的理论知识学习的积极性。

7月13日　赤峰宁城包商村镇银行召开扶贫募捐动员大会，行长杨宇做了动员讲话，并进行了募捐，全行累计捐款1万余元。此次募捐资金主要用于帮扶宁城县河东台村12个贫困户。

7月14日　长春九台龙嘉村镇银行召开2012年中工作会议。

7月16日　中国银监会合作部非现场监管处陈国汪副处长一行莅临天津津南村镇银行调研。天津银监局农村中小金融机构监管处处长刘书刚、包商银行新型农村金融机构管理总部副总经理贺光明等领导陪同调研。

7月17日　湖北银监局统计信息处刘波处长在荆门银监分局领导陪同下莅临荆门掇刀包商村镇银行调研。

7月20日　赤峰宁城包商村镇银行参加为期2天的赤峰市首届金融博览会。

7月22日　成都新都桂城村镇银行召开第一届董事会第三次会议。

7月23日　鄂尔多斯准格尔旗包商村镇银行到薛家湾镇红台子村举办"送金融知识下乡"活动。

7月24日　宁夏回族自治区常委崔波副书记专程对宁夏贺兰包商村镇银行进行视察，

对该行工作做出高度肯定。

7月25日 荆门掇刀包商村镇银行行长张守军到北京参加包商银行第一届第一次工会会员代表大会。

同日 贵阳息烽包商黔隆村镇银行张向潮行长到北京参加包商银行第一届第一次工会会员代表大会。

7月26日 在邵阳市银行业协会第三次会员大会暨第二届理事会第二次会议上，武冈包商村镇银行成为邵阳市银行业协会正式会员。

7月29日 "2012年年中工作总结暨内控建设年活动启动大会"在广元市包商贵民村镇银行大会议室召开。会议由赵骏副行长主持，会上陈冬生行长总结了2012年上半年工作，并对2012年下半年重点工作做出了明确要求。刘月菊董事长到会并做了讲话。运营管理部总经理舒石磊宣读《广元市包商贵民村镇银行内控机制建设强化年建设实施方案》，正式启动"内控建设年"活动。

7月30日 贵阳息烽包商黔隆村镇银行张向潮行长到包头参加包商银行新型农村金融机构年中工作会议。

7月30日至31日 荆门掇刀包商村镇银行行长张守军赴十堰参加湖北省农村中小金融机构推进银监会"三大工程"工作会议，会上，张守军被授予"支农金融服务先进个人"的称号。

8月1日 中国人民解放军建军85周年，在旗政法委刘书记及行领导的带领下，锡林郭勒包商惠丰村镇银行全体员工慰问了与该行开展军民共建活动的武装部队全体官兵。

同日 大连金州联丰村镇银行办公自动化系统（OA）正式上线，进一步实现了办公过程的规范化、无纸化，降低了办公成本，提高了工作效率。

8月7日 贵阳息烽包商黔隆村镇银行张向潮行长参加包商银行2012年半年工作会议。

8月9日 贵阳花溪建设村镇银行参展贵州2012亚太金融高峰论坛·贵州首届金融博览会暨投资理财节。

同日 江苏仪征包商村镇银行召开第一届董事会第四次会议。

8月10日 天津津南村镇银行2012年第二次临时股东大会及第一届董事会第八次会议在内蒙古呼伦贝尔市鄂温克草原召开。

同日　　贵阳息烽包商黔隆村镇银行与贵州金汇融资担保有限公司签订业务合作协议。

8月12日　　贵阳息烽包商黔隆村镇银行与贵阳浙商融资担保有限公司签订业务合作协议。

8月15日　　著名经济学家、中国金融学会副秘书长、国务院发展研究中心金融研究所所长张承惠博士一行，在包商银行董事长助理郭凯军博士的陪同下，莅临鄂温克旗包商村镇银行进行专题调研，针对村镇银行当前的生存发展状况、存在的问题和困难，以及对国家相关政策的要求和期望等内容与该行高管进行了座谈。

8月16日　　大连金州联丰村镇银行第一届董事会第五次会议、第一届股东会第三次会议在大连远洋洲际酒店召开。

同日　　包商银行副行长周凤亮莅临呼伦贝尔鄂温克旗包商村镇银行检查指导工作，并听取了该行领导的简要工作情况汇报。

同日　　中国人民银行宁城县支行综合执法检查工作组一行9人，对赤峰宁城包商村镇银行进行了2012年综合执法检查。

8月19日　　乌兰察布化德包商村镇银行在化德县长顺镇小广场举行"送金融知识下乡服务站"宣传活动。

8月20日　　乌兰察布集宁包商村镇银行参加当地人民银行组织开展的反假币宣传活动。

同日　　长春九台龙嘉村镇银行股份有限公司第二届董事会四次会议以电话、传真的形式召开。会议审议通过九台龙嘉村镇银行在其塔木镇设立支行的议案。

同日　　贵阳息烽包商黔隆村镇银行聘任黄云为行长助理。

8月22日至25日　　菏泽银监局副局长张以良，在监管二科科长侯梦冰、信息统计科副科长侯军、办公室副主任李亚、鄄城监管办主任王娟的陪同下对菏泽鄄城包商村镇银行进行现场工作指导。

8月24日　　宁夏贺兰回商村镇银行全行员工到银川监狱接受警示教育。

同日　　呼伦贝尔鄂温克旗包商村镇银行发布首部《社会责任报告》。报告主要从完善社会责任管理、积极支持三牧、深入推进金融普惠、践行绿色低碳金融、投身社会公益事业等多方面展现了践行社会责任方面取得的成果。

8月27日　　呼伦贝尔鄂温克旗包商村镇银行自主引进德国微贷技术，邀请微贷专家提供技术指导，并推出专项服务牧区微小企业的无抵押信贷产品——"塔拉（蒙语，意为草原）微贷"。

　　同日　　由成都新都区新都镇人民政府主办、成都新都桂城村镇银行承办的新都镇首届金融支农惠农工作会在成都流花宾馆召开。

　　8月28日　　贵阳息烽包商黔隆村镇银行张向潮行长到锡林郭勒盟参加包商银行联动监管工作会议。

　　同日　　太原清徐惠民村镇银行董事会审议通过，由薛书萍副行长主持全行工作，并聘任张晓斌同志为副行长，主持微小信贷工作。

　　8月30日　　宁夏贺兰回商村镇银行成功开通央行大小额支付系统。

　　9月5日　　广元包商贵民村镇银行参加由县总工会主办的"2012年金秋助学资金发放仪式"，被县总工会授予"2012金秋助学爱心单位"荣誉称号。

　　同日　　江苏仪征包商村镇银行大仪支行成功试营业。

　　9月6日　　菏泽鄄城包商村镇银行组织开展"金融知识万里行"宣传活动，员工走上街头，深入社区，为广大群众提供咨询服务。

　　9月8日　　长春九台龙嘉村镇银行进行第四次员工招聘，包商银行新型农村金融机构管理总部何辛锐主持招聘考试。

　　同日　　在太原市哈伯中心，太原清徐惠民村镇银行行长薛书萍组织开展行内各部门关于"假如我是主管"的竞聘，共11名员工参与此次竞聘。4名员工被聘任为营业部、微小信贷部、公司业务部、财务部主管。

　　同日　　菏泽银监分局副局长王思钦，在办公室主任路冰、鄄城监管办主任王娟的陪同下，对菏泽鄄城包商村镇银行的应急工作进行现场指导，通过指导补充完善了相关应急方面制度。

　　9月10日　　江苏仪征包商村镇银行举办开业一周年庆典，全行员工自编自导自演11个节目。

　　9月11日　　大连金州联丰村镇银行向东北财经大学萨里学院捐赠的语音教学设备全部到位，拉开了校企合作的序幕。

　　同日　　鄂尔多斯准格尔旗包商村镇银行被评为青年就业创业见习基地。

同日　内蒙古银监局农现处一行检查组到赤峰宁城包商村镇银行进行重点工作检查，检查涉及案防、内控、贷款五级分类、假冒名贷款、存款业务五项重点工作。

9月13日　荆门掇刀包商村镇银行机构网点延伸三年发展规划获得中国银监会湖北监管局核准，同意新增三个机构网点的计划。

同日　贵阳花溪建设村镇银行青岩支行隆重开业。

9月14日　包头固阳县政务中心开业，固阳包商惠农村镇银行在政务中心设立柜台开始办理行政服务收费业务。

9月15日　乌兰察布化德包商村镇银行组织全体员工进行消防演练。

同日　首届贵州省银行业运动会在贵阳隆重举行，贵阳花溪建设村镇银行派出30名运动员参加此次运动会，并在田径男子800米项目中获得良好成绩，展示了该行积极向上的精神面貌。

同日　邵阳武冈包商村镇银行在三楼会议室召开了2011年度股东会会议。会议由武冈包商村镇银行董事长于凤海主持，武冈包商村镇银行6位股东代表出席此次会议。邵阳银监分局、人民银行武冈市支行派员参加会议，武冈市政府副市长王小波、政协第一副书记夏建新、副县级干部周清白、金融办主任周恭友应邀参加此次会议。会议审议通过《武冈包商村镇银行有限责任公司董事会2011年度工作报告》等三项议案。

9月17日　贵阳息烽包商黔隆村镇银行张冉辉副行长调至包商银行工作。

9月20日　邵阳武冈包商村镇银行在湖南省菁乡米业股份有限公司三楼会议室组织广大农户代表开展农户贷款座谈会，并做了积极的宣传工作，取得了可喜的成效。

9月21日　吉林银监局经审核，批复同意长春九台龙嘉村镇银行股份有限公司迁址。

9月22日　荆门掇刀包商村镇银行召开2012年年中股东大会暨第一届董事会第三次会议，会议通过了《关于湖北荆门掇刀包商村镇银行股份有限公司购买月亮湖支行（筹）办公用房的议案》《关于湖北荆门掇刀包商村镇银行股份有限公司月亮湖支行（筹）营业大楼装修预算及电子产品和家具采购费用的议案》。

9月24日　赤峰宁城包商村镇银行进行防诈骗演练。

9月25日　赤峰宁城包商村镇银行派出4名精通前台业务、反假能力突出的员工参加中国人民银行宁城县支行组织的反假币宣传。

同日   天津市政府召开村镇银行座谈会，市长黄兴国表示天津市要"先行先试"实施"小银行、大战略"的村镇银行建设思路，鼓励村镇银行增资扩股，推进股改，实现网点全覆盖。此次讲话为津南村镇银行长期发展指明方向，并产生深远影响。

9月26日   锡林郭勒西乌珠穆沁包商惠丰村镇银行召开第一届董事会第二次会议、第一届董事会第三次会议和2011年股东大会。会议组成新一届董事会成员，选举刘亚军为董事长，会上推举刘建军为行长，并聘任郭明珍和周凤鸣任行长助理，完善了法人治理结构。

同日   广元市包商贵民村镇银行陈冬生行长带队参加由四川省银监局组织的"第三届四川银行业小微企业客户经理技能竞赛"并取得优异成绩。

9月27日   赤峰宁城包商村镇银行大小额支付系统成功上线。

同日   由贵阳花溪建设村镇银行承办的贵州村镇银行工作委员会成立大会在贵阳隆重召开。贵阳花溪建设村镇银行董事长覃波当选副会长兼副秘书长，委员会常设机构秘书处设在贵阳花溪建设村镇银行。

10月9日   鄂尔多斯准格尔旗包商村镇银行举行消防知识、技能专项培训讲座。

10月10日   乌兰察布集宁包商村镇银行组织全行员工举行消防应急演练。

10月11日   贵阳花溪建设村镇银行与花溪区党武乡龙山村正式签订帮扶协议，在未来三年内，该行将从人力、物力、财力等方面支持龙山村的发展。

同日   呼伦贝尔鄂温克旗包商村镇银行成功引入OA办公系统。该系统促进了办公的规范化、标准化，进一步提高了公文及信息传输的安全性、稳定性、便捷性。

10月12日   呼伦贝尔鄂温克旗包商村镇银行成功组织并开展以模拟持枪抢劫现场为主要内容的突发事件演习活动，高管及全体员工积极参与角色模拟，演习圆满完成并取得预期效果。

10月13日   邵阳武冈包商村镇银行在三楼会议室召开"大干八十天"全面超额完成全年工作指标动员大会。此次会议受到董事会的高度重视，武冈包商村镇银行董事长于凤海做了重要讲话。

10月14日   贵州银监局副局长刘丽岩到贵阳息烽包商黔隆村镇银行调研。

10月15日   吉林省公安厅、长春市公安局、九台市公安局组成的联合安全调研组，对长春九台龙嘉村镇银行进行专项调研。

10月16日　　经《北京银监局关于核准张静北京昌平兆丰村镇银行股份有限公司副行长任职资格的批复》（京银监复〔2012〕770号）文件，北京昌平兆丰村镇银行于10月19日正式聘任张静为副行长。

同日　　呼伦贝尔鄂温克旗包商村镇银行成功引进先进的智能排队管理系统。该系统的引入进一步提高了网点服务水平，为客户营造了良好的服务环境。

10月18日　　中国银监会对宁夏贺兰回商村镇银行进行现场检查。

10月19日　　贵州银行局统计信息处陈媛处长到贵阳息烽包商黔隆村镇银行检查金融统计工作。

10月22日　　成都新都桂城村镇银行在成都职业技术学院进行员工招聘。

10月23日　　为积极推动地方农村经济发展，破解农牧民"贷款难"这一传统历史经济难题，了解农民生产性、季节性和临时性的资金需要，呼伦贝尔莫力达瓦包商村镇银行特邀13个村屯的25位村领导，召开农户贷款座谈会。

10月29日　　呼伦贝尔鄂温克旗"正气杯"职工排球赛在鄂温克旗青少年活动中心正式开幕。鄂温克旗包商村镇银行首次组织女子排球队参赛，并赢得了本场比赛的胜利。

同日　　内蒙古电视台采访组对呼伦贝尔鄂温克旗包商村镇银行成立以来，在推动农村牧区经济社会发展，支持和扶持当地农牧民增产创收，扶持微小企业健康发展等方面工作进行深入采访。

10月30日　　鄂尔多斯银监分局核准李建华同志任鄂尔多斯准格尔旗包商村镇银行董事长。

同日　　中国人民银行鄄城县支行副行长王汉桥，调查信息科杨立新、王丽、张以海等前来菏泽鄄城包商村镇银行指导工作。

10月31日　　呼伦贝尔鄂温克旗包商村镇银行完成行歌《草原上的雄鹰》音乐视频的拍摄工作。

同日　　满洲里市金融业领导莅临呼伦贝尔鄂温克旗包商村镇银行参观考察。考察期间，领导们就村镇银行的建设、经营及市场情况进行互通交流。

同日　　荆门掇刀包商村镇银行向掇刀区团林铺镇代磅村捐赠14万元，支持基层村民组织建设和经济发展。

11月1日　太原清徐惠民村镇银行营业部对现有的6,000户客户资料进行补录，风险等级划分，同时在人行系统中对个人结算户进行备案。

同日　邵阳武冈包商村镇银行在营业大厅举行防抢防暴演习，武冈包商村镇银行行长杨晓云和全体员工参加了演习。

11月3日　中国银行业协会和花旗银行在海口宣布第八届中国"微型创业奖"的评选结果，表彰在过去一年通过小额信贷成功创业的优秀微型企业家和杰出的小额信贷机构，呼伦贝尔鄂温克旗包商村镇银行荣获中国"微型创业奖"财务可持续奖的提名，并派代表出席了颁奖典礼。

同日　贵阳花溪建设村镇银行行长郭卫兵出席由该行承办的花溪区青岩镇共创文明诚信活动启动仪式。

同日　江苏仪征包商村镇银行召开第一届董事会第五次会议。

11月5日　太原清徐惠民村镇银行董事长晋胜在三楼会议室召开了2012年度第一届董事会第二次会议和2012年度临时股东会议，会议审议并通过按股东原比例将注册资本由1,000万元增至1亿元的议案。

11月6日　为迎接党的十八大召开，江苏仪征包商村镇银行组织党员、团员开展"无偿献血"活动，20位党员、团员报名参加。

11月8日　乌兰察布集宁包商村镇银行参加乌兰察布市银监分局在当地凉城县开展"送监管知识下基层"活动。

11月9日　成都新都桂城村镇银行召开马家镇支农惠农工作会。

11月10日　呼伦贝尔鄂温克旗包商村镇银行形象宣传片制作完成。本片描述了村镇银行一年组建、两年发展、三年跃进的发展历程，塑造了"服务三牧、服务小微、服务区域经济发展的精品村镇银行"的良好形象。

11月12日　呼伦贝尔鄂温克旗包商村镇银行第六批新员工入职典礼暨劳动合同签订仪式在总行六楼会议室举行，各级领导及业务骨干等50余人参加了仪式。经过层层筛选及三个月试用期的考核评估，脱颖而出的17名新员工正式签订劳动合同。

同日　内蒙古银监局下发《关于西乌珠穆沁包商惠丰村镇银行设立分支机构备案通知书》，同意锡林郭勒包商惠丰村镇银行2013年在巴拉嘎尔高勒镇设立1家分支机构。

11 月 14 日　　北京昌平兆丰村镇银行召开第一届董事会第六次会议、2012 年临时股东会和第一届董事会第七次会议。杨晓军增补为北京昌平兆丰村镇银行董事，并当选为董事长。

11 月 15 日　　赤峰宁城包商村镇银行举行大堂经理竞聘考核。

11 月 16 日　　宁夏贺兰回商村镇银行第一家分支机构马家寨支行正式开业运营。

同日　　中国人民银行太原支行反洗钱非现场检查组吴涛处长等一行对太原清徐惠民村镇银行核心业务系统中与反洗钱业务相关的工作进行检查和验收。

11 月 17 日　　江苏仪征包商村镇银行 2012 年第二批新员工招聘工作圆满结束，录取 30 名新员工并组织新员工参加培训。

11 月 22 日　　扬州市召开"千户企业百日行"小微企业金融服务专项活动总结表彰会，江苏仪征包商村镇银行作为唯一获奖村镇银行荣获"优秀组织奖"。

11 月 23 日　　河南漯河市郾城包商村镇银行有限责任公司新店支行隆重开业。

同日　　包商银行农村金融部审计中心一行 4 人对太原清徐惠民村镇银行开展"重要业务、重要环节"的检查。

11 月 26 日　　荆门掇刀包商村镇银行与湖北省荆门市金乔置业有限公司签订正式商品房购买合同，购买月亮湖支行（筹）营业用房，并在荆门市房管部门登记备案。

11 月 27 日　　广元市包商贵民村镇银行支行行长助理竞聘会在贵民村镇银行大会议室成功召开并取得圆满成功。刘月菊董事长亲临此次竞聘会现场，行长陈冬生和副行长赵骏以及三位员工代表担任评委。

11 月　　鄂尔多斯乌审旗包商村镇银行有限责任公司和中国银联商务鄂尔多斯分公司达成合作协议，为乌审旗商户安装 POS 机。

12 月 1 日　　太原清徐惠民村镇银行正式接入中国人民银行反洗钱申报系统。

同日　　包商银行天津津南村镇银行审计部成立。

12 月 6 日　　江苏仪征包商村镇银行 1 名员工荣获"扬州市银行业文明规范服务先进个人"光荣称号。

同日　　包商银行大连金州联丰村镇银行与共青团金州新区委员会、新区人力资源和社会保障局、金州新区广播电视台主办的"青春·行"——首届新区青年精品活动季之面试大赛总决赛在电视台演播大厅举行。赛后与两名优秀大学毕业生签署了意向性就业协议。

12月10日　　贵阳息烽包商黔隆村镇银行张向潮行长、韩建群副行长、黄云行长助理到包商银行北京分行参加2012年度会计决算会议。

12月11日　　江苏仪征包商村镇银行新城支行对外营业。

12月12日　　包商银行九台龙嘉村镇银行股份有限公司第二届董事会第五次会议在九台龙嘉村镇银行五楼会议室召开。审议通过《长春九台龙嘉村镇银行设立剧场支行议案》及《九台龙嘉村镇银行设立龙嘉镇支行议案》。

12月13日　　吉林银监局经审核，批复同意长春九台龙嘉村镇银行股份有限公司其塔木支行开业。

12月19日　　乌兰察布化德包商村镇银行在化德县德福大酒店举行化德包商村镇银行开业一周年庆典暨客户联谊会。

同日　　在贵阳花溪区2012年金融系统安全保卫先进表彰会上，包商银行贵阳花溪建设村镇银行荣获"2012年度花溪金融系统安全保卫先进单位"称号。

12月25日　　江苏仪征包商村镇银行召开第一届董事会第六次会议。

同日　　邵阳武冈包商村镇银行拟聘任杜小武为武冈包商村镇银行副行长，兼乐洋支行行长。

同日　　由贵阳花溪区属机关工委牵头，包商银行贵阳花溪建设村镇银行向石板镇盖冗村赠送多功能打印机等办公用品，开展"帮村联户"活动。

12月26日　　广元市包商贵民村镇银行在白龙镇、鹤龄镇，为白龙支行和鹤龄支行举行隆重的开业庆典仪式。剑阁县委常委、副县长侯宏，人行广元市中心支行调研员唐志新，广元银监分局监管三处处长做了重要讲话并为银行揭牌。

12月27日　　包头固阳包商惠农村镇银行荣获"市级文明单位"荣誉称号。

同日　　南通如皋包商村镇银行得到南通银监分局同意成立白蒲支行、如皋港支行的批复。

同日　　赤峰宁城包商村镇银行2013年迎新春元旦文艺晚会顺利举行，宁城县政府金融工作办公室、中国人民银行宁城县支行应邀参加晚会。

12 月 29 日　　在新年来临之际，贵阳市花溪区委书记李泽，区委副书记、区长向子琨等区领导和相关职能负责人一行莅临贵阳花溪建设村镇银行慰问指导。

12 月　　江苏仪征包商村镇银行被扬州银监分局评选为 2012 年度扬州市银行业小企业金融服务工作先进单位，是扬州地区唯一获奖的村镇银行。

同月　　包商银行天津津南村镇银行由风险管理部牵头，编写《天津津南村镇银行管理制度汇编》，为各项工作的稳定进行提供有力保障。

同月　　鄂尔多斯乌审旗包商村镇银行有限责任公司档案资料通过验收，升级为自治区二级档案室。

2013 年

1月3日　南通如皋包商村镇银行聘用高旭东任副行长,主要分管行内风险管理及财务工作。

1月6日至9日　荆门掇刀包商村镇银行行长张守军作为市人大代表出席荆门市第八届人民代表大会第二次会议。

1月7日　漯河市郾城区新店镇召开 2012 年度工作会议,漯河市郾城包商村镇银行有限责任公司新店支行被镇政府评为"服务新店发展先进单位"。

1月8日　江苏仪征包商村镇银行召开第一届董事会第七次会议和 2012 年度股东会。

同日　贵阳息烽包商黔隆村镇银行召开 2013 年竞聘上岗动员会。

1月9日　漯河市郾城包商村镇银行有限责任公司第一届董事会第八次会议顺利召开。

1月10日　太原清徐惠民村镇银行召开机构信用代码宣传会议,成立以薛书萍行长为组长,各部室负责人为组员的机构信用代码宣传领导小组,认真组织开展机构信用代码宣传月活动。

1月11日　宁夏贺兰回商村镇银行在马家寨支行四楼会议室召开 2012 年度工作总结会议。

同日　贵阳息烽包商黔隆村镇银行 2013 年竞聘会议在息烽大酒店召开。

1月12日　北京昌平兆丰村镇银行第一家分支机构——回龙观支行在昌平区回龙观镇开业。经《北京银监局关于北京昌平兆丰村镇银行股份有限公司回龙观支行开业的批复》,核准张静北京昌平兆丰村镇银行股份有限公司回龙观支行行长(兼任)的任职资格,张静就任回龙观支行行长(兼任)。

1月16日　息烽县人行、息烽县政府金融办到贵阳息烽包商黔隆村镇银行就 2012 年度工作进行测评。

1月18日　江苏仪征包商村镇银行第二家支行——新城支行举行揭牌仪式。

同日　邵阳武冈包商村镇银行乐洋支行隆重开业。

1月19日　贵阳息烽包商黔隆村镇银行 2012 年度工作总结暨先进表彰会在息烽大酒店召开。

1月21日　　　大连银监局下发《关于大连金州联丰村镇银行和平路支行开业的批复》，并正式颁发金融许可证，标志着和平路支行成立。

同日　　　太原清徐惠民村镇银行全体员工在美锦大厦二楼会议室召开2012年度工作总结暨表彰大会。

1月22日　　　贵阳花溪建设村镇银行隆重召开2012年工作总结会，会议总结了第一个三年规划的经验教训，董事长覃波发表了主题为"五个立足，五个推进"的重要讲话。

1月23日　　　在南通银监分局办公室举办的"提升农村金融服务水平促进实体经济健康发展'双百竞赛'活动"中，南通如皋包商村镇银行荣获"支农金融服务突出贡献集体"称号，胡俊俊获"支农金融服务突出贡献个人"称号。

同日　　　漯河市郾城包商村镇银行有限责任公司商桥支行正式开业运营。

1月25日　　　《村镇银行动态》报道了呼伦贝尔鄂温克旗包商村镇银行微贷硕果。鄂温克旗包商村镇银行微贷部成立三个月，共计发放贷款139笔，累放金额突破2,000万。

同日　　　大连金州联丰村镇银行中层领导干部竞聘演讲在四楼大会议室举行，26名员工参与竞聘。

同日　　　大连金州联丰村镇银行和平路支行获得大连市工商行政管理局颁发的营业执照。

同日　　　漯河市郾城包商村镇银行有限责任公司新店支行员工张芮助人为乐的事迹被漯河日报刊登，并被授予当月"漯河市十佳市民"称号。

同日　　　息烽县委张定超书记、息烽县人民政府杜洪远副县长到贵阳息烽包商黔隆村镇银行指导工作。

1月26日　　　呼伦贝尔鄂温克旗包商村镇银行启动POS机业务。

1月27日　　　漯河市首届"金融之星"颁奖晚会在漯河大剧院隆重举行。郾城包商村镇银行行长刘永生荣获"十大金融之星"称号；郾城包商村镇银行黄河路营业部、总行客户经理李菁杨、祁山路支行柜员吴龙娇分别荣获"十佳金融窗口""十佳支农之星"和"十佳服务之星"称号。

同日　　　漯河市郾城包商村镇银行有限责任公司确定《郾城包商之歌》为行歌，由行长刘永生作词。

1月29日　　天津市金融办副主任孔德昌到津南村镇银行进行调研，并对津南村镇银行的发展给予肯定。津南区委副书记刘惠、天津银监局农村中小金融机构监管处处长刘书刚等领导陪同调研。

1月30日　　呼伦贝尔鄂温克旗包商村镇银行第二届董事会第四次会议顺利召开。

同日　　锡林郭勒西乌珠穆沁包商惠丰村镇银行召开年度工作会议及先进个人表彰大会，会议总结了2012年的工作，并制定下年度工作目标，同时对业绩突出的员工给予表彰。

同日　　邵阳武冈包商村镇银行根据银监局批复，聘任杜小武为武冈包商村镇银行副行长，兼乐洋支行行长。

1月31日　　锡林郭勒西乌珠穆沁包商惠丰村镇银行董事长刘亚军一行，走访慰问呼日勒图嘎查帮扶对象，进行实地调研慰问，为贫困牧户送去米、面和粮油等过节物资。

同日　　包头固阳包商惠农村镇银行表彰2012年度先进集体及先进个人。

同日　　荆门掇刀包商村镇银行月亮湖支行开业。

同日　　在新年来临之际，贵阳花溪建设村镇银行董事、财务总监、工会主席孙栋，常务副行长吴忠文等一行5人，前往该行帮扶对象龙山村慰问特困户。

2月1日　　江苏仪征包商村镇银行召开第一届董事会第八次会议。

2月2日　　江苏南通如皋包商村镇银行正式开办同城业务，加入南通同城结算系统，主要办理提出贷记业务，进一步方便了客户在南通范围内的结算，降低了客户资金汇划的成本。

同日　　漯河市郾城包商村镇银行有限责任公司第一届董事会第九次会议在二楼会议室召开，会议通过了《关于聘任李春兰同志为漯河市郾城包商村镇银行有限责任公司财务负责人的议案》。

2月5日　　漯河市郾城包商村镇银行有限责任公司新店支行开展"爱心助学"活动，给贫困学生代表送去钱款和物品以及新春的祝福。

2月6日　　成都新都桂城村镇银行举行消防演练。

同日　　漯河市郾城包商村镇银行有限责任公司办理第一笔委托贷款业务。

2月18日　　鄂尔多斯准格尔旗包商村镇银行连续两年被评为准格尔旗旗级"文明单位"。

2月20日　　　内蒙古自治区金融办主任李文华到宁夏贺兰回商村镇银行调研。

2月22日　　　宁夏贺兰回商村镇银行全体员工在马家寨支行三楼会议室参加劳动合同签订仪式。

同日　　　江苏南通如皋包商村镇银行如皋港支行正式开业。

同日　　　邵阳武冈包商村镇银行2013年度中层干部竞聘大会在武冈包商村镇银行三楼会议室举行。此次竞聘主要分为竞聘演讲、现场答辩和民主测评三大部分。大会共产生6位中层干部。

同日　　　《证券之星》杂志对呼伦贝尔鄂温克旗包商村镇银行贴心服务"三农"的经营模式进行报道。

2月24日　　　漯河市郾城包商村镇银行有限责任公司首家支行祁山路支行在开业8个月后存款首次突破亿元大关。

2月26日　　　呼伦贝尔鄂温克旗包商村镇银行顺利召开2013年度工作会议。主要总结村镇银行2012年的主要工作，并对2013年的工作做出重要部署。

2月28日至3月1日　　　漯河市郾城包商村镇银行有限责任公司董事长李孝、行长刘永生、副行长詹士伟、财务部负责人王晴等4人，赴包头参加包商银行新型农村金融机构2013年度工作会议。行长刘永生做了《抓住机遇，内外并举，注重质量，郾城包商村镇银行快速推进网点建设》的报告，向与会单位分享郾城包商村镇银行快速设立分支机构的经验与做法。

2月　　　荆门掇刀包商村镇银行获"掇刀区2012年度金融机构发展先进单位"荣誉称号。

3月5日　　　津南区委副书记刘惠、包商银行行长助理武仙鹤到津南村镇银行交流会谈并对津南村镇银行下阶段工作提出建议。

同日　　　太原清徐惠民村镇银行2013年第一次董事扩大会在二楼会议室顺利召开。

3月7日　　　呼伦贝尔鄂温克旗包商村镇银行领导及业务骨干赴天津津南村镇银行进行为期3天的参观学习。

3月8日　　　江苏仪征包商村镇银行40余名女职工前往南京中山陵和雨花台接受爱国主义教育，庆祝"三八"国际劳动妇女节。

同日　　　太原清徐惠民村镇银行晋胜董事长作《强化全员执行力，打造当地特色银行》的讲话。

同日 呼伦贝尔鄂温克旗包商村镇银行董事长、行长带领业务骨干到包商银行战略部学习。交流会上，包商银行战略部肯定了村镇银行取得的成绩，并对其在未来发展中亟须解决的问题给予悉心指导。

3月9日 长春九台龙嘉村镇银行招聘员工，包商银行新型农村金融机构管理总部审计中心何辛锐主持招聘考试。

3月12日 漯河市郾城包商村镇银行有限责任公司新店支行开启"走千家，串万户，树包商"活动大幕，对辖区内25个行政村，51个自然村，1,100多户居民，进行逐村逐户宣传，为今后的工作开展夯实基础。

同日 中国人民银行天津分行助理巡视员张玉忠等领导到津南村镇银行调研，并对津南村镇银行工作给予肯定。

3月13日 漯河银监分局（漯银监复〔2013〕14号、漯银监复〔2013〕15号、漯银监复〔2013〕16号）分别核准蒋艳华、李春兰、张祥吉农村中小金融机构高级管理人员任职资格。

同日 太原清徐惠民村镇银行微小信贷部全体员工本着"支持微小，服务三农，立足清徐，造福百姓"的宗旨，带着多款系列贷款产品，带着优质的金融服务来到红火热闹的赶集村——仁义村进行业务宣传。

3月15日 乌兰察布集宁包商村镇银行成功举办2012年股东大会。

同日 鄂尔多斯乌审旗包商村镇银行有限责任公司成立"春耕服务小分队"，在乌审旗呼吉尔特乡呼吉尔特村开展"送金融知识下乡"活动。审贷会对小分队带回的所有农户资料进行层层筛选、分析，将款项发放给20家农户。

同日 在"3·15消费者权益日"，菏泽鄄城包商村镇银行参加了由中国人民银行鄄城县支行组织的"维护金融消费者权益、构建良好金融秩序"活动，祝贺《征信业管理条例》颁布实施。

同日 鄂尔多斯准格尔旗包商村镇银行开展"3·15反假币"宣传活动。

3月17日 乌兰察布集宁包商村镇银行成功举办第一届董事会第三次会议。

3月20日 包头达茂旗包商惠农贷款公司贷款规模突破10亿元大关，笔数达到21,629笔。

同日 漯河市郾城包商村镇银行有限责任公司召开2013年度案防工作会，副行长詹士伟、安全保卫部总经理陈曙光、风险管理部经理杜庆来以及总行营业部、各支行营业部主任、办公室主任参加了会议。

3月22日　　大华会计师事务所对兴安盟科尔沁包商村镇银行进行2012年度全面审计检查工作。

3月22日至23日　　河南商丘虞城通商村镇银行张行长一行莅临漯河市郾城包商村镇银行有限责任公司开展业务交流。

3月22日日至4月1日　　贵州银监局农村中小金融机构现场检查处根据现场检查有关规定，对贵阳花溪建设村镇银行进行现场复查。

3月25日　　天津银监局批准津南村镇银行小站支行开业。

3月30日　　鄂尔多斯准格尔旗包商村镇银行组织员工签订《经济联保责任书》。

同日　　贵阳息烽包商黔隆村镇银行荣获贵阳市2012年度银行业金融机构新增存贷比排名奖。

3月29日　　大连金州联丰村镇银行和平路支行正式开业。

3月　　锡林郭勒西乌珠穆沁包商惠丰村镇银行与西乌旗劳动人事局共同开展第一批大学生招聘活动，通过笔试和面试共招聘储备生10人，并于4月进行入职培训，为开立支行储备人才。

同月　　大连金州联丰村镇银行"微贷"产品获评"大连市最佳金融服务成果奖"。

同月　　经过贵州省团委的审核，毕节发展村镇银行小企业农村业务部荣获省团委授予的"贵州省青年文明号"称号。

4月1日　　宁夏贺兰回商村镇银行承办贺兰县金融知识万里行活动，全体员工在贺兰县文化广场参加启动仪式。

4月2日　　贵阳花溪建设村镇银行董事长覃波出席贵州银监局召开的2013年全省银行业案件防控工作（电视电话）会议，并作为贵州已开业的20家村镇银行代表与贵州银监局局长李均峰共同签订了责任书。

4月6日　　鄂尔多斯准格尔旗包商村镇银行表彰2012年度先进个人。

4月7日　　包头固阳包商惠农村镇银行广场支行荣获"市级文明单位"荣誉称号。

　　同日　邵阳银监分局局长陈阳华在邵阳银监分局副局长曾拓绿、邵阳银监分局农村合作非现场监管科科长李佶、监管员刘光明等陪同下莅临邵阳武冈包商村镇银行进行调研。

　　4月9日　天津银监局对津南村镇银行增资扩股方案进行批示，支持津南村镇银行进行增资扩股。

　　同日　中国人民银行贵阳中心支行征信处陈处长一行4人到贵阳息烽包商黔隆村镇银行检查征信接入情况。

　　4月10日　呼伦贝尔莫力达瓦包商村镇银行第一届董事会第六次会议（网络会议）召开完毕，会议审核通过《关于成立审计风险管理委员会的议案》等七项议案。

　　4月12日　邵阳武冈包商村镇银行向客户陶再喜发放70万元粮食收购贷款，这是该行创新经营模式、加大服务"三农"力度、促进地方经济发展的又一重要举措，标志着武冈包商村镇银行进入农业"链条"式营销时代。

　　同日　成都新都桂城村镇银行组织员工前往马家镇丁家大院进行集中宣传。

　　4月13日　呼伦贝尔鄂温克旗包商村镇银行领导及业务骨干赴兴安盟进行经验交流座谈。通过此次经验交流，加深了与兴安盟科尔沁包商村镇银行、突泉蒙银村镇银行两家村镇银行的相互了解，促进了相互间的友好往来。

　　4月15日　赤峰宁城包商村镇银行在沙陀子市场举办残损币兑换活动。

　　同日　在中国人民银行天津分行组织的机构信用代码宣传推广活动中，津南村镇银行信用代码发放率达到100%，被评为信用代码发放先进单位，津南村镇银行员工梁洁被评为先进个人。

　　4月17日　太原市人民银行中心支行反洗钱处苏和平科长、曲红、李泽平，携同清徐县中国人民银行武改香副行长、董栓丑，对太原清徐惠民村镇银行反洗钱工作开展情况进行检查。

　　4月20日　大连金州联丰村镇银行组织全体员工向四川雅安地震灾区捐款，共筹集捐款4.8万元，并通过大连市红十字会捐赠给地震灾区。

　　4月23日　漯河市郾城包商村镇银行有限责任公司总行营业厅安装POS机（全民付业务），实现客户自助缴费、还款。

　　同日　漯河市郾城包商村镇银行有限责任公司反洗钱大额与可疑交易试报送成功。

　　4月24日　中国人民银行漯河市中心支行货币金银科杨俊民科长一行莅临漯河市郾城

包商村镇银行有限责任公司商桥支行检查指导残损币兑换，假币收缴、鉴定，现金收付业务。

同日 呼伦贝尔鄂温克旗包商村镇银行在《内蒙古自治区村镇银行 2012 年度监管评级情况通报》中被评为监管二级水平。

4 月 25 日 江苏南通如皋包商村镇银行开展向四川雅安地震灾区献爱心募捐活动，合计捐款金额 6,800 元。

同日 江苏仪征包商村镇银行召开第一届董事会第九次会议。

4 月 27 日 锡林郭勒西乌珠穆沁包商惠丰村镇银行组织全体员工参加人民银行组织的"推广普及金融知识，贯彻落实《征信管理条例》"宣传活动。

同日 长春九台龙嘉村镇银行股份有限公司 2012 年度股东大会在九台龙嘉村镇银行总行会议室召开。审议通过徐浩辞去九台龙嘉村镇银行董事会董事的议案。审议通过增选王旭担任九台龙嘉村镇银行董事会董事的议案。

同日 长春九台龙嘉村镇银行股份有限公司第二届董事会六次会议在九台龙嘉村镇银行五楼会议室召开。审议通过徐浩辞去九台龙嘉村镇银行董事及风险控制委员会主任委员的议案。审议通过增选胡明担任九台龙嘉村镇银行董事会风险控制委员会主任委员的议案。

4 月 28 日 包商银行新型农村金融机构管理总部总经理、党委副书记刘洛一行莅临漯河市郾城包商村镇银行有限责任公司新店支行检查指导工作。

同日 江苏南通如皋包商村镇银行白蒲支行正式开业。

同日 科尔沁包商村镇银行进行 2013 年度第一次社会招聘，招聘工作人员共计 7 人，包括文秘岗位 1 人，会计岗位 1 人，客户经理 2 人，柜员 3 人。

4 月 共青团津南区委员会授予津南村镇银行"青年文明号"称号。

同月 贵州毕节发展村镇银行征信系统通过审批。

同月 江苏仪征包商村镇银行荣获"扬州市文明单位"称号。

5 月 3 日 锡林郭勒西乌珠穆沁包商惠丰村镇银行组织全体员工开展从业人员不参与高利贷、非法集资承诺活动，共有员工 31 人签订了《不参与非法集资承诺书》，签订率为 100%。

5 月 4 日 江苏仪征包商村镇银行举办 2013 年职工业务技能比赛。

5月8日　呼伦贝尔鄂温克旗包商村镇银行"吉祥三宝"牧民贷款荣获"第三届中国农村金融品牌价值榜·十大品牌创新产品"荣誉称号。

5月10日　大连金州联丰村镇银行捐助贫困学生仪式在金州高中举行，向首批10名贫困学子捐赠2万元助学金。

同日　吉林银监局经审核，批复同意长春九台龙嘉村镇银行股份有限公司剧场支行开业。

5月15日　贵阳花溪区国税局、花溪区地税局相关领导向贵阳花溪建设村镇银行授予"A级纳税信用企业"牌匾。

同日　鄂尔多斯准格尔旗包商村镇银行参加全旗打击经济犯罪及非法集资活动。

5月19日　乌兰察布集宁包商村镇银行新华支行正式营业。

同日　乌兰察布集宁包商村镇银行总行迁址于集宁新区阳光颐园办公楼1栋，原址改为支行，广电支行更名为建设支行。

5月22日　贵州毕节发展村镇银行鸭池支行开业。

5月23日　天津银监局批准津南村镇银行双港支行开业。

5月25日　根据银监局要求、县金融办指示，赤峰宁城包商村镇银行参与了"金融服务集中宣传日"活动。

同日　乌兰察布化德包商村镇银行对白音特拉乡兴无村进行"一对一"帮扶调研。

同日　宁夏贺兰回商村镇银行在马家寨支行四楼会议室召开2013年度股东大会暨董事会。

同日　包头固阳包商惠农村镇银行召开2012年度股东会及第三届第六次董事会。

同日　四川广元市包商贵民村镇银行召开2012年度股东大会、一届八次董事会、一届五次监事会、二届一次董事会、二届一次监事会，会议完成了董事会、监事会、经营层的换届选举。会议决定由刘月菊担任董事长、何文辉担任监事长、陈冬生担任行长。

5月26日　漯河市郾城包商村镇银行有限责任公司2013年度员工招聘考试在漯河职业技术学院顺利举行。

5月28日　在贵州省村镇银行发展座谈会上，贵阳花溪建设村镇银行董事长覃波当选贵州省银行业协会村镇银行工作委员会主任。

5月29日   宁夏贺兰回商村镇银行在马家寨支行四楼会议室举行业务运营部竞聘大会。

5月30日   邵阳武冈包商村镇银行成功向武冈市龙田乡村民莫远告发放农产品加工贷款10万元。根据武冈市委、市政府的统一安排，龙田乡长塘村被确定为武冈包商村镇银行2013年度挂点扶贫村。

5月30日至31日   漯河市郾城包商村镇银行有限责任公司职工李菁杨、孔园、张根茂、林木在开封参加"中国式魔鬼训练——企业特种部队训练营"，培训分为"人生舞台""打击魔鬼""领袖风采""钢铁是怎么炼成的"四个板块。

5月31日   包商银行新型农村金融机构管理总部郭军副部长到贵阳息烽包商黔隆村镇银行指导新员工招聘工作。

5月   江苏仪征包商村镇银行分别捐助"慈善一日捐"及"博爱在仪征·人道万人捐"爱心款10,000元和5,580元。

同月   津南村镇银行微小企业金融部对"农好贷"进行"微"创新，对"农好贷"系列产品贷款金额、贷款利率进行"微"调整，以便符合津南区当地农业经济的实际情况。天津银监局授予津南村镇银行"小微企业金融服务优秀团队"称号，并将小微企业金融部"快易贷"评为"天津银行业2012年度小微企业金融服务特色产品"。津南村镇银行曹杰被天津银监局、天津市银行业协会评为"2012年度天津银行业小微企业金融服务先进个人"。

6月1日   荆门掇刀包商村镇银行召开2012年度股东大会暨第一届董事会第四次、第五次会议，会议审议通过原董事长孙杰同志的辞职报告，推选董事长、行长张守军为新任董事长，增补副行长王振宇为董事、拟任行长。

同日   贵阳息烽包商黔隆村镇银行2013年招聘考试在息烽大酒店举行。

6月3日   成都新都桂城村镇银行新都区征地事务中心对公账户花落桂城村镇银行。

同日   宁夏贺兰回商村镇银行在马家寨支行会议室举办贺兰县金融系统反洗钱知识讲座。

6月4日   漯河市郾城包商村镇银行有限责任公司第一届董事会第十次会议在二楼会议室召开，董事长李孝，董事刘洛、刘永生、周宝珠、陈曙光参加会议，监事周贺生、何辛锐以及经营层代表刘明坤、李春兰列席会议。会议审议通过了《漯河市郾城包商村镇银行有限责任公司2012年度经营层工作报告》等四项议案。

　　同日　漯河市郾城包商村镇银行有限责任公司 2012 年度股东大会在二楼会议室召开，全体股东参加了会议。

　　同日　赤峰宁城包商村镇银行举行团委成立大会。

　　6 月 6 日　贵州毕节发展村镇银行召开第二届第二次董事会、监事会、股东会，就 2013 财务预算方案、2012 年财务决算、2013—2015 年发展规划、修改公司章程、更换董事等重要议案达成了一致意见。

　　6 月 7 日　天津津南村镇银行运营服务部成立。

　　同日　太原清徐惠民村镇银行组织全体员工开展防抢劫应急演练，以增强一线员工安全防范意识，提高营业场所处置突发事件的能力。

　　6 月 8 日　赤峰宁城包商村镇银行召开创建"精神文明单位"大会。

　　6 月 9 日　天津银监局对津南村镇银行各项业务进行全面的现场检查，对今后工作提出指导意见。

　　6 月 12 日　四川广元包商贵民村镇银行召开"2013 年内控建设年活动启动大会"。运营管理部总经理舒石磊宣读了《广元市包商贵民村镇银行内控机制建设强化年建设实施方案》，正式启动"内控建设年"活动。

　　6 月 16 日　在漯河市源汇区工商联五届二次执委会议上，漯河市郾城包商村镇银行有限责任公司行长刘永生被推举为源汇区工商联副会长。

　　6 月 17 日　中国人民银行鄄城县支行行长邱高皓一行到菏泽鄄城包商村镇银行调研。

　　6 月 17 日至 20 日　中国人民银行莫力达瓦旗支行于对呼伦贝尔莫力达瓦包商村镇银行进行执法检查，并出具《中国人民银行莫旗支行执法检查意见书》。

　　6 月 18 日　包商村镇银行客服系统（4008696016）开始在漯河市郾城包商村镇银行有限责任公司内试运行。

　　6 月 23 日　呼伦贝尔莫力达瓦包商村镇银行第一届董事会第七次会议召开，会议审议通过了《莫力达瓦包商村镇银行有限责任公司 2012 年度经营报告》等两项议案。当日，莫力达瓦包商村镇银行 2012 年度股东大会召开，会议审议通过了《莫力达瓦包商村镇银行有限责任公司董事会 2012 年度工作报告》等四项议案。

6月24日至26日　漯河市郾城包商村镇银行有限责任公司董事长李孝、行长刘永生参加包商银行新型农村金融机构2013年中工作会议。

6月25日　天津银监局批准筹建津南村镇银行北闸口、八里台支行。

同上　鄂尔多斯准格尔旗包商村镇银行顺利召开2012年度股东大会和第二届董事会第二次会议。

6月25日至28日　中国人民银行太原中心支行清徐分行现场检查小组组长郭晋明行长，副组长武改香副行长、韩智军副行长，主查人康河、董建芬、董栓丑、高永生一行7人，到太原清徐惠民村镇银行进行"两综合"现场执法检查。

6月26日　锡林郭勒西乌珠穆沁包商惠丰村镇银行参加西乌旗旗委组织的建党92周年"颂党恩、创佳绩，建设美丽西乌"大型知识竞赛活动，全旗共有54个单位的汉语代表队参加了此次竞赛，通过初赛、复赛和决赛，最终该行取得了团体二等奖的好成绩。

同日　漯河市郾城包商村镇银行有限责任公司李孝董事长与刘永生行长参加包商银行第一次党代会。

同日　呼伦贝尔鄂温克旗包商村镇银行业务骨干参加美国密苏里大学教授与呼伦贝尔企业家学术交流大会。

6月28日　贵阳花溪建设村镇银行为期近一个月的2013年新员工理论培训圆满结束，40名参训新员工顺利结业，这是该行成立以来规模最大的一次新员工培训。

同日　江苏南通如皋包商村镇银行召开2013年第一次临时股东会，会议通过更换董事及选举副董事长的议案。同时召开第一届董事会第十一次会议，选举张慧敏为南通如皋包商村镇银行副董事长。

同日　邵阳武冈包商村镇银行在武冈市技工职业技术学校操场举行了2013年度消防演习。此次消防演练由武冈包商村镇银行办公室精心策划和细心准备，武冈包商村镇银行行长杨晓云以及全体员工参加了演练。

7月1日　贵阳花溪建设村镇银行党支部书记、行长郭卫兵被中共贵阳市花溪区委评为"优秀共产党员"。

同日　长春九台龙嘉村镇银行反洗钱大额交易及可疑交易报告系统正式上线。

同日　宁夏贺兰回商村镇银行启动"反假货币宣传月"活动。

同日　四川银监局程铿副局长一行莅临成都新都桂城村镇银行调研指导工作。

同日　中国人民银行武冈市支行对邵阳武冈包商村镇银行代理武冈市县级财政国库集中支付业务的申请进行审核，并确认其代理资格。

7月2日　乌兰察布集宁包商村镇银行成功召开2013年临时股东大会。

7月3日　包头固阳包商惠农村镇银行正式任命李少英同志为董事长、董事。

7月4日　成都新都桂城村镇银行举办金融企业对接会。

7月5日　天津津南村镇银行双港支行举行开业庆典。

7月6日　锡林郭勒西乌珠穆沁包商惠丰村镇银行与西乌旗劳动人事局共同开展第二批大学生招聘活动，通过笔试和面试共招聘储备生10人，并于10月进行入职培训，为开立支行储备人才。

同日　江苏仪征包商村镇银行举行2013年新员工招聘考试。

同日　天津津南村镇银行小站支行举行开业庆典。

7月10日　兴安盟科尔沁包商村镇银行兴安支行获得兴安银监分局开具的正式开业批复。

7月11日　锡林郭勒西乌珠穆沁包商惠丰村镇银行组织全体员工开展防暴防抢安全演练和消防安全知识培训，提高该行员工安全防范意识。

7月12日　兴安盟科尔沁包商村镇银行举行第一届董事会第四次会议及2012年股东大会。会上审议并通过了《兴安盟科尔沁包商村镇银行2012年度工作报告》《兴安盟科尔沁包商村镇银行2012年度经营层工作报告》《兴安盟科尔沁包商村镇银行2012年财务决算》《兴安盟科尔沁包商村镇银行2013年财务预算》《兴安盟科尔沁包商村镇银行资本管理制度》。会议下发2013年科尔沁包商村镇银行的具体经营目标。

同日　锡林郭勒银监局局长马中华、监管三科科长白玉堂一行到锡林郭勒西乌珠穆沁包商惠丰村镇银行就经营管理工作进行调研。

7月13日　呼伦贝尔市银行业协会检查组莅临呼伦贝尔鄂温克旗包商村镇银行验收指导工作。检查过程中，检查组对该行文明规范服务示范单位创建的各项工作给予了高度评价。

7月16日　乌兰察布化德包商村镇银行安全员参加由乌兰察布市消防支队举行的为期

7 天的消防培训。

7 月 18 日   荆门掇刀包商村镇银行荣获 "第二届影响荆门市民生活 100 品牌" 殊荣。

7 月 19 日   兴安盟科尔沁包商村镇银行兴安支行正式挂牌试营业。

7 月 22 日   呼伦贝尔莫力达瓦包商村镇银行组织召开 "案件风险防控年" 活动动员大会。

7 月 23 日   广元市包商贵民村镇银行推出 "园丁乐" "好大夫" "公务宝" 个人贷款，并印发《广元市包商贵民村镇银行 "园丁乐" "好大夫" "公务宝" 个人贷款（暂行）管理办法》。

同日   成都新都桂城村镇银天缘路支行开业。

同日   鄂尔多斯准格尔旗包商村镇银行在红台子村举办的 "送金融知识下乡" 活动得到了电视台和报社的全力支持，准格尔旗电视台、鄂尔多斯市电视台及鄂尔多斯市报社三家媒体对活动进行了报道。

7 月 23 日至 8 月 7 日   由贵阳花溪建设村镇银行冠名的 2013 年花溪区 "花溪建设村镇银行杯" 职工足球赛在花溪举行，该行作为特约参赛队参加了比赛。

7 月 24 日   呼伦贝尔鄂温克旗包商村镇银行在陈巴尔虎旗草原举行 "马背银行——草原情" 的启动仪式。呼伦贝尔银监分局局长兰青峰等领导、中国人民银行陈巴尔虎旗支行行长张义军、鄂温克旗包商村镇银行董事、呼伦贝尔市龙凤集团董事长陈祥等出席仪式，村镇银行董事长及行领导带领各部门员工共计 134 人参加仪式。

7 月 26 日   贵州毕节发展村镇银行海子街支行开业。

同日   漯河市郾城包商村镇银行有限责任公司第一届董事会第十一次会议顺利召开，会议通过《关于修改〈漯河市郾城包商村镇银行有限责任公司章程〉的议案》。

同日   漯河市郾城包商村镇银行有限责任公司 2013 年第一次临时股东大会顺利召开。

同日   赤峰宁城包商村镇银行举行第一届董事会第十二次会议。

7 月 27 日   漯河市郾城包商村镇银行有限责任公司在漯河市喜来登酒店成功举办 "青春正能量，共圆包商梦" 主题演讲比赛。商桥支行李莉亚获得大赛一等奖。

7 月 29 日   贵阳花溪建设村镇银行领导莅临呼伦贝尔鄂温克旗包商村镇银行参观交流。通过此次经验交流，两行加深了了解，促进了双方的友好往来。

　　同日　菏泽鄄城包商村镇银行在鄄城县大型购物商城外，开展以"金融服务民生，银行卡走进'芯'时代"为主题的 2013 年菏泽市金融 IC 卡宣传活动，并播放包商银行宣传片。

　　7 月 30 日　锡林郭勒西乌珠穆沁包商惠丰村镇银行董事长刘亚军一行，实地走访巴彦胡舒苏木胡日勒图嘎查贫困牧户家中，调研危房改造项目进度，保证贫苦牧户入冬前住进新房。

　　同日　鄄城包商村镇银行通过校园招聘，最终录取 9 名成绩优异的员工。副行长贾翔同、王利军出席了新员工见面会。

　　同日　由呼伦贝尔莫力达瓦旗旗委常委、政法委书记于再国带队，教育局、法院、中蒙医院、旗地税局、莫力达瓦包商村镇银行相关单位负责人组成的调研组深入到定点帮扶村镇塔温敖宝镇视察灾情。

　　7 月 31 日　乌兰察布化德包商村镇银行组织员工参加应对突发事件考试及"银行从业人员消费者权益保护知识"考试。

　　同日　荆门掇刀包商村镇银行邀请车桥、高庙等基层干部参加"双基双赢"座谈会，双方就具体的合作方式及实施方案进行了探讨。

　　8 月 1 日　北京昌平兆丰村镇银行股份有限公司召开 2013 年第一次临时股东大会。大会审议通过了《关于北京昌平兆丰村镇银行股份有限公司选举新一届董事的议案》，选举贺光明、吴铁涛、吴琼、尹群、胡明为第二届董事会董事。审议通过了《关于北京昌平兆丰村镇银行股份有限公司选举新一届监事的议案》，决定设立监事岗，并选举赵安静为监事。

　　同日　锡林郭勒西乌珠穆沁包商惠丰村镇银行开展军事日活动，组织员工听取了石家庄陆军指挥学院战略与国防动员系国防动员教研室主任江宗《关于世界变局与中国国家安全专题》的辅导讲座。讲座结束后，员工到人武部靶场进行了手枪和步枪的实弹射击。

　　8 月 2 日　乌兰察布化德包商村镇银行开展防爆预案及消防综合演练。

　　8 月 5 日　呼伦贝尔鄂温克旗包商村镇银行举行社会化守押服务签约仪式。行长腾国华、副行长褚继延、副行长李倩、呼伦贝尔市威信保安守押公司副总经理隋宝忠、各支行行长出席了此次签约仪式。

　　8 月 7 日　鄂尔多斯准格尔旗包商村镇银行参加全旗在职党员进社区活动。

　　8 月 8 日　长春九台龙嘉村镇银行进行员工招聘，包商银行新型农村金融机构管理总部一级资深主管郭军主持招聘考试。

同日　　贵州省银监局对贵阳息烽包商黔隆村镇银行治理、内控制度建立的全面性和有效性、内控制度执行情况、信贷管理、IT建设与风险控制等进行检查。

同日　　锡林郭勒西乌珠穆沁包商惠丰村镇银行组织全体员工进行消费者权益保护知识考试，该行将消费者权益保护与合规经营有机结合起来，结合银监会"七不准""四公开"等制度规定，加强员工培训，强化员工依法合规经营意识。

8月12日　　贵州银监局现场检查三处刘毅华处长一行5人对贵阳息烽包商黔隆村镇银行开业至今的工作进行为期10天的全面检查。

8月12日至15日　　荆门掇刀包商村镇银行召开第一届董事会第六次会议。

8月13日　　为了提高员工对银行突发事件的敏锐度和案件防控意识，呼伦贝尔莫力达瓦包商村镇银行开展了防暴力抢劫演练活动及消防演练活动。

同日　　邵阳武冈包商村镇银行与湖南省人民银行国库处、武冈市非税收入管理局就非税收入征收管理系统的合作与安装进行了深入沟通与洽谈，并签订了合作协议。

8月14日　　吉林银监局经审核，批复同意长春九台龙嘉村镇银行股份有限公司龙嘉镇支行开业。

同日　　宁夏银监局局长安宁莅临宁夏贺兰回商村镇银行调研指导工作。

8月15日　　小额信贷联盟评估专家、中国农业大学经济管理学院何广文教授，河南财经学院李莉莉博士和中国农业大学邵一珊博士前往呼伦贝尔鄂温克旗包商村镇银行进行为期三天的调研评估。通过召开座谈会、实地调查等方式，对村镇银行支持"三牧"建设工作给予了高度的赞扬和充分的肯定，同时从业务创新、风险防控等方面给予了有力指导。

8月16日　　漯河市郾城包商村镇银行有限责任公司行长刘永生积极参与"源汇区同心建功之民企助才圆梦行动"捐助仪式，资助贫困大学生关依美，助其圆梦高校。

8月22日　　江苏仪征包商村镇银行召开第一届董事会第十次会议。

8月23日　　中国社科院杜晓山教授前往呼伦贝尔鄂温克旗包商村镇银行基层网点调研指导。在调研过程中，杜教授前往陈旗巴镇奶牛基地和永兴肉业公司实地考察，并结合支行工作提出了相关指导意见。

8月24日　　在北京举办的"第三届中国新型金融机构论坛暨服务实体经济先进单位与十佳村镇银行表彰大会"上，鄂尔多斯准格尔旗包商村镇银行喜获"第三届中国新型金融机构服务实体经济先进单位"称号。

8月28日　江苏仪征包商村镇银行第三家支行——陈集支行举行开业暨捐赠仪式，为贫困学生、贫困户捐款2万元。

8月29日　吉林省财经委到长春九台龙嘉村镇银行进行调研。

同日　宁夏贺兰回商村镇银行举办为期四周的会计基础讲座。

同日　中国人民银行呼和浩特中心支行调统处娄处长一行，到乌审旗包商村镇银行有限责任公司就农村金融机构定向费用补贴资金和涉农贷款增量奖励资金等情况进行调研。该行行长董秀山及相关部门负责人陪同座谈。调研组对该行发展现状给予肯定，并就该行发展情况、支农再贷款以及地方财政补贴情况进行了交流。

8月31日　天津津南村镇银行组织的大型金融知识进社区宣传活动圆满结束，活动期间发放宣传单2万余份，带动储蓄存款增长1.8亿元，全行储蓄存款余额达到56,400万元。

9月1日　乌兰察布化德包商村镇银行参加"金融知识进万家"银行业金融知识宣传服务月活动。

9月1日至30日　广元包商贵民村镇银行组织"金融知识进万家"宣传服务月活动。

9月2日至13日　广元银监分局到广元包商贵民村镇银行进行全面现场检查。

9月3日　漯河市郾城包商村镇银行有限责任公司获中国人民银行漯河支行支农再贷款2,000万元。

同日　鄂尔多斯乌审旗包商村镇银行有限责任公司2012年度股东大会在鄂尔多斯市东胜区博源豪生国际酒店会议室召开。鄂尔多斯银行分局监管四科科长郭春祥以及乌审旗包商村镇银行经营层全体人员列席本次会议，会议由董事长夏利生主持。会议分别审议并通过了《2012年董事会工作报告》《2012年监事工作报告》《2013年财务预算方案及2012年决算报告》《利润分配方案》《2012年审计报告》《2013年经营发展规划》等6项议案。

同日　鄂尔多斯乌审旗包商村镇银行有限责任公司第一届董事会第五次会议在鄂尔多斯东胜区博源豪生国际酒店会议室召开，会议由董事长夏利生主持，鄂尔多斯银监分局监管四科科长郭春祥、监事会成员胡明、行长董秀山以及经营层全体中层干部列席了本次会议。会议分别审议并通过了《2012年经营层工作报告》等6项议案。

9月4日　太原清徐惠民村镇银行薛行长一行到贵阳息烽包商黔隆村镇银行交流工作。

9月5日　　呼伦贝尔莫力达瓦包商村镇银行收到包商银行新型农村金融机构管理总部《关于同意成立莫力达瓦包商村镇银行党支部的批复》，莫力达瓦包商村镇银行党支部正式成立。

同日　　兴安盟科尔沁包商村镇银行有限公司兴安支行加入中国人民银行兴安盟中心支行金融管理与服务体系获得批复。

9月6日　　漯河市郾城包商村镇银行有限责任公司金山支行、裴城支行盛大开业。

9月8日　　包商银行新型金融机构管理总部郭军副部长一行4人，对贵阳息烽包商黔隆村镇银行开业至今的工作进行全面检查。

同日　　中国农村金融出版社社长张宝成在呼伦贝尔银监分局局长兰青峰的陪同下莅临呼伦贝尔鄂温克旗包商村镇银行指导工作。张宝成一行参观了该行总行营业厅柜台区域和牧业信贷区域，并对该行日后的发展提出建议。

9月9日　　邵阳武冈包商村镇银行与湖南远见信息科技有限公司就非税收入征收管理系统的合作与安装进行了深入沟通与洽谈，并签订了合作协议。

同日　　江苏仪征包商村镇银行近100名员工集中展示才艺，共同迎接9月10日开业两周年。

9月10日　　鄂尔多斯准格尔旗包商村镇银行开展的银联业务讲座、送"金融知识进万家"宣传活动、"三到服务"暖民心活动、消防安全知识讲座等活动分别被准格尔之窗——准格尔旗人民政府网站和《中国·准格尔》报道。

9月11日　　包商银行农村金融部领导前来赤峰宁城包商村镇银行指导工作并考察三农支持基地。

9月12日　　漯河市金融学会第六届会员代表大会暨学术报告会在中国人民银行漯河市中心支行11楼会议室召开，漯河市郾城包商村镇银行有限责任公司刘永生行长作为常务理事带队参加。

9月12日至13日　　包商银行新型农村金融机构管理总部资源配置督导工作小组到贵阳花溪建设村镇银行开展资源配置检查工作。

9月14日　　呼伦贝尔鄂温克旗包商村镇银行荣获2013年度中国银行业协会（花旗）"微型创业奖最佳社会绩效管理奖"提名。

9月15日　　贵阳息烽包商黔隆村镇银行2013年第二批招聘考试在息烽大酒店举行。

9 月 16 日　　北京昌平兆丰村镇银行股份有限公司召开第二届董事会第一次会议。会议审议通过了《关于选举北京昌平兆丰村镇银行股份有限公司第二届董事会董事长的议案》，选举贺光明为第二届董事会董事长。

9 月 18 日　　陈冬生行长带队参加由四川省银监局组织的"第四届四川银行业小微企业客户经理技能竞赛"并取得优异成绩。

9 月 23 日　　河南虞城通商村镇银行来成都新都桂城村镇银行学习交流。

9 月 25 日　　乌兰察布集宁包商村镇银行第一届四次董事会电话会议成功召开。

同日　　漯河市郾城包商村镇银行有限责任公司图书馆正式面向全行员工开放。

9 月 26 日　　赤峰市银监局赵国瑞局长、李良科长到赤峰宁城包商村镇银行指导工作。

9 月 27 日　　鄂尔多斯准格尔旗包商村镇银行行领导和各部门负责人与蒿召赖嘎查特困家庭进行帮扶对接。共计帮扶困难村民 5 户，为每户帮扶资金 500 元。

9 月 28 日　　内蒙古自治区人民政府副主席布小林、内蒙古自治区人民政府金融工作办公室主任李雅等领导到鄂尔多斯乌审旗包商村镇银行有限责任公司检查指导工作，听取了行长董秀山关于经营发展情况、市场服务定位和定向费用补贴资金落实情况的汇报，布小林主席对该行开业三年来所取得的成绩给予肯定，同时向该行提出了服务意见及建议。

9 月 29 日　　呼伦贝尔鄂温克旗包商村镇银行与青岛胶南海汇村镇银行签署战略合作协议，正式建立战略合作伙伴关系。

9 月　　在大连市党委组织部下发的《关于表彰 2011 年度"大连市基层党建创新奖"的通报》（大组〔2013〕70 号文件）中，大连金州联丰村镇银行党支部荣获"大连市基层党建创新奖"三等奖，是市委金融工委直属基层党组织中第一家，也是唯一一家获此殊荣的单位。

10 月 8 日　　漯河市郾城包商村镇银行有限责任公司个人金融部成立。

同日　　贵州毕节发展村镇银行党支部正式成立。毕节发展村镇银行正式加入毕节市工会。

10 月 10 日　　贵州毕节发展村镇银行召开第二届第三次临时董事会，就 2014 年新增网点规划、开展票据业务、增设行长助理等议案达成一致意见。

同日　　由漯河市银行业协会及会员单位等组成的市银行业文明规范服务示范单位验收组莅临漯河市郾城包商村镇银行有限责任公司检查指导工作，并依据《漯河市银行业文明规范服务示范单位考核标准》，对总行营业部进行现场打分。

10月11日　　内蒙古托克托农商银行暨兄弟村镇银行来成都新都桂城村镇银行交流学习。

10月12日　　湖南省银监局副局长黄向阳等领导莅临邵阳武冈包商村镇银行进行调研，武冈包商村镇银行董事长于凤海、行长杨晓云、副行长杜小武发表了重要讲话。

10月14日　　邵阳武冈包商村镇银行开展武冈市反假币宣传活动，武冈包商村镇银行董事长于凤海、行长杨晓云、副行长杜小武与人民银行武冈市支行领导参加了此次活动。

10月19日　　为庆祝贵阳花溪建设村镇银行开业4周年、提高员工身体素质、增强员工凝聚力，贵阳花溪建设村镇银行在贵阳花溪举办第一届职工运动会。

10月21日　　漯河市郾城包商村镇银行有限责任公司召开第一届董事会第十二次会议，会议审议通过了《漯河市郾城包商村镇银行有限责任公司关于缴纳包商银行系统运维劳务费的议案》。

10月24日　　菏泽鄄城包商村镇银行聘请专业导师为员工讲解礼仪知识，从着装、接待、营销等多方面入手，通过直观的图片、视频进行悉心指导，并进行现场演练。

同日　　贵州毕节发展村镇银行董事长带领经营层对毕节周围的乡镇进行了视察调研，包括毕节经济开发区——小坝、毕节职教城——双山新区、杨家湾镇、朱昌镇、清水镇。

10月25日　　呼伦贝尔鄂温克旗包商村镇银行工会积极参加鄂温克旗总工会开展的"尽责圆梦，关爱灾区学子"帮扶慰问活动。

同日　　中国人民银行金州新区中心支行在数年后重启支农再贷款项目，大连金州联丰村镇银行成功获得5,000万元支农再贷款，成为首家获得支农再贷款的金州新区金融机构。

10月28日　　中国人民银行银川中心支行对宁夏贺兰回商村镇银行进行稳健性现场评估工作复查。

10月29日　　呼伦贝尔鄂温克旗包商村镇银行董事长携相关人员赴《中国农村金融》杂志社交流学习，并与《中国农村金融》杂志社主任刘洁等进行了交流座谈。

10月31日　　呼伦贝尔鄂温克旗包商村镇银行在"2013年度中国银行业协会（花旗）微型创业奖"评选活动中，荣获"年度微型金融机构奖"，颁奖典礼在北京梅地亚中心隆重举行。

10月　　江苏仪征包商村镇银行开发存贷款综合抽样统计报表系统，并成功试运行。

同月 乌兰察布集宁包商村镇银行开通 POS 机业务，并于当月为集宁区 20 余家商户成功安装 POS 机。

同月 呼伦贝尔莫力达瓦包商村镇银行行务会制定《莫力达瓦包商村镇银行客户经理业务量考核管理办法》。

同月 鄂尔多斯乌审旗包商村镇银行有限责任公司参加乌审旗"金手指"点钞识钞大赛，大赛由乌审旗团委联合中国人民银行乌审旗支行、乌审旗财政局等机构举办，该行财务部巴亚尔图在活动中获得单指单张点钞项目的三等奖。

11 月 1 日 包头达茂旗包商惠农贷款公司参加全国"送金融知识下乡"工作推进会。

同日 赤峰宁城包商村镇银行举行防范电信诈骗会议。

同日 鄂尔多斯准格尔旗包商村镇银行开办电话银行及客服中心系统。

同日 呼伦贝尔鄂温克旗包商村镇银行行长腾国华赴北京参加小额信贷联盟年会暨小额信贷高峰论坛。

11 月 5 日 菏泽鄄城包商村镇银行员工吕清全同志被聘请为中国人民银行菏泽中心支行货币信贷政策传导工作监督员。

11 月 6 日 漯河银监分局（漯银监复〔2013〕62 号、漯银监复〔2013〕63 号）分别核准梁超选、孟俊杰高级管理人员任职资格。

11 月 7 日 呼伦贝尔日报对呼伦贝尔鄂温克旗包商村镇银行荣获"年度微型金融机构奖"进行报道。

同日 呼伦贝尔鄂温克旗包商村镇银行召开党总支部成立大会，党支部改建制为党总支，董事长郭建荣任党总支书记。总支部委员会第一届委员共 7 人，党员 40 人。

11 月 8 日 漯河银监分局下发《漯河银监分局关于井建华郾城包商村镇银行高级管理人员任职资格的批复》，核准井建华高级管理人员任职资格。

同日 包商银行监事长李献平莅临贵阳花溪建设村镇银行检查指导。

同日 包头固阳包商惠农村镇银行党支部成立

11 月 11 日 呼伦贝尔鄂温克旗包商村镇银行成功开办电话银行及客服中心系统业务，

客户服务热线 4008696016 正式上线。客户服务热线的成功上线，拓宽了服务渠道，满足了客户多元化的服务需求。

同日　乌兰察布化德包商村镇银行以 1,120 万元的价格成功竞拍总行现营业网点——原化德县旧汽车站。

11 月 12 日　乌兰察布化德包商村镇银行员工参加由人民银行化德支行召开的"第二十一届金融研讨会"。

同日　大连金州联丰村镇银行金马路支行正式开业。

同日　中国人民银行太原清徐支行征信管理专项检查组到清徐惠民村镇银行对 3 月 15 日至 10 月 30 日《征信业管理条例》落实情况进行专项检查。

同日　鄂尔多斯乌审旗包商村镇银行有限责任公司客服系统正式上线运行，客服热线为 4008696016，可办理咨询、投诉、余额查询、贷款查询等业务。

11 月 13 日　中国共青团鄂温克旗包商村镇银行委员会第四次代表大会于鄂温克旗工会四楼会议室召开。呼伦贝尔鄂温克旗团委书记罗程光参加了本次会议。会议听取了共青团鄂温克旗包商村镇银行第三届团委书记的工作报告并宣读了鄂温克旗包商村镇银行党总支建议的新一届团委委员名单。此外，大会还通过了《鄂温克旗包商村镇银行团委委员选举办法》，对建议候选人进行投票，最终有 5 位候选人入选。

同日　宁夏贺兰回商村镇银行开展"我的回商梦"有奖征文比赛。

同日　中共江苏南通如皋包商村镇银行召开第一次党员大会，会议选举产生了刘洛、张慧敏、高旭东、蒋建群和郭敏 5 位委员，并选举刘洛为党支部书记，张慧敏为党支部副书记。

同日　中国人民银行剑阁支行副行长袁行长一行 3 人，在广元市包商贵民村镇银行二楼会议室对全行员工进行支付结算、征信、反洗钱等业务方面的培训，并进行了随堂考试，员工均取得了较好的成绩。

11 月 14 日　兴安盟银监分局局长贾尔宠带领辖内各村镇银行董事长、行长等一行领导莅临呼伦贝尔鄂温克旗包商村镇银行考察交流，并召开座谈会议，就各行发展及管理等方面展开深入探讨。

同日　漯河市财政局下发《关于拨付 2012 年度农村金融机构定向费用补贴资金的通知》（漯财预指〔2013〕410 号），审定向漯河市郾城包商村镇银行拨付中央财政补贴资金 327.97 万元。

11 月 15 日　　江苏南通如皋包商村镇银行召开 2013 年第二次临时股东会议，通过了杨建高辞去董事、行长职务的提案，通过关于付俊飞全面主持经营层工作的提案。同时召开第一届董事会第十二次会议，会议通过了付俊飞全面主持经营层工作的议案。

同日　　荆门掇刀包商村镇银行在月亮湖支行会议室召开第一次党员代表大会暨首届职工代表大会。

同日　　江苏仪征包商村镇银行荣获仪征市金融学会 2009—2012 年度学会工作"先进团体会员单位"称号。

11 月 16 日　　乌兰察布化德包商村镇银行佰亿支行进行人员招聘。

11 月 18 日　　鄂尔多斯准格尔旗包商村镇银行综合管理部成员参加农金部举办的综合业务管理培训班，此次培训从公司治理、法律知识讲座、办公室公文、OA 管理等方面进行指导、讲解。

11 月 19 日　　中国人民银行漯河市中心支行下发《关于郾城包商村镇银行首次发行磁条借记卡技术标准符合性和系统安全性审核的批复》（漯银发〔2013〕125 号）。

11 月 20 日　　呼伦贝尔市银行业协会组织召开一届二次理事会暨文明规范服务示范单位表彰大会。会上，呼伦贝尔鄂温克旗包商村镇银行被授予"文明规范服务示范单位"荣誉称号，并现场颁发了奖牌。

同日　　成都新都桂城村镇银行取得四川银监局关于三河支行筹建申请同意通知书。

同日　　中国人民银行贵阳中心支行正式下文，同意贵州毕节发展村镇银行发行磁条借记卡。

11 月 21 日至 22 日　　包商银行管理总部总经理助理郭军一行莅临荆门掇刀包商村镇银行，对资源配置情况进行检查。

11 月 22 日　　漯河市郾城包商村镇银行有限责任公司第一届董事会第十三次会议顺利召开，会议审议通过了《漯河市郾城包商村镇银行有限责任公司关于刘永生行长兼任董事会副董事长一职的议案》等议案。

同日　　宁夏贺兰回商村镇银行成功举办第一届书画大赛。

同日　　中共漯河市郾城包商村镇银行党支部成立。包商银行新型农村金融机构管理总部党委副书记刘洛出席了第一次党员大会。会议选举通过了第一届支部委员会委员，同时召开了第一届支部委员会，选举产生了党支部书记李孝、党支部副书记刘永生、组织委员蒋艳华、宣传委员梁超选、纪检委员王建辉。

11月23日　由大连金州联丰村镇银行发起举办的2013金州新区"联丰杯"老年健身展演活动在辽宁轻工职业学院体育场隆重举行。本次展演活动是金州新区老年健身群体的首次大规模展演，来自大连金州新区的62支代表队近2,500位社区及街道代表参加。

11月26日　呼伦贝尔鄂温克旗举行非公企业党建工作现场交流会。鄂温克旗委组织部长高振义，副部长张健、金俊辉，鄂温克旗工商联非公企业党委书记戴曙光带领鄂温克旗30余位非公企业党建工作者莅临鄂温克旗包商村镇银行参观和指导党建工作。

11月27日　漯河市郾城包商村镇银行有限责任公司金山支行、裴城支行、商桥支行营业执照负责人变更完成，负责人分别变更为梁超选、井建华、孟俊杰。

同日　呼伦贝尔鄂温克旗全旗工会工作现场交流会在鄂温克旗包商村镇银行召开，行长腾国华、工会主席褚继延、副主席马宁及工会委员陪同参观并汇报了工作。

11月28日　大连金州联丰村镇银行年度股东大会在大连良运大酒店召开，大会选举出新一届董事会、监事会；第二届董事会第一次会议、第二届监事会第一次会议召开，岳兴江、徐兴军当选为新一届董事会董事长、副董事长，张相洲当选为新一届监事会监事长。

11月　江苏仪征包商村镇银行荣获"江苏省文明单位"称号。

同月　漯河市郾城包商村镇银行有限责任公司配合中国银联河南分公司完成借记卡境内业务联调测试工作，与金邦达公司签订订购合同，完成了样卡及10,000张空白卡的制作。

同月　江苏仪征市委宣传部、电视台《道德讲堂》栏目为江苏仪征包商村镇银行制作"诚信为本"专题节目，取得了良好的社会反响。

同月　天津津南村镇银行与津南区政府联合举办"津南村镇银行杯"首届创业大赛。活动得到了津南区区长赵仲华的高度评价，并吸引了天津市及津南区的十多家媒体跟进报道。该行微小企业金融部被中国银监会评为"2012年度小微企业金融服务表现突出的银行团队"，被天津市中小企业协会评为"天津中小企业服务之星"。

12月1日　中国人民银行银川中心支行对宁夏贺兰回商村镇银行进行"支农再贷款"工作现场检查。

12月4日　北京昌平兆丰村镇银行股份有限公司召开第二届董事会第二次会议。会议审议通过了《关于提名吴铁涛任北京昌平兆丰村镇银行股份有限公司行长的议案》等4项议案，审议通过了《关于北京昌平兆丰村镇银行股份有限公司2014年经营目标的议案》临时议案。

同日　江苏仪征包商村镇银行作为仪征市唯一一家金融单位，荣获仪征市"法治文化建设示范点"称号。

12月5日　漯河市财政局向漯河市郾城包商村镇银行有限责任公司拨付中央财政补贴资金327.97万元。

12月9日　中共包商银行新型农村金融机构管理总部党委下发《关于同意成立北京昌平兆丰村镇银行党支部的批复》，同意北京昌平兆丰村镇银行成立中国共产党北京昌平兆丰村镇银行支部委员会。中共北京昌平兆丰村镇银行支部委员会正式成立。

同日　漯河市郾城包商村镇银行有限责任公司商桥支行组织机构代码证负责人变更为孟俊杰。

同日　呼伦贝尔鄂温克旗包商村镇银行在2013中国县域金融年会上，被授予"2013年度中国服务县域经济十佳村镇银行"荣誉奖杯。

12月10日　锡林郭勒西乌珠穆沁包商惠丰村镇银行组织员工参加了人民银行西乌旗支行组织的"两管理、两综合"知识竞赛活动，并在此次竞赛中取得了一等奖的好成绩。

同日　中国人民银行贵阳中心支行下发《关于息烽包商黔隆村镇银行磁条借记卡通过标准符合性和系统安全性审核的批复》。

同日　漯河市郾城包商村镇银行有限责任公司金山支行、裴城支行组织机构代码证负责人完成变更，分别变更为梁超选、井建华。

同日　宁夏贺兰回商村镇银行银河支行盛大开业。全体员工在总行三楼会议室签署抵制非法民间融资承诺书。

同日　人民银行征信中心北京市分中心到北京昌平兆丰村镇银行进行企业与个人征信用信息基础数据库现场验收工作。兆丰村镇银行成功通过验收，距征信系统正式运行又迈进一大步。

12月11日　北京银监局下发《北京银监局关于核准贺光明北京昌平兆丰村镇银行股份有限公司董事长任职资格的批复》，核准贺光明北京昌平兆丰村镇银行股份有限公司董事长任职资格，贺光明就任第二届董事会董事长。

同日　漯河市郾城包商村镇银行有限责任公司行长刘永生带队参加2013年度漯河市银行业文明规范服务示范单位表彰大会，总行营业部被评为2013年度漯河市银行业文明规范服务示范单位。

同日　　在贵州省财政厅综合处处长蒋志勇、花溪区财政局相关领导的陪同下，财政部金融司四处副处长阚晓西一行莅临贵阳花溪建设村镇银行进行调研。

12月13日　　贵阳花溪建设村镇银行党武支行、航天支行同时隆重开业。其中，党武支行为该行第二个乡镇分支机构，航天支行为新花溪区成立后该行首个进入贵阳经济技术开发区（行政划分为花溪区）的分支机构。

同日　　银川市金融办领导来宁夏贺兰回商村镇银行对贷款发放情况进行统计检查兑现风险补偿金。

12月16日　　南通银监局核准付俊飞江苏南通如皋包商村镇银行股份有限公司副行长(主持工作)任职资格。

12月18日　　赤峰宁城包商村镇银行前往河东台村开展扶贫工作。

同日　　太原清徐县银监办刘宝荣主任、高红莉副主任一行莅临清徐惠民村镇银行，就2013年下半年审慎监管工作进行座谈，董事长晋胜、董事朱锦彪和领导班子参加了会谈，会谈由刘宝荣主任主持。

12月20日　　大连金州联丰村镇银行获得金州新区安保先进单位荣誉称号。

同日　　赤峰宁城包商村镇银行举行2013年年末安全保卫工作会议。

12月22日　　呼伦贝尔鄂温克旗包商村镇银行举行"马背银行草原情，魅力冰雪之旅"第二届全员冬季环城跑活动。领导班子带领员工百余人参加活动。

12月23日　　菏泽鄄城包商村镇银行接到中国银联关于同意鄄城包商村镇银行成为中国银联从属成员的复函。同意以从属成员身份加入银联网络，在山东省菏泽市鄄城县开办银联借记卡及ATM收单业务。

同日　　根据《北京银监局关于北京昌平兆丰村镇银行恢复开办低风险个人贷款业务的监管意见》，北京银监局同意该行恢复开办低风险个人贷款业务，包括个人抵押贷款业务和个人质押贷款业务。

同日　　大连金州联丰村镇银行徐兴军行长首次以政协委员身份参加金州新区政协七届二次大会。

同日　　广元包商贵民村镇银行再获人行支农再贷款2,000万元，截至目前累计获得人行支农再贷款2.07亿元，余额1.2亿元。

同日　呼伦贝尔鄂温克旗包商村镇银行邀请《中国农村金融》杂志副主编张建文为行内员工进行了写作专题培训。副行长褚继延、李倩，塔拉微金融学社社员及各部门从事写作岗位人员、文学爱好者共计 50 余人参加讲座。

12 月 24 日　10 月底，鄂尔多斯乌审旗包商村镇银行有限责任公司应发起行要求，全力开展借记卡申请工作。12 月初，完成机房问题整改，并于 12 月 24 日，获得中国人民银行呼和浩特市中心支行关于借记卡业务申请的批复。12 月 31 日开始进入发卡环节。

同日　按照中国人民银行鄄城县支行安排，菏泽鄄城包商村镇银行对外进行马年纪念币兑换，面值 1 元，数量 500 枚。

同日　乌兰察布化德包商村镇银行佰亿支行成立。

同日　鄂尔多斯准格尔旗包商村镇银行获得中国人民银行呼和浩特中心支行关于发行磁条借记卡的批复，为下一步业务工作奠定了基础。

12 月 25 日　呼伦贝尔鄂温克旗包商村镇银行举办第一届"马背银行杯"征文大赛。征文大赛评选出最佳创意奖、最佳文学奖及最佳感悟奖各一名。

同日　广元市包商贵民村镇银行举办 2013 圣诞晚会，展现了员工的风采，丰富了企业文化。

同日　兴安盟科尔沁包商村镇银行有限公司召开第一届董事会第五次会议。

12 月 26 日　呼伦贝尔莫力达瓦包商村镇银行下发《莫力达瓦包商村镇银行关于调整领导工作分工的通知》，根据工作需要，将行领导工作分工进行调整，并进一步明确工作责任：由燕飞行长主持全面工作，分管风险合规部；马朝军第一副行长分管综合业务部、营业部；于鸿雁副行长分管综合办公室。

同日　人民银行荆门中支行长王兵一行莅临荆门掇刀包商村镇银行调研。

同日　荆门掇刀包商村镇银行团林支行正式开业

12 月 27 日　贵州银监局下发关于贵阳息烽包商黔隆村镇银行小寨坝支行开业的批复。

同日　江苏仪征包商村镇银行召开第一届董事会第十一次会议。

12 月 28 日　广元包商贵民村镇银行刘月菊董事长到各支行、分理处看望慰问员工。

12 月 29 日　江苏仪征包商村镇银行举办全行中层干部及员工"双聘"活动。

12 月 30 日　　广元市包商贵民村镇银行收到中国人民银行成都分行《关于广元市包商贵民村镇银行包商新农金润泽磁条卡发卡技术标准符合性和系统安全性审核的批复》。

同日　　《中国银行业》2013 年特刊正式出版。呼伦贝尔鄂温克旗包商村镇银行在 2013 年 10 月揭晓的中国银行业协会（花旗集团）微型创业奖评选活动中获得"年度微型金融机构"奖，特刊"业者风采"栏目刊登了由该杂志记者王慧梅采写的题为《鄂温克旗包商村镇银行风采》的文章，详细介绍了该行的创业故事。

同日　　江苏南通如皋包商村镇银行组织招聘中层管理人员，经招聘组研究决定，聘任李乾坤为小企业信贷部副总经理（主持工作），韩瑞强为三农金融部副总经理（主持工作），张庆波为风险管理部副总经理（主持工作）。

12 月 31 日　　贵阳市花溪区委四大班子及相关职能部门负责人莅临贵阳花溪建设村镇银行慰问指导。

同日　　乌兰察布化德包商村镇银行存贷款首次双破亿元大关。

同日　　四川广元剑阁县县长陈勇、常务副县长侯宏、财政局局长何建明、广元银监分局局长刘平、监管三处处长彭雷分别慰问广元市包商贵民村镇银行参与年终决算的职工，向大家致以节日的问候。

同日　　漯河银监分局下发《漯河银监分局关于刘永生郾城包商村镇银行副董事长任职资格的批复》，核准刘永生郾城包商村镇银行副董事长任职资格。

同日　　漯河市郾城包商村镇银行有限责任公司全体员工由行领导带队赴漯河市第二看守所开展警示教育活动。

12 月　　大连金州联丰村镇银行工会获得"示范性劳动竞赛先进集体"称号。

同月　　天津津南村镇银行荣获"中国服务县域经济十佳村镇银行"称号。

2014 年

1月2日　荆门掇刀包商村镇银行董事长张守军、行长王振宇至荆门银监分局参加"双基双赢"合作贷款推进会。

同日　江苏仪征包商村镇银行第4家支行——刘集支行开业，该行举办开业暨捐赠仪式，现场向46位贫困学生捐赠款物3万元。

1月4日　江苏仪征包商村镇银行董事长贾玉芬入选江苏省第一期市级"科技企业家培育工程"，是扬州地区获此殊荣的4家金融机构负责人之一。

1月6日　邵阳武冈包商村镇银行在三楼会议室召开2013年度工作会议，武冈包商村镇银行董事长于凤海与行长杨晓云做了重要讲话。

同日　贵阳息烽包商黔隆村镇银行召开行务会，讨论2014年度发展规划及工作思路，同时对2013年度评先选优方案提出意见和建议。

1月7日　中国人民银行乌兰察布中心支行科技处领导验收乌兰察布化德包商村镇银行机房建设情况。

1月8日　呼伦贝尔鄂温克旗包商村镇银行召开2013年度经营分析会。

1月9日　宁夏银监局领导莅临宁夏贺兰回商村镇银行进行安全检查。

1月10日　中国人民银行漯河市中心支行再贷款审贷小组对漯河市郾城包商村镇银行及相关企业进行贷前审查和评估。

1月11日　中国小微金融研究院副秘书长王素萍老师莅临呼伦贝尔鄂温克旗包商村镇银行，为员工开展专题讲座。该行领导，各部室、分支机构负责人以及塔拉微金融学社社员共计70余人参加了讲座。

1月12日　呼伦贝尔鄂温克旗包商村镇银行团委积极响应鄂温克旗红十字会的号召，倡议全行员工参加"无偿献血"活动。此次活动在鄂温克旗人民医院进行，该行8名员工参加了献血活动。

1月13日　贵阳息烽包商黔隆村镇银行开展2014年度员工招聘工作。

1月14日   在中共漯河市郾城区三届五次会议暨经济工作会议中，漯河市郾城包商村镇银行有限责任公司荣获 2013 年度重点企业工作实绩考核"重点企业贡献奖"。

1月15日   在国内权威评选活动——"2013 中国金融机构金牌榜·金龙奖"的颁奖盛典上，呼伦贝尔鄂温克旗包商村镇银行荣获"年度最佳村镇银行"大奖。

1月16日   包商银行新型农村金融机构 2013 年度年终工作会议在包新农金总部召开。兴安盟科尔沁包商村镇银行董事长、行长参加了会议，并在会上通报了科尔沁包商村镇银行 2013 年度工作报告。

同日   天津津南村镇银行获得天津银监局《关于变更组织形式为股份有限公司的批复》，1月17日取得金融许可证。

1月16日至17日   漯河市郾城包商村镇银行有限责任公司董事长李孝、行长刘永生、副行长刘明坤、财务总监李春兰一行赴包头参加包商银行新型农村金融机构 2014 年工作会。

1月20日   漯河市郾城包商村镇银行有限责任公司 2013 年度总结表彰大会暨 2014 年春节联欢晚会在漯河恒辉开元名都大酒店隆重举行。

同日   贵阳息烽包商黔隆村镇银行小寨坝支行所有证件办理齐全，将于 2014 年 1 月 27 日开始试运行。

1月21日   锡林郭勒西乌珠穆沁包商惠丰村镇银行召开"2013 年工作会议暨先进个人表彰大会"，董事长刘亚军总结了 2013 年的工作情况，提出了 2014 年的工作目标，鼓励全体人员再接再厉。会上表彰了上一年工作中表现突出的先进个人和揽储能手，鼓励各位员工向先进个人学习。

1月22日   贵阳花溪建设村镇银行在花溪迎宾馆隆重召开 2013 年工作总结会，贵州银监局农村中小金融机构非现场监管处副处长彭睿应邀出席会议。

同日   天津市工商局为天津津南村镇银行颁发新的营业执照，标志津南村镇银行增资扩股及企业改制工作圆满完成。

1月24日   漯河市郾城包商村镇银行有限责任公司银联卡空白卡到位，并开始行内试运行。

1月26日   呼伦贝尔鄂温克旗包商村镇银行新区支行正式开业。董事长郭建荣，行长腾国华，副行长褚继延、李倩及员工 100 余人参加了开业仪式。

1月27日　　呼伦贝尔鄂温克旗包商村镇银行党委办公室与新区支行党支部联合组成慰问组，前往巴彦托海镇雅尔塞嘎查的五户困难家庭，为他们送去了米、面、油等生活用品。

1月28日　　北京银监局下发《北京银监局关于核准吴铁涛北京昌平兆丰村镇银行股份有限公司行长任职资格的批复》（京银监复〔2014〕60号），核准吴铁涛北京昌平兆丰村镇银行股份有限公司行长任职资格。吴铁涛正式就任北京昌平兆丰村镇银行行长。

同日　　宁夏贺兰回商村镇银行在马家寨支行召开优秀员工奖励大会。

1月　　江苏仪征包商村镇银行客户业务部荣获"扬州市银行业小微企业金融服务优秀专营机构"，2位员工荣获"扬州市银行业小微企业金融服务优秀客户经理"称号。

2月4日　　为认真贯彻执行党的群众路线，菏泽鄄城包商村镇银行组织员工观看《朱彦夫先进事迹》。

2月7日　　荆门掇刀包商村镇银行喜获"2013年度掇刀区金融特别贡献奖"。

2月9日　　在中共鄄城县委、鄄城县人民政府组织召开的2013年度总结工作、表彰大会上，菏泽鄄城包商村镇银行荣获县金融工作"先进单位"奖牌一枚，鄄城包商村镇银行负责人贾翔同获"三等功"。

2月10日　　荆门掇刀包商村镇银行参加湖北全省支持中国农谷暨柴湖振兴发展推进会，会上与昕泰专业合作社签订银企战略协议。

同日　　长春九台龙嘉村镇银行股份有限公司第二届董事会九次会议在九台龙嘉村镇银行五楼会议室召开。会议审议通过九台龙嘉村镇银行股份有限公司董事会关于原董事任期届满及向本行股东大会推荐王景泉、王光、张永涛、马声、邓学民为新董事候选人的议案。审议通过九台龙嘉村镇银行股份有限公司监事会关于原监事任期届满及向本行股东大会推荐王晔、刘彤波、田沐也（职工代表监事）为新监事候选人的议案。

同日　　长春九台龙嘉村镇银行股份有限公司2013年度股东会在九台龙嘉村镇银行五楼会议室召开。会议审议通过王景泉、王光、张永涛、马声、邓学民担任九台龙嘉村镇银行股份有限公司董事，组成九台龙嘉村镇银行股份有限公司第三届董事会。审议通过王晔、刘彤波、田沐也（职工代表监事）担任本行监事的议案。审议通过修改章程议案。

同日　　长春九台龙嘉村镇银行第三届董事会一次会议在九台龙嘉村镇银行总行五楼会议室召开。会议审议通过王景泉担任九台龙嘉村镇银行股份有限公司董事长的议案；审议通过张永涛担任九台龙嘉村镇银行股份有限公司行长的议案。

2月12日　　　呼伦贝尔鄂温克旗包商村镇银行牧业金融部联合新区支行共同组织了为期3天的"送金融知识进牧区"活动。同时在阿尔山诺尔嘎查、罕乌拉嘎查设立了两个"牧区流动服务点"。

同日　　　赤峰宁城包商村镇银行在大明支行会议室开展中层干部内部竞聘，全行员工参与了本次竞聘。

2月12日至21日　　　中国银行业监督管理委员会鄂尔多斯监管分局开展对鄂尔多斯乌审旗包商村镇银行有限责任公司的监管评级工作，乌审旗监管办副主任武兴于21日前往该行进行实地考察，最终评定该行监管评级为3C级。

2月15日　　　漯河市郾城包商村镇银行有限责任公司中层干部述职报告会在漯河长城花园酒店举行，行领导刘永生、刘明坤、詹士伟、陈曙光，各支行行长、总行各部门负责人、全行执行副经理以上非部门负责人参会。

同日　　　赤峰宁城包商村镇银行荣获"支持地方经济建设"三等奖，王宗和董事长被评选为"先进个人"。

同日　　　宁夏贺兰回商村镇银行在凯宾斯基酒店举行小型招聘会。

2月17日　　　乌兰察布化德包商村镇银行荣获乌兰察布市人民政府颁发的"2013年度支持县域经济新秀奖"及化德县人民政府颁发的"2013年度支持县域经济突出贡献二等奖"。

同日　　　漯河郾城包商村镇银行正式对外发卡，这是包商银行发起设立的村镇银行实现首次发卡。

同日　　　赤峰宁城包商村镇银行在大明支行会议室召开全行中层干部任命暨"双先"表彰大会并宣布进行全行员工岗位双向选择。

2月18日　　　贵州毕节发展村镇银行朱昌支行开业。

2月19日　　　大连金州村镇银行徐兴军行长一行五人到天津津南村镇银行交流学习。

同日　　　乌兰察布集宁包商村镇银行喜获乌兰察布市人民政府颁发的"2013年度支持地方发展先进金融机构"奖状及5万元奖金。

2月22日　　　呼伦贝尔鄂温克旗包商村镇银行牧业金融部组织召开2014年度牧业金融条线第一期培训，牧业金融条线各部门、风险部、审计部等50余名人员参加了此次培训。在培训中，两位讲师从不同角度讲解信贷技术调查方面的相关知识，包括贷款产品前期宣传、实地调查经验、交叉检验方法的运用、调查数据的度量与计算方式以及贷后维护等。

2月24日　中国人民银行太原中心支行反洗钱现场组李兵处长一行3人到太原清徐惠民村镇银行检查工作。

2月25日　天津津南村镇银行档案室建成。

2月25日至26日　鄂尔多斯乌审旗监管办主任周俊峰、副主任武兴到乌审旗包商村镇银行有限责任公司主持高管履职情况的动态考核工作会议。该行全体员工参加了此次评级工作会议，并对该行董事长夏利生、行长董秀山两位高管进行民主测评。夏利生最终得分82分，测评结果为B级；董秀山最终得分82分，测评结果为B级。

2月26日　呼伦贝尔鄂温克旗包商村镇银行在新区支行二楼会议室召开了行长办公（扩大）会议，此次会议主要对牧业金融部设计的五个新信贷产品方案进行讨论。会上，牧业金融部主要针对农牧户联保、交叉营销、职工联保、巴彦库仁地区职工联保、个人房屋抵押贷款等系列产品调研报告和研发方案进行讲解。

同日　南通如皋包商村镇银行农金润泽借记卡正式对外发行，大大方便了如皋包商村镇银行客户的支付结算，推动了各项业务的发展。

2月26日至28日　包头市大华律师事务所到漯河市郾城包商村镇银行有限责任公司开展2013年度现场审计。

2月27日　北京昌平兆丰村镇银行成功发行首张新农金润泽借记卡，3月14日上午十点，举办新农金润泽借记卡开卡仪式。

同日　贵阳息烽包商黔隆村镇银行在贵州饭店召开第一届第二次、第二届第一次董事会及2014年度股东大会。

2月28日　大连金州联丰村镇银行企业征信系统正式开放查询功能。

同日　江苏仪征包商村镇银行发行新农金润泽借记卡。

2月　江苏仪征包商村镇银行荣获2013年度"仪征市文明单位"称号，3个营业网点荣获2013年度"仪征市基层文明单位"称号。

3月1日　以成立四周年为契机，赤峰宁城包商村镇银行组织开展了为期一个月的综合宣传营销活动——"润春行动"。

3月3日　　鄂尔多斯准格尔旗包商村镇银行举行中层干部竞聘活动。

同日　　锡林郭勒西乌珠穆沁包商惠丰村镇银行召开深入开展党的群众路线教育实践活动动员大会，该行全体领导班子成员、全体党员及职工20余人参加了会议。旗委第二督导组组长哈斯额尔登、副组长王国元一行莅临指导。该行党支部副书记、教育实践活动领导小组分管领导兼办公室主任刘建军行长主持大会。

3月4日　　漯河银监分局下发《漯河银监分局关于漯河市郾城包商村镇银行有限责任公司辽河路支行开业的批复》（漯银监复〔2014〕4号），同意漯河市郾城包商村镇银行有限责任公司辽河路支行开业。

同日　　赤峰银监分局李良科长一行12人到赤峰宁城包商村镇银行进行全面现场检查。

同日　　呼伦贝尔鄂温克旗2014年"德润草原·文明之行——学雷锋志愿服务在行动"启动仪式在赛克社区举行，鄂温克旗包商村镇银行党委组织委员带领5名员工参加了该活动启动仪式。

3月5日　　呼伦贝尔鄂温克旗包商村镇银行巴彦库仁支行营业部开设了首个蒙语服务窗口，由蒙汉语兼通的员工负责办理业务。

3月6日　　呼伦贝尔鄂温克旗包商村镇银行被呼伦贝尔市人力资源和社会保障局授予"2013年度劳动保障诚信守法A级单位"荣誉称号。

同日　　贵州银监局中小金融机构现场监督处副处长陈薇一行，对贵阳息烽包商黔隆村镇银行在2013年银监局全面检查中发现的问题的整改落实情况进行复查。

3月7日　　呼伦贝尔鄂温克旗包商村镇银行工会女工部组织全行女员工召开"怎样加倍信心，提升自身价值"主题座谈会。

同日　　漯河市郾城包商村镇银行有限责任公司第一届董事会第十四次会议在二楼会议室召开，公司全体董事、监事代表及经营层代表出席了会议。

3月9日　　漯河郾城包商村镇银行在全行统一开展"包商新农金润泽卡金融宣传活动"。

3月10日　　大连金州联丰村镇银行正式发行新农金润泽卡。

同日　　乌兰察布化德包商村镇银行开展"第二届小微企业金融服务宣传月"活动。

同日　　贵阳息烽包商黔隆村镇银行正式对外发卡。

3月11日　　邵阳武冈包商村镇银行获得中国人民银行的批准，正式发行借记卡。

3月12日　　包商银行副董事长金岩苤临呼伦贝尔鄂温克旗包商村镇银行调研指导工作，与高层管理人员召开了座谈会，并听取了鄂温克旗包商村镇银行的工作情况汇报。同时，金副董事长在该行领导陪同下到牧区客户家中进行了实地调研。

同日　　长春九台龙嘉村镇银行股份有限公司正式对外发行"包商新农金润泽卡"。

3月14日　　呼伦贝尔鄂温克旗包商村镇银行召开群众路线教育实践活动动员大会，巴彦托海镇党委书记郭玉玲、计生办主任旭丽出席大会，鄂温克旗包商村镇银行党委委员、党支部委员及部分党员参加了会议。会上，鄂温克旗包商村镇银行党委书记、董事长郭建荣同志作了深入开展党的群众路线教育实践活动的动员讲话，对开展党的群众路线教育实践活动目标要求、各项任务等进行了安排部署。

同日　　由漯河市政府金融办举办的2014年度银企对接会在漯河市科教文化艺术中心举行，行领导刘永生、詹士伟及小企业部执行经理李菁杨参会，会上与四家企业达成签约意向。

3月15日　　呼伦贝尔鄂温克旗包商村镇银行运营管理部组织开展以推动消费者权益保护为目的、以"珍惜一生血汗，远离非法集资"为主题的金融知识普及教育宣传活动。同时，依据中国人民银行鄂温克族自治旗支行的相关要求，对支付系统知识，银行卡、反洗钱、国债知识，人民币反假知识等业务进行了宣传。

同日　　呼伦贝尔莫力达瓦包商村镇银行全面开展"'3·15'金融消费者权益日"活动。

同日　　鄂尔多斯乌审旗包商村镇银行有限责任公司在营业网点开展了"3·15维权"活动，并参与了在乌审旗苏里格广场开展的"金融消费者权益保护宣传活动"。该行办公室主任高彦军担任组长，各部室主要负责人为具体执行人，其他员工配合完成工作，宣传材料包括《新消费者权益保护法》、中国人民银行派发的宣传折页等，本次活动共发放了500份宣传资料。

同日　　邵阳武冈包商村镇银行成立"金融消费者权益日宣传活动"领导小组，实行"一把手"负责制，将任务层层细化到人、责任到人，坚持做到"一级抓一级""层层抓落实"，展现了武冈包商村镇银行对金融消费者权益的重视，树立了良好形象。

同日　　菏泽鄄城包商村镇银行与中国人民银行鄄城县支行联合组织"倡导诚实守信，打造和谐金融"户外宣传活动。

3月15日至21日　　江苏仪征包商村镇银行举办"3·15保护消费者权益宣传周"活动。

3月17日　　江苏仪征包商村镇银行组织3名员工走进陈集镇中心小学，向学校师生宣传金融业务知识。

3 月 18 日　　呼伦贝尔鄂温克旗包商村镇银行党委与风险管理部在新区支行联合召开了党的群众路线教育实践活动交流座谈会。党委书记郭建荣、副书记腾国华、各部室负责人、分支机构负责人以及风险管理部全体员工共计 50 余人参加了会议。

3 月 19 日　　天津津南村镇银行与北京锦源盛达信息技术咨询有限公司启动了微贷业务能力提升咨询项目合作并举行隆重的项目启动动员大会。

3 月 20 日　　鄂尔多斯乌审旗包商村镇银行有限责任公司借记卡业务正式上线，上线 10 日内平均每日办理 50 张借记卡。

同日　　邵阳武冈包商村镇银行乐洋支行开展小面额人民币供应长效机制建设宣传活动。

3 月 23 日　　呼伦贝尔鄂温克旗包商村镇银行运营管理部组织的"2014 年度第一次委派会计会议"在新区支行二楼会议室召开，此次会议在总结 1 月至 3 月委派会计管理工作的基础上，明确下季度乃至今后一段时间委派会计管理工作的思路和工作重点。

同日　　漯河郾城包商村镇银行各支行行长目标责任书签订仪式在总行二楼会议室举行，行领导刘永生、刘明坤、詹士伟及各支行行长参会。

3 月 24 日　　由北京银行业协会主办的"2014 年第一次华北组村镇银行工作会议"在北京召开，来自山西、河北、内蒙古、天津等省、区、市银行业协会领导出席会议。呼伦贝尔鄂温克旗包商村镇银行董事长以内蒙古自治区银行业协会村镇银行工作委员会委员的身份参加华北组村镇银行工作会议，会议由北京市银行业协会专职副会长李阳主持。

同日　　呼伦贝尔鄂温克旗包商村镇银行新区支行业务一部和牧业金融部共同组织员工到诺尔嘎查进行金融知识宣传活动。此活动一方面为深入牧区了解牧民生产、生活的实际情况；另一方面向广大牧民群众普及金融知识、介绍鄂温克旗包商村镇银行惠牧产品，重点是向牧民介绍为其量身打造的最新产品——"呼日牧场"贷款。

同日　　鄂尔多斯准格尔旗包商村镇银行新农金润泽借记卡成功上线。新农金润泽借记卡可实现 POS 机刷卡消费、在国内各银联 ATM 机取款、转账等功能。

3 月 25 日　　《中国农村金融》杂志在第二期金融消费者保护专栏中刊登了呼伦贝尔鄂温克旗包商村镇银行李倩副行长撰写的文章《责任信贷在行动——鄂温克旗包商村镇银行客户权益保护实践》。文中，李倩副行长从该行防止客户过度负债、信息透明化、公平公正对待客户、强化员工职业道德、保护客户隐私六个方面诠释了鄂温克旗包商村镇银行保护客户权益的实践。

同日　　经包商银行新型农村金融机构管理总部党委研究决定，批复同意成立中国共产党九台龙嘉村镇银行支部委员会。

同日　　漯河市郾城包商村镇银行有限责任公司 2014 年第一次员工招聘考试在漯河市技工学校进行，通过笔试、面试等环节，共有 35 名优秀员工脱颖而出。

3 月 26 日　　包新农金总部召开新型农村金融机构党的群众路线教育实践活动动员大会，管理总部党委书记武仙鹤行长做了重要讲话，兴安盟科尔沁包商村镇银行董事长、行长参加了会议。

3 月 28 日　　漯河市郾城包商村镇银行有限责任公司董事长李孝及行长刘永生在包头参加包商银行新型农村金融机构管理总部党委党的群众路线教育实践活动动员会。

同日　　赤峰宁城包商村镇银行银联卡"包商新农金润泽卡"正式面向社会发行。

同日　　在河南省银监局举办的 2013 年度河南省银行业小微企业服务工作评选活动中，漯河郾城包商村镇银行荣获"河南省 2013 年度小微企业金融服务工作先进单位"称号。

3 月　　江苏仪征包商村镇银行荣获"2013 年银行业机构金融统计工作三等奖"，风险管理部负责人荣获"2013 年金融统计工作先进个人"。

同月　　菏泽鄄城包商村镇银行借记卡正式对外发行。

4 月 1 日　　锡林郭勒西乌珠穆沁包商惠丰村镇银行"包商新农金润泽卡"正式启用，该行正式告别了有折无卡的时代。

同日　　乌兰察布集宁包商村镇银行北京锦江国际旅馆召开集宁包商村镇银行 2013 年股东大会。

同日　　乌兰察布集宁包商村镇银行在北京锦江国际旅馆召开第一届董事会第五次会议。

4 月 1 日至 30 日　　贵阳息烽包商黔隆村镇银行组织开展党的群众路线教育实践活动。

4 月 2 日　　大连金州联丰村镇银行召开党的群众路线教育实践活动动员大会，董事长岳兴江、行长徐兴军分别发表动员讲话。

同日　　锡林郭勒西乌珠穆沁包商惠丰村镇银行开展党的群众路线教育实践活动，经营层董事长刘亚军、行长刘建军、副行长徐润梅、行长助理郭明珍，做出批评与自我批评报告，并听取员工意见。

同日　　呼伦贝尔鄂温克旗地方税务局领导莅临鄂温克旗包商村镇银行调研指导工作，并与该行领导及相关工作人员召开了群众路线教育实践活动交流座谈会。

同日　　太原清徐惠民村镇银行新农金润泽卡顺利通过行内外各项测试，正式对外发卡。

4月3日　　兴安盟科尔沁包商村镇银行综合报表新系统正式上线。

同日　　邵阳武冈包商村镇银行成立武冈包商村镇银行党支部的申请获得了中共包商银行新型农村金融机构管理总部党委的批准。

同日　　锡林郭勒银监分局局长程有福、科长白玉堂来锡林郭勒西乌珠穆沁包商惠丰村镇银行进行同业业务现场检查，在对该行工作进行肯定的同时提出该行同业业务现场检查中发现的问题，指导该行在今后工作中杜绝违规现象。

同日　　漯河郾城包商村镇银行篮球"梦之队"友谊赛在河堤篮球场举行。

4月4日　　菏泽监管分局监管二科科长李振、李秀献，菏泽鄄城监管办裴晓平等来鄄城包商村镇银行进行审慎监管会议座谈。

4月7日　　邵阳武冈包商村镇银行结合实际情况深入开展党的群众路线教育实践活动，并成立教育实践活动领导小组，领导小组办公室设在总行办公室，负责活动的组织实施、检查监督、协调服务、沟通联系等工作。

4月8日　　呼伦贝尔鄂温克旗包商村镇银行案件防控办公室联合行政事务部安全保卫中心在新区支行二楼会议室召开2014年案件防控及安全保卫工作会议。董事长郭建荣，行长腾国华，副行长褚继延、李倩出席会议，各部室、分支机构相关人员参加。会上，该行领导与各部室、分支机构负责人逐级签订了《2014年度案件防控工作目标责任书》《2014年度安全工作目标责任书》。

同日　　太原清徐惠民村镇银行开展为期三年的"制度执行年"工作。

同日　　漯河市郾城包商村镇银行有限责任公司龙腾支行获得漯河银监局开业批复。

4月9日　　根据包商银行新型农村金融机构管理总部挂岗培养计划要求，南通如皋包商村镇银行派出综合管理部宗柠玉参加挂岗锻炼。挂岗单位为包商银行新型农村金融机构管理总部综合管理中心，为期三个月。

4月11日　　天津津南村镇银行邀请天津市各村镇银行分管信贷行领导及信贷主管参加"天津市村镇银行微小企业贷款业务技能培训"。该培训聘请了全国知名的包商银行微贷业务专家授课。天津银监局农村中小金融机构监管处领导果蕾副处长一行 3 人出席本次活动并做重要讲话。

4 月 12 日　江苏南通如皋包商村镇银行党员及中高层领导在二楼会议室开展党的群众路线教育实践活动动员会。会上副行长高旭东组织大家学习了党的十八大的主要精神，安排了党的群众路线教育实践的一系列活动，要求全行党员积极参加活动，并深入领会会议精神。

同日　湖北省荆门市掇刀区团林铺镇政府与荆门掇刀包商村镇银行联合举办"三农"金融服务座谈会，掇刀区委副书记刘克雄出席会议并讲话。

4 月 14 日　长春九台龙嘉村镇银行召开党的群众路线教育实践活动动员大会。

同日　菏泽鄄城包商村镇银行在行内组织开展中层后备管理干部竞选活动，共有 12 名员工参加。

同日　宁夏贺兰回商村镇银行富兴支行开业。

4 月 15 日　呼伦贝尔鄂温克旗包商村镇银行新区支行团支部与鄂温克旗特教中心联合举办"爱心陪伴自闭症儿童"活动。

同日　呼伦贝尔市人民政府组织召开全市金融工作会议，呼伦贝尔鄂温克旗包商村镇银行行长腾国华参加会议。会上，呼伦贝尔市政府对 12 家金融机构进行通报表彰，鄂温克旗包商村镇银行荣获"支持县域经济发展奖"。

同日　乌兰察布化德包商村镇银行"包商新农金润泽卡"正式上线开通。

同日　赤峰宁城包商村镇银行在正基海逸酒店五楼会议室，召开宁城包商村镇银行党的群众路线教育实践活动动员大会。

4 月 16 日　菏泽鄄城包商村镇银行通过校园招聘，最终有 5 名员工以优异成绩脱颖而出，副行长贾翔同、王利军、各部门负责人参加了新员工见面会。

4 月 17 日　乌兰察布化德包商村镇银行与内蒙古自治区县域经济发展促进会签订战略合作协议。

4 月 18 日　大连金州联丰村镇银行个人征信系统正式开通个人征信查询功能。

同日　漯河市郾城包商村镇银行有限责任公司第一届董事会第十五次会议召开，审议通过在郾城区设立分支机构的议案。

4月21日　　　长春九台龙嘉村镇银行股份有限公司第一次党员大会在九台龙嘉村镇银行五楼会议室召开。王景泉、张永涛、李春光、于彬、丁丽等 5 人获全票通过，被选举为公共九台龙嘉村镇银行支部委员。会议还选举王景泉任党支部书记，张永涛任党支部副书记。

4月22日　　　呼伦贝尔市鄂温克族自治旗巴彦托海镇党委和镇政府联合举办"群众路线、立足本职、尽责圆梦"主题演讲比赛，本次比赛共有来自巴彦托海镇各社区、光明乳业及呼伦贝尔鄂温克旗包商村镇银行等 10 余名选手参加。在本次比赛中，鄂温克旗包商村镇银行员工荣获三等奖。

4月24日　　　江苏仪征包商村镇银行召开 2013 年度股东会。

同日　　　江苏仪征包商村镇银行召开第一次党员代表大会。大会选举产生 5 名支部委员。支部委员会选举产生支部书记 1 名、副书记 1 名。

同日　　　赤峰市银行业监督委员会赵国瑞局长对赤峰宁城包商村镇银行进行突击检查。

同日　　　江苏仪征包商村镇银行召开第一届董事会第十二次会议。

同日　　　在呼伦贝尔市召开的庆"五一"表彰大会上，呼伦贝尔鄂温克旗包商村镇银行微小企业金融部被呼伦贝尔市总工会授予"工人先锋号"荣誉称号。

4月25日　　　包商银行党委书记、董事长李镇西莅临贵阳花溪建设村镇银行考察指导。

同日　　　漯河市郾城包商村镇银行有限责任公司辽河路支行、漯河市郾城包商村镇银行有限责任公司龙腾支行盛大开业。

同日　　　内蒙古自治区副主席姚爱心莅临宁夏贺兰回商村镇银行考察指导工作。

4月26日　　　邵阳武冈包商村镇银行开展银联卡宣传活动，将优惠政策和优质服务传遍每家每户。

4月28日　　　包头固阳包商惠农村镇银行推出"包商新农金润泽借记卡"，提高了支付结算水平。

4月29日　　　由共青团鄂温克旗委员会主办，鄂温克旗民族少年宫和鄂温克旗乌兰牧骑共同承办的"纪念五四运动 95 周年第六届全旗青年业余歌手大赛"在鄂温克旗影剧院举行，呼伦贝尔鄂温克旗包商村镇银行员工获得通俗唱法组三等奖。

4月　　　江苏仪征包商村镇银行综合管理部负责人被评为 2013 年度扬州市"单位内部安

全保卫工作先进个人"。

　　同月　　呼伦贝尔莫力达瓦包商村镇银行借记卡成功上线并投入使用。为进一步做好莫旗地区金融服务，做好借记卡宣传及推广活动，该行通过莫力达瓦报、莫旗人民广播电台、莫旗电视台、街道电子大屏等进行了广泛的宣传及推广。

　　5月1日　　赤峰宁城包商村镇银行党的群众教育实践活动在大明支行会议室举行，全体干部员工观看了《周恩来的四个昼夜》等4部红色教育影片。

　　5月4日　　江苏仪征包商村镇银行举办2014年"五四职工业务技能比赛"。

　　同日　　郾城包商村镇银行在辽河路支行二楼会议室举行"五四"青年节"凝聚青春力量、汇聚郾城包商"朗诵比赛。

　　5月5日　　呼伦贝尔鄂温克旗包商村镇银行副行长李倩、牧业金融部副总经理辛腾君带领相关人员参加在呼伦贝尔市新左旗组织召开的金融支持实体经济融资对接会。会中，鄂温克旗包商村镇银行领导与企业代表们认真交流，通过对5家企业的生产经营模式、发展现状以及融资渠道等方面的考察，进一步了解当地实体经济的建设情况，为日后该行与当地企业的合作奠定了良好基础。

　　5月5日至7日　　漯河郾城包商村镇银行董事长李孝、行长刘永生、副行长詹士伟参加包商银行推进县域经济发展模式创新会。

　　5月6日　　经呼伦贝尔市、鄂温克旗两级团委推荐，呼伦贝尔市电视台到呼伦贝尔鄂温克旗包商村镇银行进行采访，微小企业金融部团支部书记接受了记者采访，并对团委和微小企业金融部团支部的工作做了简要介绍。

　　5月8日　　北京银监局农商处领导一行3人莅临北京昌平兆丰村镇银行，听取兆丰村镇银行与咨询公司合作项目——微小贷款咨询项目合作的报告。北京昌平兆丰村镇银行董事长、行领导班子、北京市锦源盛达技术咨询公司的咨询顾问及行内中层干部全部参加了此次报告会议。

　　同日　　呼伦贝尔鄂温克旗包商村镇银行在新区支行召开"支持县域经济协调工作会"。内蒙古县域经济发展促进会和市牧业经营管理站领导出席了会议，行长腾国华、副行长褚继延、副行长李倩以及相关部门负责人参加了此次会议。会上，腾国华行长对近期信贷工作情况进行了重点说明，并针对目前存贷款业务方面遇到的问题，与来访领导进行了分析和交流。

　　5月10日　　呼伦贝尔鄂温克旗包商村镇银行被授予"2013年度金融支持县域经济发展突出贡献奖"，这是继去年9月在中国县域金融年会上荣获"2013年度中国服务县域经济十佳村镇银行"后再次获得支持县域经济相关奖项。

同日　天津津南村镇银行被天津银监局和协会联合评为"2013 年度大津银行业小微企业金融服务先进单位"。

5月10日至11日　漯河郾城包商村镇银行邀请上海希纳雷斯商务咨询有限公司高级讲师郭少波先生对员工进行信贷专业知识培训。

5月12日　赤峰宁城包商村镇银行举行党的群众教育实践活动，组织执行经理以上干部前往宁城县检察院观摩"宁城县预防职务犯罪警示教育基地"。

5月13日　江苏仪征包商村镇银行开展新员工招聘考试，拟录用 27 名员工。

同日　中国人民银行贵阳中心支行货币信贷处处长王凯明、科长李晶彦等一行 3 人莅临贵阳花溪建设村镇银行调研指导。

5月14日　邵阳武冈包商村镇银行召开第一次党员大会，此次大会产生了中共武冈包商村镇银行第一届支部委员会委员：于凤海、杨晓云、杜小武、马琳、刘艳。其中，于凤海任中共武冈包商村镇银行第一届支部委员会支部书记，杨晓云任中共武冈包商村镇银行第一届支部委员会支部副书记。

5月15日　天津银监局授予天津津南村镇银行等 10 家银行"天津银行业 2013 年度小微企业金融服务先进单位"称号，授予微小企业金融部费秀娟同志"天津银行业金融机构小微企业金融服务先进个人"荣誉称号。

5月16日　呼伦贝尔莫力达瓦包商村镇银行开展了"打击和防范非法集资宣传日"活动。

同日　中国人民银行西乌支行行长周传忠、股长贺喜图到锡林郭勒西乌珠穆沁包商惠丰村镇银行开展支农再贷款现场审查，对该行的工作进行指导。

5月19日　江苏仪征包商村镇银行在全行广泛开展"慈善一日捐"活动，共筹得善款13,600元。

同日　鄂尔多斯乌审旗包商村镇银行有限责任公司在该行会议室组织召开《创新服务县域经济工作启动会议》，董事长夏利生、行长董秀山及各部门负责人列席本次会议。

5月20日　北京昌平兆丰村镇银行召开第二届董事会第四次会议、2013 年度股东大会。第二届董事会第四次会议审议通过《北京昌平兆丰村镇银行 2014 年董事会工作报告》等 11 项议案。2013 年度股东大会审议通过《北京昌平兆丰村镇银行 2014 年董事会工作报告》等 9 项议案。

同日　呼伦贝尔鄂温克旗包商村镇银行工会被内蒙古自治区总工会授予"全区示范化企业工会"的荣誉称号。

同日　　漯河市纠风办与漯河银监分局检查组一行莅临漯河市郾城包商村镇银行有限责任
公司检查指导工作。

同日　　荆门掇刀包商村镇银行召开 2013 年度股东大会暨第一届董事会第七次会议，通
过新增设综合营销部及新增支行的决议。

5 月 22 日　　乌兰察布化德包商村镇银行与当地金融办、银监办、人民银行共同举行防
范和打击非法集资暨小微企业金融服务宣传活动。

5 月 23 日　　锡林郭勒西乌珠穆沁包商惠丰村镇银行配合西乌旗政府，协同中国人民银
行西乌支行开展非法集资宣传月活动。

同日　　天津津南村镇银行邀请中国人民银行天津分行反洗钱处处长原永中牵头举办的反
洗钱培训。参加培训的有津南村镇银行、华明村镇银行、西青国开村镇银行、静海新华村镇银
行、北辰村镇银行、武清村镇银行、宝坻村镇银行筹备组、宁河村镇银行筹备组等。

5 月 27 日　　锡林郭勒西乌珠穆沁包商惠丰村镇银行在锡林浩特白马饭店召开 2013 年股
东大会暨第二届董事会二次会议，会议通过了五项议案。

5 月 28 日　　山东省银监局农村金融机构监管二处领导，在菏泽监管分局监管二科科长
等陪同下到菏泽郓城包商村镇银行调研。

5 月 29 日　　宁夏贺兰回商村镇银行在马家寨支行召开 2014 年度股东大会暨董事会。

5 月　　南通如皋包商村镇银行新报表系统上线，老管理信息系统（MIS）相关报表逐步
停用。新报表系统大大减少了人工统计数据的工作量，降低了数据统计难度。

6 月 1 日　　兴安盟科尔沁包商村镇银行与内蒙古社会扶贫工作促进会签订了《内蒙古金
融支持扶贫惠农小额贷款项目合作协议》，为当地农牧户和中小企业提供小额信贷服务，有力
地支持了当地经济的发展。

6 月 3 日　　包商银行新型管理总部褚琴、何辛锐、朱珣来到赤峰宁城包商村镇银行，对
宁城包商村镇银行开展为期 7 天的全面审计工作及行长杨宇的离任审计工作。

6 月 5 日　　大连市金融工委下发文件（大金党工批复字〔2014〕2 号文件），批准大连
金州联丰村镇银行党支部正式升格为党总支。

同日　　中国人民银行天津分行货币信贷处毕处长、袁长青科长及李萌科长到天津津南村
镇银行调研支农再贷款使用情况并举行座谈。

同日　南通如皋包商村镇银行召开2013年度股东大会，审议并通过《审议关于选举南通如皋包商村镇银行股份有限公司第二届董事会成员的议案》等9项议案。当日，如皋包商村镇银行召开第二届董事会第一次会议，审议并通过《关于选举南通如皋包商村镇银行股份有限公司第二届董事会董事长及副董事长的议案》和《关于董事会制定2014年经营目标任务的议案》。

6月6日　贵州毕节发展村镇银行开发区支行开业。

同日　长春九台龙嘉村镇银行开展"村镇银行，高考护航"公益宣传活动。

6月8日　乌兰察布化德包商村镇银行举行第五批新员工招聘考试。

6月10日　呼伦贝尔鄂温克旗包商村镇银行微贷团支部被共青团呼伦贝尔市委员会、鄂温克旗委员会分别授予"2013年度全市五四红旗团支部""2013年度全旗五四红旗团支部"荣誉称号。

同日　呼伦贝尔莫力达瓦包商村镇银行第一届董事会第十二次会议、2013年度股东大会在莫力达瓦包商村镇银行会议室召开，会议审议通过了《2013年度莫力达瓦包商村镇银行经营层工作报告》等5项议案。当日，莫力达瓦包商村镇银行第二届董事会第一次会议在莫力达瓦包商村镇银行会议室召开，会议审议通过了《选举莫力达瓦包商村镇银行董事长的议案》等3项议案。会议选举燕飞为该行董事长，聘任马朝军为该行行长、于鸿雁为该行副行长。

同日　邵阳武冈市委常委、常务副市长阳志奇，武冈市主管金融的副市长王小波，武冈市政府办公室、武冈市发改局、武冈市财政局、武冈市国土局、武冈市规划局、武冈市城市建设投资公司、武冈市古城建设投资公司主要负责人等到武冈包商村镇银行进行调研。武冈包商村镇银行董事长于凤海汇报了武冈包商村镇银行成立三年来的经营情况和今后的发展规划，并对武冈包商村镇银行拟建办公大楼选址情况进行了说明。武冈市委常委、常务副市长阳志奇就武冈包商村镇银行办公楼选址等相关事项进行了具体安排。

6月11日　中国人民银行锡林浩特分行来锡林郭勒西乌珠穆沁包商惠丰村镇银行进行反洗钱检查。

6月12日　贵阳花溪建设村镇银行行长郭卫兵、副行长陈帆参加贵州银行业小微、"三农"金融服务推进（电视电话）会议，会上，该行被授予"2013年度贵州银行业服务'三农'十佳先进单位"称号。

6月15日　锡林郭勒西乌珠穆沁包商惠丰村镇银行举行高校应届毕业生招聘笔试，6月17日举行面试，共计招聘10人。

6月17日　呼伦贝尔鄂温克旗包商村镇银行第二届董事会第七次会议暨2013年度股东

大会在新区支行会议室召开。会议分别审议通过了行长工作报告、财务报告、董事会工作报告以及利润分配方案。

同日 鄂尔多斯准格尔旗包商村镇银行开展"助小微，促升级，防风险，惠民生"小微企业金融服务宣传月活动。

6月18日 中国人民银行宁城支行白俊波副行长到赤峰宁城包商村镇银行天南支行对支行人员做开业前辅导，人行相关负责人针对对公账户和反洗钱工作进行了授课讲解。

同日 太原清徐惠民村镇银行召开2014年上半年审慎监管会谈，山西省银监局郎波涛处长一行3人、清徐监管办刘宝荣主任一行4人及清徐惠民村镇银行董事长晋胜、董事朱锦彪等参加了会谈，会谈由刘宝荣主任主持。

同日 中国小额信贷之父、中国小额信贷联盟理事长杜晓山教授率领"2013年度微型创业奖"获奖机构代表莅临呼伦贝尔鄂温克旗包商村镇银行考察指导工作。此次考察是继微型创业奖活动组织考察柬埔寨阿克莱达（Acleda）银行等微型金融机构后组织的国内微型金融机构考察活动，旨在进一步加强国内行业机构间的交流与合作。

6月19日 鄂尔多斯乌审旗包商村镇银行有限责任公司2013年度股东大会在达拉特旗东达锦园宾馆会议室召开。中国银行业监督管理委员会鄂尔多斯监管分局派员参加了会议，乌审旗包商村镇银行有限责任公司监事胡明、全体股东以及全体经营层人员列席了本次会议，会议由董事长夏利生主持。会议分别审议并通过了《2013年董事会工作报告》等7项议案。

同日 鄂尔多斯乌审旗包商村镇银行有限责任公司第一届董事会第六次会议在达拉特旗东达锦园宾馆召开。会议由董事长夏利生主持，中国银行业监督管理委员会鄂尔多斯监管分局派员参加会议。行长董秀山及经营层部分中层干部列席了会议，会议分别审议并通过了《2013年经营层工作报告》等5项议案，包商银行股份有限公司代表王景权同意《关于增加注册资本金的议案》。

同日 《荆门日报》第三版以《关注百姓"衣食住行医育娱寿"——掇刀包商村镇银行打造精品社区银行》为题报道了荆门掇刀包商村镇银行工作。

6月20日 《荆门日报》第四版以《掇刀包商村镇银行创新产品服务县域经济发展》为题介绍荆门掇刀包商村镇银行服务县域经济经验。

同日 赤峰宁城包商村镇银行天南支行开业。

6月21日 呼伦贝尔鄂温克旗包商村镇银行组织各部门员工前往鄂温克族传统节日瑟宾节活动现场，通过搭建天幕，为参加活动的群众提供休息和饮食服务场所，让他们在享受欢乐气氛的同时，感受到鄂温克旗包商村镇银行心系牧民的真情和温暖。

6月21日至22日　兴安盟科尔沁包商村镇银行举行2014年度职业技能考试，本次考试对打字、小键盘、点钞进行了综合测试，员工整体技能较2013年有大幅度提高。

6月22日　根据《鄂尔多斯银监分局办公室关于转发建立健全"双线"风险防控责任制的通知》（鄂银监发〔2014〕37号）、《关于新型农村金融机构案防工作办法及案件责任追究制度的通知》（包新农金发〔2013〕140号）要求，鄂尔多斯乌审旗包商村镇银行有限责任公司建立了"双线"风险防控责任制。

6月23日　锡林郭勒西乌珠穆沁包商惠丰村镇银行招聘的10名高校应届毕业生正式入行。

6月24日　成都政协经济考察团到长春九台龙嘉村镇银行调研服务"三农"工作情况。

同日　包头固阳包商惠农村镇银行召开2013年股东会。

6月27日　南通如皋包商村镇银行与如皋市现代农业机械有限公司签订《批量业务合作协议》，推出农机按揭贷款业务。

同日　天津津南村镇银行特邀天津市津南区商委窦双东主任做了"关于津南区商务经济现状及展望"的报告。

6月30日　贵州毕节发展村镇银行双山新区支行开业。

7月1日　江苏仪征包商村镇银行组织5名党员干部深入刘集镇铁牌村，开展结对共建活动。

同日　鄂尔多斯准格尔旗包商村镇银行任命皇甫文彪为风险总监。

7月3日　包商银行新型管理总部郭军总经理助理，赤峰宁城包商村镇银行董事长王宗和等领导对2014年招聘的新员工进行面试。

7月4日　经《北京银监局关于核准冯智玲北京昌平兆丰村镇银行股份有限公司副行长任职资格的批复》（京银监复〔2014〕424号），核准冯智玲北京昌平兆丰村镇银行股份有限公司副行长任职资格。冯智玲正式就任北京昌平兆丰村镇银行副行长。

7月7日　荆门掇刀包商村镇银行调整经营层领导班子职责分工，行长王振宇负责全面工作，行长助理曹晓丽分管计财部，行长助理孔涛分管风险部和运营部，行长助理邓蓉分管负债和信贷业务。

　　同日　　锡林郭勒西乌旗包商惠丰村镇银行组织员工参加迎七一"为民务实转作风，心系群众跟党走"主题演讲比赛。

　　7月8日　　贵阳息烽包商黔隆村镇银行召开2014年第二届董事会第二次会议（网络）。会议通过刘冉同志拟任副行长职务的议案。

　　同日　　包商银行新型农村金融机构管理总部总经理刘洛一行在南通如皋包商村镇银行行长付俊飞等有关负责同志的陪同下，到南通如皋包商村镇银行服务县域经济的龙头项目——如皋浙商三农国际城进行实地调研。调研期间，如皋市委常委、纪委书记蔡忠对调研活动进行了指导。

　　同日　　贵州银监局消费者保护处副处长蔡薇、科长涂小恩和王禹等3人莅临贵阳花溪建设村镇银行检查指导工作。

　　同日　　吉林卫视、吉林都市频道、吉林日报社、吉林晚报社对长春九台龙嘉村镇银行"支农、支小"工作进行了采访，并在省都市频道进行报道。

　　同日　　人民银行锡林浩特分行科长杨美枝对锡林郭勒西乌珠穆沁包商惠丰村镇银行首次申请支农再贷款进行现场评估。

　　7月9日　　太原清徐惠民村镇银行第一届董事会第七次会议及2014年股东大会召开。会议由晋胜董事长主持，出席本次会议的有全部董事、独立董事、银行高管等共10人。山西银监局农金二处郎波涛处长、清徐银监办刘宝荣主任亲临会场指导。

　　7月10日　　贺兰县人民银行领导莅临宁夏贺兰回商村镇银行检查指导工作。

　　同日　　兴安盟科尔沁包商村镇银行综合信贷部开展内部竞聘工作，对信贷部岗位进行重新调整，本次竞聘岗位为客户经理和后台服务岗。

　　7月11日　　呼伦贝尔鄂温克旗包商村镇银行在鄂温克旗巴彦呼硕嘎查举行"2014社会责任报告发布暨呼斯楞牧民客户成长计划启动仪式"。

　　7月12日　　贵阳息烽包商黔隆村镇银行开展2014年员工招聘工作。

　　7月13日　　荆门掇刀包商村镇银行全体员工在月亮湖支行会议室召开储备干部竞聘大会，投票选出6名青年储备干部。

　　7月14日　　锡林郭勒西乌珠穆沁包商惠丰村镇银行组织防暴防抢安全演练。同时进行了消防安全知识培训，组织员工学习使用灭火器材。

7月17日 长春九台龙嘉村镇银行为长春金融高等专科学院社会经济实践调研组介绍支持"三农"的工作情况。

同日 漯河市金融学会论坛"论农业现代化与金融支持"颁奖仪式在人民银行漯河中心支行11楼会议室召开,漯河市郾城包商村镇银行员工郭凯鹏、王萌原、吕中伟分别荣获二等奖、三等奖和优秀奖。

同日 内蒙古自治区金融办田跃勇副主任莅临呼伦贝尔鄂温克旗包商村镇银行调研指导工作。

7月21日 鄂尔多斯银监分局核准王然为鄂尔多斯准格尔旗包商村镇银行副行长。

同日 江苏南通如皋包商村镇银行行长付俊飞担任如皋花木盆景商会副会长。

7月25日 赤峰宁城包商村镇银行组织召开"为了谁、依靠谁、我是谁——群众观"专题研讨活动。

同日 宁夏贺兰回商村镇银行举行竞聘大会。

同日 兴安盟科尔沁包商村镇银行二代支付系统正式上线。

7月26日 南通如皋包商村镇银行二代支付系统正式上线,实现了与包商银行及包商银行旗下各家村镇银行大小额支付系统的互通往来。

同日 鄂尔多斯乌审旗包商村镇银行二代支付系统正式上线。

7月28日 长春九台龙嘉村镇银行成立贷款清收办公室。

同日 太原清徐惠民村镇银行微小信贷部成功发放清徐县柳杜乡"蔬菜大棚"贷款,共计17组51户,金额180万元。

同日 邵阳武冈包商村镇银行在武冈包商村镇银行乐洋支行举行营业部技能比赛。

7月29日 赤峰宁城包商村镇银行举行新晋员工培训启动仪式,宁城包商村镇银行行长王雪峰作重要讲话。

同日 银监会办公厅组织中央新闻媒体到内蒙古自治区采访"金十条"发布一年来银行业机构服务实体经济的发展情况,呼伦贝尔鄂温克旗包商村镇银行作为唯一一家新型农村金融机构代表参会,内蒙古银监局贾奇珍副局长出席会议,李倩副行长代表鄂温克旗包商村镇银行参加会议。

7月31日　　　锡林郭勒西乌珠穆沁包商惠丰村镇银行召开2014年年中工作会议，会议由董事长刘亚军主持，会上刘亚军传达了包商新型农村金融总部总经理刘洛、行长武仙鹤的讲话精神，介绍了该行上半年工作情况，提出全行下半年的奋斗目标。信贷部、营业部和办公室分管行长对各部室提出新的工作要求，并作出工作承诺。

7月　　　天津津南村镇银行与银联商务有限公司天津分公司签订POS机合作协议。

8月1日　　　兴安盟科尔沁包商村镇银行综合信贷部与乌兰浩特市出租车辆管理所合作，正式开展全盟首家出租车手续抵押贷款。

8月5日　　　呼伦贝尔鄂温克旗包商村镇银行行长腾国华带领新区支行行长鄂继艳以及相关工作人员深入西苏木、东苏木等多个偏远落后嘎查（村），布放POS机，并在当地合作商户便利店举行挂牌仪式。

同日　　　长春九台龙嘉村镇银行股份有限公司其塔木支行举行大型存款营销宣传活动。

8月5日至15日　　　锡林郭勒西乌珠穆沁包商惠丰村镇银行组织营业部、信贷部、财务部和办公室员工开展全面自查和整改。

8月7日　　　乌兰察布化德包商村镇银行被乌兰察布银行业协会评选为中国银行业文明规范服务"百佳示范单位"。

同日　　　贵阳息烽包商黔隆村镇银行向全行员工发放新行服，实现全行员工统一着装。

8月7日至20日　　　鄂尔多斯乌审旗包商村镇银行有限责任公司开展以"查防结合、预防为主"为理念的员工自查、高管及关键岗位员工行为排查工作，排查对象为全体员工，自查过程中所有员工签署了《新型农村金融机构案防承诺函》。

8月12日　　　兴安盟科尔沁包商村镇银行举行第一届董事会第六次会议及2013年度股东大会。会上审议并通过了《兴安盟科尔沁包商村镇银行2013年度工作报告》《兴安盟科尔沁包商村镇银行2013年度经营层工作报告》《兴安盟科尔沁包商村镇银行2013年财务决算》《兴安盟科尔沁包商村镇银行2014年财务预算方案》。会上还下发了2014年科尔沁包商村镇银行的具体经营目标。

8月13日　　　呼伦贝尔鄂温克旗包商村镇银行行政事务部安全保卫中心组织全行员工分别在总行、巴雁支行、巴彦库仁支行、新区支行同步举行了一次防抢防盗应急实战演练，以情景模拟的形式，强化员工安防意识、风险意识及突发事件应变处置能力，确保各营业网点安全运营。

8月15日　　　呼伦贝尔鄂温克旗包商村镇银行党委领导班子在新区支行会议室召开党的

群众路线教育实践活动专题组织生活会。巴彦托海镇党委第一督导组组长郭玉玲、计生办主任旭丽、电教中心主任吴春国出席会议，鄂温克旗包商村镇银行党委书记郭建荣、副书记腾国华等6名党委委员参加会议，各支部书记列席会议。

同日　赤峰宁城包商村镇银行一行10人与天北社区太极拳健身队40多人一起，前往宁城县"幸福老年公寓"敬老院开展敬老慰问活动。

8月18日　天津津南村镇银行第七家支行辛庄支行开业。

8月18日至22日　农村金融管理总部审计中心褚琴经理到锡林郭勒包商惠丰村镇银行进行为期一周的不良贷款专项审计。

8月19日　漯河市郾城包商村镇银行有限责任公司辽河西路支行开业。

同日　呼伦贝尔市委常委、旗委书记高润喜，旗委常委、宣传部部长、统战部部长孟和托雅在巴彦托海镇党委书记郭玉玲的陪同下莅临呼伦贝尔鄂温克旗包商村镇银行进行"科学发展观摩会"的前期检查指导。

同日　中国人民银行主管的媒体《金融时报》报道了天津津南村镇银行辛庄支行开业及产品推介会。

8月20日　太原清徐惠民村镇银行风险管理部主编的《清徐惠民村镇银行风险月刊》创刊。

同日　天津津南村镇银行总行营业部李天娇、八里台支行王庆晨、北闸口支行郝兴宇代表津南村镇银行参加"金创杯"业务技能大赛，取得了团体优胜奖。

8月21日　漯河市郾城包商村镇银行有限责任公司2014年第一次临时股东大会在漯河恒辉开元名都大酒店三楼会议室召开，就《漯河市郾城包商村镇银行有限责任公司2014年增资扩股方案》初步达成协议。

8月23日　贵阳息烽包商黔隆村镇银行召开了2014年半年工作总结大会，会上行长张向潮、拟任副行长刘冉、行长助理黄云分别就上半年的工作进行总结并针对下半年工作规划发表讲话，董事长冯智武就本次大会成果进行总结发言。

8月24日　乌兰察布集宁包商村镇银行在包商银行新型农村金融总部906会议室先后成功举办第一届第六次董事会、2014年度第一次临时股东大会、第二届第一次董事会。

8月25日　兴安盟科尔沁包商村镇银行与乌兰浩特市人民政府签订《"助保贷"业务合作协议书》，开展了首笔"助保贷"业务。

8月25日至29日　　锡林郭勒盟银监分局监管三科局长张鹏举一行来到锡林郭勒西乌珠穆沁包商惠丰村镇银行，对该行2013年工作进行全面现场检查。

8月26日　　贵阳息烽包商黔隆村镇银行变更贷款审批委员会成员：主任委员为刘冉，成员为李成贵、龚元锋，秘书为晏治青。同时启用"刘冉"信贷业务审批专用私人印章，原"黄云"信贷业务审批专用私人印章同时作废。

8月28日　　乌兰察布集宁包商村镇银行成功召开第二届第二次董事会电话会议。

同日　　贵阳息烽包商黔隆村镇银行开展2014年第二次招聘工作。

8月29日　　大连金州联丰村镇银行海青支行正式开业。

同日　　天津银监局联合市农委、市科委、市中小企业局、市金融工作局，召开了"天津农村中小金融机构第一届微小贷技术论坛"。天津津南村镇银行微小企业信贷部总经理程成应邀做了题为《一圈一链创特色小微金融》的主题演讲。

8月30日　　大连金州联丰村镇银行"关注岩岩、奉献爱心"系列活动拉开序幕，举全行之力帮助大连经济技术开发区五彩城罹患卵巢癌的病童小岩岩，捐助五万多元现金及物品。

同日　　内蒙古自治区银监局吕卫东处长在赤峰银监分局赵局长的陪同下，到赤峰宁城包商村镇银行检查指导工作，并给予高度评价。

8月　　贵阳花溪建设村镇银行先后推出信贷新产品"诚信贷"和"连连贷"。

9月1日至30日　　鄂尔多斯乌审旗包商村镇银行有限责任公司于9月组织了"货币防伪、反假与兑零换残专项知识"宣传活动，除网点宣传外，分别于9月12日组织了"进校区"宣传，9月25日组织了"进社区"宣传。

9月2日　　中国人民银行领导莅临宁夏贺兰回商村镇银行检查指导工作。

同日　　贵阳息烽包商黔隆村镇银行向人民银行息烽支行申请支小再贷款8,000万元，以更好地支持息烽县域经济发展，加强支持小微企业发展力度，促进县域经济平稳较快发展。

9月10日　　江苏仪征包商村镇银行召开第一届董事会第十三次会议，对第一届董事会进行换届。当日，江苏仪征包商村镇银行召开2014年第二次临时股东会。

同日　　漯河银监分局王局长一行人莅临漯河郾城包商村镇银行，对郾城包商村镇银行小微企业贷款情况进行专题调研。

同日　　天津津南村镇银行第八家支行长青支行开业。

9 月 10 日　　江苏仪征包商村镇银行 110 余名员工集中展示才艺，共同迎接开业三周年。

9 月 14 日　　太原清徐惠民村镇银行召开全员竞聘启动大会，拉开了用人机制改革的序幕。全行 30 名员工全部竞聘成功。

9 月 16 日　　漯河郾城包商村镇银行实现个人征信与企业征信全面自主查询。

9 月 17 日至 19 日　　以贵州银监局统计信息处处长刘盛文为组长的统计信息现场检查组莅临贵阳花溪建设村镇银行开展统计、科技方面工作的现场检查。

9 月 20 日　　锡林郭勒西乌珠穆沁包商惠丰村镇银行负责人与西乌旗各苏木嘎查的嘎查长、书记举行座谈会，了解当前牧区牧民的需求，并走访 94 个嘎查，通过实地调查了解牧户情况，决定向符合贷款条件的牧户提供涉农贷款。

同日　　呼伦贝尔鄂温克旗包商村镇银行邀请中国人民银行研究局金融市场处庚力处长为全行员工做了题为"互联网金融的最大意义是对传统金融机构的挑战"的专题讲座。

同日　　江苏仪征包商村镇银行开展员工拓展训练，全行 2013 年、2014 年入行员工，以及部分中层以上干部 50 余人参加了拓展训练。

同日　　漯河市郾城包商村镇银行有限责任公司 2014 年第二次临时股东会在漯河恒辉开元名都大酒店三楼会议室召开，就《漯河市郾城包商村镇银行有限责任公司 2014 年增资扩股方案》达成一致意见，同意将漯河市郾城包商村镇银行有限责任公司注册资本由 5,000 万元人民币增加至 22,100 万元人民币。

9 月 21 日　　邵阳武冈包商村镇银行在三楼会议室召开武冈包商村镇银行 2013 年度股东大会、武冈包商村镇银行第一届董事会 2014 年第六次会议和第二届董事会 2014 年第一次会议。参加会议的有邵阳银监分局副局长曾拓绿一行 3 人、武冈市金融办主任周恭友、中国人民银行武冈支行副行长蔡文权、包商银行新型农村金融机构管理总部副总经理贺光明、包商银行新型农村金融机构管理总部办公室方杰、全体股东、经营层领导及见证律师。此次会议获得圆满成功。

9 月 22 日　　兴安盟科尔沁包商村镇银行搬迁新址报批手续正式完毕。同日，由原办公地点兴安盟科尔沁右翼前期工商局一楼西侧，搬迁至新办公地址兴安盟科尔沁右翼前期新址索伦街—兴安盟科尔沁包商村镇银行新办公大楼。

9 月 23 日　　中国人民银行"中国梦·劳动美·金融情"演讲比赛在星球国际大酒店礼堂举行，荆门掇刀包商村镇银行选手路璐参赛并获得优秀奖。

9 月 25 日　　贵州毕节发展村镇银行杜鹃支行开业。

同日　　根据中国人民银行鄄城县支行统一安排部署，菏泽鄄城包商村镇银行对外兑换伍元"和"字书法纪念币。面值 5 元，数量 120 枚。

同日　　江苏仪征包商村镇银行召开第二届董事会第一次会议。

同日　　由天津市农村工作委员会发起，津郊 9 个涉农区县共同出资组建的天津市首家覆盖全市范围的涉农专业化担保公司——天津农业投资担保有限公司挂牌开业。揭牌仪式上，天津津南村镇银行与北辰村镇银行两家村镇银行与该担保公司签署了战略合作协议。

9 月 27 日　　宁夏贺兰回商村镇银行举行送农贷下乡活动。

9 月 28 日　　天津银监局"天津惠农金融"微信平台刊登《微生活、微金融——天津津南村镇银行"送金融知识下乡"活动侧记》。

同日　　邵阳武冈包商村镇银行根据人民银行武冈市支行关于开展反假币进校园宣传活动的有关部署，成立了"反假币宣传活动"领导小组，并邀请人民银行武冈市支行领导参加此次活动宣传。

9 月 29 日　　江苏仪征包商村镇银行荣获扬州银行业首届才艺大赛两个三等奖。傣族舞蹈《竹林深处》在"扬州市银行业庆祝国庆 65 周年文艺会演"中获得三等奖，营业部员工童扬绘画作品《素描》荣获才艺展示类作品三等奖。

9 月 30 日　　呼伦贝尔鄂温克旗包商村镇银行伊敏支行组织设立的基层流动服务站——伊敏苏木站点、辉苏木站点正式挂牌成立。

同日　　呼伦贝尔鄂温克旗包商村镇银行团委派代表参加了由鄂温克旗团委联合全旗五家青年文明号单位共同开展的"迎双节慰问演出活动"，并为鄂温克旗旗福利院的老人送去慰问品和节日问候。

10 月 1 日　　邵阳武冈包商村镇银行武强支行盛大开业。

10 月 6 日　　在邵阳武冈市副市长王晔、武冈市经管局和人民银行武冈市支行等领导的带领下，武冈包商村镇银行副行长杜小武与武冈市农村信用联社赴常德汉寿考察学习土地承包经营权抵押贷款工作经验，确定了第一批农村土地承包经营权抵押贷款试点对象。

10 月 9 日　　北京昌平兆丰村镇银行召开第二届董事会第六次会议、2014 年第二次临时股东大会。第二届董事会第六次会议审议通过了《关于北京昌平兆丰村镇银行股权转让的议案》

等 7 项议案。2014 年第二次临时股东大会审议通过了《关于北京昌平兆丰村镇银行股权转让的议案》等 7 项议案。

同日　　呼伦贝尔鄂温克旗包商村镇银行新区支行在东苏木试验站嘎查设立了"鄂温克旗包商村镇银行嘎查流动服务站"。

10 月 10 日　　荆门掇刀包商村镇银行 10 余名管理人员为团林镇张场小学 10 名贫困学生送去了 2 万多元爱心款。

10 月 11 日　　江苏仪征包商村镇银行召开第二届董事会第二次会议。

同日　　在包商银行新型农村金融机构管理总部总经理郭军的指导下，漯河市郾城包商村镇银行有限责任公司在辽河路支行二楼会议室举行 2014 年第二次员工招聘考试。通过笔试、面试等层层筛选，共有 39 名优秀员工脱颖而出。

10 月 14 日　　呼伦贝尔鄂温克旗包商村镇银行新区支行组织开展了金融服务进社区活动。

10 月 15 日　　漯河市郾城包商村镇银行有限责任公司 2014 年第三次临时股东会在漯河银监分局五楼会议室召开。会议审议了《漯河市郾城包商村镇银行有限责任公司增加注册资本及修改公司章程》的议案、《漯河市郾城包商村镇银行有限责任公司刘志侠股权转让及修改公司章程》的议案，全体新老股东共同签署了《漯河市郾城包商村镇银行有限责任公司增资扩股协议》。

10 月 16 日　　天津津南村镇银行代理销售包商银行人民币理财产品。

10 月 17 日　　贵阳息烽包商黔隆村镇银行召开第一次股东大会和第二届董事会第二次会议，在律师的见证下审议了《关于本行股东贵州中越商贸有限公司转让股权的议案》并全票通过该议案，同意将中越商贸有限公司的股权转让给韩飞、马英、刘冰三位自然人。本次股东会表决合法有效并上报贵州银监局。

10 月 18 日　　荆门掇刀包商村镇银行董事长张守军来到掇刀石中学，以个人名义向两名贫困学生捐赠了 4,000 元助学款。

同日　　贵阳花溪建设村镇银行为庆祝成立五周年，在花溪隆重举办五周年文艺会演庆典活动。

同日　　赤峰宁城包商村镇银行在宁城县第四中学会议室举办的"做合格父母，培养优秀儿女"讲座，取得了社会各界的广泛关注。宁城县电视台、宁城报社等主流媒体都对此次活动进行了报道，其中，宁城电视台《宁城新闻》对此活动进行了连续三天的新闻报道。

10 月 20 日　　荆门掇刀包商村镇银行在星球国际大酒店召开 2014 年度第一次临时股东大会暨第一届董事会第八次会议，会议通过了购买总行营业办公用房、装修预算及修改公司章程的议案。

同日　　乌兰察布化德包商村镇银行在包头召开第二届董事会第一次会议临时会议。

10 月 22 日　　菏泽鄄城包商村镇银行反洗钱新系统正式运行。

同日　　天津津南村镇银行启动"全民付"业务并正式投入使用。

10 月 23 日　　漯河市郾城包商村镇银行有限责任公司营业执照变更完成，注册资本由 5,000 万元人民币增加至 25,100 万元人民币，漯河市郾城包商村镇银行有限责任公司 2014 年增资扩股工作圆满完成。

同日　　由共青团鄂温克族自治旗委员会主办、共青团鄂温克旗包商村镇银行委员会承办的"我的中国梦——奋斗的青春最美丽"专场分享会，在呼伦贝尔鄂温克旗包商村镇银行新区支行二楼举行，部分行内青年优秀员工及共青团员参加了该活动。

10 月 23 日至 25 日　　在漯河市银行业协会组织的乒乓球比赛中，漯河市郾城包商村镇银行荣获优秀组织奖，辽河路支行选手胡丹获得女子单打第七名。

10 月 23 日至 26 日　　由贵阳花溪建设村镇银行牵头举办的西南片区新型农村金融机构小微信贷理念与技术培训在贵阳花溪举行，来自贵州毕节发展村镇银行、贵阳息烽包商黔隆村镇银行以及贵阳花溪建设村镇银行共计 30 名客户经理参加了培训。

10 月 27 日至 31 日　　贵阳息烽包商黔隆村镇银行针对中国人民银行息烽支行对息烽包商黔隆村镇银行实施反洗钱现场检查工作中存在的问题进行整改并向人行报送整改报告。

10 月 29 日　　经中国共产主义青年团九台市委员会研究决定，批准成立共青团长春九台龙嘉村镇银行委员会。

同日　　经中国共产主义青年团九台市委员会研究决定，授予共青团九台龙嘉村镇银行委员会"青年文明号"荣誉称号。

10 月 31 日　　鄂尔多斯乌审旗包商村镇银行有限责任公司七名员工参加了乌审旗第五届机关文艺展演大赛，参赛项目为舞蹈《Touch Me》。

10 月　　江苏仪征包商村镇银行荣获扬州银监分局"中国梦·金融青年在行动"活动先进单位，4 名员工获优秀个人奖。

11月1日　　贵阳息烽包商黔隆村镇银行开展2014年第二次员工招聘工作，包商银行新型农村金融机构管理总部总经理助理郭军前来考察、巡视。

同日　　赤峰宁城包商村镇银行董事长王宗和、行长王雪峰在正基海逸酒店会议室，组织召开宁城包商村镇银行前三季度工作总结大会，部署第四季度工作，动员全体员工"大干60天"。

11月4日　　包商银行长春九台龙嘉村镇银行举行中层岗位竞聘会。

11月5日　　太原清徐惠民村镇银行反洗钱新系统上线成功。

同日　　鄂尔多斯乌审旗包商村镇银行有限责任公司新反洗钱系统正式上线。

11月7日　　呼伦贝尔鄂温克旗包商村镇银行行政事务部安全保卫中心在新区支行二楼会议室开展了一期题为"交通安全知识大讲堂"的培训。

同日　　贵阳息烽包商黔隆村镇银行向包商银行新型农村金融机构管理总部报送《关于请求帮助向人民银行息烽支行申请8,000万元支小再贷款的请示》。

11月8日　　锡林郭勒西乌珠穆沁包商惠丰村镇银行响应人民银行号召，组织全体员工开展"安全用卡、打击违法套现，建设绿色银行卡支付环境"的宣传活动。

11月10日　　兴安盟科尔沁包商村镇银行进行了2014年度第一次社会招聘，计划招聘工作人员5人，包括柜员岗位1人，客户经理4人。

11月11日　　包商银行天津津南村镇银行团支部升级为团总支部，并选举产生了团总支部成员。

同日　　兴安盟科尔沁包商村镇银行隆重举行成立三周年庆典。

11月13日　　天津津南区商委召开津南区提升商业服务品质工作推动会。津南村镇银行作为辖内法人银行机构代表出席了本次会议。津南村镇银行白桂英行长向大会介绍了津南村镇银行通过金融服务不断提升商业服务质量方面的经验。

同日　　漯河市共青团书记罗静莅临漯河市郾城包商村镇银行，与行内先进团员代表举行座谈会。

11月14日　　长春九台龙嘉村镇银行正式接入央行征信系统。

11月16日　　江苏仪征包商村镇银行营业部荣获仪征市"三八"红旗集体标兵称号。

同日 贵阳息烽包商黔隆村镇银行拟任副行长刘冉在贵阳市人民政府接受市政府领导颁发的"2013年度银行金融机构新增存贷比排名奖"奖牌。

11月17日 呼伦贝尔莫力达瓦包商村镇银行特邀莫旗消防大队王参谋,在该行二楼会议室开展消防安全知识讲座。

11月18日 长春九台龙嘉村镇银行股份有限公司第三届董事会三次会议以电话、传真形式召开。会议审议通过九台龙嘉村镇银行剧场支行迁址的议案及九台龙嘉村镇银行增设分支机构的议案。

11月20日 呼伦贝尔鄂温克旗包商村镇银行党委组织召开党的群众路线教育实践活动总结大会。呼伦贝尔鄂温克旗巴彦托海镇党委组宣部长苏娜、副部长白杜吉雅,鄂温克旗包商村镇银行党委书记郭建荣、副书记腾国华、党委委员、党员代表等参加了会议。

同日 天津津南村镇银行白桂英行长接任天津市村镇银行同业公会轮值主席。

同日 天津津南村镇银行葛沽支行员工徐泓、八里台支行员工王庆晨代表津南村镇银行参加天津市村镇银行同业公会举办的天津市村镇银行业务技能大赛,荣获团体第五名。

11月21日 乌兰察布集宁包商村镇银行成功召开第二届第三次董事会电话会议。

11月22日 呼伦贝尔鄂温克旗包商村镇银行工会、运营管理部在新区支行二楼会议室联合开展了"2014年柜面业务技能比赛",郭建荣董事长、褚继延副行长及运营管理部、审计部、工会、团委相关人员担任评委。

同日 包商银行贵阳花溪建设村镇银行黄河支行隆重开业,花溪建设村镇银行董事长覃波、行长郭卫兵出席开业庆典并揭牌。

11月24日至28日 内蒙古大华会计师事务所对天津津南村镇银行进行2014年度审计。

11月25日 鄂尔多斯银监分局核准周凤鸣为鄂尔多斯准格尔旗包商村镇银行副行长。

同日 邵阳武冈包商村镇银行荣获"2012—2013年度纳税信用A级单位"殊荣。

11月26日 漯河银监分局下发《漯河银监分局关于漯河市郾城包商村镇银行有限责任公司龙城支行开业的批复》(漯银监复〔2014〕52号),同意漯河市郾城包商村镇银行有限责任公司龙城支行开业。

同日 宁夏贺兰回商村镇银行获得银行业协会"五十佳示范单位"称号。

11 月 28 日 　 包头固阳包商惠农村镇银行红泥井支农金融服务部挂牌，积极推进基础金融服务向行政村延伸。

同日 　 呼伦贝尔鄂温克旗包商村镇银行行长腾国华赴呼和浩特市参加内蒙古银行业支持实体经济发展工作推进会议。会议在内蒙古饭店二楼国际会议中心隆重召开，内蒙古银监局领导出席会议。会上，鄂温克旗包商村镇银行荣获 2014 年度内蒙古银行业服务"三农三牧"创新金融产品奖。

同日 　 荆门掇刀包商村镇银行行长王振宇和信贷部总经理涂文晓赴海南参加全国小微企业金融服务工作会议。掇刀包商村镇银行获中国新型金融机构论坛组委会、中国地方金融研究院颁发的"十佳支持小微企业银行"称号。

11 月 28 日至 30 日 　 漯河市郾城包商村镇银行有限责任公司李菁杨、孔园、张根茂、吴丹在北京参加"50 万元至 500 万元大金额授信业务营销、分析与风险控制专题培训"。

11 月 29 日 　 江苏仪征包商村镇银行荣获"第四届全国十佳村镇银行"称号。

同日 　 由中国新型金融机构论坛组委会、金融时报社与中国地方金融研究院组织，金谷农商银行承办的"第四届中国新型金融机构论坛暨金谷农商村镇银行合作交流会"在三亚圆满召开。天津津南村镇银行荣获"第四届十佳支持小微企业银行"称号。

11 月 29 日至 12 月 1 日 　 荆门掇刀包商村镇银行董事长张守军和风险管理部总经理杨帆至北京人民大会堂，参加由管理总部组织的 2014 年第九届中小企业家年会。

11 月 30 日 　 贵阳花溪建设村镇银行行长郭卫兵参加 2014 第九届中国中小企业家年会。会上，该行董事长覃波、行长郭卫兵被评为"2014 全国服务中小企业先进个人"。

11 月 30 日至 12 月 1 日 　 漯河市郾城包商村镇银行有限责任公司董事长李孝、行长刘永生在北京参加"2014 第九届中国中小企业家年会"。

12 月 1 日 　 经《北京银监局关于核准刘温北京昌平兆丰村镇银行股份有限公司董事及行长任职资格的批复》，核准刘温北京昌平兆丰村镇银行股份有限公司董事及行长任职资格。刘温正式就任北京昌平兆丰村镇银行董事及行长。

同日 　 北京昌平兆丰村镇银行行长刘温、副行长张静参加第九届中国中小企业家年会，并被组委会授予"2014 年度全国服务中小企业发展先进个人"的荣誉称号。

12 月 3 日 　 鄂尔多斯乌审旗包商村镇银行工会委员会正式成立。

同日　北京工商大学经济学院与呼伦贝尔鄂温克旗包商村镇银行签订校外实习基地协议，并授予鄂温克旗包商村镇银行"北京工商大学校外实践基地"铜牌。该行正式成为北京工商大学经济学院金融硕士实习基地，李倩副行长被聘为北京工商大学经济学院校外导师。

同日　江苏南通如皋包商村镇银行股份有限公司召开 2014 年临时股东大会和第二届董事会第二次会议，审议并通过《关于股东杨建高转让股份的议案》《关于修改江苏南通如皋包商村镇银行股份有限公司章程的议案》。

12 月 4 日　贵州毕节发展村镇银行杨家湾支行开业。

同日　漯河银监分局局长林保军、副局长李晓华一行莅临郾城包商村镇银行开展 2014 年度审慎监管会谈。

12 月 5 日　呼伦贝尔鄂温克旗包商村镇银行团委与鄂温克旗团委等 10 余名青年志愿者到呼伦贝尔市特殊教育中心参加阳光助残服务活动。

12 月 6 日　乌兰察布化德包商村镇银行组织员工参加"送金融知识进万家"宣传活动。

12 月 8 日　贵阳花溪建设村镇银行罗佳被选为中共包商银行第二次党员代表大会正式代表，同该行党支部书记、行长郭卫兵共同参加中共包商银行第二次党员代表大会。

同日　贵阳息烽包商黔隆村镇银行联合息烽县公安局、消防大队等部门开展"2014 年冬季防暴防恐、消防演练"。

同日　锡林郭勒盟银行业协会一行到锡林郭勒西乌珠穆沁包商惠丰村镇银行开展锡林郭勒盟银行业文明规范服务先进营业网点 2014 年度现场检查验收工作。

12 月 11 日　太原清徐县银监办刘宝荣主任、高红莉副主任一行到清徐惠民村镇银行举行 2014 年下半年审慎监管会谈，董事朱锦彪和领导班子参加了会谈，会谈由刘宝荣主任主持。

12 月 12 日　江苏仪征包商村镇银行召开第二届董事会第三次会议。

同日　鄂尔多斯乌审旗包商村镇银行有限责任公司完成微电影《舞动梦想》的后期剪辑工作，12 月 12 日正式将微电影《舞动梦想》发布至各大视频网站，并在该行微信平台进行宣传。

12 月 14 日　2014 年中国县域金融年会在北京召开，中央相关部门领导、专家学者出席会议，呼伦贝尔鄂温克旗包商村镇银行副行长李倩受邀参加会议。会上，鄂温克旗包商村镇银行被授予"2014 年度中国服务县域经济十佳村镇银行"荣誉奖牌，成为连续两年荣获该奖项的金融机构。

12月15日　　2014中国小额信贷联盟年会暨中国小额信贷峰会、中国银行业协会（花旗）微型创业奖颁奖典礼等系列活动在北京国际会议中心隆重召开，呼伦贝尔鄂温克旗包商村镇银行董事长、李倩副行长受邀参加会议，并做了"马背银行，筑梦草原，牧区村镇银行社会绩效管理实践"主题汇报。

12月16日　　包头固阳包商惠农村镇银行天河支行开业，这是固阳包商惠农村镇银行在固阳县城内设立的第三家支行。

12月18日　　包商银行宁夏贺兰回商村镇银行如意支行开业。

同日　　江苏仪征包商村镇银行举办全行中层干部及员工"双聘"活动。

12月20日　　由呼伦贝尔鄂温克旗包商村镇银行团委组织的主题为"马背银行，筑梦草原"2014年度冬季全员环城跑在鄂温克旗电影院广场隆重举行。郭建荣董事长、腾国华行长、褚继延副行长及员工共102人参加了活动。

12月23日　　包商银行长春九台龙嘉村镇银行举行薪酬制度宣讲活动。

同日　　邵阳武冈包商村镇银行举行员工礼仪企业文化培训活动，武冈包商村镇银行行长杨晓云与建设银行武冈市支行营业部主任一同参加了此次活动。

12月26日　　贵阳息烽包商黔隆村镇银行在息烽县黑神庙对群众进行反假币知识义务讲解，并免费发放环保手袋，在宣传反假币知识的同时，提高息烽包商黔隆村镇银行在当地的知名度。

12月27日　　包商银行大连金州联丰村镇银行步行街支行正式开业。

12月31日　　包商银行贺兰县县长莅临宁夏贺兰回商村镇银行进行慰问。

2014年　　天津津南村镇银行在各高校网站、外部网站、津南村镇银行网站、双选会、劳动局发布招聘信息，进行校园宣讲。全年组织多次大型人员招聘，从近两千名应聘人员中层层选拔，全年新入职员工共计35人。

编后记

  《包商银行大事记》在董事会、监事会和经营层的领导和关怀下，经过全体编纂人员的共同努力，现已完成编纂，即将付梓出版。这是包商银行史上具有里程碑意义的一件大事。

  2014年9月，经包商银行董事长行长联席会议研究，决定编纂《包商银行志》。总行成立了行志编纂委员会，由李镇西董事长担任编委会主任和行志主编，著名文史专家王德恭教授担任执行主编，编委会下设行志办公室，聘请了包头市地方志办公室的权威专家作为编修顾问，2014年9月，正式启动了《包商银行志》编纂工作。9月至10月，编委会邀请包头市史志办的胡云晖、张和增、高志昌三位资深志史专家分区域对全行的编修人员进行了专题培训，统一了编辑思想，明确了修纂方向。2015年3月，根据董事会和编委会统一安排部署，决定用一年时间先行编纂出版行志中的一篇"大事记"，名之为《包商银行大事记》。3月至8月，行志办编写组成员在各分行、各事业部和总行各部室编修人员的支持下按照分工完成了《大事记》条目选定和资料收集。9月至11月，全面进入初稿编写阶段。12月，编写组将初稿总纂合成送审稿，送交编委会成员，各分行、各事业部和总行各部室相关领导和编修人员进行内部审核，同时征求了包头市地方志办公室和包头市银监分局相关领导的意见。2016年1月至3月，按照编委会领导和有关方面的意见，集中力量对《包商银行大事记》送审稿进行加工修改。3月中旬，送审稿递交志史专家审核。3月底，结合专家审核意见，对大事记进行了最终修改和定稿。

  《包商银行大事记》的完成历时一年，它全面、客观、翔实地记载了包商银行16年的发展历程，承载了包商银行的历史变迁和发展轨迹。它是全行集体智慧的结晶。大事记全文共计约35万字，用简洁的语言记述了包商银行自1998年12月19日成立之日起至

2014年12月30日止从总行到各分行及各业务条线如何从零起步、从无到有、由弱变强、直至枝繁叶茂、日臻繁盛的每一个重大历史性事件,是一部包商银行发展简史。

《包商银行大事记》的编纂完成,得益于行领导的高度重视和正确指导,得益于各分行、各事业部和总行各部门领导的大力支持,得益于行志编修顾问的专业指导,得益于全体编修人员不畏艰辛、夜以继日的无私奉献。《大事记》时间跨度长达16年,部分机构和部门历经多番变动,资料收集的难度不言而喻,正是编修人员的不懈耕耘,才最大可能地保证了《大事记》内容的全面性和完整性。

当然,这也得益于行志办各位同仁,他们加班加点地完成工作,字斟句酌地推敲细节,体现出高度的责任感和使命感。《大事记》的如期完成有赖于此。在此,我们向一切为《包商银行大事记》的编纂提供支持和帮助的单位与个人表示衷心的谢意。

编写大事记,对我们来说,是一项全新的事业。限于编纂者经验不足,水平有限,再加上时间紧迫,工作量大,《包商银行大事记》中不足、疏漏和不当之处在所难免。恳请各级领导、专家和读者批评指正。这里需要说明的是,由于年远事湮,时间跨度较大,不少史料难以收集齐全甚至一些珍贵史料亦因几经辗转难以寻觅,这些都已成为大事记的遗珠之憾,令人徒叹奈何。

"往者不可谏,来者犹可追",行志办将从大事记编纂中汲取经验和教训,不断丰富和完善编纂材料,充实提高编修水平,为将《包商银行志》打造成精品之作而不懈努力!

《包商银行大事记》编委会

2016年3月20日